從中古到近代

寫本與跨文化研究

書名題字：許全勝

教育部人文社會科學重點研究基地
北京大學東方文學研究中心

北京大學"東方大文學"研究叢書

從中古到近代：寫本與跨文化研究

陳明 主編

圖書在版編目(CIP)數據

從中古到近代：寫本與跨文化研究 / 陳明主編.
上海：中西書局，2025. --（北京大學「東方大文學」
研究叢書）. -- ISBN 978-7-5475-2329-2

Ⅰ. G256.22-53

中國國家版本館 CIP 數據核字第 2024PN5958 號

CONG ZHONGGU DAO JINDAI：XIEBEN YU KUAWENHUA YANJIU

從中古到近代：寫本與跨文化研究

陳　明　主編

責任編輯　王　媛
裝幀設計　梁業禮
責任印製　朱人杰

出版發行　上海世紀出版集團
中西書局（www.zxpress.com.cn）
地　　址　上海市閔行區號景路 159 弄 B 座（郵政編碼：201101）
印　　刷　上海展强印刷有限公司
開　　本　700 毫米×1000 毫米　1/16
印　　張　27
字　　數　441 000
版　　次　2025 年 5 月第 1 版　2025 年 5 月第 1 次印刷
書　　號　ISBN 978-7-5475-2329-2/G・807
定　　價　138.00 元

本書如有質量問題，請與承印廠聯繫。電話：021-66366565

叢書總序

1945 年 8 月 27 日下午四時，北京大學文學院在雲南昆明才盛巷二號召開了教授談話會，湯用彤等 11 位教授出席。會上提出了文學院要添設東方語文學系、考古系，發出了中國學術界的時代吶喊，即“要取日本在學術界的地位而代之”，使中國成爲亞洲學術研究中心。經胡適、傅斯年、湯用彤、陳寅恪等學者的努力，1946 年 8 月北京大學宣告設立了東方語文學系，聘請留德十年歸來的季羨林爲教授兼系主任。這是中國教育界的一個創舉。該系當時的主要師資有季羨林、馬堅、王森；學科方面則設立梵文、阿拉伯文、蒙藏文三組。此後，金克木、于道泉等先生陸續加盟，逐步壯大了學科的力量。歷經東方語文學系、東方語文系、東方語言文學系、東方學系、外國語學院的多個階段，70 多年來，經季羨林、馬堅、金克木、劉振瀛、韋旭昇、張鴻年、陳嘉厚、葉奕良、仲躋昆、劉安武等前輩和數代學人的苦心經營，北京大學的東方語言文學學科一直是國内該學科的引領者。2000 年成立的北京大學東方文學研究中心是教育部人文社科重點研究基地之一，也是國内該學科唯一的國家級科研與國内外東方學學術交流的平臺。在王邦維教授的領導下，中心培養了一批人才，各項工作都取得了長足的進步，發揚光大了季羨林等老一輩學者開創的中國東方學研究的傳統，再創中國東方學研究的輝煌。中心連續 13 年舉辦的全國東方文學研究生暑期學校，已經培訓了來自國内外 120 餘所高校的 1 500 名研究生與青年教師，不少人已經成爲國内東方文學界的中堅力量。

近年來，面臨百年未有之大變局，在全球化趨勢反復拉鋸的過程中，東方文學創作及其研究迎來了前所未有的新狀態與新問題。國内兄弟院校的發展也越來越快，優秀的東方學和東方文學研究人才及其成果也越來越多。我們的體會是，學如逆水行舟，不進則退，要想有更新更大的發展，唯有持續不斷地奮鬥與努力。

開新局，走大路，我們提出"東方大文學"的研究理念。一方面，呼吁東方文學研究者不再局限于文學這個單一的領域内自彈自唱，必須盡可能地擴大自己的關注視野，廣泛利用傳世文獻（書面與口頭）、出土文獻與圖像史料，融合文學、歷史、宗教、社會、美學、哲學等多個學科的相關知識，在東方作家文學、民間文學、文藝理論、文學圖像研究等學科分支開拓出更多有意義的新領域。另一方面，契合國家"一帶一路"倡議，以文化爲根本維度，深入國别和區域研究的層面，推動中國與東方各國和地區的文明交流互鑒，爲建構人類命運共同體做出基礎性、前瞻性的工作。

爲了實現"東方大文學"研究的目標，北京大學東方文學研究中心在北京大學外國語學院、中西書局的大力支持下，設立"北京大學'東方大文學'研究叢書"，資助中心與學院青年教師優秀的東方學與東方文學研究專著的出版。我們希望青年學者弘揚學科的優秀傳統，勇猛精進，努力開創學科的美好未來。本叢書計劃每年推出 2—3 本專著。我們還希望，本叢書的出版，不僅可以展現北京大學新一代東方學學者的風采，還能引領國内東方學學科的進一步發展，支持國家"一帶一路"倡議的實施，爲國家的建設做出更大的貢獻。

中國的東方學和東方文學的研究從來不只是個人的學術興趣，而是與國家的教育和學術息息相關。青年學人宜牢記使命，奮發圖强。學海無涯，前路漫漫，唯有大家共同努力！

北京大學東方文學研究中心　陳明

2021 年

前　言

古往今來，作爲一種文化載體，寫本和印本一樣，對人類文化的傳承和發展都産生過非常重要的作用。寫本是以手寫方式完成的，所利用的材質多種多樣，包括紙草、龜甲、獸骨、羊皮、竹片、木片、貝葉、樺樹皮、紙張、絹、布甚至金屬等物質材料。不同的材質對寫本的寫作（或抄寫）、製作、保存、流傳等過程也有明顯的影響。近二十年來，隨着對戰國秦漢的簡帛、敦煌吐魯番寫本、黑水城文獻、傳世的宫廷手抄本、民間契約、明清檔案，乃至日本寺院保存的古代佛經寫卷等史料的重視，國内學界逐漸興起了對寫本學的研究新熱潮。以敦煌吐魯番文獻研究爲例，出現了敦煌文書學、敦煌寫本學、古文書學等多種命名，張湧泉教授的《敦煌寫本文獻學》（增訂本，商務印書館，2024 年）對此進行了深入的探討。伏俊璉教授主編的《寫本學研究》，黄正建教授的《中國古文書學研究初編》（上海古籍出版社，2019 年）、《中國古文書學綜論》（中西書局，2024 年）等一批成果，也在逐步推進寫本學研究的發展。

目前的寫本學不僅關注寫本的物質形態，而且重視對寫本生成過程的内外在因素的深入探討（如張湧泉所歸納的“形制、紙張、筆墨、類别、内容、價值、語言、字體、符號、題名、斷代、綴合、辨僞、校勘”等方方面面的問題），有望使這一新的學科分支逐漸成型。由于寫本是一個世界級的文化形象，因此，充分利用不同時空、不同語種、不同文化背景、不同作者（或抄寫者）的寫本資料，進行跨文化的研究，是非常必要的。在多元文化語境中，重點探討寫本的内容、生成（初稿、修改、定稿等）、製作（版式、書法、插圖、裝幀等）、衍生（摘録、翻譯、轉譯等）、保存、流傳（展覽、贈送、轉讓等）與消費（零售、拍賣）等複雜的過程，以及比較不同語種寫本在世界文化史上的價值和意義，必能爲跨文化的寫本學研究奠定堅實的學理基礎。

2019 年 8 月 24—25 日，爲進一步深化跨文化的多語種寫本研究，助力建構這門新的學科分支——寫本學，教育部人文社科重點研究基地北京大學東方文學研究中心、日本京都大學人文科學研究所術數學研究會、加拿大英屬哥倫比亞大學佛學論壇、北京大學人文學部在北京大學聯合舉辦了“從中古到近代：寫本與跨文化研究”國際學術研討會。本次國際學術研討會的主要議題涉及以下方面的内容：（1）敦煌吐魯番寫本文化、日本古代寫經與江户時代寫本研究；（2）從中古到近代的多語種寫本的比較研究；（3）從中古到近代的多元宗教寫本的比較研究；（4）從中古到近代的不同學科（文學、科學、醫學、術數等）寫本的研究；（5）不同文化語境中的寫本形制、物質性、寫本與印本關係的研究；（6）寫本中的插圖與文字的關係研究。來自中國、日本、德國、美國、加拿大、法國和泰國的 50 餘位專家學者和博士後、博士研究生出席了此次大會。與會者從不同的角度出發，通過對獨具特色的多語種寫本的研討，暢所欲言，逐漸達成了共識。大家一致認爲通過跨學科的理論和方法，對古代的多語種寫本進行多方面的比較和跨文化的深入探討，無疑是非常有意義的前沿性研究，有助于建構具有中國文化特色的比較寫本學。

2024 年 2 月 12 日，受日本立命館大學的邀請，我有幸赴日進行短期的學術訪問。在從關西機場到京都的火車上，大形徹教授給我看了他在 2022 年 7 月爲慶祝劉青博士結婚所做的一個小視頻。我看了之後非常驚訝，因爲大形老師用做視頻的素材，居然就是 2019 年北京大學會議場景的花絮。那時候，劉青還是京都大學人文科學研究所的在讀博士生，負責日本參會學者的聯絡事宜，也爲導師武田時昌教授等與會者的北京之行提供幫助。她還和當時就讀于早稻田大學的博士生伊丹、京都大學的博士生成高雅一起，爲會議提供翻譯服務，她們開朗的笑容給大家留下了非常美好的印象。觀看視頻中那一張張笑容滿面的臉龐，我彷佛感受到了北京温暖的陽光和輕柔的秋風，似乎時間并未流逝，而是我又一次穿越時光，回到了那和樂融融的會場。大形老師以獨特的方式獻上祝福，將愉悦的會議與幸福的婚禮編織成一曲悦耳的旋律，悠揚婉轉，回蕩在觀者的記憶深處。

本書是這次國際學術研討會上宣讀的大部分論文的結集，其中的幾篇英文論文并未安排翻譯爲中文。雖然很遺憾有幾位參會者的論文未能收録，但是我們衷心感謝全體與會者的共同努力、付出和耐心的等待！感謝大家對北京大學東方文學研究中心工作的大力支持！感謝大家對寫本與跨文化研究的濃厚興趣！感謝大家分享學術心得！更感謝大家繼續在寫本學研究領域奮發努力！

最後的感謝獻給北京大學人文學部和中西書局！

北京大學東方文學研究中心　陳明

2025 年 3 月 5 日

目　録

再談敦煌寫卷 P.2001 號：學術史與《大唐西域求法高僧傳》的書名

王邦維（北京大學東方文學研究中心）

巴黎法國國家圖書館收藏的伯希和敦煌漢文寫卷 P.2001 號，是一份很有意思的卷子。卷子上抄寫的是唐義净的《南海寄歸内法傳》，但不完整，僅存《南海寄歸内法傳》的卷一部分。1989 年，我發表過一篇小文章，談這份寫卷，題目是《敦煌寫本〈南海寄歸内法傳〉(P.2001)題記》。[①] 不久前，與朋友談到中國和日本的古寫經，于是又想到這份卷子，有一些新想法，再在此處談一下。

説法藏敦煌漢文寫卷 P.2001 號很有意思，有兩點理由。第一，它排在整個伯希和漢文寫卷編號的第一位。法國所藏的伯希和漢文寫卷，一共 5 579 個編號，排在第一號的，爲什麽會是這份寫卷？[②] 伯希和漢文寫卷的號，是伯希和自己編的，這個第 1 號，是伯希和隨便給出的嗎？這樣的問題，從來没有人提出過，現在提出，是不是有點奇怪？雖然有點奇怪，我還是想提出這個問題，理由見下文。第二，這份寫卷，抄寫的是唐代義净的《南海寄歸内法傳》。《南海寄歸内法傳》在佛教和佛教文獻史上的重要意義，不必我多講。敦煌寫卷中，抄寫《南海寄歸内法傳》的，這是唯一的一份，因此，從文獻學和文本的角度講，很值得注意。在内容方面，最值得注意的，則是其中提到的義净的另一部重要著作《大唐西域

---

① 王邦維：《敦煌寫本〈南海寄歸内法傳〉(P.2001)題記》，《中國文化》創刊號，生活・讀書・新知三聯書店 1989 年版，第 44—46 頁。

② 據《敦煌遺書總目索引》(商務印書館編，中華書局 1983 年版)。但耿昇在《伯希和敦煌石窟筆記》"代序"中説，據《巴黎國家圖書館所藏伯希和敦煌漢文寫本目録》，伯希和漢文寫卷編有 4 040 號。(伯希和：《伯希和敦煌石窟筆記》，耿昇譯，甘肅人民出版社 2007 年版，第 21 頁)爲此我問過法國國家圖書館寫本部的羅栖霞(Julie Lechemin)女士，她用郵件告訴我，法國國家圖書館目前編成的伯希和漢文寫卷目録共包括 6 040 個編號。不過，雖然前面的大部分編號可以確定由伯希和自己給出，但他們也不清楚伯希和給出的編號究竟是到哪裏爲止。法國國家圖書館編成的目録出版都是在伯希和去世以後，也大部分不是伯希和自己編的。

求法高僧傳》一書最早的書名。

這兩點理由，也可以看作兩個可以討論的問題。以下是我對兩個問題的一些意見，上面提到的那篇文章裏講過的，就不講或少講，主要談幾點新的想法。

先談第一個問題：《南海寄歸内法傳》爲什麽排在伯希和漢文寫卷的第一號。

伯希和從敦煌藏經洞弄走了大批寫卷，當然也還有其他一些東西，伯希和最後把它們都帶回了巴黎。回巴黎以後，伯希和爲寫卷編了目録，稱作“伯希和目録”，2000號以前留給了非漢文，即藏文文獻，2001號開始，是漢文文獻。漢文文獻的第一號，即P.2001號，這個第一號，伯希和爲什麽就給了《南海寄歸内法傳》？當然，最簡單的解釋，這不過是一個偶然的結果。但我覺得，問題似乎不是這麽簡單。

之所以説問題不是這麽簡單，是因爲在我看來，當時在伯希和的心裏，顯然很注意這個東西。伯希和在他的學術背景下，認爲這部書很重要。

我們是不是可以做這樣的設想：伯希和從中國回到巴黎，著手編目，在他面前，這麽多文書，他編目時，是見一卷取一卷，隨手拿起一份就給一個號呢，還是孰先孰後，多少有所考慮，工作時有一定規矩的呢？伯希和是一位學者，而且是一位思維細密的學者，他工作的方式，我以爲一定是後一種。我甚至認爲，伯希和在從敦煌帶走這些文書的過程中，包括最初的揀選，到裝箱，到法國後開箱，他都有一定的工作程式和規範。如果不是這樣，伯希和恐怕就不成其爲伯希和。

我們還可以做進一步的設想：伯希和遇到一個萬年千年都難逢的機會，鑽進了藏經洞，面前一大堆貴重得不得了的寫卷和絹畫等等寶貝，有機會拿走一部分，但又不是全部，怎麽辦？其中挑哪些拿走，收穫纔算最大，最不虚此行？這些具體的問題，肯定都在伯希和當時的考量之中。我們看伯希和在藏經洞中的工作照片，就是這樣。他時間有限，緊張地檢查一個一個的寫卷，看是什麽内容，手邊一個小本，做簡單的記録。有的趕緊記下，趕緊挑出來，有的當時就放弃。已經挑出來的，還要分爲首選或是次選。挑出來後，與王道士談好交易的條件，從洞裏取出來，趕緊裝箱，裝箱時也不能太亂，因爲考慮到回去還要整理。伯希和爲此做了記録。回到巴黎，他編目時最初的工作基礎，就是這些記録，包括他當時的工作筆記和日記。①

① 工作筆記和日記在伯希和身後由法國學者整理了出來，成爲兩種書。兩種書都有漢譯本：一種即前面提到的《伯希和敦煌石窟筆記》，另一種是《伯希和西域探險日記》，也是耿昇翻譯的，由中國藏學出版社2008年出版。

伯希和在藏經洞裏翻檢寫卷的情況，在他的日記裏有逐日的記載。他發現《南海寄歸内法傳》，是在他進入藏經洞的第十二天，即 1908 年 3 月 14 日。在這天的日記裏，他提到他發現了"義净的《南海寄歸内法傳》"，還説他特地把《南海寄歸内法傳》與其他十件寫卷一起"單獨放在一邊"。這十件寫卷中，第一件是玄奘的《大唐西域記》，第二件他認爲也與玄奘有關，第三件即《南海寄歸内法傳》。① 在其他幾天的日記中，伯希和還多次提到義净以及義净翻譯的佛經。

伯希和在寫卷中發現了玄奘《大唐西域記》和義净的《南海寄歸内法傳》，這讓他很興奮。他檢閲寫卷時，有他自己的幾個關注點，其中之一就是中國求法僧的著作。對此伯希和也專門講到了：

> 這次對佛教文獻的大搜羅中，特别吸引我注意的還是那些取經進香人的游記。有關在他們之中的最著名者玄奘的材料。……
>
> 我既未遇到有關法顯的著作，也未找到有關悟空的任何材料。但在藏經洞中，義净却由《南海寄歸内法傳》的一種漂亮寫本所代表，這就是由高楠順次郎先生翻譯過的那部著作。您知道，義净著作的現有文本并非是無可指責的，高楠先生頗有成效地使用了 18 世紀寫成的注釋。它們是由日本詮釋者于 18 世紀寫在一種單獨的稿本中(如果我没有搞錯的話)。因此，我希望我發現的寫本會提供某些好的寫法。②

伯希和的這些話，寫在他 1908 年 3 月 26 日給法國西域國際考察委員會主席、也是伯希和擔任這次考察工作的推薦人塞納爾(E. Senart)——當時法國很有名的一位印度學家——的信中。③ 伯希和 3 月 3 日進入藏經洞，他在藏經洞裏挑選寫卷和其他文物的工作，就結束在這一天——3 月 26 日。

---

① 《伯希和西域探險日記》，第 490 頁。

② 《伯希和敦煌石窟筆記》，第 420 頁。伯希和還講，他得到王道士的允許，進入藏經洞，一下見到這麽多寶物，第一個反應是："我于是便迅速作出了决定，必須至少是簡單地研究一下全部藏經。我應該在此完成這項工作。從頭到尾地展開收藏于此的 15 000—20 000 卷文書，這是無法想象的。我即使用 6 個月的時間也無法完成它。但我必須至少是全部打開它們，辨認每種文書的性質，看一下在何種程度上能有幸爲我們提供新文獻。然後將它們分成兩份，其一是精華和高級部分，也就是要不惜一切代價讓他們出讓的部分；另一部分是儘量争取獲得的部分，而在無奈時也衹得放弃的部分。"(《伯希和敦煌石窟筆記》，第 414 頁)伯希和顯然一開始就考慮到了要怎麽選取和帶走他認爲最有價值的一部分寫卷。

③ 這封信在《伯希和敦煌石窟筆記》書中的標題是《敦煌藏經洞訪書記》。

伯希和見到《南海寄歸内法傳》，爲什麼立即就表現出這樣大的興趣，顯然與當時歐洲的學術研究狀況，以及他早期所受過的學術訓練有關。

在歐洲研究東方學、印度學的學者中，注意到《南海寄歸内法傳》的不止一位，但其中最突出的應該説是英國牛津大學的德裔學者馬克思・繆勒（F. Max Müller）。所有這些，又與日本學者有關。

繆勒是 19 世紀末 20 世紀初歐洲在東方學尤其是印度學研究方面很有影響的一位學者。雖然不懂中文，但他在東方學研究方面學識廣泛，尤其是在與日本學者——大多是明治時代到歐洲留學的年輕日本學生——的接觸，使他對漢語佛教文獻有了很多的瞭解。他注意的不僅是保存在印度的梵本佛經和佛經的漢譯，還有漢語文獻中保留的求法僧著作。在此稍早一些的時候，已經有學者做過《南海寄歸内法傳》一些段落的翻譯工作，例如英國的比爾（S. Beal）以及俄國的瓦西列夫（V. P. Vasil'ev）。

繆勒的主要研究領域是印度宗教，而《南海寄歸内法傳》是研究印度佛教——有些地方超出佛教——的重要文獻，所以他很希望有人能把《南海寄歸内法傳》翻譯出來，爲印度宗教，尤其是佛教的研究提供新資料。

在當時的情況下，要完成這項任務，繆勒最寄希望的，是日本學者。這很自然，繆勒當時已經跟日本學者有了一些聯繫。他找到的——或者也可以説是日本學者找到了他——是日本明治時代的三位學者：笠原研壽（Kenjiu Kasawara）、藤島了隱（Ryauon Fujishima）和高楠順次郎。三位都是日本最早到歐洲留學的年輕人，都有僧人的身份。

笠原研壽與高楠順次郎都跟繆勒學習梵文、印度學和宗教學。笠原研壽翻譯《南海寄歸内法傳》，僅完成了一部分，就去世了。最終完成這個任務的，是高楠順次郎。高楠順次郎在繆勒的指導和幫助下，用英文把《南海寄歸内法傳》完整地翻譯了出來，他不僅完成了翻譯，還撰寫了一篇很長的導言并作了詳細的注釋。①

爲了《南海寄歸内法傳》的翻譯，繆勒給高楠順次郎寫了一封長信，作爲序，放在英譯《南海寄歸内法傳》的書前。以繆勒當時的地位和影響，他的推介使得《南海寄歸内法傳》很快就受到了歐洲的東方學、印度學、佛教學研究的學者的注

① *A Record of the Buddhist Religion as Practised in India and the Malay Archipelago* (*A.D. 671–695*) by I-tsing, translated by J. Takakusu, with a letter from the Right Hon. Professor F. Max Müller, Oxford: The Clarendon Press, 1896.

意和重視。書出版後，很快就有不止一篇書評，撰寫書評的學者中，包括當時德國著名的印度學家 A. Barth。高楠順次郎自己，雖然當時還年輕，由此却也在歐洲學術界有了影響。在英譯《南海寄歸内法傳》正式出版的同年，高楠順次郎在德國萊比錫大學獲得博士學位。他提交的博士論文，就是他翻譯《南海寄歸内法傳》時所撰寫的那篇導言。這篇導言，前後不過二三十頁，高楠能够以此申請德國的博士學位并獲得成功，足見高楠的翻譯和研究被當時的東方學學術界認可的程度。此後高楠順次郎回到日本，被聘爲不久前建立的東京大學的講師，再後來被聘爲東京大學首次設立的梵文及印度哲學講席教授。高楠順次郎在歐洲學習和研究的這段經歷，成爲他一生學術事業的基礎。明治時代的後期到昭和時代的前期，高楠順次郎無疑是日本現代佛教學術研究的領袖人物之一。他主持編纂的《大正新修大藏經》以及他其他的一些學術著作，對于今天研究佛教的學者而言，其意義自不待言。

高楠順次郎英譯的《南海寄歸内法傳》在歐洲出版的時候，伯希和還是大學生。他進入東方學研究的圈子雖然還不算久，但對相關研究的情況，無疑很熟悉。伯希和完全清楚《南海寄歸内法傳》在學術上的分量。

不過這還衹是一個方面的情况。伯希和是法國學者，他學術上的成就和取向，代表的是法國的東方學學術傳統。伯希和有自己的師承。從師承方面講，伯希和能够迅速注意到義净的《南海寄歸内法傳》與他的老師沙畹(Ed. Chavannes)直接有關，因爲就在高楠順次郎英譯的《南海寄歸内法傳》在英國牛津出版兩年之前，1894 年，沙畹在巴黎出版了義净的另一部著作《大唐西域求法高僧傳》的法文譯本。[①] 這是沙畹早期重要的學術著作之一。沙畹翻譯《大唐西域求法高僧傳》，一定程度上是因爲受到了當時法國另一位知名印度學家列維(Sylvain Lévi)的影響。列維也是伯希和的老師之一。伯希和一生的學術研究中，不時也可以看到列維的一些影子。

作爲沙畹的學生，伯希和當然熟悉沙畹所有的學術著作，包括沙畹翻譯的《大唐西域求法高僧傳》。

對于這個時期的法國乃至歐洲東方學，尤其是其中的漢學研究，沙畹有多方

---

① *Mémoire compose à l'époque de la grande dynastie T'ang sur les religieux éminents qui allèrent chercher la loi dans les pays d'Occident*.沙畹的法譯本是《大唐西域求法高僧傳》的第一個西文譯本，法譯本包括導言和詳細的注釋，是一部標準的學術著作。

面的影響和貢獻，他被公認是這個時期法國漢學的領頭人。而且，沙畹的成就，還不僅僅體現在他個人的研究成果上，他也培養出了非常杰出的學生，其中之一就是伯希和。關于沙畹，幾年前張廣達教授曾經作過詳細的介紹。[①]

除了義净的著作，在檢閱和挑選藏經洞文物（主要是寫卷）的過程中，伯希和很注意的還有玄奘等所有中國求法僧的著作。這一點，上面所引伯希和自己的叙述中已經説得很清楚。重視研究中國求法僧的著作，從來就是法國漢學界——一定程度上也包括法國的印度學界——的一個好的學術傳統。最早把《法顯傳》和《大唐西域記》翻譯爲法文，介紹給歐洲學術界的，就是法國早期東方學研究的兩位學者，一位是雷慕沙（Abel Rémusat），翻譯的是《法顯傳》；一位是儒蓮（Stanislas Julien），翻譯的是《大唐西域記》。其中的雷慕沙，被公認是近代法國漢學研究的創始人。儒蓮是雷慕沙的學生，也很有名。今天法蘭西學院爲漢學研究設立的大獎，就以儒蓮的名字命名。對于伯希和而言，他們都是自己需要追隨的前輩。伯希和從沙畹那裏所繼承的學術傳統，最早就可以追溯到此。

通過以上的討論，我想是不是有理由這樣説：敦煌藏經洞裏的《南海寄歸内法傳》排在伯希和漢文寫卷的第一號，既有偶然的因素，也有必然的成分。這件事，雖然看起來不算要緊，但細細講來，却與當時英國、法國乃至歐洲的東方學的學術研究和學術史有關。問題雖小，但以小而見大，可以增加我們對敦煌研究最初情况的瞭解。其中的細節，其實也可以説是敦煌學學術史的一部分。

在 20 世紀前期所編的幾種最主要的敦煌寫卷目録中，我以爲伯希和目録最值得注意。説最值得注意，有幾個原因。原因之一是，伯希和進入藏經洞時，除了王道士取走的交付斯坦因的那一部分外，大部分寫卷還保留在最初的狀態中。這看照片就可以知道。王道士没打算把所有的寫卷都給伯希和，伯希和可以挑選，也祇能挑選。而這個時候的敦煌寫卷數量還多，還有足够的挑選餘地。原因之二是，伯希和不僅是内行，而且是一位不一般的内行，這個挑選寫卷的過程，很大程度上就體現了伯希和的學養和學術見識：他在當時關心什麽，注意什麽。同樣都是從藏經洞的寶藏中"淘寶"，斯坦因的情况完全不一樣。斯坦因是梵文和考古的專家，但他不懂漢文，更談不上有多少相關的知識。面對漢文寫卷，斯坦因當時能依靠的，祇有蔣師爺。蔣師爺雖然有一定的文化，但不是學者，與伯

---

① 張廣達：《沙畹——"第一代全才的漢學家"》，《史家、史學與現代學術》，廣西師範大學出版社 2008 年版，第 134—175 頁。

希和相比，他哪知道什麽學術，遑論歐洲的東方學及漢學研究。面對藏經洞里的寶物，斯坦因當時的注意力，實際上更多地集中在佛教的藝術品和非漢文寫卷部分。雖然出于直覺，斯坦因感覺到漢文寫卷也很重要，但哪些最重要，爲什麽重要，他完全没有判斷力。斯坦因掠獲的敦煌寫卷，運回倫敦后，最早的比較完整的目録，由小翟理思（L. Giles，或稱翟林奈）編成。從這份目録看，小翟理思編目時没有也不可能有什麽特别的學術考慮，真的就是見一卷編一卷。何况與當年的伯希和比，小翟理思的學術水平也差得太遠。至于當年京師圖書館，也就是今天的國家圖書館收藏的敦煌寫卷，最初由陳援庵先生編爲《敦煌劫餘録》。陳援庵先生的學問水平固然很高，但他面對的，是一大堆早已經過多人多次挑選，最後留下的“劫餘”之物，其中雖不能説没有“漏網之魚”——仍然有價值的好東西，但好東西畢竟不多。面對這樣的情形，陳先生不可能有更多的考慮，因此他的編目，次序也完全隨機。這一點，一眼就可以看得很清楚。三個目録，雖然一樣都是目録，但其實是有差异的，差异背後反映出的問題，也涉及歐洲東方學背景下的敦煌學研究的學術史。這一差异，還表現爲一個結果，那就是：雖然都是從藏經洞裏出來的東西，整體而言，法藏的好東西最多，英藏次之，相比之下，北京的收藏雖然整體上數量最多，品質却要差不少。細究起來，這中間反映出的，其實是“吾國學術之傷心史”的另一個側面。①

第二個問題：義净《大唐西域求法高僧傳》的書名。

P.2001 寫卷，内容抄寫的是唐代義净的《南海寄歸内法傳》，可惜是殘卷，衹有卷一部分。卷一的前半部分，我過去做整理和校注工作時，把它稱作“序”。在“序”快結束之處，義净寫道：

> 謹依聖教及現行要法，總有四十章，分爲四卷，名《南海寄歸内法傳》，又《大唐西域高僧傳》二卷，并雜經論等十卷，并録附歸。

這是我在中華書局出版的《南海寄歸内法傳校注》中經過校勘的文字。校勘時使用的底本是《磧沙藏》本，對照校勘的古抄本和古刻本有八種，各個本子文字上有一些差异。此處我出的校記是：

① 陳寅恪：《陳垣敦煌劫餘録序》，《金明館叢稿二編》，上海古籍出版社 1980 年版，第 236 頁。

(6) 大唐西域高僧傳二卷　金本、麗本、大本作"大唐西域高僧傳一卷"；敦本作"大周西域行人傳一卷"；石本作"大周域行人傳一卷"。①

這裹的"金本"指的是《趙城金藏》(以下簡稱《金藏》)，"麗本"是《高麗藏》，"大本"是《大正新修大藏經》，"石本"是日本的"石山寺本"②，"敦本"即 P.2001。這幾個本子中，敦本和石本在年代上顯然最早。從敦本和石本的文字，以及"唐"與"周"兩個國號前後的變化考慮，可以得出一個結論：《大唐西域求法高僧傳》的書名，最早不是《大唐西域求法高僧傳》，而是《大周西域行人傳》。而且很可能最初不分卷，全書一卷，後來才分爲兩卷。我的這個意見，其實在更早，也就是 20 世紀 80 年代初，我整理和校注《大唐西域求法高僧傳》時就講過。③

四十年前，日本七寺的古寫經還不爲人所知。90 年代初，七寺古寫經被發現，其中也有《大唐西域求法高僧傳》，書名就是《大周西域行人傳》，這一方面支持了我的這個結論，另一方面也説明七寺古寫經傳承的確實是一個比現存很多傳本更古老一些的傳抄系統。④

日本的古寫經，不管是石山寺本，還是七寺本，原卷是從中國帶到日本的，還是在日本抄寫的？我不瞭解更多的情況，不好下結論。如果是在日本抄寫的，那麼抄寫是在什麽時候？這方面我不是專家，也不好下結論。但無論如何，從内容看，石山寺本的《南海寄歸内法傳》與七寺本的《大唐西域求法高僧傳》至少是更多地保留了早期的形態。至于敦煌本《南海寄歸内法傳》，可能就是我們目前所能見到的《南海寄歸内法傳》最早的寫本。

還有一點需要加以注意，我們現在見到的《大唐西域求法高僧傳》的内容，與義净在天授二年(691)五月十五日派遣大津從室利佛逝送回中國的文本其實不完全一樣。二者最大的差别就在于前者在送回中國時，顯然還没有後來通行本中有的《重歸南海傳》一節。這樣講的理由也很簡單：

第一，書中的《重歸南海傳》，明顯另成一個部分。

---

① 義净：《南海寄歸内法傳校注》，王邦維校注，中華書局 1995 年版，第 24 頁。

② 收入《西域求法高僧傳集》，《天理圖書館善本叢書》卷 5，八木書店 1980 年版。

③ 義净：《大唐西域求法高僧傳校注》，王邦維校注，中華書局 1988 年版，第 17 頁。

④ 落合俊典：《義净撰大周西域行人傳について》，《宗教研究》1989 年第 62 卷第 4 輯；《大唐西域求法高僧傳の原題》，《三康文化研究所年報》1989 年第 21 號。《七寺一切經と古逸經典》，載《七寺古逸經典研究叢書》卷 1，《中國撰述經典》(其之一)，大東出版社 1994 年版，第 434—435 頁。

第二，其中的文字，也説得很清楚，是義净回到中國，或者更準確地説，回到洛陽以後增補進去的：

其僧貞固等四人，既而附舶俱至佛逝，學經三載，梵漢漸通。法朗頃往訶陵國，在彼經夏，遇疾而卒。懷業戀居佛逝，不返番禺。唯有貞固、道宏相隨，俱還廣府，各并淹留且住，更待後追。貞固遂于三藏道場敷揚律教，未終三載，染患身亡。道宏獨在嶺南，爾來迥絶消息。雖每顧問，音信不通。嗟乎四子，俱泛滄波，竭力盡誠，思然法炬。誰知業有長短，各阻去留。每一念來，傷嘆無及。是知麟喻難就，危命易虧。所有福田，共相資濟。龍華初會，俱出塵勞耳！

《重歸南海傳》撰成的時間，我三十多年前的考證結果是神功元年，即 697 年或更後。①

2016 年 9 月 16 日，日本國際佛教大學院大學的落合俊典教授訪問北京大學，在北京大學作報告，我們談話時曾提到這個問題。落合俊典教授認爲，《大唐西域求法高僧傳》這部書，最早的書名是《大周西域行人傳》；《大唐西域求法高僧傳》這個書名，是義净去世以後纔有的。

落合俊典教授的前一半意見，與我三十多年前的意見一樣，我當然同意，但對于後者，我則有不同的看法。我以爲，《大唐西域求法高僧傳》這個書名，在義净在世時，應該已經確立。

落合俊典教授的看法是，義净活着的時候，不會有《大唐西域求法高僧傳》這個書名，因爲義净不會稱自己爲“高僧”，義净不會這樣“自大”。

對此我的想法則有些差异。我以爲，義净撰書，最初的書名的確是《大周行人傳》，後來改爲《大唐西域求法高僧傳》，改名會在什麽時候？顯然衹能是武則天的“周”代以後，也就是神龍元年(705)二月，唐中宗恢復唐的國號以後。

《大唐西域求法高僧傳》的書名究竟是什麽時候有了這樣的改動，準確時間不太好説，但可以確定的是，上限是在神龍元年二月以後，理論上應該是緊跟這個時間。因爲國號既然已經從“周”改爲“唐”，舊的書名《大周西域行人傳》就不能繼續使用了。義净先天二年(713)去世，此後所編的經録，時間最接近的是智昇的《續古

① 義净：《南海寄歸内法傳校注》，第 245 頁。

今譯經圖記》和《開元録》。《續古今譯經圖記》和《開元録》中著録的義浄的兩部書，一部是《大唐西域求法高僧傳》，另一部是《大唐南海寄歸内法傳》。這裏需要注意的是“大唐”兩個字，它不是憑空加上去的。這説明即使是一千多年前，也要講政治，在中國，所有一切，首先要政治正確，這是歷朝歷代以至今天的傳統。

至于義浄是否“自大”，把自己也列入“高僧”的行列，這似乎不應該是個問題。因爲依我看，義浄在書中并没有突出自己，他甚至没有爲自己列出專條，義浄的名字，在書最前面的目録中也没有出現。有關他自己的求法經歷一段，衹是穿插在“玄逵律師”一條之後，寫明是在室利佛逝寫的。這都顯示出，義浄固然在書中講到了自己，但并不顯得特别“自大”。因此，義浄在世時，恐怕不會反對使用《大唐西域求法高僧傳》這個書名。當然，如果一定要做進一步的推想，在義浄自己這方面，我以爲他是希望至少生後會被人視爲高僧的。義浄爲了信仰，捨生忘死，赴印求法，這畢竟是他一生的追求和最終目標。實際上，他在世時已獲尊稱“三藏法師”，這個稱號，已經不是一般的僧人能够擔當得了的，等同于被認爲是高僧了。

最後附帶談一個問題：傳抄本和刻本中的“周”字以及石山寺本中的武周新字。

首先可以確認的一點是，傳抄本和刻本之所以用“周”字，是因爲義浄撰寫《南海寄歸内法傳》的時間和書最早的流傳，正是在武則天改唐爲周之時。書中的“周云”和“周譯”，反映的正是這一段歷史背景，衹是在武則天之後，唐中宗神龍元年恢復國號後，“周云”和“周譯”才被改爲“唐云”“唐譯”。敦煌本和石山寺本都有“周”字，顯示這兩個抄本更多地反映出義浄書原來的狀態。

三十多年前，我做《南海寄歸内法傳》的校勘，當時就有一個印象，抄本中敦煌本和石山寺本比較接近，屬于最早的抄本系統。校勘中還有一個印象：宋以後的刻本，《金藏》本與《高麗藏》本文字比較接近，千字文編號也相同，應該屬于《開寶藏》以後出現的北方系統；其餘各本較接近，應該屬于宋代南方的刻本系統。過去的一些研究者認爲，佛經的刻本方面，北方系統優于南方系統。[1] 但如

---

① 這是我三十多年前對中國古代刻本佛經傳承系統的認識。拙文初稿曾提交給 2016 年 10 月在上海師範大學召開的“敦煌遺書與佛教研究國際學術研討會”，其後再經修改，修改中曾向上海師範大學方廣錩先生請教。方先生用電郵告訴我：刻本各系，均上承寫本，寫本不同，形成刻本不同的系統。現在一般把《遼藏》稱爲“北方系”，《開寶藏》及由此衍生出的《金藏》《高麗藏》稱爲“中原系”。北方系比較忠實于“開元大藏”系統，且經過校訂。“中原系”用四川的一個寫本刻成，初期錯誤極多，其後在東京不斷被修訂。方先生是佛教文獻研究的專家，他根據三十多年來的新發現和新研究，對刻本佛經進行了更細密的分類。如果依照方先生的分類，我這裏説的北方刻本系統，就基本等同于方先生説的“中原系”。我説的南方系統，則指的是我當年做校勘時使用的《思溪藏》《洪武南藏》《永樂南藏》以及《永樂北藏》，因爲這幾種藏經——其中《永樂北藏》除外——的刊刻，都在南方完成。我感謝方先生的提示。

果以《南海寄歸内法傳》爲例，這好像不可以一概而論。《金藏》本、《高麗藏》本作“唐云”“唐譯”等處，南方刻本與最早的敦煌抄本和石山寺抄本相同，俱作“周云”“周譯”，至少在這一個地方顯示出了優點。不過，這個“周”字，在《金藏》本和《高麗藏》本中也并没有完全消失，兩本卷四最後一段的第一句話“義净敬白大周諸大德”中的“大周”二字顯然就是當時的漏改之處。

再有一點是石山寺本中的武周新字。石山寺本中的“正”字，都抄作“𠙺”，這是武則天載初元年(689)正月所造的十二個“新字”之一。[1] 這種寫法流行的時間很短。[2] 這就説明，不管石山寺本是從中國直接流傳到日本的古抄本，還是日本僧人所抄寫，這個抄本或抄本代表的原本也一定是一個很早的本子。

做過文本校勘工作的人都知道，一個字的差异或變化，往往可以追溯出一段特定的歷史。《南海寄歸内法傳》抄刻本中的“周”字爲我們提供了又一個例證。

---

① 見司馬光：《資治通鑒》卷 204，中華書局 1982 年版，第 14 册，第 6462—6432 頁。載初元年正月即永昌元年十一月，自是改用子正。“新字”字形亦見《宣和畫譜》及《歷代畫譜》等。

② 也是方廣錩先生提示我：“武周新字并未因大周傾覆而廢止，故其流傳時間極長。就敦煌遺書看，直到北宋，還有人用，尤其如‘正’字之類不太繁雜的字形。”如此看來，這個問題比我原來想的还要稍微複雜一些。不過，石山寺本在日本被判定爲奈良時代(710—784)的寫本，如果這樣的判定無誤，石山寺本那就可以説跟敦煌本幾乎同時了。

一部家國血泪簡史

——敦煌 S.2607+S.9931 寫本研究*

伏俊璉(西華師範大學寫本研究中心)

一、S.2607+S.9931 寫本基本情況

S.2607 寫本爲卷子裝,存 90 行,首尾、上下、中間都有嚴重殘缺。S.9931 爲殘片,存 10 行,正好可以拼接在 S.2607 尾端第 75—84 行下方(圖 1)。綴合後尺寸約爲 29.5 厘米×136 厘米,由 4 張紙粘合而成。存詞,包括殘詞共 28 首,其中 2 首見于《全唐詩》,爲唐昭宗李曄的作品。其餘爲不見于傳世文獻的佚詞。寫本有墨筆句讀,詞牌相同者,用"同前""又同前"等標識。寫本中比較完整的詞,王重民《敦煌曲子詞集》(1950 年初版,1956 年修訂本)、任二北《敦煌曲校録》(1955 年)、饒宗頤《敦煌曲》(1971 年)、林玫儀《敦煌曲子詞斠證初編》(1986 年)、任半塘《敦煌歌辭總編》(1987 年)、張錫厚《全敦煌詩》(2006 年)、郝春文《英藏敦煌社會歷史文獻釋録》第十二卷(2015 年)皆有校録,蔣禮鴻《敦煌詞校議》(《杭州大學學報》1959 年第 3 期)、潘重規《任二北〈敦煌曲校録〉補校》(《敦煌詞話》,石門圖書公司 1981 年版)有補正。

背面抄《某寺交割常住什物點檢曆》(《斯坦因劫經録》擬題,以下簡稱《什物點檢曆》),污漬嚴重,行草體,墨迹暗淡。妙智《英藏敦煌遺書人物小考》通過對背面内容的考察,認爲是歸義軍時期金光明寺的文書,題目應當叫《金光明寺法器雜物交割帳》。[①] 吐蕃占領時期和歸義軍時期的敦煌寺院,多設有寺學,教學内容就包括了詩詞歌賦。金光明寺是敦煌當時最大的寺院之一,據饒宗頤研究,

* 本文係國家社科基金重大項目"5—11 世紀中國文學寫本整理研究"(16ZDA175)的階段性成果。

① 妙智:《英藏敦煌遺書人物小考》,《法源》2004 年號(總第 22 期)。

S.2607

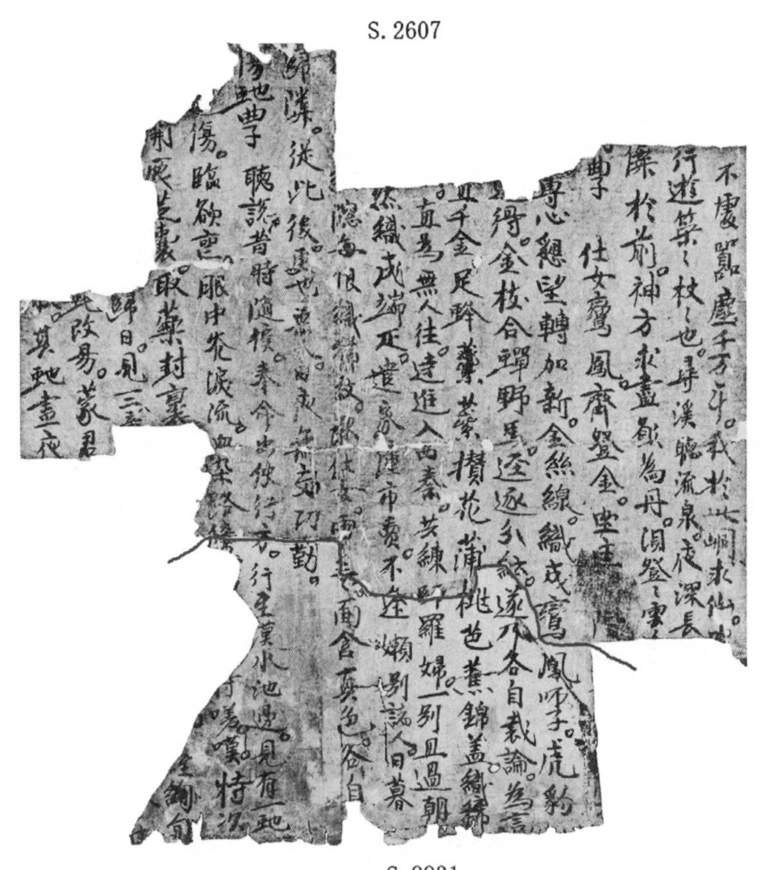

S.9931

圖1 S.2607+S.9931 拼接處

敦煌一些大的寺院裏有教坊一類的機構，有戲場、樂舞隊、聲音人等，僧人要進行誦經、作偈、唱導的訓練。[①] S.2607+S.9931 所抄的曲子詞就是進行訓練的備用教材。當這些教材不再使用時，寺院便用其背面抄寫交割賬。

這是一份寺院保存的寫本，曲子詞一面書寫工整，通常作爲正面，《什物點檢曆》一面書寫潦草，通常作爲背面。按常理，正面要抄得早一些。但對寺院而言，《什物點檢曆》是更重要的檔案資料。

① 饒宗頤：《〈雲謡集〉的性質及其與歌筵樂舞的聯繫》，《明報月刊》1989 年 10 月號。

二、對寫本抄寫年代的考證

此寫本没有題記，正面所抄的 28 首殘詞中，有 6 首《菩薩蠻》詞，其中《登樓遥望秦宫殿》《飄摇且在三峰下》見于《全唐詩》，題唐昭宗撰。《舊唐書・昭帝紀》等史籍明確記載作于乾寧四年(897)。那麼，寫本抄寫時間的上限就是這一年(897)。寫本背面的《什物點檢曆》記録了沙州某寺的部分幢傘、供養具、傢俱、銅鐵器、鐺鏊、函櫃等物品。其中供養具、傢俱、銅鐵器、鐺鏊等名目，爲朱筆抄寫。一部分物品名目右上方有朱筆勘驗符號，可能是交接時點驗的標志。《什物點檢曆》中有“道政”“法真”“都判官”“教授”“管内法律”“石寺主”“陰寺主”等與人名相關者，其中“道政”還見于 S.2711《金光明寺抄經人名》、S.3776《佛臨般涅槃略説教戒經一卷》、S.3905《金光明寺造窟上梁文》，可見他是歸義軍時期金光明寺的僧人，生活在 10 世紀初期。① 據 S.6417《同光四年金光明寺徒衆慶寂神威狀》，法真于同光四年(926)任金光明寺寺主。② 而在《什物點檢曆》中法真還是普通僧人，所以該《什物點檢曆》抄于法真任寺主之前。這是寫本抄寫的下限。③

趙鑫曄認爲，該曲子詞集可能爲張球所抄。理由有三：一是筆迹，敦煌文獻中有不少可確定爲張球本人所抄的寫本，筆迹非常相似；二是曲子詞中既有蕃占時期的作品，又有黄巢之亂後的作品，與張球所生活的時代也吻合；三是詩詞歌賦確實是張球所擅長的内容。④ 如果確爲張球所抄，那麼該寫本的抄寫年代下限就可以有個範圍。敦煌寫本中有 10 多件署名“八旬老人”的寫經題記，其中最晚的是 BD10902(L1031)《金剛經》後題記：“辛未年七月廿日，八十八老人手寫流通。”經楊寶玉在前賢研究基礎上考證，這位八十八歲的老人就是張球。⑤ 辛未年爲

① 妙智：《英藏敦煌遺書人物小考》。

② 《敦煌學大辭典》謂法真俗姓馬，初住龍興寺。張長彬《敦煌寫本曲子辭抄寫年代三考》(《江蘇師範大學學報》2014 年第 6 期)認爲，《大辭典》所依據的敦煌寫本中的法真不是金光寺法真，二人時代不同。

③ 張長彬《敦煌寫本曲子辭抄寫年代三考》一文認爲，抄《什物點檢曆》的一面是正面，抄曲子詞的一面是反面。而寺院的《什物點檢曆》作爲檔案要保密一段時間，到下一任寺院管理者到任爲止，然後纔作爲不用的廢紙交由寺中人抄其他作品。據此，背面曲子詞的抄寫時間還要晚，應在 10 世紀中葉左右。可備一説。

④ 見趙鑫曄給筆者的信，該信未發表。

⑤ 楊寶玉：《敦煌寫經題記中八旬老人身份考索》，收入中國社會科學院歷史研究所：《隋唐遼宋金元史論叢》第 9 輯，上海古籍出版社 2019 年版，第 93—108 頁。

後梁開平五年(911)。那麽,S.2067 曲子詞寫本的抄寫時間最晚也在此年。

寫本的抄寫者可能是寫本的編集者,也可能衹是抄寫其他人編集的寫本。如果張球確是此寫本的編集者,那麽他的經歷當要增補諸多内容。比如,張氏歸義軍時期,他曾被吐蕃俘虜過;他年近七旬時(唐昭宗初期)曾到過長安,經歷了昭宗逃亡、長安遭受重大劫難等歷史事件。他的去世時間,或許正值金山國大亂時期。金山國建立伊始(910),甘州回鶻便以重兵進攻敦煌,歸義軍勢弱力單,衹得講和投降。有一篇《沙州百姓一萬人上回鶻天可汗狀》(P.3633)的投降書,也可能與張球有關。

三、對寫本中詞集内容的分析及曲子詞來源的討論

S.2607+S.9931 綴合本曲子詞的内容可分爲以下幾類:有關唐昭宗即位及華州事件的作品、宫廷樂工的一般感時抒情之作、詞集編集者自己的作品。

文德元年(888)三月,壽王李曄即皇帝位,是爲唐昭宗。李曄"體貌明粹,有英氣,喜文學。以僖宗威令不振,朝廷日卑,有恢復前烈之志。尊禮大臣,夢想賢豪,踐祚之始,中外忻忻焉"[①],國家一派恢復振興的氣象。昭宗即位後,實施了一系列措施打擊宦官,鞏固皇權,取得了重大成果,但也造成了藩鎮勢力加重。景福二年(893),昭宗與鳳翔、隴右節度使李茂貞的關係惡化,昭宗討伐李茂貞,以失敗告終。乾寧二年,李茂貞再次兵圍長安,昭宗被迫出逃,尋求河東節度使李克用的庇護。而半路被華州刺史韓建挾持,于乾寧三年七月十七抵達華州,其間與韓建的關係日益惡化,導致皇室宗親十一王被殺,直到乾寧五年八月才回到長安。

失調名一首正寫新皇帝繼位,朝野上下一派期待中興的景象:

> 國泰人安静風沙,向秀□地種□吕鬧任船車。聽海燕座金牙,提胡蘆帝薩金沙,長垂羅袖拂烟霞。齊拍手,賀我當家。

原寫本題署作"同前　般涉"。"同前"是説與前面所抄詞同調,因前詞已殘,故調

① 司馬光:《資治通鑒》卷 257,中華書局 2011 年版,第 8376 頁。

名佚失；“般涉”，指宫調名。《敦煌歌辭總編》此詞題作《失調名　般涉調　賀當家》。“當家”，指當今皇帝。這首殘詞寫唐昭宗即位之事。《舊唐書・昭宗紀》："文德元年二月，僖宗暴不豫。……及大漸之夕，而未知所立。……軍容楊復恭請以壽王監國。三月六日，宣遺詔立爲皇太弟。八日，柩前即位，時年二十二。……帝攻書好文，尤重儒術，神氣雄俊，有會昌之遺風。以先朝威武不振，國命寖微，而尊禮大臣，詳延道術，意在恢張舊業，號令天下。即位之始，中外稱之。"①這首詞的作者親歷了唐昭宗即位的重大事件，面對國家一派恢復振興的氣象，他感到興奮與喜悦。

然而，好景不長，内戰旋起，昭宗出逃，被軟禁于華州，唐皇室宗族集體遭屠戮，史稱“華州事變”。寫本中的六首《菩薩蠻》詞，集中反映了乾寧年間（894—898）發生的這一重大事件的前後：

登樓遥□（望）秦宫殿，翩翩祇見雙飛燕。渭水一條流，□□□□□（千山與萬丘）。野烟遮遠樹，陌上行人去。何處有英雄，迎歸大内□（中）。

飄摇且在三峰下，秋風往往堪沾灑。腸斷憶仙□（宫），□□□□□（朦朧烟霧中）。思夢時時睡，不語長如醉。何日却回歸，玄穹知不知。

御園照照紅絲罷，金風墜落沾枝架。柳色政（正）依依，玄宫照渌池。每思龍鳳闕，惟恨纍年□（别）。計日却回歸，象似南山不動微（巍）。

千年鳳闕＿＿（争雄弃，何時獻得安邦計。鑾駕在）三峰，天同地不同。宇宙憎＿＿（嫌側，金作蒙塵客。閫外有忠）常，思佐聖人[王]。

自從鑾駕三峰住，傾心日夜思明主。慣在紫微間，笙□（歌）不暫閑。受禄分南北，誰是憂邦國。此度却回鑾，須交（教）社稷□（安）。

常慚血怨居臣下，明君巡幸恩沾灑。差匠見修宫，謁（竭）誠無有終。奉國何曾睡，葺治無人醉。剋日却回歸，願天涯總西。

其中《登樓遥望秦宫殿》《飄摇且在三峰下》（圖2）兩首見于《全唐詩》卷八百八十九，題唐昭宗撰。按《舊唐書・昭宗紀》：乾寧四年，“春正月丁丑朔，車駕在華州行宫……七月甲戌，帝與學士、親王登齊雲樓，西望長安，令樂工唱御製《菩薩蠻》

① 劉昫等：《舊唐書》卷20《昭宗紀》，中華書局1975年版，第735—736頁。

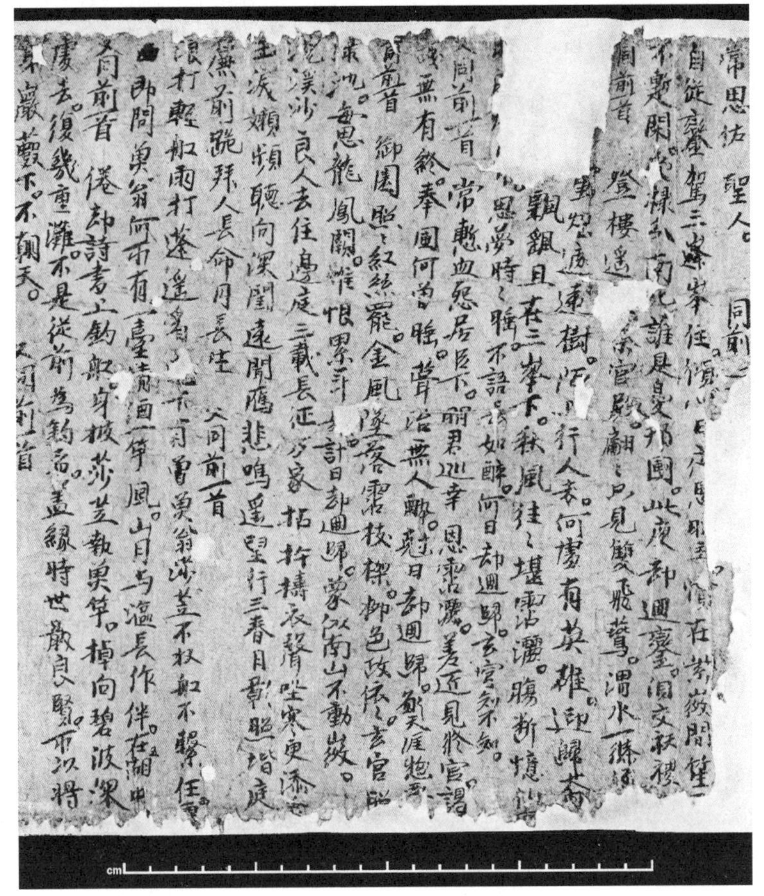

圖 2 S.2607 局部

詞，奏畢，皆泣下沾襟。覃王以下，并有屬和"①。《新五代史·韓建傳》："建已得昭宗幸其鎮，遂欲制之，因請罷諸王將兵，散去殿後諸軍，累表不報。昭宗登齊雲樓，西北顧望京師，作《菩薩蠻辭》三章以思歸。其卒章曰：'野烟生碧樹，陌上行人去。安得有英雄，迎歸大内中？'酒酣，與從臣悲歌泣下，建與諸王皆屬和之。"②宋莊綽《鷄肋編》："華州子城西北有齊雲樓基，昭宗駐蹕韓建軍，嘗登其上，賦《菩薩蠻》詞云：'安得有英雄，迎歸大内中'者是也。"③則此二詞作于乾寧

① 劉昫等：《舊唐書》卷 20《昭宗紀》，第 760—762 頁。
② 歐陽修：《新五代史》卷 40《韓建傳》，中華書局 1974 年版，第 434—435 頁。
③ 莊綽：《鷄肋編》，中華書局 1983 年版，第 5 頁。

四年七月，昭宗原作三首，傳世文獻保留下來的衹有兩首。昭宗作的另一首《菩薩蠻》，饒宗頤《唐末的皇帝、軍閥與曲子詞》一文通過對詞中典故的分析，認爲就是《御園照照紅絲罷》。[①] 這首詞，任半塘《敦煌歌辭總編》認爲是乾寧四年，原跟從李曄來華州之臣工將回長安而有所作。[②] 饒文辯駁曰："詞中無數典故，出自帝王口吻，任氏均漠然置之，反説是作者率意，歌者傳訛，非妄説而何？"

其餘三首《菩薩蠻》，當是韓建和諸王的和作。《千年鳳闕争雄弃》，饒宗頤認爲，史籍明確記載昭宗李曄作詞後，覃王李嗣周等有和作。"此首口吻唯覃王可以當之，故兹定爲覃王所作。"[③]覃王李嗣周于乾寧四年六月被任命爲鳳翔節度使，以代李茂貞。覃王赴鎮，而茂貞不受代，圍覃王于奉天。這年七月，韓建移書李茂貞，乃解除奉天之圍，覃王遂歸華州。八月，覃王與其他十王爲韓建所殺。

《自從鑾駕三峰住》一首，其中有"受禄分南北"句，王重民《敦煌曲子詞集》："南北指南北司，南司指廷臣，北司指宦官。"并引僖宗中和元年（881）孟昭圖上疏："北司未必盡可信，南司未必盡無用。"[④]這個時期，僖宗與宦官密切，天下大事决于此，而待外戚殊薄，所以孟昭圖有此議。疏入，宦官田令孜扣留不奏皇上，不久遂矯昭貶孟氏爲嘉州司户參軍，并遣人沉于蟆頤津。（事見《新唐書》卷二百零八。）饒宗頤《唐末的皇帝、軍閥與曲子詞》認爲，詞中南北司應指昭宗時事。乾寧二年，韓建、李貞茂、王行瑜極言南北司相傾，危害時政，請誅其太甚者。于是，三軍閥迫使昭宗貶宰相韋昭度，不久又殺之。"三帥以南北司既受禄而互相傾軋，又諸王掌兵，以召危亂。今諸王已除，社稷可安矣。故此首口氣，疑亦韓建所作，以剖明心迹。若然，則當在是年八月，與七月帝登齊雲樓令樂工唱御製《菩薩蠻》，相隔衹一月而已。"昭宗"作《菩薩蠻辭》三章"後，韓建與諸王皆有和作。饒宗頤認爲，韓建的和詞不止一首，"可能有三首，一與諸王同作，今不可見；一爲修宫所作；一在殺諸王之後，故有'常慚血怨居臣下'之語。君臣各製三章，自是講得通的"。[⑤]

關于《常慚血怨居臣下》一首，任半塘《敦煌歌辭總編》説："此辭乃華州修葺

---

① 饒宗頤：《唐末的皇帝、軍閥與曲子詞——關于唐昭宗御製的〈楊柳枝〉及敦煌所出他所寫的〈菩薩蠻〉與他人的和作》，《明報》1989 年第 24 卷第 8 期；收入氏著《敦煌曲續論》，新文豐出版公司 1996 年版，第 131—147 頁。

② 任半塘：《敦煌歌辭總編》，上海古籍出版社 1987 年版，第 467 頁。

③ 饒宗頤：《敦煌曲續論》，第 138 頁。

④ 王重民：《敦煌曲子詞集》（修訂本），商務印書館 1956 年版，第 15 頁。

⑤ 饒宗頤：《敦煌曲續論》，第 139 頁。

行宫之工匠對李曄所作《菩薩蠻》'飄摇'一章之和作,不但同内容,且依原韵;古工匠自撰之歌辭,確鑿可信者殊少,右辭曰'葺治',明謂其所任者乃從事修繕工作。"[①]潘重規《敦煌詞話》則認爲:"任氏誤解'差匠見修宫',以爲是華州修造行宫之工匠和昭宗的作品,事實上是説不通的。因爲'常慚血怨居臣下'、'謁誠無有終'决不符合工匠的身份口吻。况且'差匠'的意思是差遣工匠,所作詞的人應該是差遣工匠的人而不是工匠。"[②]所以,從詞的内容分析,此詞是華州刺史韓建的和作。饒宗頤《唐末的皇帝、軍閥與曲子詞》通過對"血怨""差匠修宫"等史事的考證,更加論證潘説之可信。而"工匠"云云,根本無緣見到皇帝,更遑論和詞。這裏有幾個歷史事實需要説明。第一,首句的"血怨",指韓建殺諸王之事。《新五代史・韓建傳》記載,昭宗作《菩薩蠻辭》三章,"建心尤不悦,因遣人告諸王謀殺建,劫天子幸佗鎮。昭宗召建,將辨之,建稱疾不出。乃遣諸王自詣,建不見,請送諸王十六宅,昭宗難之"。韓建和諸王的矛盾越發激化,"建與中尉劉季述誣諸王謀反,以兵圍十六宅,諸王皆登屋呼叫,遂見殺"[③]。詞中"血怨"當指此。第二,關于"差匠修宫"一事,《資治通鑒》記載:乾寧三年十月"丁巳,以韓建權知京兆尹,兼把截使。戊午,李茂貞上表請罪,願得自新,仍獻助修宫室錢;韓建復佐佑之,竟不出師"[④];乾寧四年初,"詔以韓建爲修宫闕使,諸道皆助錢及工材,建使都將蔡敬思督其役。既成,二月,建自往視之"[⑤]。

寫本《獻忠心》一首,當是寫乾寧五年八月昭宗御駕回長安之事:

> 自從黄巢作亂,直到今年。傾動遷移每驚天。京華飄摇因此荒。空有心,長思戀明皇。願聖明主,久居宫宇。臣等然始有望常殊。弓劍更抛涯計會,將鑾驚步步却西回。

這首詞,任二北《敦煌曲初探》説:"當是僖宗赴蜀以後,留京之人作。巢事始終四年,中和三年,公元883年,長安已爲唐收復。故此首之作時代,可以假定在882

① 任半塘:《敦煌歌辭總編》,第415頁。
② 潘重規:《敦煌詞話》,石門圖書公司1981年版,第40頁。
③ 歐陽修:《新五代史》卷40《韓建傳》,中華書局1974年版,第435頁。
④ 司馬光:《資治通鑒》,第8494—8495頁。
⑤ 司馬光:《資治通鑒》,第8513—8514頁。

年，僖宗中和二年。”[①]按：從整個寫本的詞作看，當是昭宗時代的作品。“將鑾驚步步却西回”，明確提示鑾駕在長安之東，所以是在華州的樂工或大臣之作。僖宗赴蜀，乃西出長安，不得説“西回”。《資治通鑒》：昭宗乾寧五年八月，“己未，車駕發華州。壬戌，至長安。甲子，赦天下，改元”[②]。這首詞所寫當即此事。

三年前，昭宗離開京城時，長安城在黄巢之亂後剛剛修葺一新，但乾寧三年七月李茂貞攻克長安後，又一次燒殺搶掠，宫室俱焚。乾寧五年八月昭宗回到長安，面對的正是這樣殘破的場景。P.2506 寫本背面存殘詞五首，所寫也是乾寧事變。如《酒泉子》：

> 每見惶惶，隊隊雄軍驚御輦。驀街穿巷犯皇宫，衹擬奪九重。長槍短劍如麻亂，争那(奈)失計無投竄。金箱玉印自携將，任他亂芬芳。

詞中所寫，正是李茂貞入長安的情形。據《舊唐書・昭宗紀》及《資治通鑒》，乾寧三年七月李茂貞兵入長安後，自中和以來所葺宫室、市肆，燔燒俱盡。《資治通鑒》胡三省于此注：“黄巢之亂，宫室燔毁，中和以來，留守王徽補葺粗完。襄王之亂，又爲亂兵所焚，及僖宗還京，複加完葺。上出石門，重罹燒爇，還又葺之，至是爲茂貞所燔。”[③]任二北《敦煌曲初探》亦認爲：“與昭宗乾寧二年五月，李茂貞、王行瑜、韓建，各率精甲數千人入覲，京師大恐，人皆亡竄，吏不能止之情形，比較相合。”[④]但《敦煌歌辭總編》改變了此説，因爲 P.2506“唐國裏”之“國”字作武周新字，遂斷定此卷抄于盛唐。據王三慶初步調查，敦煌寫本中有武周新字者約 500 號，這些寫本中約有一半是武周時期所抄，其餘多爲晚唐時期所抄。如 P.2187《降魔變文》有題記明確説是抄于“天福九年”(944)，但其中“爲灌頂之國師”句中“國”作武周新字。[⑤] 故不能以武周新字爲孤證斷定寫本的時代。我們把這兩個寫本聯繫起來，判斷 P.2506 所抄詞亦作于昭宗乾寧末或光化初。

在華州的三年，昭宗雖然名義上是一國之主，但由于受到韓建的控制，等于

---

① 任二北：《敦煌曲初探》，上海文藝聯合出版社 1954 年版，第 255 頁。
② 司馬光：《資治通鑒》，第 8517 頁。
③ 司馬光：《資治通鑒》，第 8491 頁。
④ 任二北：《敦煌曲初探》，第 256 頁。
⑤ 王三慶：《敦煌寫卷中武后新字之調查研究》，《漢學研究》1986 年第 2 期。

過的是軟禁生活。韓建爲了挾天子以令諸侯,又擔心别的軍閥藉機"清君側",還是給予昭宗應有的優裕待遇,比如昭宗從長安帶來的樂工,照樣進行演奏。由于昭宗本人愛好詞曲,他的創作通過樂工傳唱,流傳下來了一些。除了前文有明確可考的《菩薩蠻》三首外,S.2607+S.9931 寫本還抄有兩首"御製"詞,第一首原卷題名《御製》,第二首原卷題名《御製曲子》:

> 時清海晏,定風波。恩光六塞,瑞氣遍山坡。風調雨順,野老行歌。四寒(塞)休徵罷戰,放將仕(士),盡回戈。君臣道泰,禮樂宴中和。此時快活感恩多。願聖壽萬歲,同海岳山河。似生佛向宫殿裏,絶升(勝)兜率大羅。
>
> 百花競發,焕新楊柳垂院光。向珠簾池,萬喜含芳。觀園裏青青,山川草木异禎祥。一萬人樂,行歌□泰時康。我□□明主,□中看景色在邊疆。更將新翻御製□□□,□步元戎,千秋萬歲,豐作得姚長。知存而治化,□□□舜禹湯。

這兩首詞,任半塘《敦煌歌辭總編》擬名《獻忠心·瑞氣遍山河》,認爲兩首卷相續,内容一致,故爲聯章。[①] 其《敦煌曲初探》曰:此曰"御製",乃製曲,非製詞也。認爲這兩首是玄宗所製之曲無疑。[②] 饒宗頤《敦煌曲》:"敦煌曲有'御製'者,不知何帝所撰。考《新五代史》三七《伶官傳》云:'莊宗既好俳優,又知音,能度曲,至今汾晋之俗,往往能歌其聲,謂之御製者皆是也。'今 S.373 爲李存勖同光元年(923)迎太后詩。敦煌卷寫于同光年間不一而足,若《嘆百歲詩》,當即《五代史》二七(《莊宗紀》)伶人所奉之《百年歌》。則《御製内家嬌》一類,可能爲莊宗時之作品。"[③]按:任、饒所説都是一種猜測。這兩首詞與昭宗御製《菩薩蠻》三首同抄在一起,當爲昭宗御製之曲,内容則爲歌頌昭宗所作。前引《資治通鑒》記載昭宗即位後,國家有中興之象,就是此兩首詞所寫之背景。

S.2607+S.9931 寫本中第二類曲子詞,寫的是閑散優裕的生活情景。下面我們對這幾首比較完整的詞進行分析。

《西江月》三首:

---

① 任半塘:《敦煌歌辭總編》,第 680 頁。
② 任二北:《敦煌曲初探》,第 235 頁。
③ 饒宗頤、戴密微:《敦煌曲》,法國國家科學研究中心 1971 年版,第 194 頁。

女伴同尋烟水，今宵江月分明。馱（柁）頭無力，别一船橫。波面微風暗起，懶掉（棹）乘船無定正（止）。拜詞處處暗（聞）聲，連天紅浪侵秋星。悟（誤）入蓼花叢裹。

皓（浩）渺天涯無濟（際），吕（旅）人船薄（泊）孤舟（洲）。團團明月照江樓。遠望秋花風起，東去不回千萬里。乘船整置（正值）高秋，此時變作望鄉愁。一夜苦吟雲□（水）。

雲散金波初吐，烟迷沙煮（渚）沉沉。棹歌驚起亂西（栖）禽，女伴各歸南補（浦）。船押（壓）波光遥野（摇曳），虜（娱）歡不覺更深。楚詞哀怨出江心，整置（正值）明月當南午。

任二北《敦煌曲校録》認爲三首同咏女伴弄舟，又同卷相續，故爲聯章。[①] 這幾首詞的作者，當爲宫廷文人或者樂工，内容寫宫女生活。

還有《浪濤沙》一首：

五兩竿頭風欲平，長（張）帆舉棹覺船行。柔虜（櫓）不施停却棹，是船行。滿眼風波多陜沩（閃爍），□□（看山）恰似走來迎。子細□□□（看山山）不動，是船行。

任二北《敦煌曲校録》改調名爲"浣溪沙"。[②] 詞寫蕩舟愜意的情景。

值得注意的是失調名一首：

良人去住邊庭，三載長征。萬家拈（枯）杵擣衣聲。坐寒更。添垂玉泪，懶頻聽。向深閨，遠聞雁悲鳴。遥望行，三春月影照階庭。簾前跪拜，人長命，月長生。

原寫本題詞牌"浣溪沙"是不正確的，所以王重民《敦煌曲子詞集》將此首列入"失調名"。任半塘《敦煌歌辭總編》："原本調名'浣溪沙'，非，《唐雜言格調》擬名'擣

① 任二北：《敦煌曲校録》，上海文藝聯合出版社 1955 年版，第 40 頁。
② 任二北：《敦煌曲校録》，第 42 頁。

衣聲',兹從之。"[①]"三春月影照階庭。簾前跪拜,人長命,月長生",這是描寫唐代貴族婦女拜新月的習俗。《雲謡集》收録有《拜新月》:"蕩子他州去,已經新歲未還歸。堪恨情如水,到處輒狂迷。不思家國,花下遥指祝神祇。直至于今,抛妾獨守空閨。上有穹蒼在,三光也合遥知。倚幈幃坐,泪流點滴,金粟羅衣。自嗟薄命,緣業至于斯。乞求待見面,誓不辜伊。"詞寫女子在月下自嘆命薄,祈求能和丈夫早日相見,并發誓决不辜負他。與這首《良人去住邊庭》情境相近。《樂府詩集》卷八十二《近代曲辭四》收有李端《拜新月》:"開簾見新月,便即下階拜。細語人不聞,北風吹裙帶。"又吉中孚妻張氏《拜新月》:"拜新月,拜月出堂前。暗魄深籠桂,虛弓未引弦。拜新月,拜月妝樓上。鸞鏡未安臺,蛾眉已相向。拜新月,拜月不勝情。庭前風露清,月臨人自老,望月更長生。東家阿母亦拜月,一拜一悲聲斷絶。昔年拜月逞容儀,如今拜月雙泪垂。回看衆女拜新月,却憶紅閨年少時。"[②]《全唐詩》中還保存了三首拜新月詩:卷四百九十四施肩吾《幼女詞》:"幼女纔六歲,未知巧與拙。向夜在堂前,學人拜新月。"卷七百五十六徐鉉《禁中新月》:"今夕拜新月,沈沈禁署中。玉繩疏間彩,金掌静無風。節换知身老,時平見歲功。吟看北墀暝,蘭燼墜微紅。"卷八百零二常浩《贈盧夫人》:"佳人惜顔色,恐逐芳菲歇。日暮出畫堂,下階拜新月。拜月如有詞,傍人那得知。歸來投玉枕,始覺泪痕垂。"[③]這些作品所寫無一不是貴族階層,説明《良人去住邊庭》也是從宫廷流散出來的作品。

寫本中寫錯調名的還有幾首,如有三首署"浣溪沙"調名的詞,任二北、王重民、饒宗頤皆認爲非是,當爲失調名:

> 浪打輕船雨打蓬,遥看蓬下有魚(漁)翁。莎苙(蓑笠)不收船不繫,任西□(東)。即問魚(漁)翁何所有,一臺(壺)清酒一竿風。山月與漚(鷗)長作伴,在五湖中。
>
> 倦(卷)却詩書上釣船,身披莎苙(蓑笠)執魚竿。棹向碧波深處去,複幾重灘。不是從前爲釣者,蓋緣時世厭良賢。所以將身岩藪下,不朝天。
>
> 一隊(陣)風去(起)吹黑雲,船車撩亂滿江津。浩沵洪波長水面,浪如

① 任半塘:《敦煌歌辭總編》,第309頁。
② 郭茂倩:《樂府詩集》,中華書局1979年版,第1154頁。
③ 彭定求等編:《全唐詩》,中華書局1999年版,第5630、8691、9121頁。

> 銀。即問長江來往客，東西南北幾時分。一過交(教)人腸欲斷，謂行人。

這三首詞的作者，即“倦(卷)却詩書上釣船”的這位文人，他目睹了當時觸目驚心的社會動亂，“所以將身岩藪下，不朝天”，希望過一種“蓑笠不收船不繫，任西東”、“一臺(壺)清酒一竿風。山月與漚(鷗)長作伴，在五湖中”的生活。但作者又明確説：“不是從前爲釣者，蓋緣時世厭良賢。”點明爲釣者的原因，是典型的下層文人抒寫懷才不遇的作品。

寫本原題《曲子恭怨春》的作品：

> 柳條垂處也，喜鵲語零零。焚香稽告素(訴)君情。慕德(得)蕭稂(郎)好武，纍歲長征。向沙場裏，輪(掄)寶劍，定攙槍。去時花欲謝，幾度葉還青。遥思相(想)夜夜到邊庭。願天下銷戈鑄戟，舜日清平。待功成日，麟閣上，畫圖形。

《敦煌歌辭總編》擬名《宫怨春·到邊庭》。[①] 岑仲勉《隋唐史》唐史部分第二十三節《西方樂曲影響于開元聲律及體裁——從實踐論看詩詞與音樂之分合》疑“恭怨春”三字是《教坊記》所見“宫人怨”之訛。[②] 按：據《唐六典》，唐代貴族之家，門多列戟。出土唐墓門多畫戟。此詞云“願天下銷戈鑄戟，舜日清平”，又云“待功成日，麟閣上，畫圖形”，則作者或爲隨昭宗之宫廷樂工或上層文人。

S.2607 寫本中這第二類作品，或描寫湖光山色、蕩舟悠閑的優裕生活，或抒發厭倦官場、人生如寄、隱居逍遥的高士情懷，或寫少女嬉戲，或寫佳人相思，其作者當爲上層文人或者宫廷樂工。尤其是其中書寫宫廷拜月風俗的作品和出自皇帝的御製曲，更是把其來源鎖定在宫廷。因此，S.2607 詞集中有唐昭宗和大臣的詞作，也有反映宫廷生活的作品，這些曲子詞衹能出自宫廷。掌握這些曲子詞的樂工，在中晚唐的大亂中流散到民間或諸侯割據之地，他們把這些曲子詞也帶到了民間。所以，曲子詞的真正源頭應當就是宫廷，而不是民間。敦煌曲子詞的代表《雲謡集》雜曲子共 30 首，有 S.1441 和 P.2838 兩個寫本。這 30 首曲子詞，可以明確説是“酒筵競唱”的歌辭，雖然其中可能有民間的歌辭，但由其中皇帝御

① 任半塘：《敦煌歌辭總編》，第 313 頁。
② 岑仲勉：《隋唐史》，中華書局 1982 年版，第 241 頁。

製的兩首《内家嬌》和宫中婦女的兩首《拜新月》可知,《雲謡集》也是宫廷歌辭。宫廷樂工演唱的歌辭,除了皇帝或大臣創作的之外,改造民間歌謡也是重要來源。S.2607+S.9931 寫本詞集是與《雲謡集》同類的作品集,與稍後的《花間集》性質上并没有太大區别。

S.2607+S.9931 綴合本還抄有一首題名《傷蛇曲子》的歌辭,殘損很嚴重,據殘缺部分推算,總字數在 130 字左右,是一首叙事體的長調。任半塘《敦煌歌辭總編》認爲:"以'聽説'開端,分明是講唱口氣,下片'蒙君'句又顯屬代言,宜據此斷其體用爲講唱詞,是從一較大之脚本摘出者。"①原寫本題作"傷蛇曲子",則爲曲子詞無疑。開始寫道:"聽説昔時,隋侯奉命。"表明是故事叙述體。其中的殘辭,也可展示一定的故事情節:隋侯是在漢水邊上發現傷蛇的;他發現受傷的蛇後,"開展芝囊,取藥封裹",停留了大概十天,等傷蛇痊愈後繼續出使;等他回來之後,遇到一位十六歲的童子。由此我們判定《傷蛇曲子》是一首唐代的叙事文本的插詞,其故事情節比較曲折。P.3128 也有一首曲子詞《浣溪沙》:"結草銜珠不忘恩,些些言語莫生嗔。比死共君緣外客,悉安存。百鳥相依投林宿,道逢枯草再生春。路上共君先下拜,遇藥傷蛇口含真。"與《傷蛇曲子》内容相近。從語氣看,也是使用故事叙述的方式。敦煌變文中講的部分和唱的部分内容相連,講唱者往往在叙述一定的情節之後,以唱詞進行小結。《傷蛇曲子》和《浣溪沙》中的"結草銜珠不忘恩"當是這一類唱詞。

《傷蛇曲子》的民間性,并不影響大量曲子詞經過宫廷改編陶冶的性質。據中唐人郭湜《高力士外傳》記載,唐玄宗從蜀中回到長安,經常和高力士等"或講經、論議、轉變、説話,雖不近文律,終冀悦聖情"。這四種講誦形式的文本,在敦煌寫本裏都有留存,講經文(如 P.3808《長興四年中興殿應聖節講經文》)、論議文(如 P.3716 等《晏子賦》和 P.2718 等《茶酒論》)、變文(如 P.2614《大目乾連冥間救母變文并圖》)、話本(如 S.2073《廬山遠公話》和 S.2144《韓擒虎話本》)。除了講經文比較文雅外,其他三種都應當是下層的文藝。但一旦被玄宗引進宫廷,當然要經過文人雅士的改造。曲子詞要繩之以樂律,更要經過雅化。唐代最專業的樂工就在禁中教坊。所以,曲子詞出自宫廷,當無疑問。

---

① 任半塘:《敦煌歌辭總編》,第 528 頁。

四、對詞集編者的考證

上文對 S.2607＋S.9931 寫本中的詞作了分析，討論了前兩類曲子詞。還有第三類曲子詞，從内容和語氣看，應當是本曲子詞集編者的作品。如《贊普子》一首：

本是蕃家帳，年年在草頭。夏月披氈帳，冬天挂皮裘。語即令人難會，朝朝牧馬在荒丘。若不謂（爲）拋沙塞，無恩拜玉樓。

這位編者本來是落蕃人，居住在蕃家的帳篷裏，以牧馬爲生。後來回到敦煌，又曾作爲歸義軍使臣出使朝廷，到了長安，親歷了唐昭宗時期的重大事件，尤其是韓建挾持昭宗至華州，并藉故殺害十一王的事，對他震動很大。他回憶在吐蕃"夏日披氈帳，冬天挂皮裘。語即令人難會，朝朝牧馬在荒丘"的生活，感慨萬千。出使長安，見到新即位的皇上，他感到萬分榮幸。

我們認爲，這位文人，喜歡曲子詞的文本，但對音樂和曲子并不在行，他曾自嘲説"蠻簺不會宫商"（見 P.2506 背），應當是寫實。所以他整理的這個詞集總是把詞牌抄錯。如《五兩竿頭風欲平》《八十頹年志不迷》兩首，原寫本調名作"浪濤沙"，任二北《敦煌曲校録》認爲當作"浣溪沙"。《良人去住邊庭》一首，原寫本調名作"浣溪沙"，王重民《敦煌曲子詞集》列入"失調名"，認爲原寫本題"浣溪沙"者誤。饒宗頤《敦煌曲》仍用"浣溪沙"名，而注曰誤。任半塘《敦煌歌辭總編》認爲調名應按《唐雜言格調》作"搗衣聲"。

這位曾爲蕃家牧馬人的文人，還與 P.2506 卷背的殘詞有關，或者説此殘本當是他編集過的另一個曲子詞集。P.2506 卷背殘存詞五首，其中《臨江仙·岸闊臨江底見沙》也見于 S.2607。第一首殘存 30 字：

[前殘]塞，舊戎裝，却着漢衣裳。家住大楊海，蠻簺不會宫商。今日得逢明聖主，感恩光。

這是作者自道。他從邊塞回到内地，脱掉"舊戎裝"。"今日得逢聖明主，感恩光”，正是S.2607寫本“若不謂(爲)抛沙塞，無恩拜玉樓”。P.2506另有兩首《獻忠心》：

> 臣遠涉山水，來慕當今。到丹闕，御龍樓。弃氈帳，與弓劍不歸邊地，學唐化，禮儀同。沐恩深。見中華好，與舜日同。垂衣理，菊花濃。臣霞方無珍寶，願公千秋住。感皇澤，垂珠泪，獻忠心。
>
> 驀却多少雲水，直至如今。涉歷山阻，意難任。早晚得到唐國裹，朝聖明主，望丹闕，步步泪滿衣襟。生死大唐好，喜難任。齊怕(拍)手，奏仙音。各將向本國裹，呈歌舞。願皇壽，千萬歲，獻忠心。

我們把這三首詞與S.2607所寫“本是蕃家帳，年年在草頭。夏日披氈帳，冬天挂皮裘。語即令人難會，朝朝牧馬在荒丘。若不謂(爲)抛沙塞，無恩拜玉樓”“長垂羅袖拂烟霞。齊拍手，賀我當家”及“唐堯鴻恩四補海内樂”等殘句對比一下，明顯非常相似，當爲同一人所作。

這位曾爲蕃家牧馬人的使者，從長安回來，帶來了流傳于長安的曲子詞。這些曲子詞，大多是社會上流傳的來自宫廷的作品。作爲一個文學愛好者，他把自己的創作與宫廷樂工流散出來的曲子詞抄到一起，彙集成了這個寫本。

S.2607寫本還抄了一首詞：

> 八十頹年志不迷，一竿長地坐磻碞(溪)。釣□□□□□□□時清。直道守池(雌)頻負命，子(紫)鱗何必用東西。我不□

這首詞以姜太公磻溪釣魚自況，謂長竿直釣，與世無争，像嚴子陵那樣直道守正，不用東西奔走。這首詞的作者已經八十多歲了。這位八十多歲的老人，與敦煌寫本題記中反復出現的“八十老人”當爲同一個人。[1] 楊寶玉考證這位“八十老人”就是張球。那麼，這首詞也當爲張球晚年的作品。張球可能就是此寫本的編

---

① 敦煌寫本中“八十老人”的主要抄經題記有：“八十有二”(S.5543)、“八十二老人”(S.5444、S.5965)、“八十三老人”(敦博053、S.5451、S.5669)、“八十三老翁”(P.2876)、“老人八十三歲”(Дx.11043、Дx.05126)、“八十四老人”(BD08888，有009)、“八十五老人”(S.4530、杏雨書屋藏羽408、BD01226)、“八十八老人”(BD10902)等。這些寫本底本來源、抄寫格式、筆迹字體都相同或相近，則這些“八十老人”當爲同一個人。

集者。

古代文人編集詩文總集，總是在其中夾雜自己的作品。《詩經》在周王室正式"定樂歌"之前，以不同的類别流傳在不同時空，其中一些類别還保留在後來的成集中。如風詩有諸多"組詩"，郭晋稀先生曾加以論證。[①] 這些組詩，其中必有作者或彙集者的詩作，可惜已不可考證。而《雅詩》中，還可以考證出一些蛛絲馬迹。如《節南山》的作者爲家父，則此詩前後數篇同類作品當是家父編集流傳的。同樣的道理，寺人孟子把斥責讒言的一組詩編爲一集，另加上自己的《巷伯》。至于《小雅》中的《常棣》《伐木》《天保》，《大雅》中的《假樂》《民勞》《蕩》《江漢》《常武》，都和召伯虎有關係，是他編集的宣王中興時期的一組詩，其中就有他自己的作品。[②]《楚辭》的成書過程更是明顯，至少經過宋玉、淮南小山、劉向、王逸四次編集，每一次編集，編集者都要加上自己的作品。[③]

這種編集前人或同時人詩文集加上編集者自己作品的習慣，在敦煌其他寫本中也多見。Дx3871＋P.2555 綴合寫本抄録詩 211 首、文 2 篇，其中落蕃人毛押牙在抄完劉商《胡笳十八拍》後，情不自禁地附上自己的第十九拍："去年骨肉悲[□]坼，不似今年苦爲客。失土翻同落水瓶，歸蕃永作投河石。他鄉人物稀相識，獨有夫君沉憐惜。歲暮態情生百端，不覺愁牽加一拍。"而其中的 60 首陷蕃詩，經考證也是毛押牙所作。毛押牙編集的這個文學寫本，把唐人詩文和自己的作品彙集到了一起。P.4660 是《敦煌名人名僧邈真贊彙集》，該卷正面抄録了吐蕃和歸義軍時期的《邈真贊》共 39 篇，作者主要有：悟真、蘇翬、張球、惠菀、竇良器、李顓、善來、洪䛒等。而悟真創作的有 14 篇之多。卷背抄闕題的七言詩 15 行，與正面爲同一人所抄。39 篇《邈真贊》中，寫作時間最晚的是悟真撰寫的《杜氏邈真贊》。P.4660 僅存尾題殘文，藤枝晃把它和 P.4986 綴合，發現了題記"于是龍紀二年庚戌二月蓂落柒葉記"。[④] 而諸多作者中，也以悟真和張球最晚，悟真卒于乾寧二年三月（P.2856），而據楊寶玉考證，張球卒于後梁開平五年以後。但寫本後附録的七言長詩云"寂然空院坐階墀""苦是釋門先老將"，則詩的作者當是佛門之人。所以，我們初步判斷本《邈真贊》集是悟真所彙集，該寫本的抄録

① 郭晋稀：《風詩蠡測》，《甘肅師大學報》1981 年第 4 期。

② 趙逵夫：《周宣王中興功臣詩考論》，《中華文史論叢》第 55 輯，上海古籍出版社 1996 年版，第 127—155 頁。

③ 湯炳正：《〈楚辭〉編纂者及其成書年代的探索》，《江漢學報》1963 年第 10 期。

④ 藤枝晃：《敦煌曆日譜》，《東方學報》京都第 45 册，1973 年，第 400 頁。龍紀二年庚戌即 980 年。

者也是悟真。根據我們對悟真現存作品的分析，晚年的悟真，百病纏身。廣明元年(880)七月七日，前河西節度使掌書記、試太常寺協律郎蘇翬爲悟真撰有《邈真贊》，其中有"耳順從心，色力俄衰，了蟾蜍之魄盡，覯毀篋之騰危"(P.4660)的話，知古稀之年的悟真一度病危，但之後漸康復，不久因風疾相兼，致半身不遂，自責身心，作《百歲詩》十首并序。闕題的七言長詩當是他晚年的作品，當他編完了39篇《邈真贊》後，昔日的朋友，大多已不在人世，老人心灰意冷，孤寂難耐，寫下了這首詩："悲咽老來怨恨多，寂然空院坐階墀。燕語[□]啼愁煞我，那堪更睹雁南飛。人生厚薄誰能定，世路應知有盛衰。苦是釋門先老將，臨年誰料數分離。前歲珍珍拋我去，今春象象又先歸。北堂空有行來迹，西院休聞誦古詩。……"詩以年邁僧人口吻感嘆歲月流逝，年老苦悲，萬事皆空。

S.2607＋S.9931綴合寫本正面的曲子詞，是隨唐昭宗從京師到華州，從華州回到京師，又流落到民間或諸藩鎮的樂工傳播出來的，也許是他們演出用的備忘抄本。這位從敦煌來京師的使者在這個備忘本的基礎上，加進自己的作品，抄録爲這樣一個曲子詞寫本。其多樣的内容和形式，亦可反映當時宫廷樂工演唱内容的豐富性。在整個寫本中，編者的經歷和思想情感表現得十分明顯。他曾陷蕃而被迫牧馬，後出使長安，其時昭宗剛剛即位，國家氣象興盛，人們對新君期望很高，詞家也情不自禁爲之歌唱。但藩鎮割據，陰霾籠罩，昭宗被劫華州，皇家宗族被集體屠殺，長安宫室再次化爲灰燼，樂工四散，以昭宗爲代表的皇族發出絶望的吟唱。這位編者經歷了國家的灾難，痛徹心扉，思緒萬千。樂工所唱愜意自由的生活，也是編者美好理想的展示。而一曲悠長的《傷蛇曲子》，在歷史的穿越中寄托了編者的無盡思緒。

日本中世的抄物資料：書寫文化與漢籍受容*

武田時昌（京都大學人文科學研究所）
翻譯：白雲飛、成高雅、劉青

在日本，很多從中國傳入的典籍因被書寫爲抄本而得以傳承。與中國、韓國的散佚情况不同，日本保存了質量超群的寫本資料，其寫本文化研究同樣令人吃驚。中國的印刷技術傳入日本的時間在平安時代（794—1192）後期到鐮倉時代（1185—1333）之間。傳入初期除興福寺的佛書（春日版）被刊刻等動向外，日本幾乎看不見印刷品；直到江户時代，被刊刻的典籍才在世間廣泛流行，在那之前都衹是一味地通過反復抄寫來傳播。但是，即使出版業盛行，典籍發行的部數也没有統一，也并不像今天一樣，抄寫的行爲完全消失，但是與中世寫本文化在意味上有所變化。

中世漢籍寫本證明的已經超越了紙面所記載的文字信息。抄寫的時候，幾種文本會被校勘，這個時候被校勘的不僅是文字的异同，讀法也會被比較。也就是説，爲了將漢文進行訓讀（日語語序的并列替换、句尾的活用、加上助動詞、助詞等使意思便于疏通的讀的方法）而在漢字的周圍添寫了句讀點、返點、乎古止點（作爲助詞代用的符號）之類的符號及假名（振假名、送假名）等。

在殘存的古寫本中，經書及佛典等被添寫了訓點的資料有相當數目，以日語史研究者爲主要代表，相關研究人員對此作了大量的研究。

在中世日語研究方面，除了訓點資料之外，還有一種稱爲"抄物"的獨特資料群。它是從室町時代到江户初期，京都五山的禪僧、博士家的學者、公卿、醫家等講授漢籍、佛典、國書等典籍時的記録，即講師的備忘録原稿或者筆録者的聽講

* 受容：日語，即接受。

筆記(聞書),曾被大量作成。内容上,與其説是概論式講義録,不如説是爲解讀原典而作的注釋書。以中國的漢唐、宋元的新舊注釋書爲開端,一邊引用諸書内容,一邊講解自己的觀點。由于對所據文獻必要處進行了原樣抄寫,抄物也就兼具了資料集和備忘録的作用。同時也有不以講授爲目的,但以同樣形式記録下來的注釋書。另外,遠遠超過爲講授而作的研究筆記的水準、展開全面論述的百科全書式巨著也開始登場。

需要指出的是,即使有關于漢文典籍的注釋書,亦有許多假名混交的“假名抄”,并且存有非漢文訓讀的文言體,用口語連綴編成,也是抄物不能忽視的特色。這些資料,在句末不是以古漢語風格的“……ナリ”結尾,而是用“……リ”的“リ”體寫出來的。雖然不是説把當時的口語原模原樣地抄寫下來,但却能讓人意會到課堂裏師徒會話的語氣腔調與場景。正因如此,它與狂言・天主教資料一起作爲口語研究的重要文獻而受人青睞,常被日語史研究者們提及。

成爲抄寫物對象的漢文典籍、醫書、國書分别可達 100 種。漢文典籍包括佛書和禪僧的偈頌集(《江湖風月集》),四書五經,《史記》《漢書》《十八史略》等史書,再加上道家的《老子》《莊子》,兵家的《六韜》《三略》等兵書,《蒙求》《長恨歌》《三體詩》《山谷詩》《古文真寶前集・後集》《江湖風月集》,等等,多種多樣。由此可見,這種注釋風格的抄物在中世的學問研究體系中占有核心地位。因此,追本溯源,從從中世向近世過渡時期漢文典籍的接受和容納史來看,應對抄物進行更深入的研究才是。還有,有關醫書的抄物,以《察病指南》《格致餘論》爲首,大量書寫的情況也很引人注目。從虞摶《醫學正傳》(1515 年左右)、李梴《醫學入門》(1575 年)等晚明醫書出版後立刻被帶到日本進行注釋這一點來看,及時性是醫書抄物的最大特色。

醫書抄物的豐富,與江户期盛行的出版業崛起有着密切的關聯。1528 年,大阪府的富商、通曉醫術的阿佐井野宗瑞出版了明代熊宗立撰《(新編名方類證)醫書大全》,醫書出版便從這裏起步。豐富的醫書培養出了吉田宗恂、曲直瀨玄朔、安齊玄幽、岡本一抱等醫學大家。而出了大量抄物的《醫方大成論》,衹不過是抽取了《醫書大全》中的病論部分而已。

繼《醫書大全》之後,阿佐井野宗瑞還在 1553 年出版了《論語(天文版論語)》。并且,作爲堺版之一的阿佐井野氏出版物(阿佐井野版)還有較此二十多年前阿佐井野宗瑞印刷、刊行的《三體詩(增注唐賢三體詩法)》。此書采用的是

1494年阿佐井野宗禎購買的相國寺光源法師出版用的木版。其附寫的跋文，由清原宣賢執筆。在天文版《論語》中也有天文十六年（1547）十一月宣賢親筆識語，使用着清原家的傳本。另外，在《醫書大全》中有月舟壽桂（幻雲）寫的序。作爲儒學家的清原宣賢（1475—1550）和號稱五山僧的月舟壽桂（1470—1533）是當時首屈一指的有識之士，也是抄物文化的核心人物。從和他們相關的《論語》《三體詩》留下的抄物是最多的這個事實來看，木版出版和抄物之間有某種關係。以宣賢、幻雲爲中心的文化沙龍裏，天皇和貴族的主治醫生半井、丹波、竹田等醫家也經常出入。在醫書出版的背後，存在着一股把當時有學識的人都卷到醫書研究中的風潮。

關于與醫書出版形成聯動的抄物，有必要重點介紹一下宣賢、幻雲的親交穀野一柏（雲庵、連山老人）。一柏在1536年于越前國一乘穀城下的高尾復刊了《俗解八十一難經》。在此之前，他曾撰寫《難經雲庵抄（通俗解難經抄）》（1509年初稿，福井三崎家現存其親筆再稿本）。

穀野一柏通常被認爲是精通醫術的儒醫，但在其被越前國大名朝倉孝景（宗淳）聘用前，他曾于足利學校學習，後前往京都向宣賢等人講授易經并取得了良好的聲譽。足利學校的易學從第一代庠主快元（？—1456）開山，後由柏舟宗趙（1416—1495）繼承發揚；其後，傳授給了相國寺方面的橫川景三、景徐周麟、桃源瑞仙（1430—1489）三禪僧。他們的易學著作有柏舟的《周易抄》和桃源的《百衲襖》。此二書引發了易學研究的熱潮，在五山學僧和儒者中深受好評，同時也促成了抄物文化的盛行。

在中國的易學史上，義理易經歷了從王弼、孔穎達的《注疏》向程伊川、朱熹的“傳注”之轉變，象數易則是從京氏易向先天易轉變。而日本的易學研究，由柏舟、桃源開啓的室町時期易學，不僅積極入手南宋胡方平《易學啓蒙通釋》、元胡一桂《易學啓蒙翼傳》等朱子以後的注釋書以瞭解新動向，也有回溯漢易的一面，采取了古今折衷的治學態度。同時，不能忽略的是他們大量論及了世俗流行的斷易系易占書。這是一種以京氏易爲理論基礎，雖依據易理但與儒教的聖經有所區別的世俗化占術。抄物在增强其啓蒙性和實用性的意圖下，引入了明代世俗流行的易占，以形成講義形式。

如上所述，通過抄物資料的證據我們可以看到，室町時期的書寫文化不僅構築了漢籍研究的人物網路，還進行了古今學説的折衷，同時探討涉及聖（學問）俗

(實踐)兩領域内容的獨特嘗試。换言之,可以藉此窺得漢籍在日本被接受并進行本國化的典型過程。通過抄物這種形式的注釋書,宋明的學術文化經歷了被日本化理解、模仿到創作發揮的深化過程,最終形成了日本近世文化的獨特基礎結構。

日本現存佛典古寫本的特點及其意義初探

——以石山寺本《妙法蓮華經玄贊》寫本爲例

河野貴美子(日本早稻田大學)

一、"石山寺一切經"和《妙法蓮華經玄贊》寫本

石山寺是奈良時代天平寶字三年至六年(759—761)之間建設的真言宗古刹,位于現在的日本滋賀縣大津市,因其所藏的"一切經"而馳名中外。

"石山寺一切經"以從奈良時代(710—784)至戰國時代(1467—1573)的寫經爲主,也包括一些佛經版本。現存的佛經一共有四千六百餘帖,還有不少流傳到寺院外。"石山寺一切經"中包括很多平安時代(794—1192)書寫的古寫本,這是其值得關注的特點。① 本文將探討研究的《妙法蓮華經玄贊》古寫本也是其中的一部。

《妙法蓮華經玄贊》是唐慈恩大師基(632—682,窺基)所撰《妙法蓮華經》的注釋書。慈恩大師是中國法相宗的鼻祖。作爲玄奘的弟子,他曾從事《成唯識論》等佛經的漢譯工作,撰寫了《成唯識論述記》《大乘法苑義林章》《因明入正理論疏》等著作。這些著作很早就傳播到了日本,給奈良時代的日本僧人帶來了很大的影響,比如對于慈恩大師的這些書,興福寺僧人善珠(723—797)就曾撰寫了注釋書(後述)。

《妙法蓮華經玄贊》從法相宗的立場解釋了《妙法蓮華經》,是慈恩大師的主要著作之一。日本現存幾種它的古寫本。② 其中石山寺本《妙法蓮華經玄贊》寫

① 參見石山寺文化財綜合調查團編:《石山寺の研究——一切經篇—》,法藏館 1978 年版。

② 知恩院藏本四卷,興福寺藏本二十卷(《大正新修大藏經》的底本)等。

本具體的書寫時期未詳,被認爲是平安初期書寫的古寫本。[①] 雖然石山寺本《妙法蓮華經玄贊》寫本衹有卷第三和卷第六[②]現存,但因其書寫時間很早,并且其本文上附帶有平安中期石山寺僧人淳祐内供(890—953)的"訓點",因此日本國語學學者很早就開始關注此寫本,已經有不少研究、影印和翻刻等成果[③]。但是從中國文獻學的角度對《妙法蓮華經玄贊》寫本進行調查研究的成果還并不多。其實,《妙法蓮華經玄贊》中有不少中國古文獻以及古辭書的引文,也有很多部分對漢字漢語進行了非常詳密的"漢唐訓詁學"式的論述。因此,本文就對《妙法蓮華經玄贊》卷第三和卷第六中引用"外典"的部分進行探討研究。

二、《妙法蓮華經玄贊》所引用的"外典"

下面就舉幾個例子,看一看《妙法蓮華經玄贊》卷第三和卷第六中引用"外典"的部分。首先是引用《博物志》以及《廣志》的部分。

> 經"其家大富"至"悉皆盈溢"。……《博物志》云,松脂入地千年。化爲茯苓。茯苓千年化爲虎魄。一名紅珠。《廣志》曰,此物生處其上及傍不生草木。深者八九尺。大如斛。削去上皮中成虎魄有汁。初如桃膠。凝堅乃成其器。西方人用以爲碗。
>
> 《妙法蓮華經玄贊》卷第六末(《大正新修大藏經》本)[④]

這部分是對《妙法蓮華經・信解品第四》中出現的"虎珀"[⑤]一詞所作的注釋。在此,慈恩大師用晋張華《博物志》以及《廣志》中的有關"虎珀"的記載來解釋。其中《廣志》這本書,雖然在《隋書・經籍志・子部・雜家類》中有"廣志二卷

---

① 石山寺本《妙法蓮華經玄贊》帶有"元興寺印"的鈐印,因此我們可以知道石山寺本《妙法蓮華經玄贊》原來收藏于元興寺。元興寺是位于奈良的古刹。

② 《妙法蓮華經玄贊》卷 3 被登録爲日本"重要美術品"。《妙法蓮華經玄贊》卷 6 曾被日本國語學學者中田祝夫收藏,然後現在作爲"登録美術品"藏于東京國立博物館。

③ 參見中田祝夫:《改訂版　古點本の國語學的研究　譯文篇》,勉誠社 1978 年版。中田祝夫:《改訂版　古點本の國語學的研究　總論篇》,勉誠社 1978 年版。大屋德城:《石山寫經選》,便利堂 1924 年版。吉田金彦他編:《訓點語辭典》〔《妙法蓮華經玄贊》卷第三、六(小林芳規執筆),《妙法蓮華經玄贊》二十帖(興福寺藏,松本光隆執筆)〕,東京堂出版社 2001 年版。

④ 《大正新修大藏經》第 34 册,第 772 頁 c。

⑤ 《大正新修大藏經》第 9 册,第 16 頁 c。

郭義恭撰”之語，在《新唐書・藝文志・子録・雜家類》中有“郭義恭廣志二卷”的記載，但因此書早就散佚而没有留存，所以上舉的《妙法蓮華經玄贊》中的引文就是來自《廣志》的一段珍貴“佚文”。并且，對于這段文字，現在通行的活字本(《大正新修大藏經》)與“石山寺本”寫本還有所不同。上舉的《大正新修大藏經》所收《妙法蓮華經玄贊》的底本爲“興福寺藏本”〔保安三年(1122)書寫〕，這也是一部古寫本。但是，其部分本文與石山寺本寫本有所不同。石山寺本寫本的本文如下：

《博物志》，松脂入地千年。化爲茯苓。茯苓千年化爲虎魄。一名江珠。《廣志》，此物生處其上及傍不生草木。深者如八九尺。大如斛。削去皮中成虎魄有汁。初如桃膠。凝堅乃成。其方人用以爲碗。

《妙法蓮華經玄贊》卷第六末(石山寺本)[①]

“紅珠”，石山寺寫本作“江珠”。“八九尺”，石山寺本作“如八九尺”。另外，《大正新修大藏經》本本文上加了着重號的“上”字和“器西”兩個字，在石山寺本没有出現。其實，輯佚《廣志》佚文的《玉函山房輯佚書》也收載有關于“虎珀”的這一條。但是，《玉函山房輯佚書》是從“釋元應妙法蓮華經卷二音義”收集其佚文的。玄應《一切經音義》中該部分(妙法蓮華經音義)本文如下：

《廣志》云，虎珀生地中，其上及旁不生草木。深者八九尺。大如斛。削去上皮中成虎魄有汁。初如桃膠。凝堅乃成。其人用以爲碗也。

《一切經音義》卷第六[②]

這段引文與《妙法蓮華經玄贊》中的引文也不一樣。我們不妨再看看日本的輯佚工作的一大成果——《本邦殘存典籍による輯佚資料集成》[③]，其中也收集有《廣志》中有關“虎珀”的記載，不過這本輯佚書也是從玄應的《一切經音義》和

---

① 中田祝夫：《改訂版　古點本の國語學的研究　譯文篇》，第 264 頁。

② 玄應：《一切經音義》下卷，汲古書院 1981 年影印本，第 418 頁。

③ 參見新美寬編，鈴木隆一補：《本邦殘存典籍による輯佚資料集成》續，京都大學人文科學研究所 1968 年版。

慧琳的《一切經音義》來引用相關本文的。這些輯佚書没有提到《妙法蓮華經玄贊》中的相關記載,也没有指出石山寺寫本的本文异同。筆者認爲,石山寺寫本的本文异同并不算多,不過既然是中國古文獻的佚文,每一個字的异同都很重要。《妙法蓮華經玄贊》雖然是一部佛典,但是筆者認爲如果想更全面地掌握現存中國古文獻的信息,《妙法蓮華經玄贊》等佛典的本文,特别是其寫本本文也不可忽視。

下面看一看《妙法蓮華經玄贊》引用中國古辭書的部分。

> 經"覆以寶帳"至"威德特尊"。……"灑",音《切韵》,所綺反。掃也,落也。又所買反。《通俗文》,以水斂塵曰灑。《玉篇》,汛也。汛,音思見反。散也。
>
> 《妙法蓮華經玄贊》卷第六末(《大正新修大藏經》本)[①]

這是對《妙法蓮華經·信解品第四》"香水灑地"[②]中的"灑"字附加的注釋。對此"灑"字,慈恩大師引用《切韵》《通俗文》以及《玉篇》詳細地注解其音義。《通俗文》見于《隋書·經籍志·經部·小學類》,有"通俗文一卷,服虔撰"的記載;《舊唐書·經籍志·經録·小學類》中也有"《續通俗文》二卷,李虔撰"的記録,但是其文本現在没有留傳下來。其實,除了《通俗文》之外,《妙法蓮華經玄贊》中還有對《字林》和《字書》[③]等古辭書類的許多引用。這些都是中國古辭書的"佚文"資料。

接下來我們關注一下引用《玉篇》的部分。《玉篇》也是慈恩大師注解"灑"所引用的重要辭書。補充一下,慈恩大師對于"汛"字("灑"字的訓詁)再附加了反切和訓詁。如此徹底地添加注釋的態度也是《妙法蓮華經玄贊》的一個特點。其實,玄應《一切經音義》(妙法蓮華經音義)也引用《通俗文》來解釋這個"灑"字;但是,没有《切韵》和《玉篇》的引文,也没有對"汛"字的注釋,與《妙法蓮華經玄贊》相比,其記載就簡略多了。

---

① 《大正新修大藏經》第 34 册,第 773 頁 c。
② 《大正新修大藏經》第 9 册,第 16 頁 c。
③ 《隋書·經籍志·經部·小學類》有"字林七卷,晋弦令吕忱撰""字書三卷。字書十卷"等記録。

"灑地"，所買反。《通俗文》，以水斂塵曰灑也。

《一切經音義》[1]

與此相比，慈恩大師的解釋就非常詳密。但是，我們看看《篆隸萬象名義》的水部，就會發現"汛"字和"灑"字是接連着出現的。[2]

汛：思見、所賣二反。洒埽也。

灑：所買反。水也。物也。分也。

《篆隸萬象名義》第五帖[3]

所以我們能够推測，慈恩大師在撰寫這部分注釋的時候，先看到《玉篇》的"灑"字部分以後，又看到《玉篇》中"灑"字前面的"汛"字的記載，因而引用了其反切和訓詁。

下面我們再看看慈恩大師利用幾個辭書來附加注釋的部分。

經"于此死已"至"獲罪如是"。……"唼"，音《玉篇》，所甲反。鳧雁口食曰唼。今既入口，應作"咂"。子答反。古作"唼"者即鳥食。唓喋字。"唓"，音所甲反。"喋"，音丈甲反。《字林》，唼血，亦作"唼"。

《妙法蓮華經玄贊》卷第六末(《大正新修大藏經》本)[4]

這是對《妙法蓮華經·譬喻品第三》"之所唼食"[5]中的"唼"字的注釋。在此慈恩大師引用了《玉篇》以及《字林》對于"唼"字的記載，并作了非常詳細的注釋。其實，對于《妙法蓮華經·譬喻品第三》中的這個"唼"字，玄應《一切經音義》也有類似的記載。

---

① 玄應：《一切經音義》下卷，第418頁。

② 目前原本《玉篇》的"灑"字和"汛"字部分没有留存。但是，節略原本《玉篇》的記載而編纂的日本空海(774—835)所撰《篆隸萬象名義》第五帖是"汛"字和"灑"字接連着出現，所以我們能够知道慈恩大師使用過的原本《玉篇》中，這兩個字應該也是接連着出現的。

③ 高山寺典籍文書綜合調查團編：《高山寺古辭書資料第一》，東京大學出版社1977年版，第245頁。

④ 《大正新修大藏經》第34册，第769頁b。

⑤ 《大正新修大藏經》第9册，第15頁b。

"唼食",古文"噍"。又作"咂"同。子盍反。《通俗文》,入口曰"咂"。《字林》,唼血也。亦蟲食曰"唼"。

《一切經音義》卷第六[①]

上舉的《一切經音義》中也有《字林》的引用,還有記明《通俗文》書名的引文,但是《一切經音義》没有《玉篇》的引文。并且《一切經音義》衹是指出其部分的本文异同,而没有進行考證。與此相反,《妙法蓮華經玄贊》的該部分講解更爲詳密。

首先應該關注的是,《妙法蓮華經玄贊》該部分的《玉篇》引文,這可以説是原本《玉篇》的佚文。日本現存原本系《玉篇》寫本中没有留存"口部"部分。但是,如果我們翻閲一下《篆隸萬象名義》,能够發現如下記載。

唼:所甲反。鴨食之聲謂唼也。
啑:音所甲反。疌深也。
喋:丈甲反。歠也。鴨食也。

《篆隸萬象名義》第二帖[②]

《篆隸萬象名義》是節略《玉篇》而成書的辭書。《篆隸萬象名義》所載的這三個字的反切都與《妙法蓮華經玄贊》的反切一致,并且在《篆隸萬象名義》中,這三個字連接着出現。因此我們能够判斷,慈恩大師的該部分注解應該是參考原本《玉篇》來撰寫的。

其次,我們還應該關注的是,在此慈恩大師不衹是指出《妙法蓮華經・譬喻品第三》中的"唼"字部分的本文异同,而且進行了文字的考證,得出了該部分的字應該作"咂"這樣的結論。除此之外,慈恩大師對于"咂"字還附加了"子答反"的反切。其實,在《篆隸萬象名義》中并没有對"咂"字的記載,到了《大廣益會玉篇》纔有相關記載。而且,《大廣益會玉篇》口部中的"咂"字的記載爲:

咂:子含切。魚食。《風俗通》云,入口曰"咂"。

《大廣益會玉篇》口部[③]

① 玄應:《一切經音義》下卷,第417頁。
② 高山寺典籍文書綜合調查團編:《高山寺古辭書資料第一》,第66頁。
③ 顧野王:《大廣益會玉篇》,中華書局1987年影印本,第27頁。

這與《妙法蓮華經玄贊》所載的反切不同。那麼慈恩大師所記録的反切（“子答反”）是從哪裏來的呢？其實，在敦煌出土的寫本《切韵》中可以找到有“子答反”的反切。[①] 所以，我們可以推測，慈恩大師在此參考了《玉篇》以及《切韵》等幾部辭典後，謹慎地進行考證而撰寫了這條注釋。

以上兩個部分（“灑”字和“唼”字的注釋），石山寺寫本與《大正新修大藏經》本没有异同。不過在以下列舉的部分中，兩者本文還是有一點不同。慈恩大師的注解對于每個字都進行了非常詳密的考證，因此，筆者認爲細小的本文异同也還是包含着很大的意義。

三、慈恩大師的音釋、訓釋以及考證

《妙法蓮華經玄贊》中，慈恩大師對于某一個字進行詳細考證的部分還有很多。其中有如下記載：

> 經“墻壁圮坼”至“雜穢充遍”。……“阤”者隤也。毀落也。“阤”，音池爾反。《説文》，奮衣作“褫”。《切韵》，山崩曰“陊”。《玉篇》，折薪隨其木理作“阤”。或有爲“褫”。不知所從。今應爲“阤”。《廣雅》，尮也。《方言》，壞也。《説文》，山崩曰“阤”。或爲“陊”。
>
> 《妙法蓮華經玄贊》卷第六末（《大正新修大藏經》本）[②]

這是對《妙法蓮華經・譬喻品第三》“泥塗褫落”[③]中“褫”字的注釋。《妙法蓮華經》的該字有本文异同，《大正新修大藏經》的校注指出，宋版《一切經》等該字作“阤”。慈恩大師《妙法蓮華經玄贊》也標出“阤”字進行解釋，所以我們能够知道慈恩大師使用文本的該字也應該是“阤”。盡管如此，慈恩大師也知道其他文本將該字作“褫”，所以在此展開詳細的考證，最後提出結論説：“今應爲‘阤’。”

我們看看玄應《一切經音義》的該部分注解。

---

① 去聲合韵帀小韵。參見上田正：《切韵諸本反切總覽》，均社 1975 年版，第 207 頁。《廣韵》入聲二十七合韵帀小韵的部分也有“咂：子荅切”的反切。參見陳彭年等重修：《校正宋本廣韵　附索引》，藝文印書館 2002 年影印本，第 535 頁。

② 《大正新修大藏經》第 34 册，第 757 頁 b。

③ 《大正新修大藏經》第 9 册，第 13 頁 c。

“褫落”，直紙、敕爾二反。《廣雅》，“褫”，敚也。《説文》，奪衣也。字從衣，虒聲。經文作“阤”。除蟻反。《方言》，“阤”，壞也。《説文》，小崩曰“阤”。“阤”，亦毁也。敚，音奪。虒，音斯。

《一切經音義》卷第六①

玄應《一切經音義》標出的詞是“褫落”，所以我們能够知道玄應和慈恩大師二人所依據的文本有所不同。并且，對于該部分的本文應該作“褫”字還是“阤”字，玄應在此并没有提出自己的結論。此外，二者對于“阤”字附加的音釋（反切）也不同。② 雖然二人活動的時間非常相近，《一切經音義》和《妙法蓮華經玄贊》中音釋和訓釋重複的地方也不少，但是在此他們使用的文本不同，考證時利用的典籍不同，最後提出的結論也有所不同。筆者認爲，從此處注釋可以窺見慈恩大師注釋方法的特色。

在此應該要關注的是石山寺寫本的記載。在石山寺寫本中，上舉的《妙法蓮華經玄贊》注釋中加着重號的字作“杝”。雖然現在原本《玉篇》“木部”部分没有留下來，不過《大廣益會玉篇》木部有“杝：直紙切。《詩》云，折薪杝矣。謂其理也③”這樣的與《妙法蓮華經玄贊》中引文相似的記載。所以我們可以推測，《妙法蓮華經玄贊》的該部分也包括原來《玉篇》的“杝”字部分的佚文。石山寺寫本的記載可以證明這件事情。

附帶説一下，對于這樣的《妙法蓮華經》的文字异同，古代日本的僧人也吸收這些中國僧人的研究成果而學習作考證。比如，《妙法蓮華經釋文》（976年序）是日本奈良興福寺僧人仲算所撰的對于《妙法蓮華經》的漢字附加注釋的注釋書。《妙法蓮華經釋文》中該部分的記載爲：

阤：池爾反。《唐韵》，又施是反。慈恩云，《説文》，山崩也。《方言》，阤壞也。《玉篇》，毁落也。池爾反。山崩也。或作“杝”。折薪隨其木理也。

① 玄應：《一切經音義》下卷，第415頁。

② 《妙法蓮華經玄贊》所提的“阤：池爾反”這個反切與北京故宫博物院藏《内府本刊謬補缺切韵》等《切韵》系韵書所在的反切一致（上聲紙韵豸小韵）。參見上田正：《切韵諸本反切總覽》，第73頁。與此相反，原本《玉篇》阜部有“阤：除蛾反”這樣的記載（顧野王：《原本玉篇殘卷》，中華書局1985年影印本，第494頁）。這與《一切經音義》所載的“除蟻反”反切下字不同，但是“蛾”字和“蟻”字，字形相近，所以玄應很有可能參考的是《玉篇》。

③ 顧野王：《大廣益會玉篇》，第61頁。

或作“褫”。不知所從。今應作“阤”。從阜也。聲或作“陊”矣。今案，字形有五。慈恩以“阤”爲正。或用“陊”字。玄應以“褫”爲正。或取“阤”字。湛然同之。“杝”、“褫”二形諸師不用之。

《妙法蓮華經釋文》卷中①

在此，日本僧人仲算對慈恩大師、玄應以及湛然這三位唐代僧人的考證成果進行了整理。這樣中國唐代僧人對于漢字漢文的考證研究方法，就對古代日本僧人的學問和知識産生了影響。

下面再舉另外一個例子，看一下慈恩大師對《妙法蓮華經》的本文進行考證的情況。

經“于某城中”至“五十餘年”。……“伶”，音郎丁反。與“零”同。《切韵》，“伶”者樂人。非此所明。“俜”，音匹丁反。《三蒼》云，“伶俜”猶聯翩也。亦孤獨貌。《切韵》，若行不正，作“竛竮”。“竛”，音郎丁反。“竮”，音普丁反。亦作“伶”。又行不正作“跉”。“跉”即令竮音。今多作“跉跰”，不知所説。有解云，“跉跰”，足履危險之貌。亦有本作“跉俜”字。

《妙法蓮華經玄贊》卷第六末（《大正新修大藏經》本）②

這是對《妙法蓮華經·信解品第四》“伶俜辛苦五十年”中的“伶俜”一詞的注解。在此，“伶俜”“竛竮”“跉跰”和“跉俜”等文字不同的情況很複雜。這部分的石山寺寫本的記載也與《大正新修大藏經》本有所不同。

經“于某城中”至“五十餘年”。……“伶”，音立丁反。與“零”同。《切韵》，“伶”者樂人。非此所明。“俜”，音匹丁反。《三蒼》云，“伶俜”猶聯翩也。《切韵》，若行不正，作“竛竮”。“竛”，音郎丁反。“竮”，音普丁反。亦作“竛俜”。又行不正作“跉玎”。跉玎即令檉音。亦有本作“跉俜”字。

《妙法蓮華經玄贊》卷第六末（石山寺本）③

① 仲算：《妙法蓮華經釋文》，汲古書院 1984 年影印本，第 94 頁。
② 《大正新修大藏經》卷 34，第 776 頁 c。
③ 中田祝夫：《改訂版　古點本の國語學的研究　譯文篇》，第 275 頁。

筆者在此關注的是，上舉的注文中附加着重號的"伶"字的反切上字。"伶"字的反切，《大正新修大藏經》本作"郎丁反"。"伶：郎丁反"，這個反切，在北京故宫博物院藏《内府本刊謬補缺切韵》等《切韵》系韵書中也能够看到。[①] 不過目前筆者還不知道中國古辭典類中到底有没有作"伶：立丁反"這個反切的。但是，"郎"和"立"的聲母相同，所以石山寺寫本的記載也不一定是錯誤的。

石山寺寫本本文中，反切部分與《大正新修大藏經》本不同的還有：

盡：慈引反。[②]（《妙法蓮華經玄贊》卷第三末。《大正新修大藏經》本作"兹引反"[③]）

悋：力晋反。[④]（《妙法蓮華經玄贊》卷第六末。《大正新修大藏經》本作"力進反"[⑤]）

"盡：慈引反"這個反切，在法國國立圖書館所藏敦煌出土的《切韵》寫本（P2011）等中也可以見到。"悋：力晋反"這個反切，在北京故宫博物院所藏《全本王仁昫刊謬補缺切韵》中也有出現。[⑥] 由此可見，石山寺寫本所載的（與《大正新修大藏經》本不同的）反切也有可能反映了原來的《妙法蓮華經玄贊》的記載。

四、日本僧人對于石山寺寫本《妙法蓮華經玄贊》附加的批注

日本原來没有文字，它的文字文化就是從接受漢字文化、學習漢字文本開始的。古代日本的佛教僧人也不例外，他們學習的佛經也都是在中國經過漢譯的漢文佛典。所以，對于古代日本僧人來説，漢字的知識是不可或缺的。他們應該是通過中國古文獻或者慈恩大師等中國僧人的著作來學習掌握漢字以及關于漢文的知識。因此，奈良、平安時代日本僧人撰寫的佛典注釋書也基本上與中國僧

① 下平聲青韵靈小韵。參見上田正：《切韵諸本反切總覽》，第 59 頁。
② 中田祝夫：《改訂版　古點本の國語學的研究　譯文篇》，第 188 頁。
③ 《大正新修大藏經》卷 34，第 705 頁 b。
④ 中田祝夫：《改訂版　古點本の國語學的研究　譯文篇》，第 307 頁。
⑤ 《大正新修大藏經》卷 34，第 776 頁 c。
⑥ 參見上田正：《切韵諸本反切總覽》，第 146 頁。

人的著作一樣，對于漢字、漢語以及漢文附加所謂“漢唐訓詁學”式的注釋。

比如，代表奈良末期、平安初期的興福寺僧人善珠，他所屬的興福寺是法相宗的寺院。因此他對慈恩大師的著作作了很多研究，撰寫了《成唯識論述記序釋》[①]（對于慈恩大師《成唯識論述記》的序文附加注釋的注釋書）、《因明論疏明燈抄》[②]（對于慈恩大師《因明入正理論疏》附加注釋的注釋書）等注釋書。并且善珠的這些注釋書也與慈恩大師的著作一樣，對于漢字附加了很多音釋與訓釋。

其具體情况如下：

《成唯識論述記序釋》：一共對 60 個漢字作了音釋，有反切 65 例和直音 2 例。其中 36 例反切與原本系《玉篇》一致（其中 22 例在玄應《一切經音義》和《切韵》中没有該反切），14 例反切與玄應《一切經音義》一致（其中 2 例在原本系《玉篇》和《切韵》中没有該反切），9 例反切與《切韵》一致（其中 2 例在原本系《玉篇》和玄應《一切經音義》中没有該反切）。

《因明論疏明燈抄》：一共對 149 個漢字作了音釋，有反切 161 例和直音 2 例。其中 67 例反切與原本系《玉篇》一致（其中 30 例在玄應《一切經音義》和《切韵》中没有該反切），42 例反切與玄應《一切經音義》一致（其中 13 例在原本系《玉篇》和《切韵》中没有該反切），16 例反切與《切韵》一致（其中 3 例在原本系《玉篇》和玄應《一切經音義》中没有該反切）。[③]

以上的統計説明，對于漢字的音義，古代日本僧人撰寫的佛典注釋書主要是參考原本系《玉篇》、玄應《一切經音義》和《切韵》這三種資料來做的。并且，《成唯識論述記序釋》和《因明論疏明燈抄》都有寫本，[④]寫本所載的反切與《大正新修大藏經》本等活字本的反切相比异同不少，寫本所載的反切保留有更多原來的

① 參見《大日本佛教全書》第 80 册、《大正新修大藏經》第 65 册、《日本大藏經》（唯識論章疏二）等。這些活字本的底本爲 1696 年刊的版本。

② 參見《大日本佛教全書》第 83 册、《大正新修大藏經》第 68 册等。這些活字本的底本爲興福寺藏 1244 年書寫的寫本。

③ 參見河野貴美子：《古代日本佛典注釋書中的漢籍引用——以善珠撰〈因明論疏明燈抄〉爲例》，魏麗莎譯，收入王寶平主編：《中日文化交流史研究》，上海辭書出版社 2008 年版，第 158—174 頁。河野貴美子：《〈因明論疏明燈抄〉對漢籍的引用》，收入王勇主編：《書籍之路與文化交流》，上海辭書出版社 2009 年版，第 82—103 頁。河野貴美子：《日本古代佛典注釋書與〈論語〉》，收入劉玉才主編：《從鈔本到刻本：中日〈論語〉文獻研究》，北京大學出版社 2013 年版，第 214—233 頁。河野貴美子：《古代日本佛典注釋書所引的〈文選〉初探——以善珠撰述書爲中心》，收入張伯偉編：《域外漢籍研究集刊》9，中華書局 2013 年版，第 31—42 頁。

④ 《成唯識論述記序釋》有 1631 年書寫的寫本（東大寺藏，貴重本 114 函 22 號）。《因明論疏明燈抄》有興福寺藏 1244 年書寫的寫本，大谷大學藏 1737 年書寫的寫本（余大 1940）以及東大寺圖書館藏 1738—1742 年書寫的寫本等。

音義文本。雖然古寫本書寫的字常常有錯誤,但是它們所載的内容還是含有不少瞭解原來文本面貌的綫索。

在此我們再看石山寺本《妙法蓮華經玄贊》,其中有由淳祐内供附加的訓點以及不少音義等批注。依照中田祝夫的翻刻,[①]其情況如下:

卷第三

涯:牛佳反,麑:羈雉反○◇,璞:[ ]白反,刱:楚良反○◇。

卷第六

鞔:莫安反○△,蝪:餘石反○,狖:與救反○,豸:直㡿反○,狐:[ ]古反,噬:視制反○,堁:於卧反△◇,窺:丘規反○◇,皅:普加反○,㰫:呼渴反,唽:涉鍣反,沾:竹咸反,拼:補莖反◇,鑿:徐各反○,鄧:都用反,斫:之若反○△,剜:烏官反◇,潔:[ ]結反,賃:女禁反○

○是與原本系《玉篇》(或者《篆隸萬象名義》《大廣益會玉篇》)所載的反切相一致的反切。△是與《切韵》系韵書一致的反切。◇是與玄應《一切經音義》一致的反切。由此可見,平安時期的日本僧人也與善珠一樣,還是主要參考這三種辭書來學習漢字的。不過與此同時,也存在有與這三種辭典都不一致的反切。[②]同樣的現象在善珠的注釋書中也能看到。慈恩大師《妙法蓮華經玄贊》中的反切有不少與原本系《玉篇》、《切韵》以及玄應《一切經音義》相一致,同時也有不少其他辭典類所没有的反切,是其獨有的内容。那麽日本僧人是時而參考中國古辭典,時而自己製作獨自的反切嗎?對于這個問題,筆者目前没有確定的答案。今後想繼續探討研究。

五、石山寺所藏的古寫本和古代日本僧人的著作

石山寺除了《妙法蓮華經玄贊》寫本之外,現在還留存有不少經典寫本,其中

① 中田祝夫:《改訂版　古點本の國語學的研究　譯文篇》。

② 石山寺寫本《妙法蓮華經玄贊》中日本僧人所記入的音釋中,也有一些用假名記明日語發音的(比如"堆:タイ反")。這樣的現象就説明,在日本,用日語解釋漢字的新方式漸漸取代了中國式學習漢字的方法。

也有所謂的"外典"。最後，本文簡單地探討一下日本佛教古剎所藏的中國古文獻寫本情況及其意義。

石山寺現存有幾部非常著名的中國典籍的古寫本。比如，《玉篇》卷第二十七(唐抄本，國寶)，《漢書・高帝紀下・列傳第四》殘卷(奈良時代書寫，國寶)，《史記》卷第九十六、九十七殘卷(奈良時代書寫，國寶)，《春秋經傳集解》卷第二十六殘卷(平安初期書寫，國寶)，《春秋經傳集解》卷第二十九殘卷(平安初期書寫，國寶)等。① 由此我們可以知道，日本古代佛教寺院不衹有佛典，還收藏了不少中國典籍寫本，發揮着最先進學術文化中心那樣的作用。

不過，與此同時，筆者想關注的是上舉的中國典籍古寫本的背面情況。《玉篇》卷第二十七的背面有"護摩科文"六種(平安中期書寫)，《漢書・高帝紀下・列傳第四》殘卷背面有《金剛界念誦私記》(平安後期書寫)，《史記》卷第九十六、九十七殘卷背面有《金剛界次第》(平安後期書寫)，《春秋經傳集解》卷第二十六殘卷背面有《四分戒本》(平安中期書寫)，《春秋經傳集解》卷第二十九殘卷背面有《聖無動尊大威怒王念誦儀軌》和《不動明王立印儀軌修法次第・胎藏行法》(平安中期書寫)的記載。由此可見，石山寺所藏的中國"外典"古寫本其背面都寫了佛教典籍。背面的書寫時間大概是平安時代。這種情況，除了石山寺之外，在其他日本古剎所藏的中國"外典"古寫本中也很常見。② 筆者認爲，在日本，佛教寺院收集中國典籍，然後利用其背面書寫佛典，因僧人們重視閲讀其背面，這些寫本故能避免散佚而留傳下來，這是現在日本留存有很多中國古寫本的一個很重要的原因。

此外，石山寺還收藏有一個非常珍貴的寫本，那就是唐孟獻忠撰《金剛般若經集驗記》卷上寫本(718 年成書，平安初期書寫)。現在其後半部分收藏于天理圖書館(黑板勝美舊藏)。③ 關于《金剛般若經集驗記》，其在中國没有文本留存，甚至在史書及佛典類當中都没有與其書名相關的記録。與此相反，公元 9

---

① 參見石山寺文化財綜合調查團編：《石山寺の研究——一切經篇—》。

② 參見河野貴美子：《關于興福寺藏〈經典釋文〉以及〈講周易疏論家義記〉》，收入張伯偉編：《風起雲揚　首屆南京大學域外漢籍研究國際學術研討會論文集》，中華書局 2009 年版。

③ 有古典保存會影印本(1934 年、1935 年以及 1938 年)。其他還有高山寺舊藏奈良國立博物館藏寫本。參見河野貴美子：《東アジアの資料學の觀點からみた説話研究》，《説話文學研究》48，説話文學會，2013 年 7 月，第 65—74 頁。河野貴美子：《日本文學史における〈日本靈异記〉の意義——その表現と存在——》，《上代文學》116，上代文學會，2016 年 4 月，第 28—45 頁。河野貴美子：《日本靈异記の典據》，收入瀨間正之編：《古代文學と鄰接諸學 10　"記紀"の可能性》，竹林舍 2018 年版，第 190—219 頁。

世紀在日本成書的《日本國現報善惡靈异記》(藥師寺沙門景戒撰)序文中,其書名與唐唐臨《冥報記》一同出現,景戒説他編撰《日本國現報善惡靈异記》的時候就參見了《金剛般若經集驗記》。[①]《日本國現報善惡靈异記》中,有兩條記載與善珠相關。本文已經提到過善珠,他是一名日本僧人,爲慈恩大師的著作撰寫了很多注釋書。石山寺還藏有《玉篇》寫本殘卷,以善珠爲代表的日本僧人也非常積極地對其進行了利用。就這樣,對于瞭解古代日本僧人們的學術環境以及典籍文化,石山寺所藏的各種典籍爲我們提供了不少珍貴的信息。

六、結語

本文關注慈恩大師《妙法蓮華經玄贊》,主要就其中引用"外典"以及古辭書的部分進行了探討研究,分析其注釋和考證的方法,并且就石山寺寫本闡明了其文本异同及意義等情況。此外,關于慈恩大師對日本僧人著作的影響,以及日本僧人對于漢字的學習方法和情況,本文也作了一些比較研究。

本文衹提及了《妙法蓮華經玄贊》卷第三以及卷第六部分,剩下的部分筆者今後將繼續探討研究。關于《妙法蓮華經玄贊》寫本,現存的還有敦煌出土的幾種。比如,日本東京臺東區立書道博物館藏有《法華經玄贊》卷第七(唐抄本)、《妙法蓮華經玄贊》第四函(唐抄本)、《法華玄贊》卷第八(唐抄本)等。[②] 今後,筆者會將這些與佛教相關的寫本也納入研究範圍,展開更爲深入的研究,從而全面地闡明現存古寫本的價值及其作用。

附記

此中文稿的潤色由伊丹女士完成,謹致謝忱。

---

① 《日本國現報善惡靈异記》上卷序文説:"昔,漢地造冥報記,大唐國作般若驗記。何唯慎乎他國傳録,弗信恐乎自土奇事。"參見中田祝夫校注、譯:《新編日本古典文學全集　日本靈异記》,小學館 1995 年版。

② 參見磯部彰編:《臺東區立書道博物館所藏中村不折舊藏禹域墨書集成　卷中》,二玄社 2005 年版。這些寫本都用草體書寫。

瀧川資言手録《史記正義佚存》之發現與其歷史背景

小澤賢二(日本淺草國際學院茨城校)

一、引言

《史記正義》(以下簡稱《正義》)是《史記》三家注(集解、索隱、正義)之一,爲唐朝開元年間(713—741)張守節撰著之書。張氏爲《史記》作注,多引用唐以前之佚書,更詳于地理,又博徵故實,于字句文義的詮釋亦中正鵠。雖然三家注合刻本以南宋所刊"黄善夫本"爲嚆矢,但是《正義》曾被合刻者删節二千餘條以致多所散佚。幸運的是,散佚《正義》在日本綿延不絶地被繼承着。

瀧川資言(1865—1946)博士廣泛涉獵《正義》佚文,并在《史記會注考證》卷十(1932—1934 年刊)中將所輯得的《正義》佚文插入相應《史》文之下,自謂"略復張氏之舊"。(圖 1)爾後水澤利忠博士承繼其業,撰寫了《史記會注考證校補》等著作,對被"添寫批注"在古刊本及古活字印刷本内的一千六百四十五條《史記正義》佚文進行了收録,并爲每條佚文一一補其出處,這在《史記》研究史上堪稱兩項最大的業績。此後筆者繼承了瀧川和水澤兩位博士的研究,在《正義》佚文的來源及其系統的問題上展開進一步調查,調查的結果證實了《梅室本》中之"添寫批注"正是《史記正義佚存》二卷最初的底本。這方面的詳細内容,可以參見《史記正義之研究》(水澤利忠編纂,汲古書院 1994 年刊)中收録的《史記正義佚存訂補》(小澤賢二撰)一文。

瀧川博士辭世後,《史記正義佚存》手稿不知所踪。幸好書志學者長澤規矩也先生于一個舊書肆發現了卷下,持贈《史記會注考證校補》著者水澤利忠博士,而其時距《校補》第九册出版已十數年。其後又經過十餘年之星霜,日本史記正

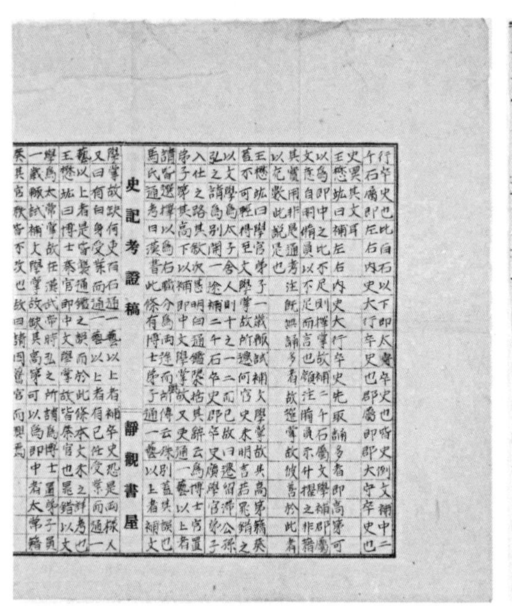

圖 1 《史記正義佚存》被插入瀧川資言的《史記會注考證》手稿斷簡中(組圖)

義研究會于平成三年(1991),在瀧川博士舊宅之梁上發現了卷上,至此二卷始成合璧。

早在明治四十三年(1910)瀧川博士到金澤旅行的時候,他在前田侯爵文庫裏看到了《博士家本史記异字》所引《史記正義》佚文。爾後經過了八十餘年的斗轉星移,終于由日本三代學者從日本公私所藏的三十餘種典籍史料中,搜集到了日本傳存的《史記正義》佚文一千六百七十四條(瀧川 1 418+水澤 227=《校補》1 645 條;《校補》1 645 條+小澤 29=《佚存訂補》1 674 條)。

其後筆者繼續其研究工作而究明了《南化本》的底細。所謂《南化本》,是日本國立歷史民俗博物館收藏的南宋黄善夫刊本《史記》的别稱,作爲《集解》《索隱》《正義》的三注合刻本,是迄今爲止所見最早的版刻本。《南化本》這一名稱,最初出現在江户時代(1603—1867)後期大島贄川的《博士家本史記异字》一書中,其命名據説出典于釋南化玄興舊藏的古書記載。《南化本》這一名稱在現代中國的古代史研究者以及《史記》研究者的論文或著作中仍被廣泛使用。筆者與尾崎康教授整理《南化本》,以《國寶史記》的書名上梓而詳述了其特徵(全十二卷,東京汲古書院 1996—1998 年刊)。曾經有幾位中國學者認爲

《南化本》欄外標注的《正義》佚文并非《史記正義》。可是當中國學者在我國(日本)購入《國寶史記》回漢土以後，對《南化本》標注的《正義》佚文的批判言論庶幾止息了。

畏友袁傳璋先生(安徽師範大學文學院中文系教授)一直支持瀧川、水澤、筆者的《正義》佚文收集工作，而且袁先生自己所撰《宋人著作五種徵引〈史記正義〉佚文考索》，從宋人吕祖謙、王應麟、胡三省的五種著作所徵引的《正義》中輯出三百九十四條佚文。袁先生所輯得的三百九十四條《正義》佚文中，有二十四條亦爲瀧川博士從日本所藏典籍中全部或部分輯得，所以他新發現的《正義》佚文是三百七十條。袁先生完成輯佚考索工作的時候，已是筆者的《史記正義佚存訂補》上梓後二十年，而上距瀧川博士起初發現《正義》佚文則整整經歷了一百年之歲月。蓋日本學者三位與中國學者一位，從衆多典籍中搜集的《史記正義》佚文總計可能多達二千零四十四條，距復原《正義》舊貌大概已不爲遠。

二、瀧川資言博士著《史記會注考證》

瀧川資言博士編纂《史記會注考證》十卷〔1932—1934 年，東方文化學院上梓初版；1956—1960 年重版，史記會注考證校補刊行會刊行。(北京)文學古籍刊行社，1955 年據初刻本影印〕，采録一千四百十八條之《史記正義》佚文。

《史記會注考證》的原稿本，是將日本明治年間(1868—1912)刊行的鳳文館本《史記評林》的整葉裁開成 B6 版大小的兩個半葉，然後將其分别貼附在 B5 版大小的的剪貼簿上，在剪貼簿的空白處，用紅色的鋼筆墨水填寫了《正義》佚文等的“添寫批注”。(圖 2)每條《正義》佚文，有瀧川博士親手用紅色的鋼筆墨水所畫的一條指向應插入鉛印的地方的直綫。瀧川博士用這樣的編撰手法，大概是在很短的時間内完成書稿，繼而送入印刷廠排印。龐大的《史記會注考證》共十卷，僅執筆三年就可順利刊行，當是依據了這樣的節省勞力的方法。瀧川先生所采用的鳳文館本《史記評林》也與别的版本的《史記評林》不同，此版多引用張文虎等清朝考據學者之説，而且多據明嘉靖震澤王延喆刊本及金臺汪諒刊本，這對瀧川先生編纂《史記會注考證》幫助甚大。而與瀧川資言博士的《史記會注考證》并稱爲“《史記》疏證雙璧”的池田蘆洲先生的《史記補注》十卷，之所以脱稿費時甚久，是因爲該書手稿的《史記》正文與三家注以及蘆洲新增補注完全是靠著者親自書寫的。

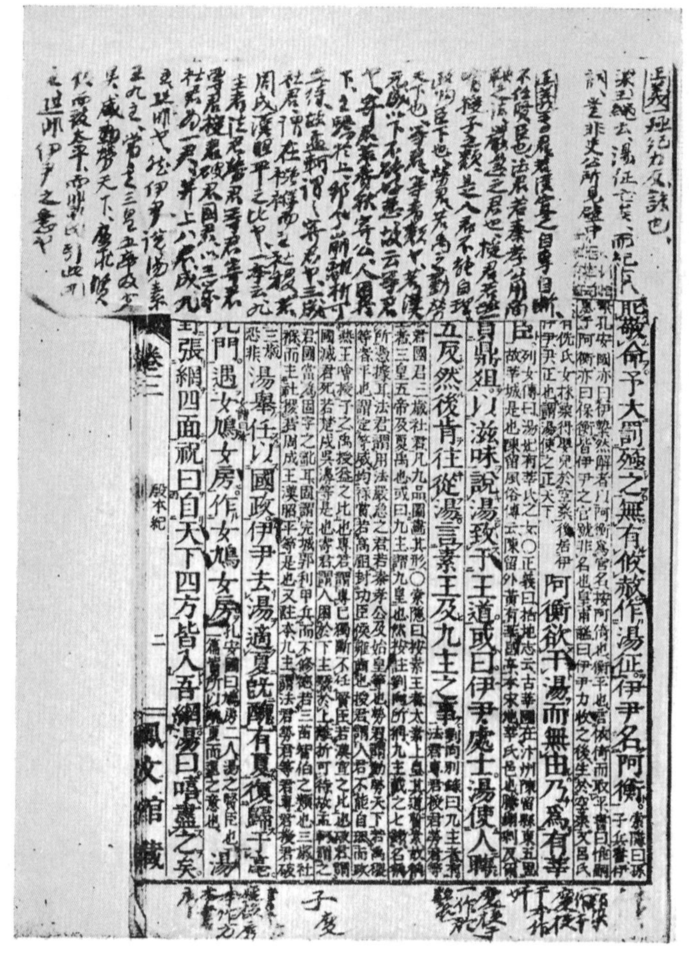
敬命予大罰殛之無有攸赦作湯征伊尹名阿衡
阿衡欲干湯而無由乃爲有莘
臣負鼎俎以滋味說湯致于王道或曰伊尹處士湯使人聘
五反然後肯往從湯言素王及九主之事
湯舉任以國政伊尹去湯適夏既醜有夏復歸于亳
入自北門遇女鳩女房作女鳩女房
野張網四面祝曰自天下四方皆入吾網湯曰嘻盡之矣
卷三　殷本紀　二
鳳文館藏

圖版四六　瀧川資言史記會注考證初稿書入鳳文館校刊史記評林本

圖2　《史記會注考證校補》卷一・圖版四六(殷本紀)

1990—1992年間，筆者常常拜訪水澤博士，在他的住宅(位于前橋市岩神町)裏，一間日式房間的開放書架上看到過瀧川博士《史記會注考證》原稿的三四個B5版大小的的剪貼簿(據筆者的記憶是某列傳)。

1993年，筆者作爲史記正義研究會主幹，將刊行《史記正義佚文之研究》，計劃揭載作爲瀧川先生《史記會注考證》原稿的B5版的剪貼簿之一部，可是其時原有的三四個B5版的剪貼簿竟然全部消失！此事對筆者而言不啻晴天霹靂。

遂立即將這一非常情况告訴了水澤博士，并詢問這幾本剪貼簿的去向。水澤博士答曰："我自己對此也不明就裏。但是我絶未從這個房間裏帶出過。我意識到的時候，它已經消失了！"

當初筆者在水澤博士住宅的書架上發現瀧川先生《史記會注考證》原稿的剪貼簿的時候，要是能預想到日後可能會發生這樣嚴重的事情，應該先將剪貼簿全部複印保存才對。筆者到現在想起來還覺得後悔。

後來聽説，往時有一個文教大學的學生某某獲準可以自由出入這所房子。考慮各種情况，帶出《史記會注考證》原稿剪貼簿的衹可能是此人。如果他到現在還保留這些剪貼簿没有丟失，筆者會毅然要求他歸還其簿。

瀧川博士《史記會注考證》卷十所收《史記總論》之"史記鈔本刊本"條云："同治十一年金陵書局校刊《史記集解索隱正義》，附張文虎《札記》。《集解》、《索隱》，多據毛晋本；《正義》，多據王延喆本。校訂頗精。愚著《史記會注考證》，以金陵本爲底本，正文以我邦所存抄本校，《正義》以僧幻雲所録補。"

筆者據此文所言，推測瀧川博士在梓行《史記會注考證》校正工作中曾以金陵書局本對校過。又按：關于"添寫批注"的大量《正義》佚文，瀧川博士起初衹知東北帝國大學圖書館藏本而已，可是刊行之前，從《幻雲史記抄》和《博士家本史記异字》等書陸續發現了《正義》佚文，所以《史記會注考證》都加以采録。

1956—1960年，史記會注考證校補刊行會復刊《史記會注考證》的時候，用《史記會注考證》的初版紙型上梓。這些《史記會注考證》的紙型，長久以來在東京大學東洋文庫的天花板内保管，現在也繼續保管在那裏。可是其保管的歷史記憶將會被人們淡忘。

三、瀧川資言博士手録《史記正義佚存》

筆者的工作成就是證實瀧川博士手録《史記正義佚存》二卷的存在。瀧川《史記會注考證》卷十所收《史記總論》之"史記正義佚存"條云：

> 東北大學所藏慶長、寬永活字本《史記》，上欄標記《正義》一千二三百條，皆三注本所無，但缺十表。其後又得《桃源史記抄》、《幻雲抄》、《博士

家史記异字》，所載《正義》略與此合。幻雲標記《桃源抄》云："幻謂：小司馬、張守節，皆唐明皇時人也。而《索隱》不知《正義》，《正義》不知《索隱》，各出己意而注正之。今合《索隱》、《正義》爲一本者，出于何人乎哉？蕉了翁（釋桃源瑞仙）亦未詳焉，况其餘哉！吾邦有《索隱》本，有《正義》本。《索隱》與此注所載大同。《正義》者此注所不載者夥，故諸本之上書之。"

余于是知大學本標記之所由，欣喜不能措，手録以爲二卷，題曰《史記正義佚存》。

《史記正義佚存》的版本概要如下：

二卷。瀧川博士手録。卷上封面左側有"唐張守節史記正義佚存"之大字墨書。用開本爲縱 28 厘米×横 17.3 厘米的日本楮紙鈔録。有瀧川博士的墨筆及朱筆標記、斷句。卷上爲本紀、書、世家，卷下爲列傳。在卷下末葉有書志學者長澤規矩也先生的贈書手筆。（圖 3）

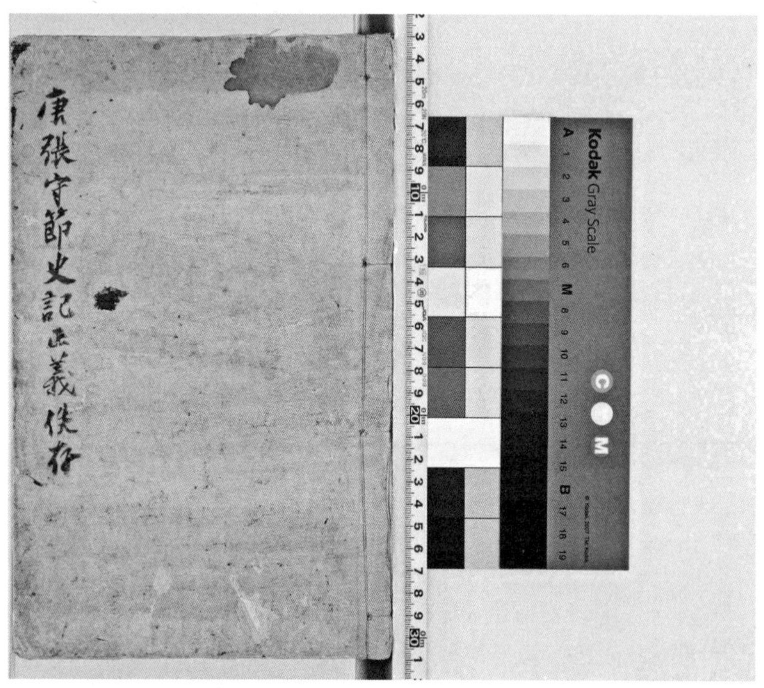

圖 3　瀧川資言《唐張守節史記正義佚存》手澤複製彩照（組圖）

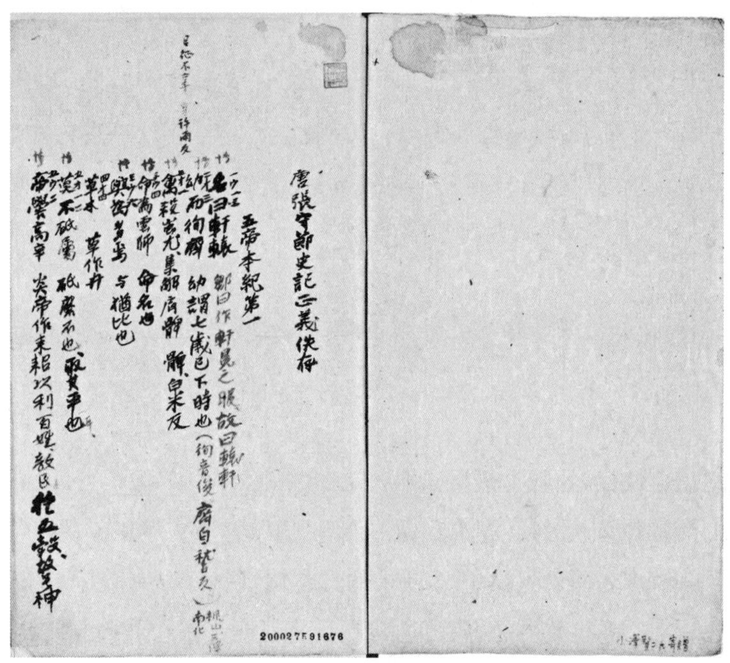

圖 3.1 卷上　第一葉前

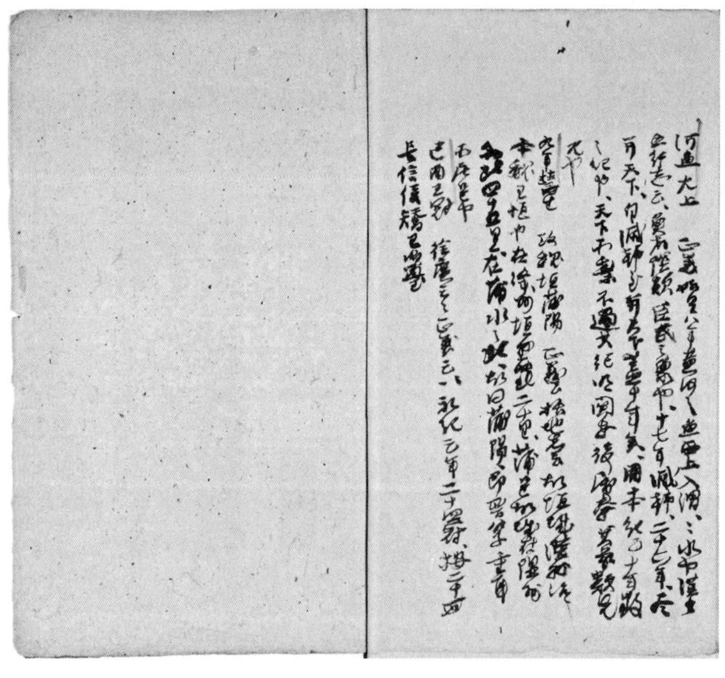

圖 3.2 卷上　末葉

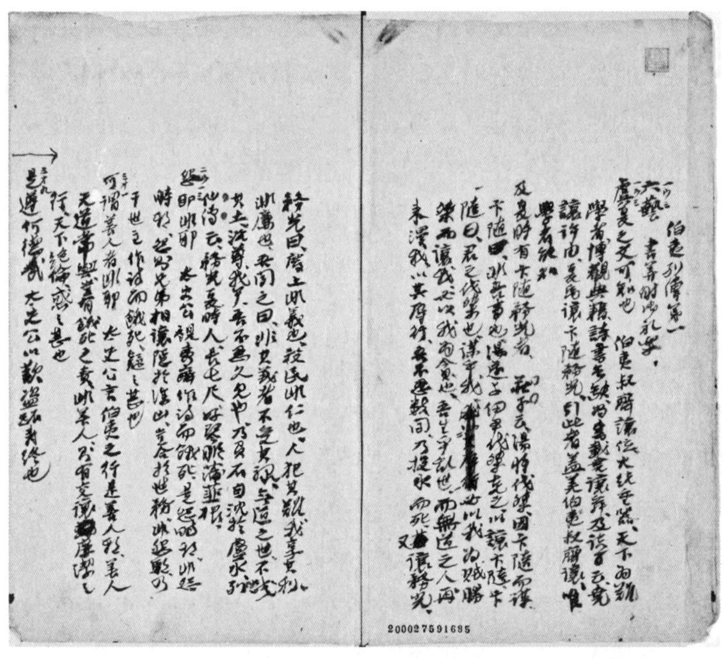

圖 3.3 卷下　第一葉後、第二葉前

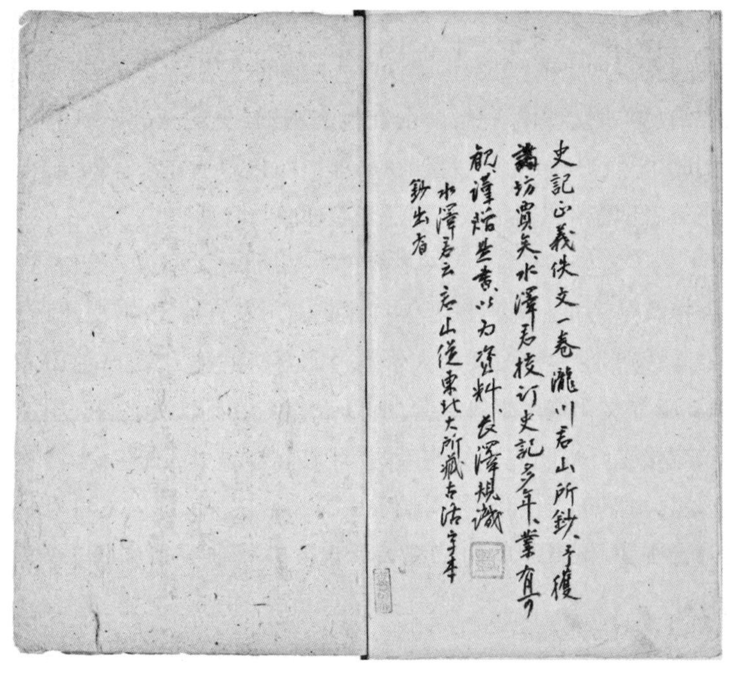

圖 3.4 卷下　長澤規矩也手筆

平成三年(1991)，史記正義研究會的《南化本史記之綜合研究》項目(代表：水澤利忠)，獲得文部省(現在的文部科學省)《綜合研究 A》的"科學研究費"。筆者要求研究小組的尾崎康先生(慶應義塾大學斯道文庫教授)在慶應義塾大學將瀧川資言博士的《史記正義佚存》手稿全部拍攝爲縮微膠卷，其目的是防止手稿再次散佚。攝影後，史記正義研究會向慶應義塾大學斯道文庫獻呈了《史記正義佚存》手稿縮微膠卷；筆者自費做成了複製本《史記正義佚存》(黑白照片的 B4 版橫型)。

而後，由水澤利忠博士保管原本《史記正義佚存》手稿，筆者則收藏了複製本《史記正義佚存》。筆者因此得以用複製本《史記正義佚存》編集拙稿《史記正義佚存訂補》，附印于《史記正義之研究》之中，《史記正義之研究》所收"語彙索引"當然包含《史記正義佚存訂補》中新收之《史記正義佚文》。

《史記正義之研究》刊行後，水澤博士要求借用筆者複製本《史記正義佚存》，筆者應諾水澤博士的要求，立刻親手交給了他。日後謡口明先生(文教大學教授)告訴筆者，那部複製本《史記正義佚存》到了文教大學學生某人的手中。所以筆者對謡口明先生提出，要求該生返還複製本《史記正義佚存》。後來某生自己將複製本寄還給了筆者。

至于瀧川資言博士的《史記正義佚存》手稿的下落，在《史記正義之研究》刊行前後已經消息不明。水澤利忠博士在他主編的《史記正義之研究》刊行後，向文教大學捐贈了自己所藏的稀覯書，在那本捐贈目録上并没有《史記正義佚存》。

説起來筆者與瀧川先生手録《史記正義佚存》還真有緣分。在《史記正義之研究》刊行十多年之後，筆者于不久之前得悉某所保管了《史記正義佚存》原本，于是就立即接收了過來。雖然筆者曾打算將瀧川資言博士的《史記正義佚存》手稿捐贈給文教大學，但是聽説文教大學圖書館對所藏瀧川文庫、池田(池田蘆洲)文庫、水澤文庫等文化遺産經管乏善，所以筆者不得不取消這個計劃。

最終筆者接受謡口明先生的建議，并且取得水澤史彦先生(水澤利忠博士之子)的同意，將《史記正義佚存》的兩卷手稿捐贈給京都大學人文科學研究所。而且爲方便讀者查閲，筆者同時向京都大學人文科學研究所捐贈了《史記正義佚存》的複製本。

《尚書大傳》輯佚管窺

伊藤裕水(山口大學)

一、引言

衆所周知,《尚書大傳》(以下簡稱《大傳》)爲現存最古之《尚書》經説書。傳承撰者爲伏生,原爲秦博士官。秦漢之際戰亂四起,他將《尚書》藏于壁中以傳下去,并教《尚書》于齊魯之地。《玉海》所引《中興館閣書目》引鄭玄《大傳》序云:"張生、歐陽生從其學而受之。……生終後,數子各論所聞,以己意彌縫其缺,别作章句,又特撰大義。因經屬指,名之曰傳。"由此可知,此文獻并非伏生親自撰寫,而是由伏生後代弟子以伏生生前所講的學説爲基礎編集而成的。

《大傳》最早的文獻記載見于《漢志》,《漢書・藝文志》云四十一篇,其四十一篇之數是經過劉向校書之後確定的。東漢末鄭玄詮次爲八十三篇,可《隋書・經籍志》記載衹有三卷,池田秀三由此認爲,《大傳》在六朝時期已經開始散佚了。宋代朱熹《儀禮經傳通解》、楊復《儀禮經傳通解續》等引用了不少《大傳》之文,説明宋代時《大傳》還存在,到之後的元明之時終于散佚了。清儒開始進行輯佚,現在學界主要依據陳壽祺《尚書大傳輯校》、王闓運《尚書大傳補注》、皮錫瑞《尚書大傳疏證》三種版本。[①] 清儒針對《尚書大傳》所做的輯佚工作不少,我們研究中使用諸本中的哪一種,這是研究上的重要問題。作爲《尚書大傳》研究的基礎,本稿整理出以惠棟本爲首的各《尚書大傳》輯本并梳理各本之間的關係,以資來日之研究。

① 《尚書大傳》文獻學上的情況可參見池田秀三:《尚書大傳初探》,收入《中村璋八博士古稀記念東洋學論集》,汲古書院 1995 年版,第 51—68 頁。

二、《尚書大傳》輯佚各本

1. 孫之騄本

三卷，《補遺》一卷。是《四庫全書》所采用的本子，其原刻本并不多見。原刻本藏于北京的中國國家圖書館、東京的國立公文書館（内閣文庫）等處。孫之騄本是清代《大傳》的最早刻本。此本確實疏漏不少，不過其引文之下有時標明了其出處，讀者可以參考。

現在《四庫全書》確實收録了孫之騄本，可是《四庫提要》將之作爲“别本”并云：

> 近時宋本復出，揚州已有雕版。此本原可不存。然之騄於舊帙未出之前，鉤稽參考，閲歲月而成是編。其好古之勤，亦不可没，故仍附存其目焉。

從此記述來看，《四庫全書》本來不打算收録孫之騄本，最終收録是爲了參考，故僅附其目而已。關于此事，在雅雨堂本的書志之中再次被談及。

我們簡單看一下國立公文書館收藏本的書志。此一本是《晴川八識》的第一册，曾經是木村蒹葭堂的舊藏，并且有昌平坂學問所的印記，由此可知，後來曾經由昌平坂學問所收藏，并于明治時期轉交内閣文庫。此外，書中有時避諱了康熙帝的“玄”字，有時則没有，這是當時刻本的特徵，[①]可以推斷出，這本書成書于康熙年間（1662—1722）。國立公文書館藏本的封面可能曾經被水泡損而改裝過。封面内側有一張紙條，上面寫着“鹿兒島縣鹿兒島市西千石馬場町百二番户　皇道雜志社”“明治二十四年”。此外，《晴川八識》第一册的《尚書大傳》的封面，以及第二、三册的封面部分，均有燒焦痕跡。這些痕跡可能是昭和二十年（1945）二月二十五日的空襲所造成的。

2.《尚書大傳考纂》

三卷，《補遺》一卷，《附録》一卷，董豐垣考纂，乾隆九年（1733）序。據序而言，董豐垣“隨所讀書”而作《尚書大傳考纂》（以下簡稱《考纂》），并有其父董熜偶時“以所見補其不及”之内容。其注較細，可以參考。

---

① 井上進《明清學術變遷史：出版と傳統學術の臨界點》第一部第五章“明末の避諱をめぐって”第三節“皇帝の尊嚴”（平凡社 2011 年版，第 160—165 頁）中記載了當時的避諱并不太嚴格。

3. 惠棟手抄本《尚書大傳》

最早期的《大傳》輯本除了上面所提的兩種之外，還存在兩種惠棟本抄本：

一是，臺北"國家圖書館"所藏惠棟手稿本《尚書大傳》（以下以"臺圖本"代稱），張子文對臺圖本作解題；二是，中國國家圖書館也藏有惠棟輯、翁方綱校《尚書大傳》（以下以"國圖本"代稱）。高倉正三對國圖本早就進行了相關研究[①]，鄭裕基將臺圖本和國圖本均作爲研究對象，發表了幾篇研究成果[②]。

惠棟輯佚過《大傳》，言及這件事的清儒并不多，如《四庫提要》兩江總督采進本（存目）云：

> 伏生尚書大傳久無刻本。……元和惠棟，號爲博洽，修明堂大道録時，亦未見其原本。僅從他書輾轉援引。

《四庫提要》言及惠棟雖修《明堂大道録》時引用了《大傳》，但引用的并不是《大傳》的原本，而是來自諸書的二次引用。《四庫提要》也没有言及惠棟的《大傳》之輯佚活動。

清朝學者中最早言及惠棟《大傳》輯本的是段玉裁。《説文解字注》七篇上"稘"云：

> 大傳既亡。近惠氏定宇蒐集之爲書。乃標堯典之首曰，虞夏傳唐傳。標禹貢之首曰，虞夏傳夏傳。

在此段玉裁舉了惠棟輯本《大傳》之編目。另外，《古文尚書撰異》（以下簡稱《撰

---

① 高倉正三：《紅豆齋鈔本尚書大傳五卷—北京遊記抄—》，載《東方學報》京都第 10 册，1939 年。

② 鄭裕基有如下一系列研究：

a）鄭裕基：《略論〈雅雨堂叢書〉本〈尚書大傳補遺〉與惠棟之關係》，載《許錟輝教授七秩祝寿論文集》，萬卷楼圖書股份有限公司 2004 年版，第 1—28 頁。

b）鄭裕基：《"國家圖書館"藏惠棟"紅豆齋"本〈尚書大傳〉条首「」符號探義》，載《"中華技術學院"學報》37，2007 年。

c）鄭裕基：《"國家圖書館"所藏惠棟輯本〈尚書大傳〉訛誤舉例》，《"中華科技大學"學報》41，2009 年。

d）鄭裕基：《海峽兩岸"國家圖書館"善本書室所藏清惠棟紅豆齋輯本〈尚書大傳〉斠議三則》，載《通識教育學報》2，2012 年。

另外 d）上提到 e）鄭裕基《"國家圖書館"藏惠棟"紅豆齋"本〈尚書大傳〉條首"○"、"△"、"○○"、"△○○"符號四種探義》（《"中華科技大學"2010 通識教育研討会論文集》，2010 年）一文，不過筆者查到該會議論文集收録的是鄭氏别的論文，目前尚不清楚該論文是在哪裏發表的。

異》）卷二"以出納五言女聽"條云：

> 惠氏定宇爲雅雨堂校刻李氏易傳……，大傳惠君所集，……

他記載雅雨堂本《大傳》係惠棟所輯佚。惠棟和雅雨堂本之關係，《揚州畫舫録》卷十《虹橋録》上有記載：

> 盧見曾，字抱孫，號雅雨山人。……其時賓客，備記于左。……
>
> 惠棟，字定宇，號松厓，蘇州元和人。……公重其品。延之爲校乾鑿度、高氏戰國策、鄭氏易、鄭司農集、尚書大傳、李氏易傳、匡謬正俗、封氏見聞記、唐摭言、文昌雜録、北夢瑣言、感舊集。輯山左詩抄諸書。

惠棟曾經任盧見曾的幕客，校訂包含《大傳》在內的雅雨堂叢書。關于惠棟本與雅雨堂本的關係，我們梳理了雅雨堂本的相關情況後，再重新考慮這一問題。

本文首先根據實際調查的結果補充張、鄭兩氏未記載之書志事項來探討臺圖本和國圖本的關係，之後再探討清儒所稱之惠棟本《大傳》究竟何指。

3.1　臺圖本（索書號：00154）

此本書在《"國立中央圖書館"善本書目》經部・書類中記載爲：

> 尚書大傳三卷三册　漢伏勝撰　鄭玄注　清惠棟輯　稿本　東大[①]

由此可知，該書係東北大學舊藏。

張子文解題云：

> 漢伏勝撰，鄭玄注，清惠棟輯。……
>
> 全幅高 27.2 公分，寬 18.5 公分。每半葉十行，行二十字，注文小字雙行，行亦二十字，而字裏行間多有補注夾注，字數不等，有多至每行五十字者。天地甚寬，眉批增注，隨處皆是，其中部分朱筆。玄字缺筆或改字作元。

① "國立中央圖書館"編：《"國立中央圖書館"善本書目增訂本（一）》，"國立中央圖書館"1967 年版，第 12 頁。

> 首卷第一行頂頭題"尚書大傳",第二行低九字題"秦濟南伏勝撰",有朱筆將"秦"字改爲"漢";第三行亦低九字,原題"漢北海鄭玄注",朱筆將"漢北海"改爲"後漢人司農";第四行低一字題"唐傳、虞傳、虞夏傳、夏傳、殷傳",後二字被删去。……今傳者有三卷本及四卷本兩種。有清孫之騄輯本,收在四庫全書中,共三卷,補遺一卷,内容與此本不同。本書亦無篇目,雜采經史及類書所引編輯而成,析爲四卷。全書都五十四葉,分裝三册,其第二册最後兩葉皆密行小字,其行數字數不等,與正文迥异。所引書皆注明卷次,唯除第三卷卷題詳書"尚書大傳卷三"之外,其他各卷均只題書名,不記卷次。文中隨處可見朱墨校改增補,與正文同一筆跡,書法秀媚,當係同出惠定宇之手。
>
> 書中鈐有"惠定/宇手/定本"朱文方印、"吴郡横山/陽人錢綺/過眼經籍/書畫金石"朱文方印……①

實際調查的結果證明,各册尺寸確實如張氏所記縱 27.2 厘米,横 18.5 厘米,不過它們的尺寸實際上是改裝之後的襯紙之尺寸。原紙每三册尺寸不同,各册尺寸(縱)是:第一册 24.5 厘米,第二册 25.1 厘米,第三册 24.7 厘米。天地之襯紙(即不重疊原紙的部分)將兩張重疊而成,以解决襯紙部分和原紙部分厚度差的問題。用與襯紙相同的紙,作爲遊紙插入正文前後,第一册前有四葉,後有三葉,第二、三册前後各有三葉。綴絲爲白色的有兩本,四針眼底。

手跡有墨筆、朱筆、大小字,共一筆。

印記如張氏所言有三種,印之大小與其位置是,"惠定/宇手/定本"朱文方印(2.0 厘米×2.0 厘米)蓋在第一册二葉表右下、第二册初葉表及十葉表右下、第三册初葉右下,館藏信息朱文方印(2.1 厘米×2.1 厘米)蓋在第一册及第二册各册之"惠定/宇手/定本"印之上邊,"吴郡横山/陽人錢綺/過眼經籍/書畫金石"朱文印(縱 2.8 厘米×横 2.65 厘米)蓋在第一册初葉表右側中間"尚書大傳"的題字下面。從其印記可知,該抄本經過錢綺之手。其錢綺之印原紙上明確有油墨之痕,襯紙没有其油墨之痕染。由此可推測,原紙蓋錢綺之印之後,即歸于錢綺之後,此本裝訂成現在的模樣。

---

① "國家圖書館"特藏組編:《"國家圖書館"善本書志初稿:經部》,"國家圖書館"1996 年版,第 39—40 頁。另外該館網頁"古籍與特藏文獻資源"上可查看其書志。

“惠定宇手定本”，第一册、第三册的最後葉可看出沾染之痕，第二册最終葉没有沾染之痕。計量從書葉的折綫至各印及其有沾染之痕的距離，第三册最後葉沾染之痕和第一册首頁印的距離相同，第一册最後葉沾染之痕和第二册首頁印的距離相同，由此可推測，改現裝訂之前，以第三册、第一册、第二册的順序來裝訂乃至保管此本。

另外，第一册與第二册存在錯簡。鄭氏引臺圖本各條的開頭十來個字作成一覽表，但他没有説明存在錯簡的情況，而是直接改正錯簡，排列于一覽表中。第一册十二葉的文句斷于文章的中途，與十三葉放在一起看也文意不通，同時第一册十八葉突然出現承接一二葉的部分，若將《尚書》及《大傳》的篇次放在一起考慮，便能明白，這錯簡并不是故意這樣排列的，很有可能是管理不當造成的。那麽，本來是【第一册一葉～第一册十二葉】⇒【第一册十八葉】⇒【第二册一葉～第二册六葉】⇒【第一册一三葉～第一册一七葉】⇒【第二册七葉】這樣的順序①。

頭注、行間等有很多細字筆記，正如張氏解題，其内容幾乎是補充佚文或校注之類，是爲補充本文所做的輯佚工作。而惠棟所做的針對《大傳》傳文的注解之類幾乎皆無。

另外条首附有“○”“△”“「”等的符號，對此鄭氏認爲“「”是表示删除重複的符號。②

3.2　國圖本（索書號：11266）

《北京圖書館古籍善本書目》經部③云：

> 尚書大傳注四卷（漢鄭玄撰）補一卷（清惠棟撰）清惠氏紅豆齋抄本 翁方綱校 一册 九行十七字黑口四周双邊

實際調查的結果顯示，此一本的尺寸爲縱 28.0 厘米×横 18.0 厘米。匡郭爲刷印，縱 20.0 厘米×横 29.9 厘米。有遊紙，前面兩葉，後面一葉。此本經過改裝，封面爲後封。書名與正文由不同人書寫，正文使用墨筆，并有朱筆的補充注記。正文與朱筆的注記是由不同人書寫的。

卷一爲《虞夏傳》，卷二爲《周傳》，卷三爲《洪範五行傳》，卷四爲《略説》，卷五

---

①② 鄭裕基：《“國家圖書館”藏惠棟“紅豆齋”本〈尚書大傳〉条首「」符號探義》。

③ 北京圖書館編：《北京圖書館古籍善本書目》經部，書目文獻出版社 1987 年版，第 42—43 頁。

爲《補》。封面上直接寫下"尚書大傳(惠定宇藏本/翁覃溪[①]手評)"的題字。正文的筆跡與臺北本不同[②]。

印記方面,第一葉表"尚書大傳卷一"的題字之下,從上蓋着"北京/圖書/館藏"方印、"惠棟/之印"白文方印、"松/厓"方印、"紅豆齋"圓印之四顆印,最終葉裏左下蓋着"北京/圖書/館藏"方印、"江安傅/沅叔攷/藏善本"方印之兩顆印。正如藏印,國圖本之前爲傅增湘(1872—1949,號沅叔)之所有,《藏園群書經眼録》云:

尚書大傳注四卷漢鄭玄撰補一卷清惠棟輯

清惠棟紅豆齋寫本,墨格,闌外有紅豆齋鈔本五字。補一卷題鱔門惠棟定宇抄集。鈐有"惠棟之印"、"松厓"、"紅豆齋"各印。卷中有翁覃溪方綱朱筆校改。(已收。癸亥)

這裹寫有"癸亥",按傅增湘之生歿年計算,這一本落在他的手上應該是1923年。圖書館的藏印是"北京圖書館藏",由此可推測,這本是在中國國家圖書館從北平圖書館改稱國立北京圖書館[③]的1950年以降藏入北京圖書館的。

另外,這本手跡异于惠棟之手,并有"翁覃溪手評"之題字,且《經義考補正》云:"又見吴門惠氏亦有增入者,方綱嘗與歸安丁進士杰合諸本抄撮。"由此可知,國圖本很有可能是《經義考補正》所云的丁杰[④]所抄寫的一本。

臺圖本及國圖本二者之間的關係,鄭氏以臺圖本爲"惠氏初寫補録之書,爲未定之本",以國圖本爲"惠氏厘訂清繕之書,爲寫定之本也"。而從虞夏書之三條字句的比較來看,國圖本和臺圖本存在着密接的關係。[⑤] 鄭氏又對雅雨堂本《補遺》,臺圖本、國圖本《補遺》,再加上孫之騄本及董豐垣本進行了比較檢討,國

① 即翁方綱(1733—1818),覃溪爲其號。

② 惠棟專家張素卿氏認爲,臺圖本手跡確實是惠棟本人的,而國圖本手跡是别人的。惠棟著作的稿本與借鈔,請參見張素卿:《從典範轉移論惠棟之〈周易本義辨證〉》,《國文學報》53,臺灣師範大學國文學系,2013年6月。

③ 1950年3月6日,國立北平圖書館更名爲國立北京圖書館,并于1951年6月12日再改名爲北京圖書館。關于中國國家圖書館沿革,請參見陳源蒸等編:《中國圖書館百年紀事(1840—2000)》,北京圖書館出版社2004年版。

④ 關于丁杰的活動,請參見陳鴻森:《丁杰行實輯考》,《傳統中國研究集刊》第6輯,2009年。

⑤ 鄭裕基:《海峽兩岸"國家圖書館"善本書室所藏清惠棟紅豆齋輯本〈尚書大傳〉斠議三則》。

圖本《補遺》和雅雨堂本《補遺》之間有條目、文字的出入，但整體來説很相似，雅雨堂本《補遺》應該是修改、整理國圖本《補遺》而作成的，其作者應是惠棟或盧文弨。[①]

鄭氏針對臺圖本和國圖本的細節部分進行了比較。那麼，我們在此針對兩本的整體構成進行比較。臺圖本包含了國圖本的所有之條，而不存在國圖本獨自補上之文。見于臺圖本而不見于國圖本的文字，除了因重複而被删除的，共有二十一條。其中四條，雖然不好説完全重複。另有相似度很高的傳文，可能因相似之故未被國圖本采録。

如上所述，臺圖本和國圖本卷數不同，由此各卷所收的傳文有所移動，這個傳文的移動有規律可循。上面已經説臺圖本的條首偶有符號，由臺圖本和國圖本的比較可以知道，這些符號是抄寫國圖本（乃至其祖本）之際使用的標志。臺圖本的附有"○"之條當作《大傳》正篇收録于國圖本卷一和卷二，附有"△"或"△○○"之條收録于卷四《略説》，没有符號之條收録于卷五《補》。[②] 例外有五例，國圖本卷一・九葉裏"夏成五服……"、卷四・八葉表"煙氛郊社……"、卷四・九葉表"子夏讀書畢……"之三條，臺圖本没有"○""△"的符號，就其原則來説，應收録于國圖本卷五。國圖本卷五・三葉表二條"搏拊鼓震……""維五祀……"，臺圖本附有朱筆的"○"，就其原則來説應收録于卷一、卷二。

兩本還存在其他差异，如臺圖本中幾乎所有的條文都記有佚文的出典，國圖本除了卷五《補》，其他卷皆未記出典；國圖本《補》之出典其字句大致與臺圖本相同。

4. 雅雨堂本

四卷，《補遺》一卷，《校異》一卷，《續補遺》一卷。作爲雅雨堂叢書之一種刊行于乾隆二十一年。《校異》及《續補遺》是，正如盧見曾《後跋》以及盧文弨《校異序》所言，盧文弨以孫之騄本校勘雅雨堂本而盧見曾附刻于書後的。

在《四庫提要》中，雅雨堂本被收録于書類附録中，該書云：

> 一爲揚州四卷之本，與《書録解題》合。兼有鄭康成注……知非依託。

---

① 鄭裕基：《略論〈雅雨堂叢書〉本〈尚書大傳補遺〉與惠棟之關係》。

② 《"國家圖書館"藏惠棟"紅豆齋"本〈尚書大傳〉條首"○"、"△"、"○○"、"△○○"符號四種探義》中應該有鄭氏的論述，但遺憾的是，正如注中所記，尚未找到相關資料，因此無法確定其論旨是否相同。

如此，恰似此一本就是按原本來描述，而《四庫全書》本來打算收録雅雨堂本，可是如上所述現在收録的是孫之騄本。尚不明確其理由，或與盧見曾的下落有關，即乾隆三十三年盧見曾連纍于兩淮鹽政尤拔世之鹽案而死于獄中。據《清史稿・盧蔭溥傳》言，三年後“劉統勳爲見曾剖雪”，也對被牽連的盧見曾之子盧謙施以援手，“乞恩赦謙歸，授廣平府同知”。關于盧謙的命運，還有另一種説法。根據乾隆三十五年十二月二十二日的兵部檔案(内閣大庫檔案：101774-001)的記載，“盧謙發往軍臺効力。念其尚無大過。着於年滿時即行换回。該部帶領引見”。盧謙確實召還了，可實際上其理由爲“無大過”且“年滿”，好像與昭雪盧見曾之罪無關。説起來劉統勳就是彈劾盧見曾之人，實際上就是劉統勳令盧見曾獄死，所以“劉統勳爲見曾剖雪”之事還可存疑。但昭雪之事確在《兩淮鹽法志》中見載，該書卷一百三十七《職官門》中云：“乞老歸爲後任陷害，竟寘於法。後奉特旨昭雪。”關于此事，還不能下定論，目前衹能懷疑其可能性而待以後繼續探討。

雅雨堂本屢次覆刻，有愛日草廬本〔嘉慶五年(1800)刊〕、山淵堂本(嘉慶十七年刊)(圖 1、圖 2)。

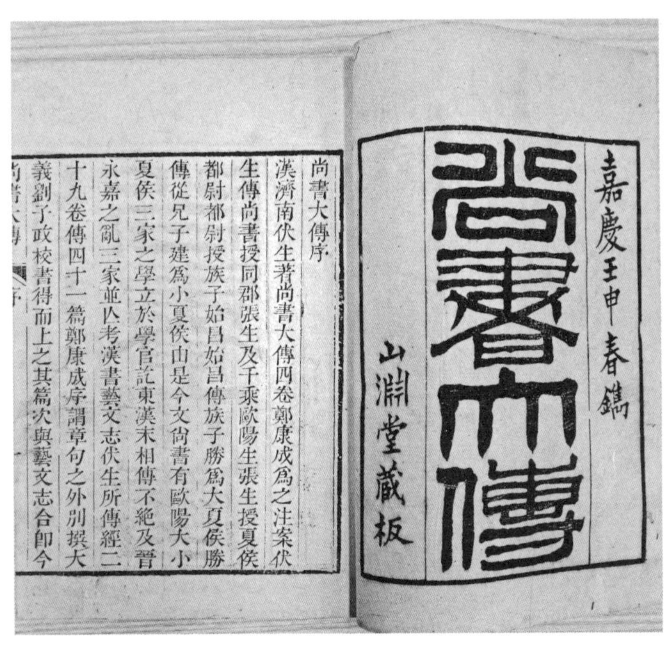
嘉慶壬申春鐫
尚書大傳
山淵堂藏板

尚書大傳序
漢濟南伏生著尚書大傳四卷鄭康成爲之注案伏生傳尚書授同郡張生及千乘歐陽生張生授夏侯都尉都尉授族子始昌始昌傳族子勝爲大夏侯勝傳從兄子建爲小夏侯由是今文尚書有歐陽大小夏侯三家之學立於學官訖東漢末相傳不絕及晉永嘉之亂三家並亾考漢書藝文志伏生所傳經二十九卷傳四十一篇鄭康成序謂章句之外別撰大義劉子政校書得而上之其篇次與藝文志合卽今

尚書大傳 序

圖 1

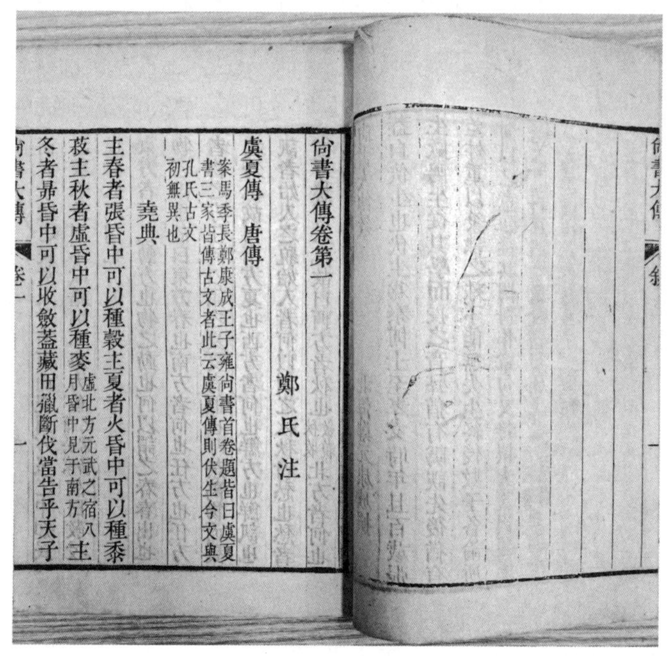

尙書大傳卷第一　鄭氏注

虞夏傳　唐傳

案馬季長鄭康成王子雍尙書首卷題皆曰虞夏書三家皆傳古文者此云虞夏傳則伏生今文與孔氏古文初無異也

堯典

主春者張昏中可以種穀主夏者火昏中可以種黍菽主秋者虛昏中可以種麥虛北方元武之宿八月昏中見于南方主冬者昴昏中可以收斂蓋藏田獵斷伐當告乎天子

尙書大傳　卷一　一

圖 2

筆者在此將討論在上提到的兩本惠棟本與雅雨堂本之間的關係。

除了上面所提的記述之外，段玉裁亦在《撰異》卷一上“日短星昴以正仲冬”條云：

> 惠氏定宇校改雅雨堂尚書大傳。昴字爲昴，非也。又改注中驩兜爲鵬吺，粉米爲黺絲。

另外，雅雨堂本之序云“得之吴中藏書家”，據此得出雅雨堂本的成立過程：乃盧雅雨得《尚書大傳》于“吴中藏書家”而拜託惠棟校訂其本。另外，《撰異》卷十八“既勤敷菑惟其陳修爲厥疆畎若作室家既勤垣墉惟其斁塈茨若作梓材既勤樸斲惟其斁丹雘”條云：

> 近惠氏定宇刊尚書大傳，改梓爲杍，則非矣。

由此可知段玉裁所言的惠棟輯本《大傳》爲刊本，但是現在可見的惠棟所輯佚的

《大傳》只有抄本。段玉裁以雅雨堂本《大傳》云"惠氏定宇校改""惠君所集",據這一條還不太明白段玉裁認爲雅雨堂本是惠棟所校訂的還是惠棟所輯佚的。那麽,我們接下來將段玉裁所言及的惠棟《大傳》與臺圖本、國圖本、雅雨堂本之三本進行比較。

關于編目,首先比較臺圖本和國圖本。臺圖本第一册寫有"唐傳　虞傳　虞夏傳　夏傳　殷傳",不過僅在首頁存在篇目而已。國圖本卷一初葉存在"虞夏傳",十葉裏也存在"殷傳"。臺圖本、國圖本都没有分開成二十八篇,不存在段玉裁所云的《尚書》篇名。那麽雅雨堂本的篇題如何? 雅雨堂本卷一·一葉有"虞夏傳　唐傳(双行注)/堯典"之字,第十葉最終行也存在"虞夏傳　夏傳",其下一行的第十一葉初行有"禹貢",段氏所認爲的"惠氏定宇蒐集"之《大傳》是"乃標堯典之首曰,虞夏傳唐傳。標禹貢之首曰,虞夏傳夏傳"的,雅雨堂本篇目與此相符。同時雅雨堂卷二·六葉以篇名作"杍材",段氏所云的"惠氏定宇刊"的特徵與其相符。如此,段氏所言的惠棟輯本乃至刊本《大傳》與雅雨堂本之特徵是一致的。

另外段氏記"惠氏定宇校改"之一条所引的"昴""驩兜""粉米"之三例,臺圖本、國圖本各作"昴""驩兜""粉米",雅雨堂本各作"昴""鴅吺""黺絲",此例也證明段氏之語與雅雨堂本是一致的。由此看來,段玉裁認爲雅雨堂本是惠棟親自輯佚而校訂的。

另外,嚴可均《鉄橋漫稿》卷四《對王氏問》云:

> 王氏問曰:"雅雨堂刊尚書大傳,其序称,得之吴中藏書家。盧抱經以爲出於掇拾。信乎?"對曰:"惠松崖輯録也。其底本尚在吴中。"

雅雨堂本《大傳》此一本係惠棟所輯佚,雅雨堂本的底本仍然存在于吴中,即蘇州。蘇州是惠棟的出生地。嚴元照《蕙櫋雜記》亦云:

> 《尚書大傳》……今行世有三本,……,一德水盧氏見曾本,……。皆由采輯所成。盧本乃惠定宇所輯,其序中不詳言,但云"得之吴中藏書家,竟似舊本之存於今者",似近於欺矣。

如此，嚴元照認爲盧見曾開板的《大傳》爲惠棟所輯佚，雅雨堂本序所言的“得之吴中藏書家”幾乎欺瞞。兩嚴氏均否定雅雨堂本序所説的，而認爲雅雨堂本是惠棟輯佚的。既然惠棟輯本乃雅雨堂本之底本，且雅雨堂本序云“吴中藏書家”，那麽他們可能認爲“吴中藏書家”就是惠棟。此外，余嘉錫《四庫提要辨證》中指出，雅雨堂本確實是《四庫提要》所謂的揚州本，并且他引用了《蕙櫋雜記》作爲依據，而否定《四庫提要》所説的“一爲揚州四卷之本……知非依託”，即雅雨堂本就是原書的看法。

據如上所講的段玉裁、嚴可均、嚴元照的議論來看，清代學者存在一個認識，即由惠棟校訂雅雨堂本之事實來進一步確認雅雨堂本本身就是惠棟輯本。[①] 可尚不明確段、兩嚴氏根據何種證據來寫以上的記述。

我們已經介紹了段玉裁等清儒所提到的惠棟本與雅雨堂本，還進一步分析了這兩種惠棟本與雅雨堂本之間的關係。針對《補遺》，鄭氏已經有相關研究，在此我們將雅雨堂本和臺圖本、國圖本正篇進行對比，可以找到窺見它們的關係之句，即雅雨堂本卷一·二葉表“古之帝王必有命民”條之“然後得乘飾車駢馬衣文駢錦”一句。對于此句，盧文弨早在雅雨堂本所附的《校異》中指摘云“下駢字衍”。我們查檢了引用此條的各種文獻，有《太平御覧》布帛部二錦、《藝文類聚》舟車部車、《路史後紀》、《後漢書》王充傳注、《禮記》玉藻正義，其文本皆作“文錦”，“駢”字確實是衍字無异。先行于雅雨堂本的孫之騄本亦無“駢”字，是仅在雅雨堂本中能見到的錯誤。[②] 此一句確認于臺圖本、國圖本兩本皆作“文駢錦”，這是僅能在雅雨堂本及臺圖本、國圖本中見到的特徵。僅據此事不能斷定惠棟輯本就是雅雨堂本之底本，不過至少我們可以看出來兩者之間存在相當密切的關係。

以上以臺圖本、國圖本《大傳》的書志補充了張、鄭兩氏研究不及之處，此工作將成爲筆者今後研究的基礎。通過兩個本子的比較，尤其是臺圖本所附的符號，我們更明確了兩個本子之間確實存在關係。

清儒之中有些學者，如段玉裁等，認爲雅雨堂本是惠棟輯本，而當我們將雅

① 此認識繼承至《北京圖書館古籍善本目録》，該目録云：“尚書大傳注（漢鄭玄撰）補遺一卷（清惠棟撰清乾隆二十一年盧見曾刻雅雨堂叢書本……）。”

② 陳寿祺《尚書大傳輯校》及皮錫瑞《尚書大傳疏證》亦作“文錦”。繼承雅雨堂本的王闓運《尚書大傳補注》作“文駢錦”，用“駢，併也”的鄭注來補注“以錦文飾緣純，又加錦帶，謂之併錦”。

雨堂本與臺圖本、國圖本進行比較後發現，存在着任何其他版本中不存在而僅存在于這些三本且共通的錯誤，由此可推斷，這三者存在不淺的關係。針對補遺，鄭氏已經講到雅雨堂本《補遺》與國圖本《補遺》之間存在着緊密的關係。結合本文所探討的結果與鄭氏的研究，尚不能排除雅雨堂本出自惠棟之手的可能性。臺圖本、國圖本、雅雨堂本與《四庫提要》所提的《明堂大道録》等其他惠棟著作之間的關係亦成重要研究課題，關于此事，暫停于此地步，日後再探討。

5. 和刻本

四卷，《補遺》一卷，《續補遺》一卷，大坂漢學者木村兼葭堂（孔恭）刊行于明和五年（1768）。此本覆刻雅雨堂本附訓點而在眉批亦附上校記。

6.《通德遺書所見録》

《通德遺書所見録》之卷三十至三十二乃爲《尚書大傳》。該書爲孔廣林爲了收集鄭玄遺説而作。由此，此本《尚書大傳》并非《尚書大傳》的輯佚，而爲鄭注《尚書大傳》之輯佚。《通德遺書所見録》之敘録在書後，其中説到"無注之傳、非見於鄭君它注所引者，亦置弗録焉"。敘録中多次提及"吴中本"（即雅雨堂本）并指摘其誤，還參考孔廣林所作的校注多次説"本作……"，此"本"皆指雅雨堂本的文本。此一本參考雅雨堂本，明示其逸文出處，其校注也十分詳細，讀者可以參考。

7. 陳壽祺本《尚書大傳輯校》

五卷，《序録》一卷，《辨譌》一卷，陳壽祺輯。陳氏參考孫之騄、盧雅雨、《通德遺書所見録》三本輯本，其中對《通德遺書所見録》的評價較高。雖然參考三本而成，在内容上對三本的參考程度持平，不是根據某一本而成，但是陳氏本在衆本中顯得非常獨特。因爲它的每一條引文皆明示出處，若有多處出處也都記録下來。而且其校注也很仔細，尤其是其《辨譌》一卷對于研究《大傳》具有較高參考價值。由此可判斷，此本傳文非常可靠。

陳本收録于《皇清經解》、《四部叢刊》、《古經解彙函》（圖 3）。其序云"三卷"，可原刊本爲五卷，由此推測，《古經解彙函》收録之時將五卷并成三卷。

8. 鄭氏佚書本

三卷，《略説》一卷，《洪範五行傳》一卷，袁鈞輯，袁堯年校補。袁鈞爲清乾嘉年間（1736—1820）浙江鄞縣（今寧波鄞州區）人。袁堯年是其子孫，生于清末。鄭氏佚書本序中提到吴中本之不全，由此可以推測，該本至少參考過雅雨堂本。其分卷與其他有所不同，鄭氏佚書本以《大傳》爲三卷，《略説》另爲獨立一卷，《洪

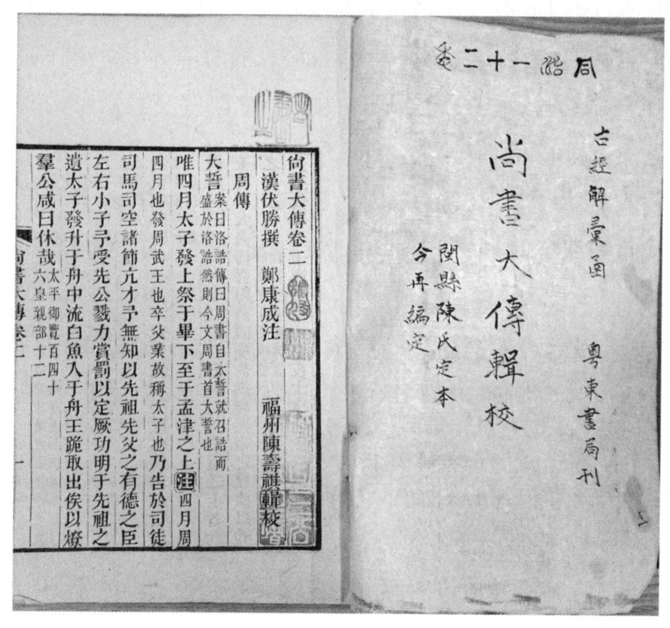

同治一十二年

古經解彙函

尚書大傳輯校

閩縣陳氏定本

今再編定

粵東書局刊

尚書大傳卷二

漢伏勝撰　鄭康成注　福州陳壽祺輯校

周傳

大誓 案日洛誥傳日周書自大誓就召誥而盛於洛誥然則今文周書首大誓也

唯四月太子發上祭于畢下至于孟津之上注四月周四月也發周武王也卒父業故稱太子也乃告於司徒司馬司空諸節亢才予無知以先祖先父之有德之臣左右小子予受先公戮力賞罰以定厥功明于先祖之遺太子發升于舟中流白魚入于舟王跪取出俟以燎羣公咸曰休哉 太平御覽百四十六皇親部十二

尚書大傳卷二

圖 3

範五行傳》另爲獨立一卷。與其序一同考察，袁鈞認爲《略説》原是《大傳》中的一篇，《洪範五行傳》并不是原來的《尚書大傳》所有的。這本校注很仔細。

9. 皮錫瑞《尚書大傳疏證》（圖 4、圖 5）

七卷，刊行于光緒二十二年（1896）。《尚書大傳疏證》（以下簡稱《疏證》）底本爲陳壽祺本，據陳本進行疏證《大傳》之文。疏證中亦可看到先行輯本，由此可知《疏證》參考了雅雨堂、《通德遺書所見録》、鄭氏佚書本等。其疏證精核，是《尚書大傳》輯本之中最可靠的。

傳文的各篇排布基本上沿用了陳氏本的排列方法，但也有些地方對陳氏的方法進行了一些修訂。不過，有些修訂反而導致了錯誤，利用之時必須要注意。

10. 王闓運《尚書大傳補注》

七卷，1923 年刊。底本爲雅雨堂本。王闓運據雅雨堂本自作訂補而成爲四卷，後來參考陳氏本成了七卷。其佚文之整理較好，重複之文比其他本少，由此推測，《尚書大傳逐字索引》[①]以此爲底本。但其補注却并不周全，落于陳、皮之後。

① 劉殿爵、陳方正主編：《尚書大傳逐字索引》，商務印書館 1994 年版。

圖 4

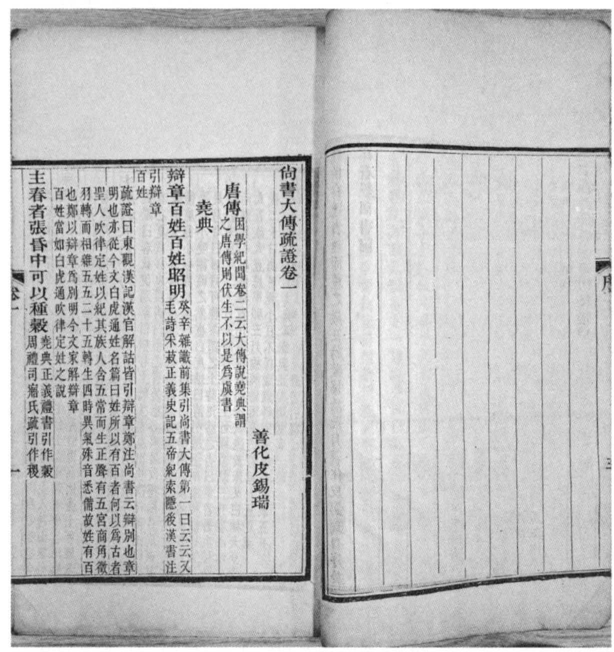

尚書大傳疏證卷一

善化皮錫瑞

唐傳 困學紀聞卷二云大傳說堯典謂之唐傳則伏生不以是爲虞書

堯典

辯章百姓百姓昭明 癸辛雜識前集引尚書大傳第一日云云又毛詩采菽正義史記五帝紀索隱後漢書注引辯章百姓

疏證曰東觀漢記漢官解詁皆引辯章鄭注尚書云辯別也章明也亦從今文白虎通姓名篇曰姓所以有百者何以爲古者聖人吹律定姓以紀其族人含五常而生正聲有五宮商角徵羽轉而相雜五五二十五轉生四時異氣殊音悉備故姓有百也鄭以辯章爲別明今文家解辯章百姓當如白虎通吹律定姓之說

主春者張昏中可以種穀 堯典正義禮書引作穀周禮司寤氏疏引作稷

圖 5

以上述的各本信息來圖示各本的關係如下。
（以實線表示底本關係，以破線表示參考關係。）

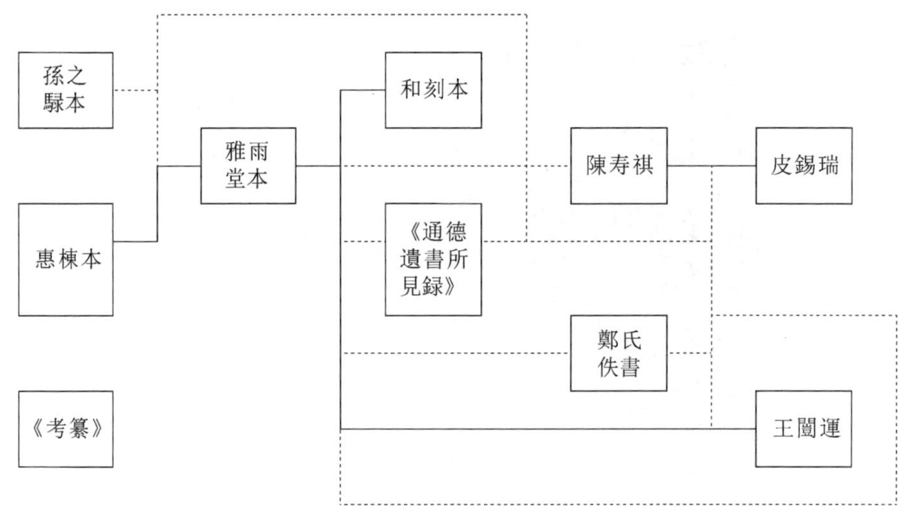

由上圖可知，無人（明確）參考董氏《考纂》。另外雅雨堂本是在其之後的輯佚書最被尊重的，各本皆參考雅雨堂本。

三、結語

通過本文的探討，我們可以看出，《尚書大傳》自清初至清末，一直持續吸引着清朝考證學者的興趣。整個清朝期間，他們對其進行了不斷的修訂。[①] 而且《尚書大傳》各個輯本之間存在關係。從其關係可梳理輯本的發展過程。本稿僅講到《尚書大傳》輯本的整體關係，而對于惠棟本與雅雨堂本以外的其他更小的輯本之間的關係尚未提及，這可以作爲筆者以後的研究課題。

提醒研究者注意：研究《尚書大傳》時基本上可以選擇最終形態的皮錫瑞的《疏證》，《疏證》基本上沿用了陳壽祺本，因此也需要參考陳壽祺本；此外，《疏證》繼承了大多數的輯佚書，但整理繼承關係後，筆者發現只有《考纂》是孤立的；由于《尚書大傳補注》尚未完成，這兩本書在參考時也應一同考慮。

另外需要提醒注意的是，研究中除了根據這些《尚書大傳》輯本，以後還需要

① 關于清儒的輯佚情况，也請參見濱久雄：《〈尚書大傳〉考》，《東洋研究》133，1999 年。

以清儒不能用的資料來補充《大傳》之輯佚,并以批判性眼光來重新整理出《大傳》傳文。同時,《大傳》被評價爲"與經義在離合之間"的"於經文之外,掇拾遺文,推衍旁義"(《四庫提要》)的緯候之類,事實上,這種評價是不公允的,筆者認爲《大傳》衹是《尚書》的章句之類。筆者以後也會將《尚書大傳》與《尚書》經文之間的關係作爲重要課題進行研究。

附記

本文初稿是爲2019年舉行的"從中古到近代:寫本與跨文化"國際學術研討會而寫。提交本文後,筆者又陸續發表了與本稿内容相關的論文。在本論文集出版之際,筆者僅對舊稿進行了少許補充修改,由此未能充分反映這個領域的研究成果,還請讀者諒解。尤其是侯金满《雅雨堂本〈尚書大傳〉底本來源及成書考實》(《文史》2019年第2期)一文與本稿所討論的雅雨堂本的相關内容有很多重合之處,敬請參考。

本文所使用的照片皆係筆者個人收藏。

另外,2015年1月,筆者在臺北"國家圖書館"查閲了其所收藏的惠棟抄本實物;2019年8月,筆者在中國國家圖書館查閲了其所收藏的惠棟抄本實物。在此,向相關單位表達衷心感謝。

江户後期成書的有關中國筵席未刊著作《唐山款客之式》初探

高井高嶺(日本京都大學人文科學研究所)

江户初期,以隱元禪師帶來的中國式素菜等飲食方式爲基礎而形成的普茶料理在日本社會流行起來。還有使用桌子、椅子的所謂卓袱料理在享保年間(1716—1736)從長崎流傳到上方(大坂、京都),之後在江户開始流行。在這樣的背景下,江户時代出現了十種以上有關中國飲食的著作。下面舉幾例有代表性的著作。

刊行年份	作品
元禄十年(1697)	吉岡某《和漢精進料理抄》唐之部
寶曆十一年(1761)	《八卓燕式記》
明和八年(1771)	禿帚子編《新撰會席卓袱趣向帳》
明和九年	未達《普茶料理抄》
天明四年(1784)	田中信平《卓子式》
文政五年—天保六年(1822—1835)	栗山善四郎《江户流行料理通》第一至四編
文久元年(1861)	又玄齋南可《新編異國料理》
寬政年間(1789—1800)	中川忠英《清俗紀聞》

以上著作都是有刊印的,還有些未刊的著作,例如《卓子宴儀》《卓子調烹方》《唐山款客之式》等。其中,前兩種著作先已有介紹,[①]但關于《唐山款客之式》,

① 西澤治彦:《江户時代の中國料理書の翻刻と解題(その一)『卓子宴儀』》,《武藏大學人文學會雜志》第37卷第2號,2005年。關于《卓子調烹方》,田中静一對它的内容作過比較詳細的介紹,參見田中静一:《一衣帶水——中國料理傳來史》,柴田書店1987年版,第147—149頁。

除了比較簡單的介紹以外還没有詳細的報告。此書被認爲是最早言及"滿漢席"的文獻,[①]又《卓子式》被稱爲"江户時代最完整的中國料理書",而《唐山款客之式》就是《卓子式》主要依靠的文獻之一。下面介紹《唐山款客之式》的兩種寫本及對其成書與傳播進行考察,最後討論三種文本關係的問題并作小結。

一、簡介兩種《唐山款客之式》寫本

《補訂版　國書總目録》[②]及國文學研究資料館提供的國書データベース(Union Catalogue Database of Japanese Texts)[③]中收録的《唐山款客之式》本子唯有一本,即内閣文庫收藏的寫本,在《料理文獻解題》和田中静一《一衣帶水——中國料理傳來史》等有關文獻中都有介紹[④]。但目前所知道的還有一本,在日本慶應義塾圖書館魚菜文庫(舊稱石泰文庫)中也收藏了一本《唐山款客之式》寫本[⑤]。在此,首先介紹這些寫本的概略。

① 内閣文庫(日本國立公文書館)藏本〔(請求番號)184－0330〕
寫本,一册,25.3 厘米×17.5 厘米。與《琉客談記》合輟。
[舊藏者]太政官正院歷史課、修史局、修史館、内閣臨時修史局
書衣"唐山款客式/琉客談記[寛政八年]　合一本"("寛政八年"是朱字。)
封面"唐山款客式/琉客談記　合一本"
内題"唐山款客之式"
藏書印"西尾文庫""修史館圖書印"

這本子是與《琉客談記》的合輟本,其中前十一葉是《唐山款客之式》。在底面書衣襯紙上貼有"明治四拾二年九月文學博士幣原坦氏所藏本/ヲ以テ校

① 田中静一:《一衣帶水——中國料理傳來史》,第 152 頁。
② 《補訂版　國書總目録》,岩波書店 1989—1991 年版。
③ https://kokusho.nijl.ac.jp/.
④ 川上行藏編:《料理文獻解題》,柴田書店 1978 年版,第 111 頁。田中静一:《一衣帶水——中國料理傳來史》,第 152—153 頁。
⑤ 魚菜文庫本在川上行藏編《料理文獻解題》内的年表中作爲石泰文庫本被著録。又,在上述田中静一《一衣帶水》上寫着"筆者の手もとにあるのは、漢文の本文だけの活字本である"(筆者手裏有的是衹載漢文文本的活字本)(第 153 頁),但是目前我還没找到這種本子。

正ス卷中朱字ニテ傍書セルモノ是ナリ”〔明治四十二年(1909)九月，以文學博士幣原坦氏所藏本校正。卷中用朱字所傍書者是也。〕墨書的紙片，但是在《唐山款客之式》的文字上没有任何校正的痕迹，可以認爲衹對《琉客談記》進行了校正。

這本《唐山款客之式》有兩種文本，其中之一是漢文的，另外一本爲古典翻譯式的日文文本。其中漢文文本内容頗有殘缺，但是日文文本却補充了它的不足。

漢文部分末尾有以下附記：

唐唐山程拙養致之木世肅，肅又以視于□侯，侯使世幹(騰)〔謄〕之。迺掛城警衛之歳二月上(沈)〔浣、澣〕二日，曉來雨雪，浪華久猶希見，况春乎。

[文中把必要改正的字標示于(　)内，并在〔　〕内補充正字。□，即是空格。句讀點是作者補充的。以下相同。]

② 日本慶應義塾圖書館魚菜文庫藏本〔目録1274(p.44)、242/872A〕
寫本，一册，半紙版。
用藍罫紙筆寫。半葉十行，白口單魚尾，板心下部有爲了填寫頁數的(　)，在左下框郭外有瓢型符號(製作販賣罫紙的商店號)。
封面也用同一罫紙，這本子衹是打了兩孔而把紙捻穿這些孔訂成的。
封面題目《唐山款客之式》

魚菜文庫本衹有漢文文本，具有句讀點、朱點、傍綫等，内閣文庫本却没有這些。

魚菜文庫本文末附記如下：

安政四年丁巳歳七月十又六日，於藤堂和泉侯上邸/門前之舊書肆購之。□大江户醉書生雲濤漁史竹鵬識。

還有兩種識語，第一種是在本文文末背面上的朱字識語，寫有《卓子式》序文等關聯事項。

背面第四行以下：

天明四年[皇都書林版序文ニ/豊前中津田信誌]

卓子式一册[三十四枚/タテ六寸八分五厘/ヨコ四寸六分　凡例ノ一條ニ/一卓子式世々不同小説の諸書にて考へ見るべし。/(不審)八仙卓燕式ハ清人呉成充といふ者長崎通辭山西金右衛門を請ずる式なり/既に印板あり。小菜八品中菜十二品大菜八品猪斗りなり。大碗八品 鶏(にはとり) 鴨(あひる) 羊(ひつじ) 紅魚(たい)海參(いりこ)鮑 魚翅(ふかひれ)鹿筋等也調法燕式に委し。/近頃歡客式の一書あり。大菜十二碗あるひハ八碗點心十六品小菜二三品也]

中譯：天明四年[在皇都書林版序文中有"豊前中津田信志"],《卓子式》一册[三十四枚,縱六寸八分五厘,横四寸六分。凡例之一條曰："一,卓子式應以世世不同小説諸書考見。(不審)《八仙卓燕式》,清人吴成充請長崎通辭山西金右衛門之式也。既有印板。小菜八品,中菜十二品,大菜八品,有猪肉而已。大碗八品,鷄、鴨、羊、紅魚、海參、鮑、魚翅、鹿筋等也。烹飪法,詳見《燕式》。近來有《歡客式》一書。大菜十二碗,或八碗,點心十六品,小菜二、三品也。"]

框郭上：

寶曆　辛巳(十一年)/△八僊卓燕式記/"清人吴成充船中餐金右衛門式"

△款客式/明和安永頃ノ筆記カ

寫本(震災燒也)/△八僊卓燕式記後編/明和四年丁亥五月/コレハ卓子式ニイハザレバ出板本ハナカリシナルベシ

中譯：寶曆十一年/△《八僊卓燕式記》/"清人吴成充船中餐金右衛門式"

△《款客式》/疑明和、安永年間〔1764—1781〕所筆記。寫本(震灾所燒也)/△《八僊卓燕式記後編》/明和四年丁亥五月。/此不見《卓子式》,應無版本。

第二種,即是在底封面(用同一罫紙)左框郭外用鉛筆寫的：

昭和十一年十一月十日/■後萩原氏ヘカシオキシヲカヘサレシヲ机上にオ　キタリシニ黑子コ/ハキテヨゴス

中譯：昭和十一年〔1936〕十一月十日/■後，我把萩原氏還回來的這本書放在案子上時候，黑猫子/嘔吐而把它弄髒了。

二、有關成書與傳播的問題

依據内閣文庫本末尾的附記，可以説《唐山款客之式》原來是清人程拙養贈給木世肅的，這位木世肅即是，以本草博物學家、畫家、藏書家等身份而著稱的"浪速的知識巨人"木村蒹葭堂（1736—1802，名孔恭，字世肅，號蒹葭堂、巽齋，或被稱爲坪井屋吉右衛門）。關于程拙養、某侯、世幹以及"掛城警衛之歳"未詳，但是仍可以判斷的是，蒹葭堂將他得到的書給某侯看，而某侯讓世幹謄寫的就是内閣文庫本的原本。

他所藏的書籍，現在已經由分散各處的圖書館收藏，其中内閣文庫（日本國立公文書館）是主要的幾家之一。不過根據目録的記載内容和藏書印等來看，上述内閣文庫本不是蒹葭堂舊藏，另外在書目的數量方面比較豐富的《蒹葭堂書目》和《昌平書目》中也看不到《唐山款客之式》之名[①]。

但幸運的是，仍有説明蒹葭堂舊藏此書的資料，即著名蘭學者箕作阮甫（1799—1863，名貞一、虔儒，字庠西，號紫川、逢谷，津山藩士）《紫川遺文》中收録的《題唐山款客式》。

客冬閲市。得兼葭堂敗布若干部。中有此書。備載唐山款客法式。亦卧游之一適而博物之一端也。即收録遺珠中。弘化丙午仲春。醉餘援筆。紫川西史。[②]

注：弘化丙午是弘化三年〔1846〕。

① 《蒹葭堂書目》《昌平書目》都爲日本大阪府立中之島圖書館所藏。目前没有能把握蒹葭堂舊藏本全貌的目録。

② 吴秀三編：《箕作阮甫先生詩文》，1917年，第119—120頁。

此文説明蒹葭堂還是曾經收藏了《唐山款客之式》，而弘化二年的冬天這本子轉手到了箕作的手裹。

進一步探索這本書的流傳情况，筆者找到了在蒹葭堂的文人網絡中的人物，其中之一是編寫《卓子式》的豊前中津田信（Den Shin），即身爲醫師、畫家的田中信平（1748—1824，字子孚）。在魚菜文庫本的識語中可以看到，他在天明四年刊行的《卓子式》序文上提到了一種名爲《歡客式》的書，《卓子式》的内容與《唐山款客之式》相似，就此來看《歡客式》即是《唐山款客之式》。關于田信，南畫家田能村竹田（1777—1835）提到，"田信，字子孚，豐前中津城人。……早年數游京攝間，與柴栗山、池大雅、木世肅、葛子〔琴〕、島芙蓉、十梅崖、餘夙夜諸先達名士，相親善"[①]。他從年輕的時候起就與蒹葭堂有交往。

另一個人是大田南畝（1749—1823），他本名覃，通稱直次郎，號蜀山人，是個優秀的幕府官人，同時作爲狂歌師、戲作者等文學者而著稱于世。他在享和元年（1801）六月初次與蒹葭堂見面，直至蒹葭堂去世，雖然時間不長，但是他們在學藝上進行了切磋，而南畝因此編成《溯游從之》一卷[②]。南畝曾謄寫了許多書物，并把這些書物編輯成叢書，其中《三十輻》（*Misonoya*）雖然現在已經没有完本，但其目録還留存了下來，在《廣三十輻》卷十一的目録中看到"唐山款客式　長崎譯司"的記載[③]，就此可以看出南畝謄寫并閲讀了此書。

如上所述，可見《唐山款客之式》在以木村蒹葭堂爲中心的網絡中進行了相當廣泛的傳播。

蒹葭堂得到此書的時期還不甚明瞭。不過，安永七年夏天，蒹葭堂訪問長崎，[④]五月十二日他接受了大譯司林三郎太在當地舉辦的饗宴接待。這個使用桌子與中國菜的中國式筵席，在《卓子調烹方》書中有很詳細的介紹[⑤]。蒹葭堂很有可能就是在長崎逗留中得到了《唐山款客之式》這本書。如上所述，在天明

① 《竹田莊師友畫録》卷下，收入田信（高橋博巳編集、校訂：《定本　日本繪畫論大成》卷7，ぺりかん社1996年版，第445—446頁）。

② 關于他們的交流，參見中村真一郎：《木村蒹葭堂のサロン》，新潮社2000年版，第654—660頁。現在《溯游從之》原本在大阪府立中之島圖書館，而圖書館在1971年影印過此本（《大阪資料叢刊　第一》，大阪府立圖書館1971年版）。

③ 目下存在的《三十輻》之中比較完整的是日本國會圖書館所藏的六十册本（辰—44，寫本），還有在《大田南畝全集》卷19（岩波書店1989年版）中翻刻了《杏花園叢書目》，這些書上都能看到。

④ 水田紀久：《蒹葭堂　長崎下向の時期》，收入《蒹葭堂時代の日本文化—旅とサロンと開かれた知性—》，特定領域研究（A）"江户のモノづくり"總括班2002年版，第8—9頁。

⑤ 林三郎太：《安永戊戌五月十二日饗浪華木村氏獻立》，《卓子調烹方》，慶應義塾圖書館魚菜文庫藏。

四年刊行的《卓子式》序中提到了寶曆十一年刊《八僊卓燕式記》以及“近來”才有的《唐山款客之式》，田信得到了此書，應該是在天明四年之前，并且從“近來”這兩個字來看，它應傳于《八僊卓燕式記》刊行之後。就此推測蒹葭堂在長崎得到此書應該是没有問題的。

關于魚菜文庫本，從其附記來看，在安政四年（1857）漢詩詩人竹内雲濤（1815—1863，名鵬，字九萬，號雲濤、醉死道人）在書店買到的是魚菜文庫本的原本。

三、三種文本之比較

如上項所述，目前所知道的《唐山款客之式》文本有三種，内閣文庫本漢文文本、日文文本，以及魚菜文庫本的漢文文本。下面簡單地比較一下這三種文本。

先比較一下兩種漢文文本。内閣文庫本比起魚菜文庫本有較多的缺字、誤字，魚菜文庫本相對來講比較易讀。比如文章的開頭處，内閣文庫漢文文本作如下處理：

> 凡唐山請客之時，……簷下吊起各色異様燈籠，四圍張挂紅白縐紗，□□□□牡丹花様□是謂采也

魚菜文庫本則做如下處理：

> 凡唐山請客之時，……簷下吊起各色異様燈籠，四圍張挂紅白縐紗，結作牡丹花様垂下，是謂結采也

但是，魚菜文庫本也不是很完整，比如在上面引用的文章之後，兩本各有如下記載。

内閣文庫本：

> 大概第一熊掌，……其八野鴨，或者水鴨，其魚肚等物，十一雜味［此不

拘何物，其調法，俱從伊時取用。]，十二鮮魚

魚菜文庫本：

> 大概第一熊掌，……其八野鷄，或者水鴨，其九魚肚等物，其十海參魚翅等物，十一雜味[此不拘何物，其調法，俱從伊時取用。]

内閣文庫本缺“其十海參魚翅等物”，魚菜文庫本也缺“十二鮮魚”。

這一部分，内閣文庫本日文文本比起兩種漢文文本要完整，比如：

> 凡唐國にて賓客を請する時ハ……簷にハ樣々の燈籠を吊し四方に紅白の縐綿を張りて牡丹の花様を結び垂れ[是を結采といふ]

> 大略一番に熊掌，……八番に野鷄，又ハ水鴨，九番に魚肚の類，十番に海參魚翅の類，十一番雜味[是は何にてもくふ時のよろしきにしたがふ]，十二番ニ鮮魚

從上面引文可以看出，文字没有缺漏，這説明該書一定參考了一個没有殘缺的原本，另外内閣文庫的日文文本竟與魚菜文庫本有些許一致之處。

還有一點想指出的是，日文文本在本文末尾没有附記，但却添加了十一行不知出自何處的文字：

> 惣じて唐人ハ卓子を席と唱へ卓子一脚二脚を一席(イヅイッ) 二席(ルヅイッ)といふなり……【後略】

四、結語

綜上所述，《唐山款客之式》主要是在木村蒹葭堂的周圍傳播的。當時的江户文人對中國文人的文化生活抱有强烈的興趣，因此對這類著作也有强烈的追

求。不難想象，他們獲得的有關中國飲食、筵席陳設的知識，給江户後期盛行的文人煎茶趣味奠定了一定的基礎。

還有三種文本，魚菜文庫漢文文本和内閣文庫漢文文本、日文文本，對此三者進行比較的結果顯示，内閣文庫日文文本比前兩者翔實，并且文末還添加了漢文文本没有的内容。據此推測，内閣文庫日文文本一定是參考了一個更翔實的文本，而那個翔實的文本一定是在傳播的某個環節發生了缺漏，才會引起現在的現象。這種現象是怎麽造成的現在還不是很清楚，筆者今後將致力于這方面的調查。

附録　翻刻魚菜文庫本《唐山款客之式》

〈凡例〉

一、底本是日本慶應義塾圖書館魚菜文庫所藏的《唐山款客之式》〔目録 1274(p. 44)、242/872A〕。

二、原注作爲雙行注，在本稿中用[　]表示。

三、文中有必要改正的字，標示于(　)内，并在〔　〕内補充正字。但把异體字改爲正字時，不需如此。

四、底本中的句讀點，有位置錯落的，根據上下文意進行了適當修改。底本中没有句讀點時翻刻者進行了補充，并把它標示在〔　〕内。

以上

〈翻刻〉

唐[①]山款客之式

凡唐山請客之時，先要客廳内[②]，陳設綺羅，擺列齊整，當中壁上，高掛扁額，下立圍屏，懸掛古代名人書畫，兩傍[③]掛對聯，中間[④]置古董香爐，焚燒名香，花瓶復用古董，插着新鮮奇花，簷下吊起各色異樣燈籠，四圍張掛紅白縐紗，結作[⑤]牡丹花

---

① 在"唐"上加朱〇點。
② "廳内"：内閣本漢文文本(以下稱"内閣本")作"所盛"。
③ "傍"：内閣本作"旁"。
④ "間"：内閣本作"問"。
⑤ "結作"：内閣本作四字空格。

様垂下[①],是謂結[②]采也[③]。樓上吊[④]用彩[⑤]色,排設玩器,露臺上[⑥]大花瓶内,插着各色巧手彩繡之花,排列樂器等件,樓上[⑦]樓下,至于露臺,密鋪氈毯,然後着[⑧]家丁[⑨],站[⑩]立門外,等候客人來駕,以待家丁所報,東家輒出門外迎接,請到廳上,共叙寒温已畢,分賓主坐下托[⑪]出烟盤獻茶之後,出龍眼湯,再出燕窩湯[⑫]。設席獻觴款待,必用山珍海錯,最爲上品,此係水陸珍饈,而山珍,乃熊掌鹿脯之類,海錯乃燕窩江瑶柱之類,大約十二菜爲例[⑬],至于烹調之法,聽其各人取捨,供獻十二菜之間,出兩套點心,每套十六通,其調法各有差别〔。〕大概第一熊掌,其二燕窩,其三淮鴨,其四鮮水[又云鮮器],其五猪蹄,其六江瑶柱等物,其七鹿脯,或者鹿肋,其八野鷄[⑭],或者水鴨,其九[⑮]魚肚等物,其十海參魚翅等物[⑯],十一雜味[此不拘何物,其調法,俱從伊時取用。],十二鮮魚[⑰]。

以上名謂漢席[⑱]

今清朝滿州之式,却用燒肉、燒羊、燒鵝、白煮猪蹄[此謂巴巴[⑲]]、白煮鷄鴨等件,僕從人等,在席皆用切片者。其點心不過饅頭麵餅兩様,唐[⑳]山目今官長之人,延客都用滿漢之席,其式悉照前様。

八[㉑]碗菜式[前條所記十二菜,烹調之法,大約照此八碗菜之式,相同至于澆頭等様,隨便時新自有各别。]

---

① “垂下”:内閣本作一字空格。
② “結”:内閣本缺。
③ 内閣本,以下换行。
④ “吊”:底本、内閣本都作“另”從内閣本日文文本改。
⑤ “彩”:内閣本作“綵”。
⑥ “上”:内閣本缺。
⑦ “上”:底本作“工”,從内閣本改。
⑧ 原無此字,後補。
⑨ 用朱筆補“丁”字鈎筆。
⑩ “丁站”:内閣本作“下並”。
⑪ “托”:内閣本作“此”。
⑫ “窩湯”:内閣本缺此二字。
⑬ “例”:内閣本作“倒”。
⑭ “鷄”:内閣本作“鴨”。
⑮ “九”:原無此字,在“其”“魚”字間加朱點,其旁用朱筆寫“九”。
⑯ “其十海參魚翅等物”:内閣本缺。
⑰ “十二鮮魚”:底本原無此四字,從内閣本。
⑱ 在“漢席”各字右加朱〇點,在左加波綫。
⑲ “巴”:底本作“〇”,從内閣本改。
⑳ 内閣本此前有“凡”。
㉑ 底本此後有讀點。

燕窩湯[1]〔將燕窩，用淡漿調之，另用撕[2]鷄，盛于[3]下面〔，〕上（，）放燕窩盛滿而出。〕

鴨湯　〔將全鴨，水[4]煮之，用漿調之澆頭，[5]海粉，木耳等樣。〕

甲魚炒　〔將甲魚，用猪油炒之，再加燒酒，煮熟，漿油調之，澆頭葱笋之類，盛出之際，用藕粉攪之。〕

火肉燒蹄巴　〔猪蹄，是猪之四肢也。取其一肢，切去脚根，則像似巴字之樣，將此猪[6]蹄，白水煮爛，加漿調之澆頭，[7]用海粉，香蕈等樣。上撒着茴[8]香之末。〕

鷄湯　〔將鷄切做一寸方圓，用猪油炒，加漿調之，加淡葛粉，澆頭用葱，[9]木耳等樣。〕

鹿肋湯　〔鹿肋，是曬[10]乾鹿之脚肋也。切做一二[11]寸長短，煮爛之後，加火腿，切做細薄，用淡漿調之，[12]澆頭用香蕈，荸薺之類。〕

海參湯　〔將海參爲君，加肉餡，又加魚翅等，淡漿調之，澆頭用[13]絲瓜天目笥，此係福建省天目山所産之筍也[14]。〕

七星湯　〔將鷄蛋大者七個，去殼不可壞肉，須用酒娘[15]，加白糖少許[16]，大碗內攪匀[17]取鷄蛋肉傾[18]在上面架入蒸籠，蒸熟而像似七星之樣也[19]。〕

---

① 以下到"七星湯"，在各項目上加朱點。
② "撕"：內閣本作木字旁。
③ "于"：內閣本作"置"。
④ "水"：內閣本作"白水"。
⑤ 底本此後有一字空格，"海粉"後亦有二字空格。
⑥ "猪"：內閣本作"楮"。
⑦ 底本此後有一字空格，"海粉""等樣"後亦同。
⑧ "茴"：底本作"苗"，從內閣本改。
⑨ 底本此後有一字空格。
⑩ "曬"：內閣本作"晒"。
⑪ "一二"：內閣本作"三"。
⑫ 底本此後有一字空格，"香蕈"後亦同。
⑬ "用"：內閣本缺。底本此後有一字空格，"天目筍"後亦同。
⑭ 內閣本無"也"。
⑮ "娘"：內閣本作"釀"。
⑯ "許"：內閣本作"詩"。
⑰ "匀"：底本作"句"，從內閣本改。
⑱ "傾"：底本作"頎"，從內閣本改。
⑲ 內閣本無"也"。

右獻菜之中，出[①]兩套點心、醒[②]酒湯。

卓面排器式

酒鍾[③]［官長富家人者，多用銀器也。］

湯匙（チリレンゲ）[④] ［一名調羹，銀，或者磁器，做成荷花之花瓣[⑤]樣。］

皿子 ［一名碟兒，銀或者磁器〔，〕其[⑥]湯匙，斜放[⑦]于皿子上。］

皿子 ［盛漿油。］

皿子 ［盛白醋[⑧]。］

牙箸 ［一名快子[⑨]，須要象牙快子，用白紙包之，將朱紙雕成福禄[⑩]壽等好字樣，貼于上面，又止用朱[⑪]紅紙包者。］

照依排法出席，請正客于當中，坐下陪客在[⑫]右，東家在左，正客高貴之人，陪客坐于别席，止得東家一人，陪先于未出菜碗之前，東家取酒瓶篩[⑬]一杯，獻于客人，自己又篩一杯，即便飲[⑭]乾而傾着杯子，向客人，看[⑮]此時客人又過[⑯]而傾杯，言謝[⑰]，家童看過一道[⑱]獻杯已完，方纔托[⑲]出菜碗，主人起來取之，兩手捧擎，放于席面，客人復[⑳]起來言謝，而坐，主人坐定，舉箸[㉑]云請々々[㉒]，此時客人方取牙

① “出”：底本無此字，從内閣本補。
② 内閣本“醒”字前有“併”。
③ 底本，以下到“牙箸”，在各項目上加朱點。
④ 内閣本無注音假名“チリレンゲ”。
⑤ “瓣”：内閣本作“辨”。
⑥ 内閣本“其”字前有“將”。
⑦ “斜放”：内閣本作“鋒於”。
⑧ “醋”：内閣本作“錯”，其後有“錯疑醋”。
⑨ 底本在“快子”各字右加朱〇點，在左加波綫。
⑩ “禄”：内閣本作人字旁。
⑪ 内閣本此後有“紙”。
⑫ “在”：内閣本作“左”。
⑬ “篩”：内閣本作“節”。
⑭ “飲”：内閣本作“欽”。
⑮ “看”：内閣本作“着”。
⑯ 内閣本此前有“飲”。
⑰ “謝”：内閣本作“謝”。
⑱ 内閣本無“一道”。
⑲ “托”：内閣本作“抱”。
⑳ “復”：内閣本作“後”。
㉑ 内閣本此後有“而”。
㉒ “請々々”：内閣本作“請ヒ”。

箸用菜，主人撿其菜蔬美[①]處，盛于碟兒，奉承于客，客[②]人又頻々勸主人用菜，於是衹得用些澆頭，而衹顧陪待勸酒，陪客之席，又教東家親戚之人，或者[③]和賓主相與者，一同陪待，其禮貌之式，俱是一例所出之菜，漸至四五碗，後排出點心，同醒酒湯[④]，此亦兩通。

七寸盤[⑤] [盛點心[⑥]，各盛兩樣，而八盤如用簡褻時各盛四樣，而四盤兩套，必要改換品[⑦]色〔，〕盤數照前。]

蓋碗 [盛醒酒湯，用鷄湯汁，調和緑荳麵之類，上放菜青者也。其調和，各樣不等。]

其點心之製，大約用麵粉、糯米粉、葛粉[⑧]、藕粉之類，取山梔子、胭脂綿等，染成各色，將鷄鴨之肉、猪[⑨]肉等爲餡，又用白糖赤糖，加芝麻調之，[⑩]或用桔[⑪]餅，佛手柑，核桃等，切做細薄，而和白糖包之，做就各色希奇之像，俱要蒸熟而出。[⑫]

先一套點心纔完，定規托出勸杯，此杯[⑬]乃金銀，或是[⑭]琉金，又錦地磁器，十景套杯等，諒其各人酒量深淺，分别大小，而勸酒，其時或行酒令，又合拳猜三[⑮]等，輒行種々戲，要殷々勸客痛飲，既而酒至酩酊，兩套點心已過，菜至十多碗，客人討[⑯]飯，至于再三，伊時纔方出飯，併出小菜，其小菜[⑰]，碟兒内盛做花[⑱]樣，一面泡茶出來。

小菜[⑲]

糟瓜[⑳]，漿薑，醃蘿葡，

---

① “美”：内閣本作“龑”。
② “客”：内閣本作小“セ”字。
③ 内閣本無“者”。
④ 底本在“醒酒湯”各字右加朱〇點，在左加波綫。
⑤ 底本在“七寸盤”“蓋碗”上有朱點。
⑥ 底本在“點心”各字右加朱〇點，在左加波綫。
⑦ “品”：内閣本作“邑”。
⑧ “葛粉”：内閣本缺。
⑨ “猪”：内閣本作“楮”。
⑩ 底本此後有一字空格，“桔餅”“佛手柑”後亦同。
⑪ “桔”：内閣本作“拮”。
⑫ 内閣本以下不换行。
⑬ “此杯”：内閣本缺。
⑭ “是”：内閣本缺。
⑮ “合拳猜三”：内閣本作“令奉掮三”。
⑯ 内閣本無“討”，作空格。
⑰ “其小菜”：内閣本缺。
⑱ “花”：内閣本作“祀”。
⑲ 内閣本此後不换行。
⑳ 底本在“糟瓜”上有朱點。

收過席面之後，家童托出面盆、洗手湯，併手巾置于欄干邊，彼時客人起來洗嗽。

前在席中勸酒，賓主談笑之間，若有酒冷，將其冷酒傾下徹酒壺[①]，仍篩煖酒相款，其壺預先置于卓底下也。[②]

安政四年丁巳歲七月十又六日，於藤堂和泉侯上邸/門前之舊書肆購之。□大江户醉書生雲濤漁史竹鵬識。

① "壺"：底本作"壷"，從内閣本改。下亦同。又，底本在"徹酒壺"各字右有朱〇點，在左有朱波綫。

② 内閣本無"安政四年"以下文，此後换行，而有以下文："唐唐山程拙養致之木世肅，肅又以視于□侯，侯使世幹(騰)〔謄〕之。迺掛城警衛之歲二月上(沈)〔浣、澣〕二日，曉來雨雪，浪華久猶希見，况春乎。"

日藏漢籍《靈臺秘苑》的比較研究

高橋綾乃(大東文化大學)

一般認爲,《靈臺秘苑》是現存最古老的大型天文占書。[①] 該書由北周庾季才撰寫、北宋王安禮等重修。藪内清指出,現存寫本《靈臺秘苑》記載了北宋景祐年間(1034—1038)觀測的星座位置。[②] 他同時提到:"關于現存寫本是否還留着庾季才原撰的面貌,仍然存疑。"[③]但是,至今無人針對他所提出的問題進行過探討,其真相還不明確。

因此,本論文針對現存日藏寫本進行比較并探討其内容,以闡明現存寫本《靈臺秘苑》之特徵。

一、成立與重修

《靈臺秘苑》是怎樣的文獻呢? 編纂者是庾季才(515—603),字叔奕,新野(今河南省新野縣)人。列傳載于《隋書・藝術傳》《北史・藝術傳》。最初侍奉南朝梁,後來食北周之禄,嘗爲太史令,編輯了《靈臺秘苑》。《隋書・經籍志》著録有《靈臺秘苑》115 卷(《隋書》的《藝術傳》《天文志》皆作 120 卷)。

北宋時期重修之後變成了 15 卷。現行寫本中的一部記載了重修時的銜名,可看到于大吉、丁洵(以上爲編修官),歐陽發、王安禮(以上爲看詳官)之名。從

① 本文中所說的"天文占書"是指從有關天文的文獻(天文書)中,將所需之處以類書形式來收集整理而成的文獻。其内容涉及宇宙論、天文占、雲氣、風角等。目前爲止没有固定的稱呼,還稱爲"天文五行占書""天文類書"等。

② 藪内清:《宋代の星宿》,《東方學報》京都第 7 册,1936 年,後載《中國の天文曆法》,平凡社 1969 年版(增補改訂版 1990 年。定本《藪内清著作集》第一卷,臨川書店 2017 年版),第 116—119 頁。

③ 藪内清:《中國の天文曆法》,第 118 頁。

官職名來推測，重修之時期應爲元豐四年（1081）或元豐五年。但在史書中并没有記録他們重修《靈臺秘苑》之事，衹能從《靈臺秘苑》對銜名的記録看出。尤其是，王安禮雖有單獨的列傳，傳中却没有提到重修《靈臺秘苑》之事。通過以上的梳理，我們可以理解，藪内清爲何提出了以上之疑問。

二、《靈臺秘苑》寫本

《靈臺秘苑》現在衹有15卷本存世。除了被采録于文淵閣四庫全書（以下簡稱“四庫本”）之外，《靈臺秘苑》還存在湖北先正遺書本（文津閣影印本）、舊北平圖書館藏本（以下簡稱“北平本”）等。[①] 中國之外，日本也存在京都大學人文科學研究所藏本（以下簡稱“人文研本”）、東北大學藤原文庫本（清抄本12卷）和静嘉堂文庫藏本（有4册本及2册本之兩種，以下稱4册本爲“A本”，2册本爲“B本”）。本報告之考察對象以日本國内所藏的《靈臺秘苑》加上北平本和四庫本6種爲主。

現行本《靈臺秘苑》的特點之一，是在第一卷中引用了《步天歌》。《靈臺秘苑》之《步天歌》雖然經常被與其他文獻所引之《步天歌》進行比較，但没人注意到《靈臺秘苑》各寫本之間的差异。我發現《靈臺秘苑》各寫本間存在着三垣和二十八宿的排列不一樣[②]的情况。因此，在此對各寫本中的《步天歌》星座名稱進行比較，同時也對目録和銜名之有無進行比較，其結果如表1所示。

表1　《靈臺秘苑》各本的比較

寫　本	星座名稱	目録/銜名之有無
北平本	二十八宿→紫微垣→太微垣→天市垣	有/有
四庫本	二十八宿→紫微垣→太微垣→天市垣	無/有（衹有王安禮）
東北大學藤原文庫本	二十八宿→紫微垣→太微垣→天市垣	無/有（衹有王安禮）
静嘉堂文庫A本	二十八宿→太微宫→紫微宫→天市垣	有/有

① 另外，還有謝葵校點本《靈臺秘苑》，收入“荆楚文庫”，湖北教育出版社2019年版。

② 關于星座的三垣、二十八宿的分類，参看拙文高橋（前原）あやの：《五宫から三垣へ—星座分類の變遷の考察》，《東方宗教》第128號，2016年。

續　表

寫　　本	星座名稱	目録/銜名之有無
静嘉堂文庫 B 本	紫微垣→太微垣→天市垣→二十八宿	有/無
人文研本	紫微垣→太微垣→天市垣→二十八宿	有/無

《步天歌》的星座順序，大致可分爲兩大類，一爲“三垣（紫微垣、太微垣、天市垣的總稱）→二十八宿”，一爲“二十八宿→三垣”。與此同時，寫本之間三垣的順序也存在出入，即“紫微垣→太微垣→天市垣”和“太微宫→紫微宫→天市垣”兩種。《步天歌》附有星圖，寫本之間也有星圖中的星座之打結方法、形狀等方面的不同之處，這可能是書寫過程中造致的。

接下來我們要進行更具體的比較。由于比較所有寫本這項工作非常繁雜，本論文主要以差距較大的静嘉堂文庫所藏的兩種寫本爲比較對象。静嘉堂文庫所收藏的兩種《靈臺秘苑》均是清末藏書家陸心源的舊藏本。首先比較其目録部分，見表 2。

表 2　静嘉堂文庫 A、B 本的目録

卷　次	A 本(4 册本)	B 本(2 册本)
卷一	步天歌星圖/占例	三垣二十八宿并雜座步天歌圖/三垣并雜座歌圖/二十八舍并雜座歌圖/東方七宿歌圖/北方七宿歌圖/西方七宿歌圖/南方七宿歌圖/占例
卷二	星總	主管
卷三	分野/土圭	星纂/十二分野/天干地支/土圭晷景
卷四	氣/霧/虹霓	<空欄>
卷五	風	<空欄>/風
卷六	天占/地占	天占(附雷及天雨物)
卷七	太陽	太陽
卷八	太陰	太陰

續　表

卷　次	A本(4册本)	B本(2册本)
卷九	五星占法/占期/二十八宿灾期/日月應期殺將/五星守犯列宿應期/流星犯五星	五星
卷十	紫微垣/太微垣/天市垣	紫微垣/太微垣/天市垣
卷十一	東七宿/北七宿	東方七宿/北方七宿
卷十二	西七宿/南七宿	西方七宿/南方七宿
卷十三	東方中外官/北方中外官	東方中外官/北方中外官
卷十四	西方中外官/南方中外官	西方中外官/南方中外官
卷十五	瑞星/妖星/雜星/客星/流星總序/衆星流/星隕晝見/星隕如雨墜及异狀/常星不見/常星不見※	瑞星/妖星/雜妖/客星/流星/星隕/星隕晝見/常星不見/常星晝見/虹不藏

注：※北平本寫作“常星晝見”。可能是A本有錯誤。

首先,各卷的目録,雖然名稱稍微不同,但内容基本相同。其次,星座名稱的排列和實際内容這部分差异很大。特别不同的是卷六、十三、十五。

卷六,A本有天地之説明、占卜的内容。B本,除了“天占”“地占”以外,還有對三垣和二十八宿的説明。關于三垣、二十八宿的星座部分,説明了各星座的星數和星座間的位置。關于星座,卷二、十—十四也有項目,卷二記述星座之間的位置關係及其性質,卷十以後記述各星座的去極度數及占卜。B本的卷六與卷二很相似,但并非同句,其他文獻中也找不到相同的内容。

卷十三、十四是對各星座的説明,A本記述去極度數等的表示星座位置之數值,而B本記述星座間的相對位置和性質。B本之卷十—十三的三垣、二十八宿,雖然與A本同樣表示去極度數,但其數值與A本相差不少。

卷十五内容是與瑞星和流星相關的叙述。雖然A本與B本大部分項目是共通的,但是内容差异很大,即使也有類似的部分。由此可推知,這兩本源流相同,但各本經過了屢次改變。

那麽,我們接下來對A本和B本之間的差异進行比較,來看看具體情况。我們以B本卷十三開頭的“平道”星座記述爲例,與A本進行比較。

A本

平道，距西(星)去九十一度、入角一度，明正吉，動揺戌〔戒〕不虞。木星守，天下治隱士(升)。火星守之，天下飢。客彗孛干犯守之，車駕行客守之。又爲賢人退。

B本

平道二星，主道路，平道之官也。武密曰："天子八達之衢，主誅。道塗輒式路也。"

兩者皆與《宋史·天文志三》之文類似。《宋史·天文志》對"平道"的記載如下：

平道二星，在角宿間，主平道之官。武密曰："天子八達之衢，主轍軾。"明正吉，動揺法駕有虞。歲星守之，天下治。熒惑太白守，爲亂。客星守，車駕出行。流星守，去賢用奸。

雖然火星之占辭不同，但A、B兩本文章各有與《宋史·天文志》相似的部分。此則暗示了這兩本與《宋史·天文志》藍本之間的關係。

接下來，再看"天田"星座。

A本

天田。距□星去極八十三度半，入角二度。木星守歲豐，犯則人相，大則太平。金守穀傷，兵出。木守有水灾。客星出入蝗蟲、旱。

B本

天田二星。畿内之田。亦爲籍田。主疆界，躬耕之田也。

《宋史·天文志》

天田二星。在角北。主畿内封域。武密曰:"天子籍田也。"歲星守之,穀稔。熒惑守之,爲旱。太白守,穀傷。辰星守,爲水灾。客星守,旱、蝗。

此例也有與平道相同的傾向,《宋史·天文志》中可以看到與A、B本各有重疊的記述。這個現象與《靈臺秘苑》的重修時期(即北宋時期)應該不無關係。而且,與武密有關的"武密占"的引用在《觀象玩占》和《宋史·天文志》中是見得最多的,考慮到其他文獻引用的時期,可以推測武密大概是庾季才之後,即唐代的人物。

卷十五中有李淳風之名,説明《靈臺秘苑》包含唐代以後的内容。同時,A本中所見的星座位置記録,被引用于根據仁宗景祐年間的觀測記録作成的《宋兩朝天文志》(《兩朝國史》)中。不管是A本還是B本較近原《靈臺秘苑》之形態,宋代文獻中都看得到類文且宋前的文獻中找不到類文,由此我認爲,現存寫本與重修前的《靈臺秘苑》寫本之間有很大的差距。

與B本同系統的寫本有人文研本。人文研本具有與B本相同的特徵,即目録的卷四和卷五之前一半部分是空白的,而其内容也基本相同。人文研本有周星詒(1833—1904)的清光緒七年(1881)夏之識語,從此可以瞭解此寫本的由來。從識語可以看出,周星詒在福州南街(今福建省福州市)的書店買到了《靈臺秘苑》15卷4册,其中卷一—三、十一—十五的8卷2册是陸漻(字其清,1644—?)之手録。[①] 卷一—三、十一—十五的字迹確實與其他卷有些不同。另外,第一册開頭的目録部分有三枚藏書印,即"茂苑香生蔣鳳藻秦漢十印齋秘匿圖書""柯逢時印""東方文化學院京都研究所",第二册開頭(卷八)也有兩枚藏書印,即"柯逢時印""東方文化學院京都研究所",由此可知,此本經過陸漻和蔣鳳藻(字香生,1845—1908)、柯逢時(1845—1912)之手後,藏于京都大學。

B本和人文研本的抄寫過程很難還原,各有人文研本文字錯亂的部分及B本文字錯亂的部分。但是,兩者有着密切的關係,是系統相近的寫本,這一點并不

① 在此全列識語,人名劃下劃綫。"靈臺秘苑十五卷,裝四册,詒得之福州南街書攤。此目三行。全書第一之三、又十一之十五、凡八卷兩册、審是國初吴八陸其清漻手録。其清隱于醫、博雅善鑒别。倦圃、竹垞、義門、小山諸先生皆推重之。蘇州府志載之方技傳生卒。手抄古籍極多,有朱野航、錢叔寶、功甫遺風。所著佳趣堂書目,今在蔣香生處。卷首義門署。其清手抄書目卷中莫年字迹與此正同。先輩手澤所寄。故特表著之書之,珍秘爲其次也。辛巳秋初酷暑得雨燈下已翁周星詒。"

存疑。

總之，人文研本是含有陸漻手録的文本的資料，之後由周星詒、蔣鳳藻與柯逢時收藏，最後藏于京都大學；B本爲陸心源的舊藏書。周星詒是浙江人，蔣鳳藻是蘇州人，柯逢時曾出任浙江。① 周星詒和陸心源是同時期的人物，蔣鳳藻和柯逢時雖然比周、陸年紀稍小，但是生活于同時代。那麼我們可以認爲，他們會有些交流而其結果是，他們得到了同一系統的文本。佐佐木聰已經指出，《開元占經》的成化閣本系統版本流傳于以江蘇、浙江爲中心的藏書家群裏。② 對象的版本雖然不多，但《靈臺秘苑》也能看出同樣的傾向，這一點值得玩味。③

三、關于《靈臺秘苑》流傳的考察

接下來，我們考察《靈臺秘苑》在歷史上是如何使用的及如何傳到現代的這兩個問題。

集中記載了天文占等的天文占書中會列出參照了的文獻名稱。在唐李淳風《乙巳占》的"古占書目"、唐李鳳《天文要録》的"圖采例書名目録"中，列舉了所參照的天文書及天文占書之名，但其中并没有《靈臺秘苑》。唐瞿曇悉達《開元占經》也没有引用《靈臺秘苑》。

《靈臺秘苑》的書名見于《北史・藝術傳上》《舊唐書・經籍志下》《新唐書・藝文志三》，此外《通志・藝文略五》、《國史經籍志》卷四中也有記載，這些文獻中皆記載爲120卷。此外可見于明代以後的藏書家書目中。比如，明朱睦㮮《萬卷堂書目》，清丁仁《八千卷樓書目》、阮元《文選樓藏書記》、孫星衍《平津館鑒藏書籍記》、徐乾學《傳是樓書目》(兩種)、楊紹和《宋存書室宋元秘本書目》，這些書目皆記載爲15卷，那麼應該是明清時期《靈臺秘苑》祇有15卷本通行。

《靈臺秘苑》的書名雖然見載于歷代書目裏，但被其他文獻引用之例很少。《觀象玩占》卷二十八《十二國》、南宋羅泌《路史》卷三十三《發揮二》、元王惲《玉堂嘉話》卷二、清俞正燮《癸巳存稿》卷六《天九重》中可以找到引用《靈臺秘苑》之

---

① 柯逢時出生于湖北省，清光緒三十四年(1908)擔任浙江巡撫。

② 佐佐木聰：《〈開元占經〉の諸抄本と近世以降の傳來について》，《日本中國學會報》第64集，2012年；《〈開元占經〉閣本の資料と解説》，東北アジア研究センター2013年版，第20頁。

③ 在北平本有"抱經樓""延古堂李氏珍藏""國立北平圖書館所藏"的藏書印。其中，抱經樓是浙江省出身的盧址(1725—1794)的藏書樓，也與浙江有關。

例，但這些文獻之成書都在《靈臺秘苑》重修之後（《觀象玩占》編纂時期不明），這些文獻是否用重修之前的120卷本尚不明。值得注意的是，重修前被引用之例僅見于日本傳存漢籍之中，即唐薩守真《天地瑞祥志》卷十二“雨”“候雨”的兩條。書中所引用的書名均爲《靈壹》《靈壹秘菀》，可推測應爲《靈臺秘苑》。

《靈壹》曰：“風爲陽，雨爲陰。雨而且風，則臣不從君命，且風且雨，臣君專政。若風雨并起，君臣共下凌上，々替君，不正。以雨終，其灾解，以風終，其灾成也。”

《靈壹秘菀》曰：“凡相雨之道，意巧占之。風有緩急，有遲疾。常候戊己日々出入之時，上有雨不問大小。有雨，雲大雨大、雲小雨小也。在甲乙鄉，以甲乙日雨。他效此也。雲黑雨多，青少赤炎熱，小風自大風，黄雨調之也。六甲之日，平旦有雲，爲雨青，以甲乙雨。他效此也。一日雲在東，以甲乙日雨。他效此之也。”

前者是關于風雨的占卜，後者是關于雨的占卜。這兩條佚文極其重要，因爲現存《靈臺秘苑》中看不到這兩條。現行本中若要找“雨”這個字，可見于現行本卷六的天占中，如“雨血”“雨肉”等。這個“雨”字爲動詞，意味着“天降异物”，并非“下雨”之“雨”。用降异物的動詞意義的“雨”之天占見于《乙巳占》卷一、《開元占經》卷三、《觀象玩占》卷一等，是天文占書中常見的記述。作爲氣象現象的下雨記述可見于《開元占經》卷九十二、《天地瑞祥志》卷十二、《觀象玩占》中。也存在没有記載“雨”的天文占書，現行《靈臺秘苑》就没有。現行本《靈臺秘苑》卷五整一卷爲風占記載，衹提到風占或風角占，而没有提到雨占。

《天地瑞祥志》所引的佚文是將風、雨和陰陽聯繫而相比較，因此可推測重修前的《靈臺秘苑》很有可能將風占與雨占視作同列。若是如此，重修後的《靈臺秘苑》衹存在風占而不存在雨占。由此，我們可以認爲，重修後，其篇目構成有較大改動。

四、結語

本論文以整理《靈臺秘苑》的成立和重修背景爲基礎，針對現存寫本進行了一些探討。其結論如下：

一、通過比較現存日藏寫本，可以發現日藏寫本大致分爲兩個系統。這兩個系統含有完全不同的星座記述，雖然其記述不同，但其部分文句均在《宋史·天文志》裏有類文。同時其一系統文本含有宋代的天文觀測記録。

二、《靈臺秘苑》被引用次數較少，被引用的也多是重修之後的文本。衹有唐代《天地瑞祥志》引用重修前的《靈臺秘苑》，其記述有將風和雨對比的記述，該記述不見于現存本，可認爲重修之前和現存的《靈臺秘苑》篇目構成不同。

總而言之，現行本《靈臺秘苑》深具北宋期的特徵，重修前的面貌幾乎没有保留。由于史書中没有記載重修的事實，我們可以推測另一種可能，即在北宋時期編撰的某一本天文書，後來假托了《靈臺秘苑》之名。

本次報告僅講到日本收藏的《靈臺秘苑》，今後以此爲基礎，我將對中國所藏寫本進行深入調查，以期進一步的研究。更詳細的討論，待稿。

附記

本文基于在武田時昌、麥文彪編《天と地の科學——東と西の出會い》（京都大學人文科學研究所 2019 年版）以及武田時昌編《天と地の科學——東と西の出會い》（臨川書店 2021 年版）上所刊載的日文論文，經過修改并翻譯而成。

《宿曜經》抄本研究初探

清水浩子(大正大學綜合佛教研究所)

對《宿曜經》抄本的研究,近年來雖然在矢野道雄、林隆夫兩位學者的努力下有了一定的進展,但是并没有最終完成。很慶幸我能在前述兩位學者的研究基礎上進行更進一步的研究。

一、《宿曜經》其源

譯者是原屬北天竺婆羅門貴族,后歸屬中國的阿莫加瓦吉拉(Amoghavajra,704—774)。中國名叫不空金剛,也叫不空。是真言八祖的第六祖。

《宿曜經》是不空在去南印度和斯里蘭卡旅行時收集的密教經典,當時在印度流行的占星術就是他那個時候的發明。[①] 翻譯完成的《宿曜經》經謄清后,被製作成了手抄本,不空門下的弟子們每人手中都持有一本。其中的一個弟子就是弘法大師空海的師父慧果。

二、《宿曜經》其書

現在流傳的《宿曜經》基本上分爲上下卷。乾元二年(759),不空的弟子史瑶根據不空的口述寫成漢文,最初被譯成《文殊師利菩薩及諸仙所説吉凶時日善惡宿曜經》,不過這一版是音譯,中國人一般很難讀懂。因此廣德二年(764)天文學家楊景風受命把《文殊師利菩薩及諸仙所説吉凶時日善惡宿曜經》改譯成《文殊

① 參見矢野道雄:《〈宿曜經〉の大藏經本と和本の比較》,《日本古写經研究所研究紀要》創刊號,2016年。

師利菩薩所説宿曜經》,并在後面插入了《算曜直章》。改譯的《文殊師利菩薩所説宿曜經》和插入的《算曜直章》就成了《宿曜經》上卷。而最初的譯本《文殊師利菩薩及諸仙所説吉凶時日善惡宿曜經》就是《宿曜經》下卷。[①]

三、《宿曜經》來到日本

大同元年(806),弘法大師空海把師父慧果送給他的《宿曜經》和其他經典一同帶來了日本。這個《宿曜經》不是第一代抄本(764),而是複製的第二代抄本的可能性很大。四十一年后(847)和五十二年后(858),圓仁和圓珍也把《宿曜經》的抄本帶來了日本[②]。

四、日本現存的《宿曜經》

矢野和林隆夫兩位學者的研究成果表明,現行流通的《宿曜經》存在五種差异化版本。據其考證,這些版本與原始抄本之間不存在明確的譜系關聯,而日本現存抄本系統却顯著保留了原典特徵。由此推測,中土流傳過程中該經文已歷經深度本土化演變,致使《大正新修大藏經》所收録版本與日本殘存抄本系統之間形成顯著分殊。若此推論成立,則可解釋二者在文本形態與文化特質層面産生的本質性差异。

殘存的五種《宿曜經》有:

(1) 高野山寶壽院寫本(高野山靈寶館藏)、無量壽院舊藏。2 卷 1 册。粘葉裝。書寫年 1160 年。

(2) 高野山寶壽院寫本(高野山靈寶館藏)、無量壽院舊藏。2 卷 2 册。粘葉裝。書寫年未詳。

(3) 高野山持明院寫本(高野山大學圖書館藏)。2 卷 2 册。粘葉裝。書寫年 1237 年。

(4) 同志社本(同志社大學圖書館藏)、高雄寂静坊舊藏。2 卷 2 册。粘葉

① 參見矢野道雄:《〈宿曜經〉の大藏經本と和本の比較》。

② 參見矢野道雄:《增補改訂　密教占星術—宿曜道とインド占星術》,收入林隆夫、矢野道雄:《宿曜經伝承覺書》附録 2,東洋書院 2013 年版。

裝。書寫年1322年。

(5) 東寺寫本(教王護國寺觀智院藏)。上卷書寫年未詳。下卷書寫年1764年。

五、在目録中可確認的《宿曜經》抄本

矢野和林隆夫兩位學者認爲,在目録中可確認的抄本有十种,除此之外,兩位還指出由圓珍帶來的也能確認。

能確認的有,園城寺編《園城寺文書》第一卷記載的《國清寺外諸寺求法總目録》中的《宿曜經》,[①]是大中十二年(858)圓珍記録下來的。在這前一年(857),圓珍在《國清寺求法目録》中也記載了《宿曜經》。[②] 值得注意的是,858年的目録中《文殊師利宿曜經二卷不空》曾記載有"不空"二字,可是在857年的《文殊師利宿曜經二卷》裏却没有不空的名字。

六、對圓珍的《宿曜經》的疑問

圓珍還留下了《圓珍疑問》一文,收録在園城寺編《園城寺文書》第一卷。[③]在《文殊師利及諸仙所説宿曜經》裏是這樣記載的:

> 或説此經多有抄記、甚稀求之、請垂分付、十二宫以廿八宿各々分配其意如何、若廿八皆均不入十二宫耶、傍通曆晦朔二日有一宿直、其意如何、准唐曆日大小月行用如何、經中無閏月、准唐曆用如何、或有人以本月宿爲閏月宿、有道理無。

從這個記載能推測出,圓珍并不是根據不空的口述完成的《宿曜經》。這是從十八宿、唐曆日大小月行的表現推測出來的。不空在此取用了二十七宿,而印度一個月有三十天,并且有大小月表現。根據以上所述,圓珍看到的《宿曜經》和

① 與楊景風改譯的《文殊師利菩薩所説宿曜經》相近。
② 矢野道雄:《增補改訂　密教占星術—宿曜道とインド占星術》。
③ 園城寺編:《園城寺文書》卷1,講談社1998年版。

空海帶來的《宿曜經》基本上相同。

七、結語

根據以上所述，我們可以推測，在日本，楊景風改譯的《文殊師利菩薩所説宿曜經》的流布是主流。不過，我們對于《宿曜經》抄本還有很多疑問，比如楊景風爲什麽插入《算曜直章》？

現在，我在京都大學人文科學研究所，精讀着矢野道雄先生提供給我們的覺勝的高野山寶壽院抄本（高野山靈寶館藏）、無量壽院舊藏手抄的《文殊師利菩薩所説宿曜經》，對其内容進行分析的同時，也想對抄本進行研究。對于《園城寺文書》的研究，研究班的學員石井行雄先生給我們的研究提供了很多寶貴的資料，在此表示萬分的感謝。

齋意類文獻

——中國宗教儀式文獻中被忽略的核心内容*

侯　冲(上海師範大學哲學系)

中國古代宗教儀式文獻,既包括經、懺、變文、科儀、寶卷等道場儀,亦包括集中體現舉行儀式目的的道場文。二者作爲一個整體的有機組成部分,不可分離。但此前學界的關注重點放在了對道場儀的討論上,而對道場文的關注則較少。對于道場文中的齋意類文獻,更未見專門的討論。事實上,從宗教實踐的實際行持來説,若缺少對齋意類文獻的瞭解,或是存在誤讀,是很難對中國宗教儀式文獻有切實的認知的。因此,就中國宗教儀式文獻研究的全面性、系統性、準確性而言,這種局面需要改變。

本文基于齋僧結構,從齋意角度對這一問題進行專題討論。首先,齋僧有齋意,齋意與齋主、受齋者一樣是齋僧的三個核心元素。表達齋意的文字,就是齋意文。齋意文有不同的類型,我們權將其統稱爲齋意類文獻。理解齋僧,是理解齋意類文獻的新視角。其次,齋意類文獻不僅是佛教儀式文獻的核心文獻之一,亦是道教、巫教、儒教及民間宗教儀式文獻的核心文獻之一,有較强的普遍性。知道這一點,才能理解齋意類文獻的重要性和研究的必要性。

一、習見但未被重視的"齋意"

對于佛教、道教研究者來説,"齋意"一詞并不罕見。陸修静《洞玄靈寶齋説光燭戒罰燈祝願儀》中"而末世學者,貴華賤實,福在于静而動以求之,命在于我

* 本文係國家社科基金重大項目"漢文大藏經未收宋元明清佛教儀式文獻整理與研究"和教育部人文社科重點研究基地重大項目"中國民間流傳佛教儀式文獻整理與研究"階段成果之一。

而捨己就物。若斯之徒，雖欣修齋，不解齋法；或解齋法，不識齋體；或識齋體，不達齋義；或達齋義，不得齋意。紛紜錯亂，靡所不爲，流宕失宗，永不自覺"[①]一段文字，往往見于道教齋醮儀式研究的著述裏。"齋意"在這裏被説成是"末世學者"最不解的對象。在小説《金瓶梅》所描寫的道教宗教儀式中，"齋意"一詞至少出現了三次。[②] 而人們討論佛教唱導，往往亦會引慧皎《高僧傳》卷十三"唱導者，蓋以宣唱法理，開導衆心也。昔佛法初傳，于時齋集[③]，止宣唱佛名，依文致禮。至中宵疲極，事資啓悟，乃别請宿德，昇座説法，或雜序因緣，或傍引譬喻。其後廬山釋慧遠，道業貞華，風才秀發，每至齋集，輒自昇高座，躬爲導首，先明三世因果，却辯一齋大意。後代傳受，遂成永則"[④]一段文字。《高僧傳》中的"一齋大意"，就是《洞玄靈寶齋説光燭戒罰燈祝願儀》中的"齋意"。從引文可以看出，"齋意"不僅與道教、佛教宗教儀式關係密切，而且是道教、佛教宗教儀式的核心内容。但對什麽是"齋意"(或"一齋大意")，除極少數學者如李小榮[⑤]外，大部分引者或者不作解釋，讓讀者自己理解，或者解釋得雲裹霧裹，讓人摸不着頭腦。[⑥]

那麽，什麽是齋意呢？如果對齋僧有瞭解，就容易理解了。

二、齋僧、齋意及齋意文

（一）齋僧

齋僧，就是施主設齋供僧。用今天的話來説就是，有人請僧人吃飯。在佛教各部派中，不論是南傳、藏傳還是漢傳，亦不論是小乘還是大乘各派，齋僧都是普遍存在的現象。

齋僧有不同的稱名。在唐代僧人義净著《南海寄歸内法傳》中對此有較爲明確的記述。

---

① 陸修静：《洞玄靈寶齋説光燭戒罰燈祝願儀》，《道藏》第9册，文物出版社、上海書店、天津古籍出版社1988年版，第822頁下。

② 參見王堯：《〈金瓶梅〉與明代道教活動》，收入陳鼓應主編：《道家文化研究》第7輯，上海古籍出版社1995年版，第390—391、395頁。

③ "齋集"，各種版本均作"齊集"，據文意改。陸修静《洞玄靈寶齋説光燭戒罰燈祝願儀》中"齋集"似原作，後有本被改作"齋醮"。

④ 釋慧皎：《高僧傳》，湯用彤校注，中華書局1992年版，第521頁。

⑤ 李小榮：《敦煌道教文學研究》，巴蜀書社2009年版，第156頁。

⑥ 爲避嫌，相關著作恕不列引。

齋僧活動的行爲主體包括施主和僧人兩個方面。記述齋僧時,從施主方面的稱呼與從僧人方面的稱呼不相同。在義净的記述中,從施主方面的不同稱名有:(1)齋法,如稱“然其齋法,意存殷厚”[①]“然而神州齋法,與西國不同”[②]“即如東夏齋法,遣疏請僧”[③]。(2)齋供,意即設齋供僧。如稱“然南海十洲,齋供更成殷厚”[④]。(3)設齋,如稱“設齋之次,外置一盤,即斯法也”[⑤]。(4)設齋供,如稱“此乃衆僧常食,并設齋供,大略皆爾”[⑥]“凡設齋供及僧常食”[⑦]。(5)設供齋僧,如稱“净初至東印度耽摩立底國,欲依廉素,設供齋僧”[⑧]。(6)設食,如稱“其施主家設食之處”[⑨]。

從僧人方面的不同稱名有:(1)食法,如稱“斯乃復是兩途西方食法”[⑩]。(2)赴請,意思是赴應施主施食之請,接受齋食。如稱“凡論西方赴請之法,并南海諸國,略顯其儀”[⑪]。(3)赴供,意思是赴施主所設齋供。如稱“若行赴供,應將濾羅”[⑫]。(4)受齋,如正文標題“受齋軌則”,目録標題“受齋赴請”[⑬]。(5)受供,如稱“此是西方一途受供之式”[⑭]“此是南海十洲一途受供法式”[⑮]。(6)受齋供,如稱“又凡受齋供及餘飲啖”[⑯]。

義净的上述記載表明,同樣一件事,有不同的稱名,但不宜因爲它們是不同的名詞而認爲它們所指不同。另外,從施主方面的稱名盡管不同,但都帶有明顯的主位性;相似地,從僧人方面的不同稱名都帶有較强的客位性。明確僧人在齋僧活動中的地位,有助于區别佛教宗教活動與閃米特系統宗教的差异。在討論佛教宗教儀式時,就可避免像理解閃米特系統宗教一樣去理解佛教。

---

① 義净:《南海寄歸内法傳校注》,王邦維校注,中華書局1995年版,第56頁。
② 義净:《南海寄歸内法傳校注》,第64頁。
③ 義净:《南海寄歸内法傳校注》,第69頁。
④ 義净:《南海寄歸内法傳校注》,第62頁。
⑤ 義净:《南海寄歸内法傳校注》,第57頁。
⑥ 義净:《南海寄歸内法傳校注》,第55頁。
⑦ 義净:《南海寄歸内法傳校注》,第34頁。
⑧ 義净:《南海寄歸内法傳校注》,第56頁。“設供齋僧”原作“設僧齋供”,今從《大正新修大藏經》本。
⑨ 義净:《南海寄歸内法傳校注》,第49頁。
⑩ 義净:《南海寄歸内法傳校注》,第59頁。
⑪ 義净:《南海寄歸内法傳校注》,第48頁。
⑫ 義净:《南海寄歸内法傳校注》,第69頁。
⑬ 義净:《南海寄歸内法傳校注》,第26頁、27頁校記(2)。
⑭ 義净:《南海寄歸内法傳校注》,第58頁。
⑮ 義净:《南海寄歸内法傳校注》,第68頁。
⑯ 義净:《南海寄歸内法傳校注》,第34頁。

(二) 齋意就是齋僧的意旨

齋僧有齋意。齋意就是設齋的目的,或施主設齋供僧要達成的願望。齋意可以有一種,亦可以有多種。義净《南海寄歸内法傳》記載印度齋僧時,除正常的施僧食外:

> 或可施主延請同前,于其宅中形像預設。午時既至,普就尊儀。蹲踞合掌,各自心念。禮敬既訖,食乃同前。或可别令一人,在尊像前,長跪合掌,大聲贊佛。言長跪者,謂是雙膝踞地,竪兩足以支身,舊云胡跪者非也。五天皆爾,何獨道胡。唯嘆佛德,不雜餘言。施主乃燃燈散華,一心虔敬。用摩香泥以塗僧足,燒香馚馥,元不别行。鼓樂弦歌,隨情供養。方始如前,准次餐食。食罷將其瓶水遍灑衆前,上座方爲施主略誦陁那伽他。斯乃復是兩途西方食法。[①]

由于可以有多種齋意,故人們齋僧,可以是修行,也可以是祝聖慶經、安奉佛像、開光慶贊等,還可以是薦嚴陣亡、超宗薦祖、濟度先人,甚至還包括爲産子、囚拘、兵行、遠行、治病等重大事件祈吉。[②]

爲了達成某種齋意或多種齋意,僧人往往就會在受齋食後,應施主之請,舉行誦經、講經、説法、授戒、拜懺、演科、宣卷等儀式活動。并針對齋主的不同情况,有不同的表現形式,按慧皎的説法是:

> 如爲出家五衆,則須切語無常,苦陳懺悔。若爲君王長者,則須兼引俗典,綺綜成辭。若爲悠悠凡庶,則須指事造形,直談聞見。若爲山民野處,則須近局言辭,陳斥罪目。凡此變態,與事而興。可謂知時知衆,又能善説。[③]

在這個意義上,齋僧就變成了誦經、講經、説法、授戒、拜懺、演科、宣卷等儀式,變成了替齋主薦亡、祈吉、延壽、禳灾、保安等的宗教儀式。而所誦經、所講經,授戒

---

① 義净:《南海寄歸内法傳校注》,第 59 頁。

② 侯冲整理:《無遮燈食法會儀》,收入方廣錩主編:《藏外佛教文獻》第 16 輯,中國人民大學出版社 2011 年版,第 34 頁。

③ 釋慧皎:《高僧傳》,第 521 頁。

用的儀式文本,宣演的懺儀、科儀書、寶卷等,就是舉行這類儀式的道場文。

不存在没有齋意的齋僧。就佛教齋供儀式來説,不知道齋意,就不知道如何舉行齋供儀式。就研究佛教齋供儀式來説,不討論齋意及齋意文,就是與佛教具體實際相脱離的研究。

(三) 齋意文

齋僧屬于捨施行爲。與捨施相伴出現的,是咒願,即在僧人受施時對施主捨施意願的説明及祝福。佛教創立之初,僧人應赴受齋時對此没有自覺意識,直到有施主責難僧人在這方面不如婆羅門後,佛才專門定製,要求僧人在受齋時,要由能咒願的上座,根據施主設齋的目的向施主咒願。[①] 僧人咒願施主的文字,或者施主表述齋意的文字,就是齋意文。

正如齋僧有不同的名稱一樣,齋意也有不同的名稱,諸如“行香唱導”“唱導”“咒願”“表白”“贊德”“嘆佛”“齋意”“莊嚴”“回向”“發願”“宣疏”等。與這些异名相應的,是諸如行香文、唱導文、咒願文、表白文、贊德文、嘆佛文、齋(意)文、莊嚴文、回向文、願文、疏文等。由于它們都表達了齋主設齋的目的或意願,故都是齋意文。[②] 齋意文與道場儀一同配合才能舉行儀式。雖然相對于道場儀來説,齋意文作爲文本,在儀式流程中的占比較爲有限,但并不是可以或缺的。僧人舉行法會時,如果没有述説齋意,法會的行持就没有目的,自然也就不會有什麽意義。因此,正如不存在没有齋意的齋僧一樣,不存在没有齋意的中國佛教齋供儀式。相應地,利用佛教齋供儀式文獻研究佛教宗教儀式時,僅研究道場儀而不研究表述齋意的道場文,是不能稱爲真正意義的佛教儀式研究的。

齋意文不僅有不同的名稱,其體裁亦比較豐富。由于道場所用詞、表、狀、牒、箋、榜中,往往亦會叙述齋意,所以叙述齋意的詞、表、狀、疏等體裁的文移,實際上亦是齋意文。對應于道場儀,它們是道場文中的齋意類文獻。

意旨簿是齋意類文獻中較有代表性的道場文,它是僧人在齋會結束前後寫給施主的儀式記録册,又稱“經單簿”[③],略稱“詣旨”“意旨”“意悃”“意簿”“意譜”

① 《十誦律》卷 41,《大正新修大藏經》第 23 册,第 299 頁 ab。
② 侯冲:《咒願及其异名》,《雲南社會科學》2011 年第 6 期。
③ 《合川縣志》卷 83《禮儀民俗》,1921 年刻本。轉引自丁世良等主編:《中國地方志民俗資料彙編》(西南卷上),北京圖書館出版社 1991 年版,第 203 頁。

“行移”“意款”等。其文末往往有“謹意”二字。不過，在此前的介紹中，它被聽音記字作“義簿”“義支簿”①，或稱其“憶志”②。藉用古語“名不正言不順”來説，若對其名字不清楚，對其屬性的認識自然受到限制。

意旨簿所記包括法會的時間、法師演派或傳承、齋主地望及姓氏、設齋目的、儀式過程及所誦經、近亡及遠祖姓氏及傳承等。内容較爲具體。文字有詳有略，故厚簿亦不一。目前尚無統一的稱名。其封皮常署“啓佑後人”“懿德流芳”“長發其祥”“酬薦意悃”“薦立意悃”“永言孝思”“孝思永言”“孝思維則”“孝思不匱”“不失爲孝”“慎終追遠”“孝慈則忠”“福蔭後裔”“人康物阜”“後裔榮昌”“世代榮昌”“榮昌百世”“世代留芳”“垂裕後昆”“德垂後裔”“光前裕後”“光垂萬古”“蘭桂騰芳”“哀意便覽”“駕返瑶池”“義重恩深”“榮哀合録”“福緣善慶”“聿修厥德”“母氏劬勞”“爲善最樂”“昊天罔極”“富貴綿遠”“意悃當陳”“日考終天”“永遠發達”“遺留後觀”“後裔榮昌”“先誠其意”“寶婺西沉”“展券思親”“戬穀榮昌”“誠意感通”“通天達地”“善化時雍”“萬代明烟”“請職意悃”“南極星殞”“報本録”“道場文”等。

意旨簿及詞、表、狀、牒、箋、榜等都有一定的制式或定式。彙集這些制式或定式的本子，有的没有名字，而有名字的，往往稱爲“行移”“文移”“文檢”“××雜録”“××定製”“定製集”等。它們一直被普遍應用于中國宗教儀式實踐中，故存世較多，且以抄本爲主，但國内外公私圖書館保存得較少，目前所知正式整理出版的亦不多。③ 這對中國佛教儀式的研究無疑産生了一定的限制。

三、普遍存在于明清中國宗教儀式中的齋意類文獻

齋僧肇啓于施主，立足于施主。没有施主設齋供僧，就没有齋僧。義净從僧人方面對齋僧的叙述，較好地闡釋了僧人在齋僧語境中的客位性、被動性。在這

① 王熙遠：《桂西民間秘密宗教》，廣西師範大學出版社 1994 年版，第 129、372 頁。濮文起主編：《中國民間秘密宗教辭典》，四川辭書出版社 1996 年版，第 202、111—112 頁。

② 呼延勝：《陝北土地上的水陸畫藝術》，西安美術學院博士學位論文，2012 年，第 79、98—101、201、204 頁；《秦塞邊墻根的水陸畫藝術》，未來出版社 2017 年版，第 79—82 頁。

③ 王熙遠：《桂西民間秘密宗教》，第 372—381 頁。胡天成主編：《民間祭禮與儀式戲劇》，貴州民族出版社 1999 年版，第 1065—1069 頁。侯冲：《雲南阿吒力教經典研究》，中國書籍出版社 2008 年版，第 275—278、288—305、313—315 頁。侯冲整理：《佛門行移》，《臺灣宗教研究通訊》第 10 期，蘭臺出版社 2012 年版，第 95—129 頁。

個意義上，所有基于齋僧的佛教宗教儀式，都可以稱爲“應赴性宗教儀式”。

在應赴性宗教儀式中，僧人雖然處于被動地位，但是，其與齋主、齋意一樣，都是這個儀式不可或缺的核心元素。齋主可以由僧人充任，但没有齋意的齋僧，没有僧人的齋僧，都是不成立的。换句話説，在齋僧語境下，齋主可以由僧人充任，但受齋的僧人和齋意都是不可替代的。因此，就佛教宗教儀式研究來説，齋意類文獻無疑是應赴性宗教研究領域最不可或缺的重要文獻，亦是最有研究價值的部分。

佛教自漢代傳入中國後，除自身一直在不斷中國化外，還對中國其他宗教的形成産生了重要的影響。不僅漢代興起的道教受佛教的影響，甚至明清以來的不少民間宗教派别和巫教，其儀式亦受佛教以齋僧爲基礎的儀式構成模式的影響，呈現出模式化的儀式結構，即齋供模式宗教儀式。這類儀式以齋主、齋意和儀式專家爲核心元素。但每一個元素都没有明確的、具體的所指，而是抽象的概念。

如齋主可以是個人，可以是集體，甚至是國家。可以是士人，也可以是官宦，甚至還可以是皇帝。儀式專家則可以是佛教僧人，也可以是道士，還可以是儒生，甚至是巫師。在小説《金瓶梅》中，西門慶爲了不同甚至相同的齋意，或者請和尚，或者請道士，甚至請姑子替他舉行相應的宗教儀式。[①] 而不同的儀式專家，在替西門慶舉行宗教儀式時，都需要宣明齋意。或宣疏文，或表白，或述齋意，盡管表述不一，但都是應赴性宗教儀式中“宣明齋意”這一核心環節。如果不宣明齋意，這個宗教儀式的舉行就没有什麽意義。

正是在應赴層面上，我們對中國宗教有了新的理解：不論是佛教、道教、儒教還是民間宗教信徒，他們舉行宗教儀式，不過是希望達成他們各種不同的齋意，而這些齋意，不論是薦亡、祈求長壽延年還是其他，都衹是他們現實日常精神生活的正常需要。而不論是誦經、拜懺、行科儀還是唱變文、宣寶卷，都衹是齋意被用不同的表現方式展演出來而已。除了展演較爲顯著的誦經、拜懺、科儀、寶卷等道場儀外，還有叙述齋意的齋意類文獻，同樣存在并被應用于中國宗教儀式中。它們是我們瞭解某一場法會儀式的最直接資料。兹將我們搜集到的四份分屬佛教、道教、儒教和民間宗教的意旨簿，録文列表對照如下，以明其共性：

---

① 王堯：《〈金瓶梅〉與明代道教活動》，收入陳鼓應主編：《道家文化研究》第 7 輯，第 373—398 頁。

	佛　教	道　教	儒　教	先天道
壇名	釋雄覺皇寶壇	靈寶大法司	儒宗聖壇所	欽遵先天無極無爲大道經壇
事由	本壇爲亡安葬追薦道場報恩情悃事	謹承奏爲據太上正乙盟威經籙九天金闕洞元上相玉府執法仙都便宜事	爲亡妣崇建最上一乘報恩除服道場薦登蓮域事	
	伏以父弃椿庭，實抱終天之恨；佛居蓮座，敢忘投地之恩。今將哀悃，冒瀆聖聽		伏以聖居法界，竭誠敬而有感；親入冥途，懇慈悲以能超。了悟因緣，遂證菩提之果；沉淪愛河，全仗超拔之門。連期天開黄道，續日地闢良辰。于是法筵肇啓，理宜善緣敷奏	
行法者與齋主	士系楚南曹竹山白竹禪院發派，飛錫于三邑之西古刹福地張寶禪院，傳科演教，欽秉中天調御師如來門下遺教金輪弟子，奉命依科宣行加持，掌度亡法事凡昧小兆臣黎昌期，維日領同修因孝士誠惶誠恐，百拜表奏： 黎氏祖籍，原係湖廣黄洲(州)府麻城縣孝感鄉九里溝祖居人氏，于大明洪武初年入川，遷移四川省潼川中	行科拔度臣劉本漳誠惶誠恐，稽首頓首，俯拜大清國貴州大定府威寧州管下全化里五甲陶家海子居住，奉道追遠修齋超親薦祖，頒符放詔，行道轉經，報恩超度，開方决獄，賑幽資冥，保安孝男陶光職，媳劉氏	欽秉三教聖人門下遺訓、文武帝君加持，沐恩三義堂主科生王德沛，負引領諂，爲中華民國四川省西道安縣南五甲地分塔水礄市集三合場居住，奉儒投誠，焚香炳燭，敬爲亡妣幻化，正應闋服之辰。于内請水凈厨，揚幡示榜，諷經禮懺，迎亡沐浴，三渡金橋，對聖解結，酬答高厚，賑孤利幽，焚籠化帛，孝男譚宗全，侄男譚宗榮、譚宗德	欽奉大明皇帝屢次頒行流通天下普度群生，又欽奉大清聖祖仁皇帝敕賜護道榜文，頒行中外，廣濟百萬人天，叨科加持，奉旨例贈世襲護國人天師主，至心俯奏中華國湖北省黄陂縣崇義鄉子强村伏馬山社下地分居住，奉佛修因炳燭焚香，誦經禮懺，敬爲灼靈從吉，追宗悼祖，資親拔戚，冥陽兩利，從吉男張國芝，王氏；

續表

	佛教	道教	儒教	先天道
行法者與齋主	江縣第八區家興里地，名左家壩地彎。落業居住，祀祭有感川主、土主、藥王三聖土地祠下，竭誠清净，奉佛道三寶金蓮臺前，焚香炳燭，爲亡考首七追薦，二七登山安葬，道場開壇，封禁啓鼓，請水祀竈，申文發牒，迎聖作證，揚幡挂榜，誦經禮懺，陳供進表，召亡解結，追宗悼祖，代納受生，賑孤利幽，皈酬天地，冥陽二利，普報四恩，焚靈煉箕，薦亡生天，送終孝長男黎成恩，媳胡氏			從吉女祁門張姑，張净緣； 從吉壻(婿)祁炳臣
證盟人及香燈人	證盟人黎成恩 香燈人黎成顧		侍香人譚哲林 證盟人譚義清	
總結齋主	右洎闔家孝派人等	右暨闔家孝眷人等	右洎闔家人等	右及闔家内外釋服從吉人等
齋由	恭申意者。伏爲痛追故顯考黎公諱天嵩老大人魂下東升，生于道光二十二年壬寅歲九月初三日戌時，系左家壩生長人氏。在凡高壽八	即日哀衷，百拜上奏。伏以，哀哀吾父母，如流水之不還。仰叩彼蒼，拔先靈而脱化，匪仗天真而赦罪，安承慈光以生方。下情慟爲正薦	維日香焚金，結祥雲而作蓋；花插銀瓶，凝瑞氣以爲臺。上叩黄金殿上三世佛，白玉京中五如來。共舒慧照，洞鑒凡情	即日洗心，上叩南無西方摘引阿彌陀佛，尋聲救苦觀世音菩薩，冥陽拔苦地藏王菩薩，大乘立教留經師祖菩薩，大乘掌道趙大師祖，收

續 表

	佛 教	道 教	儒 教	先天道
齋由	十九歲。蓋謂江山千古，人壽幾何？痛于民國十九年庚午歲十月初十日酉時告終去世。自故之後，當用香水沐體，衣冠裝身，入棺掩殮，停柩在堂。次請道術開通冥路，指示去程。迎輿推擇吉期，于十月十八日卯時發靷扶櫬登山，卯時安葬。于地名左家壩踩得吉地一穴，正作卯山酉向，兼乙辛分金，立墳爲冢，三禮已終，了全大事。今值安葬，屆臨魂參地府主批大法朝王陛下，過案之辰，判生之旦。今憑佛力，求判生方，思念音容，特伸追悼	顯(考妣)陶(門甲譚氏)形魂，存日在陽(五十六 五十五)載，原命(庚午 戊寅)相(三 五)月初八日(子 卯)時受生，大限没于(丙辰 壬申)年(三 吉)月吉日吉時終世。維思亡魂自從去世，光陰迅速，追遠俄臨。匪籍經果，各自證盟。恭逢季冬之辰，特伸薦揚之悃。惟望慈恩，指超生化。虔修冥陽净醮二十四分，設供諸天三十二分。敬以上酬天地洪恩，答報東宮救苦岳酆十殿冥王，祈宗祖以超升，佑家道興隆，財源茂盛，後裔蕃昌。再思下念六道含林，無依滯魄，同仗齋功，普伸超度		緣救劫盧大師祖，大乘會上歷代衆師祖師母菩薩金蓮座前。願舒慧目，鑒納凡情
道場	是卜取今民國十九年十月十五日大吉良辰，仗士修建無尚慈悲古佛正教度亡利生道場三旦二夕法事。迨至十七日化財告散	是以取今辛丑年十月二十九日，仗筵臣等，于就家居立壇，發文申奏爲始，依科修建靈寶追遠齋筵一供。 法事計三晝夜，至十一月初三日大申告散	兹以孝禮，請經超度故慈妣譚母戴全真之靈魂下。其來也如日之升，如月之恒東來。陽命生于前清辛巳相七月十一日寅時壽生，享年春光耳順再貳，止已。 蓋謂天書下詔，地府來	由是卜取天運辛巳歲十月初二日之良，仗掌道加持，委派十方無爲清衆，于就家龕辦理聖事。 澆蠟整供，即日鋪壇取净，蕩穢除氛。恭迎護法臨軒，同施法力，掃除魔障，清

續　表

	佛　教	道　教	儒　教	先天道
道場			迎。其去也,如水之流,如山之崩。西去大限,没于民國壬午歲全月廿九日寅時。因老在宅告終。自逝之後,少奉追修。今則除服之期,恭逢薦拔之會,爰遵三聖教典,虔修三日法筵。取吉于十一月十六日吉旦,終于十八日良宵	净壇宇,伺候聖駕。請誦火官妙典,消禳火災,廣賜清凉,宿壇安向,止息樂音
誦經	爲亡看念,《大乘金剛經》十二卷,《地藏忉利經》六卷,《藥師功德經》三卷,《受生補庫經》三十二卷,《神通觀音經》十二卷,《海會彌陀經》十二卷,《大唐了義經》二十四卷,《白衣救苦經》二十四卷,《佛説妙沙經》十二卷,《往生净土經》十六卷,《大悲福田咒》貳會,《方便報恩懺》乙部,《三昧洗冤懺》乙部,《七佛滅罪懺》貳單	内誦《太上拔亡諸品仙經》,轉咏《無上度人妙經》《三官赦罪妙經》,拜禮《九幽拔罪法懺》,呈進青詞墨表,請頒詔赦符簡,咒奠甘露法食,送登紫府超升	于内與亡魚,恭宣蓮華大乘經一部,方便報恩經一部,本願地藏經三部,不壞金剛經一部,消灾藥師經一部,大願彌陀經四十八卷,普門觀音經十二卷,八難救苦經貳百卷…… 分班朝禮,《吕祖報恩懺》二單,《禪定地藏懺》二單,《波惹金剛懺》二單,《消灾藥師懺》二單	次旦啓請諸佛降臨法會,請開師祖《五部六册》《救苦靈文》《護經破迷寶卷》《孝義真經》,禮拜《八十八佛、十方佛懺》《十二大願》《三元法懺》《司命經懺》,啐誦《彌陀真經》,拔度宗祖,點化超升
經功	以上數部功勛,專爲薦亡者早生人天净界。切念亡	作諸法事,賑孤度亡,設齋謝恩,迴鑾返駕,請恩大	以此經翻貝葉,懺禮蓮華,略竭丹忱,耑(端)申請薦	大共五朝,佛聲浩浩,經音綿綿。由中懇恩拔度久

續　表

	佛　教	道　教	儒　教	先天道
經功	者昔未生時，曾在曹司庫内借欠續命陰錢九萬六千貫文，看經三十二卷，生前未能了納，没後子當代填，就壇裝封黄白財箕一扛，上達受生院掌壬寅男相第十一庫施曹官老爺帑内呈進，了填陰債，免亡重欠。 新亡前薦，祖脉後追。會中關召，名列于後： 一世祖本初公，俸太君…… 普悼一門之宗祖，遐邇五服之親姻。居喪泉臺，悉皆可痛。憑文資薦，早判生方。再嘆此境之孤魂，河沙衆滯魄，意懸懸而望祭，魂渺渺以何歸？今逢祭祀，各悟生方。念修齋孝士閤宅人等，目前托賴以清安，身後誰料其休咎？于内燃點光明寶燭，上供龍天佛聖，下祈宅舍光輝，消灾消難，延福延生	施，耑（端）度正薦顯考妣陶應甲趙氏，附薦……并及門中衆亡等魂，不墮重陰之苦，早登仙界。上祈道力，下拔亡魂。事臣東極慈尊，放慧光而救苦；南丹真老，赦罪仙化成人。所薦亡魂，仗經功而脱化；該度滯魄，承符簡以超升	故慈妣譚母戴全真魂下。願伫鸞驂，快意于丹臺紫府；永升鶴駕，堪娱于玉宇瓊樓。泣感露霜，報酬既切，哀思水木。上投天京元辰司，地府受生院，掌辛巳相第卅柒庫高曹官案下。伏乞譚氏祖籍係湖廣省永州府祁陽縣五十六都地分岩前楊柳堂祖居發派人氏……以上先靈，同申關請，均沾勝善，同往净邦	逝，灼靈顯考張公諱道濟字鴻藻行八老大人。一自去世，永斷凡情。今仗佛光，灼靈脱化……以上張氏門中歷代昭穆宗祖及外親内族，前亡後化，該薦等魂，仝（同）赴大乘會，皆是有緣人。共入菩提路，永證般若船。 經功告竣，懺力云周。經堂内外，設就良因，放光施食，賑濟幽魂。宗祖領果，滯魄往生。冥陽兩利，普仗佛恩，不負宏庥，廣宣教化。本壇依此，承命奉行。不盡凡言，冒干上聽

續 表

	佛教	道教	儒教	先天道
意願	道場圓滿，所有冥財化亡受用，懺悔表文，普伸回向。伏願靈山古佛，垂金手以提携；瓊台至聖，舒玉毫而照鑒。新亡脱化，祖禰超升。孝門清吉，人物咸亨。四季三元，常蒙吉慶。但臣無任激切之至。	次冀瘟灾不染，孝門迪吉，財豐物阜，見存獲慶。凡于動趾，悉賴怈懞。所伸凡悃，臣干冒天威。下情無任惶懼之至。謹意以聞	伏願佛有廣大慈悲度母，魂共登極樂。儒傳治世禮樂，超先靈同赴蓮邦。謹詣	再祝國基鞏固，治道遐昌。佛日增輝，法輪常輪。恭干三寶，謹意以聞
時間	天運庚午年十月十五、十六、十七日具録	太歲辛丑年十一月齋壇告下	天運乙酉年十一月　日	
道場相關人員	奉佛修因報恩孝男黎成恩…… 證盟人黎成恩， 香燈人黎成顧， 誦經禮懺臣　黎覺知…… 秉教代宣度亡臣黎昌期押		謹將誦經人員岐山周先生，榮聯周先生，静安朱先生， 潤之鍾先生， 茂森鄧先生， 瑞章李先生， 俊儒易先生， 興讓劉先生， 志良張先生， 海清晏先生， 自安鄧先生， 徐怌吉先生， 主科生王德沛	
證明者	恭叩 南無人天教主釋迦文佛主盟	太乙救苦天尊	恭叩 蓋天古佛武聖帝君主盟	

從上表可以看出，不僅佛教、道教有意旨簿，儒教和民間宗教也有。其內容較爲具體，文字有詳有略，但都包括壇名、法會的時間、儀式專家演派或傳承、齋主地望及姓氏、證盟人、設齋原由、道場安排、所誦經、經功回向、發願、書題時間、證明神佛等。雖然是不同的宗教、不同的儀式專家，但有相近模式的宗教儀式，這是齋意類文獻清楚告訴我們的事實。

四、齋意類文獻研究前景可期

此前齋意類文獻研究常被忽略且研究不多，與其在國内外公私圖書館保存較少有一定關係。以上文所引意旨簿爲例，目前能在中國國家圖書館查檢到的可謂屈指可數。相關研究更是未着一詞。不過，民間是無垠的寶藏。加上中國宗教儀式至今仍然有較爲頻繁的實踐活動，我們相信，隨着該類文獻獲得學界重視，以及系統的搜集、整理和研究的逐漸展開，中國宗教儀式乃至整個中國古代宗教的研究將越來越豐富，亦越來越深入。

印度佛教《根本説一切有部律・衣事》梵藏本内容探析*

吴　娟(清華大學中文系)

一、根本説一切有部《律事》的研究現狀

印度佛教經典文獻包括經律論三藏。其中,律藏(梵語 *Vinayapiṭaka*)是我們瞭解古代印度佛教僧人修行方式和僧團管理制度的最基本資料,因此尤其珍貴。律藏包含了極其豐富的叙事材料,内容涉及佛陀傳記、僧人的日常生活、古代印度社會各階層人物故事等。目前保存得比較完整的印度佛教部派律典有六部:大衆部律(Mahāsāṃghika *Vinaya*)、上座部律(Theravāda *Vinaya*,即巴利律)、法藏部律(Dharmaguptaka *Vinaya*)、彌沙塞部律(Mahīśāsaka *Vinaya*)、説一切有部律(Sarvāstivāda *Vinaya*)和根本説一切有部律(Mūlasarvāstivāda *Vinaya*)。[①] 六部律典中,根本説一切有部律的卷帙最爲浩繁,所包含的叙事材料最爲詳盡,而且該部派的戒律至今仍被西藏佛教僧侣所奉行實踐。根本説一切有部律主要包括四部分:《律分别》(梵語 *Vinayavibhaṅga*,藏語 *'Dul ba rnam par 'byed pa*)、《律事》(梵語 *Vinayavastu*,藏語 *'Dul ba gzhi*)、《律雜事》(梵語 *Vinayakṣudrakavastu*,藏語 *'Dul ba phran tshegs kyi gzhi*)和《律上分》(梵語 *Vinayottaragrantha*,藏語 *'Dul ba gzhung bla ma*)。其中《律事》現有梵藏漢三

* 本文原刊于《中華文史論叢》2020 年第 2 期(總第 138 期)。本文係國家社科基金冷門"絶學"和國别史等研究專項項目"印度佛教根本説一切有部《律事》的梵語寫本和藏語譯本研究"(2018VJX071)的階段性成果,同時受到清華大學基礎文科發展項目資助。

① 關于印度佛教諸部派律典的現存文本,詳見 Shayne Clarke, "Vinayas," in Jonathan Silk et al. (eds), *Brill's Encyclopedia of Buddhism*, vol.1: *Literature and Languages*, Leiden: Brill, 2015, pp.60 - 87。

語版本，包括不完整的梵語寫本、不完整的漢譯本和完整的藏譯本。

就梵本而言，《律事》的完整梵本今已不存，迄今發現的不完整梵本至少有四種：

第一種是 1931 年在巴基斯坦境内吉爾吉特(Gilgit)附近發現的《律事》梵文寫本。該寫本原有五百二十三葉，其中約五分之四的内容被保存了下來。[①] 與其他一些發現于吉爾吉特地區的梵本類似，該《律事》梵本的書寫材料爲樺樹皮，雙面書寫，字體爲吉爾吉特/巴米揚第 II 型(Gilgit/Bāmiyān Type II)，書寫年代約爲公元 7 世紀中葉至 8 世紀。該《律事》梵本的絶大部分保存于印度國家檔案館(National Archives of India)，小部分保存于大英圖書館(British Library)和意大利東方學家圖奇藏品(Giuseppe Tucci's Collection)中。[②] 1942—1950 年，印度學者達特(Nalinaksha Dutt)出版了吉爾吉特《律事》梵本的校訂本。[③] 國際學界普遍認爲達特的校訂本質量差、錯漏多，無法用于科學研究。1959—1974 年，印度學者拉古・維拉(Raghu Vira)及其子洛克什・錢德拉(Lokesh Chandra)出版了吉爾吉特寫本的影印版，但是受限于當時的印刷技術，該影印版的清晰度不高，可讀性較差。[④] 2014 年，日本創價大學國際佛教學高等研究所和印度國家檔案館聯合出版了吉爾吉特《律事》梵本的高清晰度彩色照片，首次將該梵本清晰地展現在世人面前。[⑤]

第二種《律事》梵本僅有殘片留存，一部分成爲了私人藏品，現存于美國弗吉尼亞州，一部分保存在挪威奥斯陸(Oslo)的斯奎因藏品(Schøyen Collection)中。[⑥] 該梵本與(根本)説一切有部《長阿含經》梵本的發現地點相同，最初來源很可能

---

① 參見 Klaus Wille, *Die handschriftliche Überlieferung des Vinayavastu der Mūlasarvāstivādin*, Stuttgart: Franz Steiner Verlag, 1990, p.16。

② 關于吉爾吉特寫本的目前保存狀況和校訂整理情況，詳見 Oskar von Hinüber, "The Gilgit Manuscripts: An Ancient Buddhist Library in Modern Research," in Paul Harrison and Jens-Uwe Hartmann (eds.), *From Birch Bark to Digital Data: Recent Advances in Buddhist Manuscript Research*, Wien: Verlag der Österreichischen Akademie der Wissenschaften, 2014, pp.91 - 118。

③ Nalinaksha Dutt (ed.), *Gilgit Manuscripts*, vol.3 in 4 parts, Srinagar and Calcutta: Calcutta Oriental Press, 1942 - 1950.

④ Raghu Vira and Lokesh Chandra (eds.), *Gilgit Buddhist Manuscripts* (*Facsimile Edition*), Śata-Piṭaka Series, vol.10 (1)-(10), New Delhi: International Academy of Indian Culture, 1959 - 1974.

⑤ Shayne Clarke (ed.), *Gilgit Manuscripts in the National Archives of India: Facsimile Edition*, vol.1: *Vinaya Texts*, New Delhi: The National Archives of India; Tokyo: The International Research Institute for Advanced Buddhology, Soka University, 2014.

⑥ 關于該《律事》梵本殘片的現存分布，參見 Jens-Uwe Hartmann and Klaus Wille, "The Manuscript of the Dīrghāgama and the Private Collection in Virginia," in Paul Harrison and Jens-Uwe Hartmann (eds.), *From Birch Bark to Digital Data: Recent Advances in Buddhist Manuscript Research*, pp.145 -146。

也是吉爾吉特地區。與《長阿含經》梵本類似,該梵本的書寫材料也是樺樹皮,字體也是吉爾吉特/巴米揚第 II 型,書寫年代約在公元 8 世紀後半葉至 10 世紀之間。① 雖然《律事》的第一種梵本和第二種梵本都來自吉爾特吉特地區,字體類型都是吉爾吉特/巴米揚第 II 型,但是兩個梵本的葉面大小和字體仍有差异。更重要的是,正如德國印度學家克勞斯・威勒(Klaus Wille)所指出的,弗吉尼亞私人藏品中的一些《律事》梵文殘片保存了吉爾吉特《律事》梵本中缺失的内容。② 目前弗吉尼亞私人藏品中的《律事》梵文殘片由日本青年學者八尾史(Yao Fumi)負責釋讀和校訂。挪威斯奎因藏品中的《律事》梵文殘片由奥斯陸大學的顔子伯(Jens Braarvig)教授率領的國際團隊負責釋讀研究。

第三種《律事》梵本也僅有殘片留存。根據克勞斯・威勒的研究,現存于烏兹别克斯坦國家歷史博物館中的發掘于泰爾梅兹(Termez)市附近的臧土丘(Zang-Tepe)地區的梵文寫本殘卷中,至少有兩件殘片屬于根本説一切有部《律事》的第十四章《遮布薩事》(*Poṣadhasthāpanavastu*),書寫字體也是吉爾吉特/巴米揚第 II 型。③ 這兩件梵文殘片的内容尚未公開發表。

第四種是 20 世紀初德國吐魯番考察隊在新疆地區發現的《律事》梵語殘片,現屬于柏林(Berlin)吐魯番藏品(Turfan Collection)。這些梵語殘片在以恩斯特・瓦爾德施密特(Ernst Waldschmidt)爲首的德國學者們編輯出版的《吐魯番出土梵語寫本》(*Sanskrithandschriften aus den Turfanfunden*)中都有逐一介紹、編目及羅馬轉寫。④

就藏譯本而言,根本説一切有部《律事》于 9 世紀初被完整翻譯成藏文,題名爲 *'Dul ba gzhi*,共一百零九卷,收藏于《甘珠爾》的戒律部中(即德格版《甘珠爾》No. 1、北京版《甘珠爾》No. 1030、朵宫版《甘珠爾》No. 1)。該藏譯本的翻譯團

① 參見 Mark Allon, Richard Salomon, Geraldine Jacobsen and Ugo Zoppi, "Radicarbon Dating of Kharoṣṭhī Fragments from the Schøyen and Seinor Manuscript Collections," in Jens Braarvig et al. (eds.), *Manuscripts in the Schoyen Collection: Buddhist Manuscripts*, vol. 3, Oslo: Hermes Publishing, 2006, p. 279。

②③ 參見 Hartmann and Wille, "The Manuscript of the Dīrghāgama and the Private Collection in Virginia," p. 146。

④ 詳見 Klaus Wille, "Survey of the Sanskrit Manuscripts in the Turfan Collection (Berlin)," in Paul Harrison and Jens-Uwe Hartmann (eds.), *From Birch Bark to Digital Data: Recent Advances in Buddhist Manuscript Research*, pp.193 - 195; Klaus Wille, *Sanskrithandschriften aus den Turfanfunden*, teil 12: Die Katalognummern 5800 - 7485, Stuttgart: Franz Steiner, 2017, pp.486 - 488。

隊成員包括：克什米爾譯師一切智天(Sarvajñādeva)、印度譯師明藏光(Vidyākaraprabha)、克什米爾譯師法藏(Dharmākara),以及吐蕃譯師吉祥須彌(dPal gyi lhun po)。校刊者爲明藏光和吐蕃著名的大譯師吉祥積(dPal brtsegs)。[①]

根本説一切有部《律事》共有十七章。就漢譯本而言,其中僅七章(《出家事》《安居事》《隨意事》《皮革事》《藥事》《羯耻那衣事》和《破僧事》)現存漢譯本。這七章的漢譯本分别是《大正新修大藏經》(簡稱《大正藏》)第23册T.1444—1447和第24册T.1448—1450。據貞元十六年(800)圓照編撰的《貞元新定釋教目録》記載,上述七部譯典爲唐代高僧義净在大周證聖元年(695)至大唐景雲二年(711)之間翻譯而成。[②] 這七部譯典未收入開元十八年(730)智昇編撰的《開元釋教録》。圓照在將這些譯典搜檢入貞元目録時,已有三卷(《破僧事》的兩卷和《出家事》的一卷)缺失不存。正如陳明先生所言,圓照在《貞元新定釋教目録》中的記述表明"義净的譯本在唐代就没有得到妥善的保存"[③]。日本佛教學家平川彰(Hirakawa Akira)推測,義净可能將根本説一切有部《律事》的十七章全部翻譯成了漢語,但是後來有若干卷帙脱落遺失,最終衹有上述七章的漢譯本保存了下來。[④]

現將根本説一切有部《律事》十七章中各章的吉爾吉特梵本葉碼、藏譯本和漢譯本的對應情况,以及已出版或將要出版的梵文再校訂本和現代語譯本進行統計,見表1。

本文重點考察《律事》的第七章《衣事》(梵語 *Cīvaravastu*,藏語 *Gos kyi gzhi*)。該章今缺漢譯本,衹有梵本和藏譯本存世。下面將首先介紹《衣事》的内容和結構,提供梵本和藏譯本的内容對照表,然後舉例説明《衣事》的比較宗教學研究價值。通過對《衣事》梵本及藏譯本的内容進行介紹和評析,本文希望彰顯該文獻對于佛教叙事研究和戒律研究的重要性,藉以唤起國内學術界對該文獻的關注。

---

① 參見平川彰:《律藏の研究》,山喜房佛書林1960年版,第68—69頁。

② 《貞元新定釋教目録》(T.2157)卷13,《大正新修大藏經》第55册,第869頁a。

③ 參見陳明:《義净的律典翻譯及其流傳——以敦煌西域出土寫卷爲中心》,《文史》2015年第3輯。

④ 參見平川彰:《律藏の研究》,第148—149頁。

表 1 《律事》各章的梵藏漢版本對應表及梵文再校訂本、現代語譯本統計

《律事》的十七章		吉爾吉特梵本葉碼①	漢譯本 (《大正藏》經號)	藏譯本 (德格版頁碼)	梵本的再校訂本、 梵本或藏譯的現代語 (英、德、日)譯本
1	*Pravrajyāvastu* 出家事	始葉缺; 2r1—12v10; 13r1—42v10(缺); 43r1—53r10②	T. 1444	Kanjur 1, *'Dul ba*, Ka 1b4—131a4	Näther 1975; Vogel and Wille 1984, 1992; Näther, Vogel and Wille 1996, 2002③
2	*Poṣadhavastu* 布薩事	53v1—60v10; 61r1—63v10(缺); 64r1—66v10; 末葉缺	缺	Ka 131a4—221b5	胡海燕 1994④

① 關于吉爾吉特《律事》梵本的研究現狀綜述及相關彩色照片，參見 Shayne Clarke, *Gilgit Manuscripts in the National Archives of India: Facsimile Edition*, vol.1: *Vinaya Texts*, pp.18 - 31, plates 1.1 - 1.17。

② 樺樹皮葉片 2r1—12v10 藏于印度國家檔案館，43r1—53r10 藏于大英圖書館(Shelf-mark: Or. 11878A)。詳見 Shayne Clarke, *Gilgit Manuscripts in the National Archives of India: Facsimile Edition*, vol.1: *Vinaya Texts*, p.18。

③ 具體出版信息如下: Volkbert Näther, *Das Gilgit-Fragment Or. 11878A im Britischen Museum zu London. Hrsg. mit dem Tibetischen verglichen und übersetzt*，德國馬爾堡菲利普大學博士學位論文，1975 年;Claus Vogel and Klaus Wille, "Some Hitherto Unidentified Fragments of the Pravrajyāvastu Portion of the Vinayavastu Manuscript Found Near Gilgit," *Nachrichten der Akademie der Wissenschaften zu Göttingen, Philologisch-historische Klasse*, Nr. 7, 1984, pp.299 - 337;"Some More Fragments of the Pravrajyāvastu Portion of the Vinayavastu Manuscript Found Near Gilgit," in *Sanskrit-Texte aus dem buddhistischen Kanon: Neuentdeckungen und Neueditionen Ⅱ*, Göttingen: Vandenhoeck & Ruprecht, 1992, pp.65 - 109;Volkbert Näther, Claus Vogel and Klaus Wille, "The Final Leaves of the Pravrajyāvastu Portion of the Vinayavastu Manuscript Found Near Gilgit, Part 1: Saṃgharakṣitāvadāna," in *Sanskrit-Texte aus dem buddhistischen Kanon: Neuentdeckungen und Neueditionen Ⅲ*, Göttingen, 1996, pp. 241 - 296; "The Final Leaves of the Pravrajyāvastu Portion of the Vinayavastu Manuscript Found Near Gilgit, Part 2: Nāgakumārāvadāna and Lévi Text," in *Sanskrit-Texte aus dem buddhistischen Kanon: Neuentdeckungen und Neueditionen Ⅳ*, Göttingen, 2002, pp.11 - 76。

④ 胡海燕(Haiyan Hu-von Hinüber), "Das Poṣadhavastu. Vorschriften für die buddhistische Beichtfeier im Vinaya der Mūlasarvāstivādins," *Studien zur Indologie und Iranistik 13*, Reinbek: Dr. Inge Wezler Verlag, 1994。

續 表

	《律事》的十七章	吉爾吉特梵本葉碼	漢譯本 (《大正藏》經號)	藏譯本 (德格版頁碼)	梵本的再校訂本、 梵本或藏譯的現代語 (英、德、日)譯本
3	*Pravāraṇāvastu* 隨意事	始葉缺； 69r1—v10； 70r1—v10(缺)； 71r1—73v10； 末葉缺	T. 1446	Ka 221b5—237b2	鄭鎮一 1998①
4	*Varṣāvastu* 安居事	始葉缺； 75r1—80v6	T. 1445	Ka 237b2—251b3	生野昌範 2010②
5	*Carmavastu* 皮革事	80v6—91v3	T. 1447	Ka 251b3—277b5	Joseph LaRose(進行中)③
6.	*Bhaiṣajyavastu* 藥事	91v3—227v10； 228r1—v10；④ 229r1—239v8 (缺葉：95—140，181—198， 210， 214—217，220—221)	T. 1448	Ka 277b6—Ga 50a7	八尾史 2013⑤

① 鄭鎮一(Jin-il Chung)，*Die Pravāraṇā in den kanonischen Vinaya-Texten der Mūlasarvāstivādin und der Sarvāstivādin*，Göttingen：Vandenhoeck & Ruprecht，1998。

② 生野昌範(Shōno Masanori)，“A Re-edited Text of the Varṣāvastu in the Vinayavastu and a Tentative Re-edited Text of the Vārṣikavastu in the Vinayasūtra，” *Acta Tibetica et Buddhica*，vol.3，2010，pp.1－128。

③ 加拿大麥克馬斯特大學博士生約瑟夫・拉罗斯(Joseph LaRose)目前在謝恩・克拉克(Shayne Clarke)教授的指導下撰寫關于根本說一切有部《皮革事》的論文，其中包括《皮革事》梵本或藏譯的英譯和研究。

④ 印度國家檔案館没有保存第228葉，該葉的縮微膠卷保存于意大利圖奇藏品中。參見 Francesco Sferra，*Sanskrit Texts from Giuseppe Tucci's Collection*，*Parte prima*，Roma：Istituto italiano per l'Africa e l'Oriente，2008，p.53 n.88。

⑤ 參見八尾史譯注：《根本說一切有部律藥事》，連合出版2013年版。

續 表

《律事》的十七章		吉爾吉特梵本葉碼	漢譯本 (《大正藏》經號)	藏譯本 (德格版頁碼)	梵本的再校訂本、 梵本或藏譯的現代語 (英、德、日)譯本
7	*Cīvaravastu* 衣事	239v8—275v10	缺	Ga 50a7—115b5	缺
8	*Kaṭhinavastu* 羯耻那衣事	275v10—280r10	T. 1449	Ga 115b5—124a6	松村恒 1996①
9	*Kauśāmbakavastu* 憍賞彌事	280v1—285r10	缺	Ga 124a7—134b3	缺
10	*Karmavastu* 羯磨事	285v1—288v1	缺	Ga 134b3—140b4	山極伸之 1989②
11	*Pāṇḍulohitakavastu* 赤黄比丘事	288v1—302v9	缺	Ga 140b4—165b7	山極伸之 2001③
12	*Pudgalavastu* 人事	302v9—309r9	缺	Ga 165b7—177a6	Lueritthikul 2019④
13	*Pārivāsikavastu* 别住事	309r9—311v8	缺	Ga 177a6—182a3	Lueritthikul 2019(同上)

① 松村恒(Matsumura Hisashi),"The Kaṭhinavastu from the Vinayavastu of the Mūlasarvāstivādins," in Gregory Bongard-Levin et al. (eds.), *Sanskrit-Texte aus dem buddhistischen Kanon: Neuentdeckungen und Neueditionen Ⅲ*, Göttingen, 1996, pp.145 - 239。

② 山極伸之(Yamagiwa Nobuyuki):《根本一切有部律犍度部の研究(2)— Karmavastu 和訳—》,《佛教史學研究》1989 年第 1 號,第 28—49 頁。

③ 山極伸之,*Das Pāṇḍulohitakavastu. Über die verschiedenen Verfahrensweisen der Bestrafung in der buddhistischen Gemeinde*, Marburg: Indica et Tibetica Verlag, 2001。

④ Phra Weerachai Lueritthikul, *Exclusion as Penalty: Edition of the Gilgit Versions of the Karmavastu, Pudgalavastu and Pārivāsikavastu of the Mūlasarvāstivāda*,挪威奥斯陸大學博士學位論文,2019 年。

續　表

《律事》的十七章		吉爾吉特梵本葉碼	漢譯本（《大正藏》經號）	藏譯本（德格版頁碼）	梵本的再校訂本、梵本或藏譯的現代語（英、德、日）譯本
14	*Poṣadhasthāpanavastu* 遮布薩事	311v9—314r5	缺	Ga 182a3—187a1	Lueritthikul 2015①
15	*Śayanāsanavastu* 卧坐具事	314r5—319v10；320r—321v(缺)；322r1—v10；323r1—332r3②	缺	Ga 187a1—222a5	Gnoli 1978；山本真理子 2007；岩田朋子 2011，2012③
16	*Adhikaraṇavastu* 諍事	332r3—350r5④	缺	Ga 222a5—255b1	Borgland 2014⑤
17	*Saṃghabhedavastu* 破僧事	350r5—511v；⑥512r1—523r6	T. 1450	Ga 255b1—Ṅa 302a1	Gnoli 1977—1978；八尾史（進行中）⑦

① Phra Weerachai Lueritthikul, *Diplomatic Edition and Comparative Study of the Poṣadhasthāpanavastu of Mūlasarvāstivāda Vinaya*，挪威奥斯陸大學碩士學位論文，2015 年。

② 印度國家檔案館没有保存323r—511v，這些葉的縮微膠卷保存于意大利圖奇藏品中。參見 Francesco Sferra，*Sanskrit Texts from Giuseppe Tucci's Collection*，*Parte prima*，p. 53（§3.4. Microfilms：B-Rawalpindi：6 "Section 15 - 17 of the Vinaya of the Mūlasarvāstivādins"）。

③ Raniero Gnoli（ed.），*Gilgit Manuscript of the Śayanāsanavastu and the Adhikaraṇavastu Being the 15th and 16th Sections of the Vinaya of the Mūlasarvāstivādin*，Rome：Is. M. E. O.，1978.山本真理子：《Śayanāsanavastu の研究》，佛教大學修士學位論文，2007 年。岩田朋子：《出家者の修行場所—〈根本説一切有部毗奈耶卧坐具事〉Śayanāsanavastuの和訳(1)》，《インド学チベット学研究》2011 年第 15 號；《出家者の修行場所—〈根本説一切有部毗奈耶卧坐具事〉Śayanāsanavastuの和訳(2)》，《インド學チベット學研究》2012 年第 16 號。

④ 葉 332r—350r 的縮微膠卷保存于意大利圖奇藏品中。

⑤ Jens W. Borgland，*A Study of the Adhikaraṇavastu：Legal Settlement Procedures of the Mūlasarvāstivāda Vinaya*，挪威奥斯陸大學博士學位論文，2014 年。

⑥ 葉 350r—511v 的縮微膠卷保存于意大利圖奇藏品中。

⑦ Raniero Gnoli（ed.），*The Gilgit Manuscript of the Saṅghabhedavastu Being the 17th and Last Section of the Vinaya of the Mūlasarvāstivādin*，Part I and Part II，Roma：Is. M. E. O.，1977 - 1978. 八尾史博士目前正在準備《根本説一切有部律破僧事》梵本的完整英譯以及梵藏漢三語對勘。

二、《衣事》梵藏本内容介紹

在根本説一切有部《律事》的吉爾吉特梵本中,《衣事》約占三十六葉(239v8—275v10),其中絶大部分保存完好,僅個別葉(如 260r10、271r1—3 和 v8—10)有文句殘損。在《律事》的藏譯本中,《衣事》約占七卷(即德格版《甘珠爾》No. 1, *'Dul ba*, Ga 50a7—115b5;北京版《甘珠爾》No. 1030, *'Dul ba*, Ṅe 47b6—111a8;朵宮版《甘珠爾》No. 1, *'Dul ba*, Ga 56b7—153a4)。《衣事》的吉爾吉特梵本和藏譯本的内容基本相同,衹存在細節上的差异。總體而言,《衣事》梵本和藏譯本的内容十分豐富,不僅包含釋迦牟尼佛關于僧人着衣的規定,而且含有不少關于佛教僧人遺産繼承法的案例,同時還含有佛陀時代多個人物的長篇故事。爲了一目了然地展現《衣事》的主要内容和結構,現將《衣事》的各部分内容概要以及所對應的吉爾吉特梵本葉碼和藏譯本頁碼羅列如下:

表 2 《根本説一切有部律·衣事》梵藏本内容一覽表

	《衣事》的各部分内容概要①	吉爾吉特梵本葉碼	藏譯本頁碼②
1	總攝頌(*piṇḍoddāna*)、攝頌(*uddāna*)	239v8—10	D 1, Ga 50a7—b3 P 1030, Ṅe 47b6—48a2 S 1, Ga 56b7—57a5
2	毗提訶(Videha)國宰相騫荼(Khaṇḍa)遭人誹謗,一怒之下携二子(獅子 Siṃha、瞿波 Gopa)遷至吠舍離城(Vaiśālī)。騫荼死後,獅子成爲吠舍離的統帥,瞿波投奔王舍城(Rājagṛha)的頻毗娑羅王(Bimbisāra)。	239v10—241v7	D 1, Ga 50b3—53b6 P 1030, Ṅe 48a2—51a3 S 1, Ga 57a5—62a2

① 表 2 中專有名詞(人名和地名)的漢譯大多參照了赤沼智善:《印度佛教固有名詞辭典》,法藏館 1967 年版。

② 該列中的 D、P 和 S 分别代表德格版《甘珠爾》(Derge Kanjur)、北京版《甘珠爾》(Peking Kanjur)和朵宫版《甘珠爾》(sTog Palace Kanjur)。

續　表

《衣事》的各部分内容概要		吉爾吉特梵本葉碼	藏譯本頁碼
3	頻毗娑羅王欲娶獅子次女鄔波策拉(Upacelā)爲妻，不料陰差陽錯，最終娶了獅子長女策拉(Celā，亦名韋提希 Vaidehī)爲妻。①	241v7—242v1	D 1，Ga 53b6—55a3 P 1030，Ṅe 51a3—52b1 S 1，Ga 62a2—64a1
4	韋提希之子阿闍世(Ajātaśatru)的前世遭遇以及今世投胎。	242v1—v10	D 1，Ga 55a3—b7 P 1030，Ṅe 52b1—53a5 S 1，Ga 64a1—65a4
5	庵羅女(Āmrapālī)的神奇出世，以及她長大後變成吠舍離城"女寶"(*strīratna*)的故事。	242v10—243v7	D 1，Ga 55b7—57b1 P 1030，Ṅe 53a5—54b6 S 1，Ga 65a4—66b3
6	頻毗娑羅與庵羅女結合所生之子無畏(Abhaya)的出世，以及無畏與頻毗娑羅重聚的故事。②	243v7—244v5	D 1，Ga 57b1—58b7 P 1030，Ṅe 54b6—56a5 S 1，Ga 66b3—69b5
7	頻毗娑羅與商人婦結合所生之子耆婆(Jīvaka)的出世，以及耆婆長大後學醫和行醫的經歷。③	244v5—250v5	D 1，Ga 59a1—70a5 P 1030，Ṅe 56a5—67b3 S 1，Ga 69b6—86b2
8	頻毗娑羅將邪命外道(Ājīvika)誤當作佛教比丘來禮拜。在意識到錯誤後，頻毗娑羅向佛陀建議：比丘着衣應區别于外道。佛陀隨後讓比丘們裁製百衲衣，并規定每人持有三衣。	250v5—251v2	D 1，Ga 70a5—71b7 P 1030，Ṅe 67b3—69b3 S 1，Ga 86b2—89a1

① 第2、3項的梵文校訂和英文翻譯參見吴娟，"Stories of King Bimbisāra and His Son Ajātaśatru in the Cīvaravastu of the Mūlasarvāstivāda Vinaya and Some Śvetāmbara Jaina Texts，"《インド哲學佛教學研究》2014年第21號。

② 第6項的梵文校訂和英文翻譯參見吴娟，"Parallel Stories in the Āvaśyakacūrṇi and the Mūlasarvāstivāda Vinaya：A Preliminary Investigation，" *Journal of the American Oriental Society*，vol.137，no.2。

③ 第7項的英文翻譯參見 Gregory Schopen，"The Training and Treatments of an Indian Doctor in a Buddhist Text：A Sanskrit Biography of Jīvaka，" in C. Pierce Salguero (ed.)，*Buddhism and Medicine: An Anthology of Premodern Sources*，New York：Columbia University Press，2017，pp.184 -204。

續　表

《衣事》的各部分内容概要		吉爾吉特梵本葉碼	藏譯本頁碼
9	憍薩羅國(Kosala)宰相的兒媳毗舍佉鹿子母(Viśākhā Mṛgāramātā)聰穎賢惠,生下32個兒子。他們長大後被人誣陷,皆死于憍薩羅國王波斯匿(Prasenajit)之手。佛陀隨後從因果業報的角度,向比丘們解釋了爲何這32個兒子在今生遭遇不幸。	251v2—257v3	D 1, Ga 71b7—83b6 P 1030, Ṅe 69b3—81b1 S 1, Ga 89a1—106b1
10	一位五通仙人因鹿而得一子,取名叫鹿頭(Mṛgaśiras)。鹿頭精于占卜,最後在佛陀的度化下,出家爲僧。①	257v3—258r10	D 1, Ga 83b6—85b1 P 1030, Ṅe 81b1—83a1 S 1, Ga 106b1—108b5
11	毗舍佉鹿子母邀請佛陀到家中做客,表達了向僧團捐贈八大布施(*aṣṭau mahādānāni*)的心願,得到了佛陀的稱贊。	258r10—259v6	D 1, Ga 85b1—87b7 P 1030, Ṅe 83a1—85a5 S 1, Ga 108b5—112a4
12	佛陀規定:比丘們在使用僧團公共的卧坐具時不應添加敷物(*pratyāstaraṇa*);當卧坐具被穢物玷污時,應清洗卧坐具。	259v6—260r4	D 1, Ga 87b7—88b2 P 1030, Ṅe 85a5—b8 S 1, Ga 112a4—113a4
13	佛陀規定:比丘們在使用僧團公共的卧坐具時不應添加用于固定形狀的敷物(*kalpapratyāstaraṇa*)。②	260r4—10	D 1, Ga 88b2—89a4 P 1030, Ṅe 85b8—86b1 S 1, Ga 113a4—114a2
14	佛陀規定:若比丘患有疥瘡,應穿覆疥瘡衣(*kaṇḍūpracchādana*);若比丘患有癲癇,不應使用僧團公共的卧坐具。尊者優波離(Upālī)向佛陀請教善逝衣(*sugatacīvara*)和絹衣(*kauśeya cīvara*)的用法。	260r10—v7	D 1, Ga 89a4—b5 P 1030, Ṅe 86b1—87a1 S 1, Ga 114a2—b7

① 第10項的法文翻譯參見 Étienne Lamotte, *Le Traité de la grande Vertu de Sagesse de Nāgārjuna* (*Mahāprajñāpāramitā-śāstra*), tome 2, Louvain-la-Neuve: Université de Louvain, Institut Orientaliste, 1981, pp.1087-1088。

② 富蘭克林・愛哲頓(Franklin Edgerton)推測 kalpapratyāstaraṇa 可能指"用于使(床或座位)處于良好狀態的鋪墊"〔"cover designed to keep (a bed or seat) in good conditions"〕,參見 Franklin Edgerton, *Buddhist Hybrid Sanskrit Grammar and Dictionary*, vol. 2: *Dictionary*, New Haven: Yale University Press, 1953, p.377。

續　表

	《衣事》的各部分内容概要	吉爾吉特梵本葉碼	藏譯本頁碼
15	佛陀規定：比丘禁止穿麻衣、禁止穿用毛髮製作的衣服、禁止裸體。佛陀接着講述了一位想變成裸體的比丘在前世生爲公孔雀時，因無羞恥心，而未娶到天鵝王之女的故事。	260v7—261r6	D 1，Ga 89b5—90b4 P 1030，Ṅe 87a1—b7 S 1，Ga 114b7—116a4
16	佛陀規定：比丘禁止拔頭髮，禁止穿樹葉做的衣服，禁止穿鹿皮，禁止穿樹皮，禁止穿全青、全黄、全紅或全白的衣服，禁止穿長縫邊的衣服，禁止穿帶有蛇頭形狀縫邊的衣服，禁止戴貝殼手鐲，禁止戴頂冠，禁止戴頭布，禁止穿羊毛織物，禁止穿駱駝毛織物，禁止外出不穿僧伽胝衣（*saṃghāṭī*）；衹有在特殊情況下纔可以不穿僧伽胝衣出行。	261r7—262r2	D 1，Ga 90b4—92a5 P 1030，Ṅe 87b7—89a6 S 1，Ga 116a4—118b1
17	佛陀進一步規定如何使用僧伽胝衣和羯耻那衣（*kaṭhina*）。	262r2—r7	D 1，Ga 92a5—b4 P 1030，Ṅe 89a7—b5 S 1，Ga 118b1—119a3
18	比丘優波難陀（Upananda）巧言欺騙兩位長老而獲得了豐厚布匹。佛陀隨即規定：今後任何比丘不應以不法手段獲取他人財物。佛陀接着講述了優波難陀在前世生爲豺狼時蠱惑兩個年老水獺的故事。	262r7—264r6	D 1，Ga 92b4—95b7 P 1030，Ṅe 89b5—92b4 S 1，Ga 119a3—123b6
19	一位在家居士打算向僧團捐贈百件布匹。優波難陀未被居士邀請却主動上門取走一件布匹。佛陀隨即規定：今後任何比丘不應在未被邀請的情況下上門獲取别人的財物。佛陀接着講述了優波難陀在前世的貪婪行徑。	264r6—v6	D 1，Ga 95b7—96b4 P 1030，Ṅe 92b4—93a8 S 1，Ga 123b6—125a2
20	一位在家居士建造了一個寺院。一位在該寺院度夏安居的比丘將寺院打掃得乾净怡人，引來了商隊駐留過夜。商隊通過該比丘向僧團提供布施，該比丘不敢收下。佛陀隨即規定：不論比丘在哪裏度夏安居，若有婆羅門或居士通過他向僧團提供布施，他應收下。	264v6—10	D 1，Ga 96b4—97a3 P 1030，Ṅe 93a8—b6 S 1，Ga 125a2—b3

續　表

《衣事》的各部分内容概要		吉爾吉特梵本葉碼	藏譯本頁碼
21	尊者優波離向佛陀請教夏安居時僧團内部如何分配利養（*lābha*）的問題。	264v10—265r3	D 1，Ga 97a3—6 P 1030，Ṅe 93b6—94a2 S 1，Ga 125b3—126a1
22	佛陀逐一講解比丘所允許得到的“八種利養”（*aṣṭau lābhāḥ*）。	265r3— 266r10	D 1，Ga 97a7—99b4 P 1030，Ṅe 94a2—96a4 S 1，Ga 126a1—129b3
23	尊者優波離向佛陀請教如何處理被擯斥的比丘（*utkṣiptaka*）和行爲端正的比丘（*prakṛtisthaka*）的死後遺物。	266r10—v5	D 1，Ga 99b4—100a3 P 1030，Ṅe 96a4—b3 S 1，Ga 129b3—130a4
24	佛陀針對如何處理僧團中的四類人（進入夏安居的沙彌、未進入夏安居的沙彌、進入夏安居的比丘、未進入夏安居的比丘）的死後遺物做出規定。	266v5—267v1	D 1，Ga 100a3—101a7 P 1030，Ṅe 96b3—97b6 S 1，Ga 130a4—132a3
25	比丘優波難陀生病後，不聽醫囑，因貪婪而身亡。他死後留下了許多財物。波斯匿王想要没收他的財物，遭到佛陀拒絶。佛陀召集僧團集會，規定如何分配優波難陀的遺物，并講述了優波難陀在前世生爲豺狼時同樣因貪婪而喪命的故事。①	267v1—269r2	D 1，Ga 101a7—103b7 P 1030，Ṅe 97b6—100a3 S 1，Ga 132a3—135b6
26	佛陀規定：照顧病僧的比丘，在病僧死後，可分得其遺留的六件基本生活用品。這六件用品既非上等，亦非下等，而應爲中等。②	269r2—7	D 1，Ga 103b7—104a4 P 1030，Ṅe 100a3—a7 S 1，Ga 135b6—136a5
27	佛陀規定：比丘在照顧病僧時應時刻關注其病情，不應抛弃不管，應讓病僧躺在個人的（*paudgalika*）卧坐具上，而不是僧團公共的（*sāṃghika*）卧坐具上。	269r7—8	D 1，Ga 104a4—104a6 P 1030，Ṅe 100a7—b2 S 1，Ga 136a5—136b2

① 第 25 項的英文翻譯參見 Gregory Schopen，*Buddhist Monks and Business Matters: Still More Papers on Monastic Buddhism in India*，Honolulu：University of Hawai'i Press，2004，pp.115 - 116。

② 第 26 項的英文翻譯參見 Gregory Schopen，“Separate but Equal：Property Rights and the Legal Independence of Buddhist Nuns and Monks in Early North India，” *Journal of the American Oriental Society*，vol.128，no. 4。

續　表

	《衣事》的各部分内容概要	吉爾吉特梵本葉碼	藏譯本頁碼
28	佛陀規定：病僧不應以口頭遺囑的形式將財産贈與其他比丘。如果病僧需要醫藥，照顧病僧的比丘應通過各種途徑盡量滿足其需要。病僧臨終時，照顧病僧的比丘應爲其做三寶供養（*ratnatrayapūjā*），使其心生净信。	269r8—v6	D 1，Ga 104a6—105a1 P 1030，Ṅe 100b2—101a4 S 1，Ga 136b2—137a7
29	一位患病比丘過分依戀自己的鉢，死後變成鉢中的蛇。佛陀將蛇從鉢中驅走。蛇進入森林，因對僧團滿懷仇恨，死後墮入地獄。佛陀隨後規定：一方面，任何比丘不應過分執着于生活用品；另一方面，當患病比丘需要自己的生活用品時，照顧他的比丘應滿足其需要。①	269v7—270r3	D 1，Ga 105a1—b2 P 1030，Ṅe 101a4—b4 S 1，Ga 137a7—138a4
30	佛陀規定：如果一位比丘死了，其他比丘應先安置處理好該比丘的遺體，做遺體供養（*śarīrapūjā*），并爲該比丘講法，使其聽法（*dharmaśravaṇa*），然後再分配他的遺物。②	270r3—10	D 1，Ga 105b2—106a2 P 1030，Ṅe 101b4—102a3 S 1，Ga 138a5—139a1
31	一位患重病的比丘無人照顧，陷入屎尿中，痛苦不堪。他看見佛陀後呻吟求助。佛陀親自照顧該比丘，將其從屎尿中拖出，洗乾净，并把尊者阿難乞食的一半分給該比丘。這位比丘深受感動，徹夜不眠，證得阿羅漢果。佛陀隨後規定：當僧團中有比丘患病時，同伴比丘必須給予照顧。佛陀接着講述了自己前世生爲仙人時照顧徒弟的故事。	270r10—271v5	D 1，Ga 106a2—108a5 P 1030，Ṅe 102a3—104a5 S 1，Ga 139a1—142a4
32	佛陀連續講述三個關于自己前世的本生故事：(1) 前世生爲國王時，刺破筋脉、以血肉拯救病民；(2) 前世生爲王子時，把治療肢殘的罕見藥物分享給一位辟支佛；(3) 前世生爲王子時，爲了争奪王位，將同胞兄弟迫害成肢殘，而後良心發現，設法使其肢體復原。	271v5—273v3	D 1，Ga 108a5—111a6 P 1030，Ṅe 104a5—107a3 S 1，Ga 142a4—146b3

① 第 29 項的英文翻譯參見 Gregory Schopen，*Buddhist Monks and Business Matters*，pp.113－114。
② 第 30 項的英文翻譯參見 Gregory Schopen，*Buddhist Monks and Business Matters*，pp.106－107。

續　表

《衣事》的各部分内容概要		吉爾吉特梵本葉碼	藏譯本頁碼
33	一位極其富有的在家居士膝下無子,遍求諸神皆無效,于是決定出家爲僧。不料他剛剃度完就患上重病,出家儀式祇能中斷。佛陀安排比丘們日夜照顧該居士,却不見其病情好轉。該居士臨終時把所有遺産捐贈給僧團。他的遺産被分成三份,分别供養佛法僧。①	273v3—274v6	D 1, Ga 111a6—113a6 P 1030, Ṅe 107a3—109a2 S 1, Ga 146b3—149b2
34	比丘根宿(Mūlaphalguna)在去都异迦摩訶城(Toyikāmaha)之前,將鉢和衣物托付給比丘尼們看管,比丘尼們將其托付給佛陀姨母大愛道看管(Mahāprajāpati),大愛道將其托付給阿難(Ānanda)看管。根宿在都异迦摩訶城去世。在處理根宿的遺物時,佛陀規定:由于阿難是根宿的鉢和衣物的最終保管者(*prativastuka*),鉢和衣物應歸屬于阿難。	274v6—275r6	D 1, Ga 113a6—114a6 P 1030, Ṅe 109a2—110a1 S 1, Ga 149b3—151a2
35	一位營作比丘(*navakarmika bhikṣu*)死後,其他比丘不知如何分配他的遺物。佛陀安排僧團集會以決定此事,并規定:要麼將該比丘的遺物分成三份,分别供養佛法僧;要麼將該比丘的遺物全部給比丘僧團。②	275r6—r8	D 1, Ga 114a6—b2 P 1030, Ṅe 110a2—a6 S 1, Ga 151a2—a7
36	一群比丘來到舍衛城(Śrāvastī),其中一位比丘去世,其他比丘打算在寺院附近分配他的遺物。寺院的知僧事人(*upadhivārika*)③要求也分得一份,比丘們不同意。佛陀隨即制定了如何在寺院邊境以内(*antaḥsīmā*)和邊境以外(*bahiḥsīmā*)分配亡僧遺物的規則。	275r8—v3	D 1, Ga 114b2—115a3 P 1030, 110a6—b6 S 1, Ga 151a7—152a5

① 第33項的英文翻譯參見 Gregory Schopen, *Buddhist Monks and Business Matters*, pp.117-119。

② 第35項的英文翻譯參見 Jonathan Silk, *Managing Monks: Administrators and Administrative Roles in Indian Buddhist Monasticism*, New York: Oxford University Press, 2008, p. 83。

③ 關于 upadhivārika(藏譯 dge skos)在寺院中的具體職能(相當于清潔工或管理員),參見 Jonathan Silk, *Managing Monks: Administrators and Administrative Roles in Indian Buddhist Monasticism*, pp.110-113。

續 表

	《衣事》的各部分内容概要	吉爾吉特梵本葉碼	藏譯本頁碼
37	佛陀列舉比丘之間遣使寄送僧衣的各種情况來説明：在什麼情况下僧衣被合理使用(*suparibhuktāni*)、在什麼情况下僧衣未被合理使用(*duṣparibhuktāni*)、在什麼情况下亡僧遺物被妥善處置(*svadhiṣṭhitāni*)、在什麼情况下亡僧遺物未被妥善處置(*duradhiṣṭhitāni*)。	275v3—v10	D 1，Ga 115a3—b5 P 1030，Ṅe 110b6—111a8 S 1，Ga 152a5—153a4

由上表可知，《衣事》主要由三部分構成。第一部分(即表 2 中第 1 項至第 11 項)講述了佛陀時代的一些王室人物(包括蹇荼及其二子——獅子和瞿波，頻毗娑羅王及其妻韋提希，頻毗娑羅王的兩個情婦——庵羅女和商人婦，頻毗娑羅王的三個兒子——阿闍世、無畏和耆婆)以及兩位傳奇人物(鹿子母、鹿頭比丘)的故事，其中絶大多數故事與佛教僧人着衣没有直接關係。第二部分(即表 2 中第 12 項至第 22 項)涵蓋了佛陀針對僧人在使用卧坐具時是否添加敷墊、僧人如何着衣、如何處理在家信者捐贈的布匹等財物、如何在僧團内部分配利養等問題而制定的戒律規定。第三部分(即表 2 中第 23 項至第 37 項)涵蓋了佛陀針對如何處理僧團中不同類别的比丘或沙彌的死後遺物，如何在僧團内部分配亡僧的遺物，同伴比丘應該如何對待患病比丘、如何在患病比丘死後處理其後事、如何對亡僧的遺物進行合理使用和妥善處置等問題而制定的戒律規定。

三、《衣事》的比較宗教學研究價值

《衣事》中至少有四個故事能在耆那教文獻中找到相似故事版本。這四個故事分别是：摩揭陀國王頻毗娑羅與策拉結婚的故事(表 2 中第 3 項)、韋提希之子阿闍世的前世遭遇及投胎轉世(表 2 中第 4 項)、無畏王子的出生及尋父經歷(表 2 中第 6 項)、耆婆解析大象脚印的故事(表 2 中第 7 項的一部分)。這四個故事中的第一、第三和第四個故事，筆者此前已撰文詳細探討過，此處不再贅述。[①] 這

① 關于第一個故事，詳見吴娟，"Stories of King Bimbisāra and His Son Ajātaśatru in the Cīvaravastu of the Mūlasarvāstivāda-vinaya and Some Śvetāmbara Jaina Texts"；關于第三和第四個故事，(轉下頁)

裏重點討論第二個故事(即阿闍世的前世遭遇和投胎)及其在耆那教文獻中的相似故事版本。阿闍世是佛陀時代一位頗具影響力的王室人物。《衣事》是現存佛教典籍中唯一一部詳細描述阿闍世的前世遭遇、投胎和出生的文獻。以下是筆者對《衣事》吉爾吉特梵本中該段描述(242v1—v10)的漢語翻譯:①

後來,國王頻毗娑羅外出狩獵。一位五通仙人住在隱栖處。一隻被(國王的)連環箭嚇壞了的鹿跑進仙人的隱栖處後又跑了出來,被國王用箭射中了致命部位。仙人隨即怒言:"暴君!我的野鹿照看隱栖處,而你却射死了這頭已經找到庇護所的鹿!"仙人如此這般訓斥國王。(國王的)軍隊走上前問:"大王!誰被訓斥?"國王説:"諸位!我被訓斥。"(軍隊問:)"大王!訓斥國王的人應受到什麽懲罰?"(國王答:)"應處以死刑。既然這位仙人已經被我抛弃了,他應該被立即斬首。"當被斬首時,(仙人)發了一個邪願:"我并未爲非作歹,却將要被這個暴君所殺害。當我被抛弃後(即被殺後),我願重生在一個能奪其性命的地方。"他接着想:"這些君王都被保護得很好,都被隱藏得很好。如果我重生在其他地方,我將永遠得不到機會(奪其性命)。無論如

(接上頁)詳見吴娟,"Parallel Stories in the Āvaśyakacūrṇi and the Mūlasarvāstivāda Vinaya: A Preliminary Investigation"。

① 爲了便于分析,筆者將該段梵文分成兩小段。第一小段講述阿闍世的前世遭遇及投胎;第二小段講述他的出生。漢譯括號内的文字爲筆者所添加的補充説明。現對梵本轉寫部分所使用的符號説明如下:

[ ]	表示受損或識讀困難的字符
{ }	表示應被删除的冗餘字符
< >	表示在無文本脱漏情况下的補充
〈〈 〉〉	表示抄寫者在行間所補入的字符
·	圓點(停頓符號)
|	Daṇḍa(停頓符號,表示較短句子的停頓和半頌的結束)
*	Virāma(休止符,表示句尾和單個詞的詞末以輔音結尾、没有元音)
'	Avagraha(表示初音 a 省略的符號,寫本中没有,但轉寫時加入)
ẖ	Jihvāmūlīya(表示在清喉音 k 和 kh 之前的 Visarga 符號)
○	表示寫本每葉上所打的孔洞

何，憑藉此誓願，我希望重生在他的正妻的肚子裏。"(仙人)發此邪願之後，就重生在(王后)策拉的肚子裏了。①

就在(仙人)轉世投胎的那天，天降血雨。策拉感到一種孕期欲望："嗚呼！我想把大王脊背上的肉撕下來吃。"這件事被報告給了國王。國王召來看相師們進行咨詢。(看相師們)説："大王！這是進入王后肚子裏的那個生命所産生的威力。"國王陷入了沉思："如何纔能消除她的孕期欲望呢？"一些天資聰慧的人建議説："大王！請穿上一件塞滿肉的棉衣之後，把您自己獻給王后。"于是國王用塞滿肉的棉衣裹住自己之後，把自己獻給了策拉。策拉想着，"(這是大王)脊背上的肉"，就吃了(棉衣裹的肉)。于是她的孕期欲望被消除了。(不久)她再次感到一種孕期欲望："嗚呼！我想喝大王的血。"這件事又被報告給了國王。于是國王把五肢的筋脉剖開，讓(策拉)喝血。她的孕期欲望再次被消除了。當九個滿月過去後，她生産了，生出了一個貌美好看、容貌端正的男孩。就在男孩誕生的那天，天再降血雨。國王再次召來看相師們。他們(即看相師們)説："大王！根據聖典所示，這個男孩必將在殺父之後，自己帶上王冠，執掌王權。"國王想："不論如何，他都是爲了王權的緣故將我殺死。(那麼)我就親自將王權給他。(這樣的話)他還有什麽理由奪我性命？"②

---

① 梵本轉寫如下：(242v1…) yāvad apareṇa samayena rājā bimbisāro mṛgayānirgataḥ anyatamasmiṃ cāśramapade ṛṣiḥ paṃcābhijñaḥ prativasati • yāvan mṛgaś śaraparamparayā santrāsitaḥ tasya ṛṣer āśramapad[a]ṃ praviśya nirga(v2)to rājñā śareṇa marmaṇi tāḍitaḥ tato'sau ṛṣiḫ kruddhaḥ kathayati | kalirāja mama caṇḍamṛgo'py āśramapadaṃ pariharati tvayā tu śaraṇopagato mṛgaḥ praghātita iti • sa ca rājā evam ṛṣiṇā paribhāṣyate balakāyaś cāgataḥ kathayati deva ko'yaṃ paribhāṣyate • (v3) rājā kathayati ahaṃ bhavanto yo rājānaṃ paribhāṣate tasya ko daṇḍaḥ deva tasya badho daṇḍaḥ yady evaṃ parityakto me ayam ṛṣiḥ sa praghātayitum ārabdhaḥ sa praghātyamāno mithyāpraṇidhānaṃ karoti | yad aham anena kalirājena adūṣyanapakārī badhya utsṛṣṭaḥ tatro(v4)papadyeyaṃ yatrainaṃ jīvitād vyaparopayeyaṃ | punas saṃlakṣayati | rājāna ete suguptās sugopitāḥ yady aham anyatropapattiṃ grahīṣyāmīti kadā cit pratyayaṃ nārāgayiṣyāmi • sarvathā anena me praṇidhānena asyaivāgramahiṣyā kukṣāv upapattis syād iti • sa (v5) mithyāpraṇidhānaṃ kṛtvā celāyāḫ kukṣāv upapannaḥ。

② 梵本轉寫如下：yam eva diva○saṃ pratisandhir gṛhītas tam eva divasaṃ rudhiravarṣaṃ patitam * celāyāś ca dohadas samutpannaḥ aho batāhaṃ devasya pṛṣṭha[varv]rāṇy utpāṭyotpāṭya bhakṣayeyam iti • eṣa ca vṛttā(v6)nto rājñe niveditaḥ rājñā naimittikā āhūya pṛṣṭā⟨⟨ḥ⟩⟩ tā ūcur deva ○ yo'yaṃ satvo devyāḫ kukṣim avakrāntas tasyāyam anubhāva iti • rājā cintāparo vyavasthitaḥ katham asyā dohadaḥ prativinodyateti | aparaiḥ kuśalajātīyaiḥ samākhyātam * deva tūli(v7)kāyā{ṃ} māṃsapūrṇā ⟨yā⟩ prāvṛtya devyā ātmānam upanayeti • tato rājñā ○ māṃsapūrṇayā tūlikayā ātmānaṃ veṣṭayitvā celāyā upanāmitam * tayā pṛṣṭhamāṃsam iti kṛtvā bhakṣitam * tatas tasyā yo dohadaḥ sa prativigataḥ bhūyo'py asyā dohada utp[a](v8)nnaḥ aho batāhaṃ devasya rudhiraṃ pibeyam (轉下頁)

《衣事》中的這段關于阿闍世的前世遭遇、投胎和出生的描述在耆那教白衣派文獻中有相似故事版本。7 世紀白衣派學者勝奴(Jinadāsa)所著的《必行經注》(梵語 *Āvassayacuṇṇi*)和 8 世紀白衣派學者獅子賢(Haribhadra)所著的《必行經疏》(梵語 *Āvaśyakavṛtti*)中都含有對于摩揭陀國王室哩尼迦(Śreṇika)之子庫尼卡(Kūṇika)的前世遭遇、投胎和出生的描述。爲了清楚呈現《衣事》中的阿闍世故事和耆那教文獻中的庫尼卡故事之間的相似性,筆者將《必行經注》中的相關段落翻譯成漢語如下:

> 策拉娜①產下一子名叫庫尼卡。他的出生是什麼樣的呢?從前有座邊城。那裏(國王)勝敵有個兒子名叫善吉祥。一位大臣之子名叫有軍,身材矮小。他被(善吉祥)嘲笑,被迫喝放在高處的水。他被善吉祥折磨得很痛苦。由于厭世,有軍出家變成了苦行僧。善吉祥在父親死後成爲國王。有一次善吉祥看到有軍在虛空中行走,善吉祥發問,人們回答:"此人(即有軍)修練這般苦行。"國王(即善吉祥)想着,"他(即有軍)以前備受折磨",產生了憐憫之心。國王邀請有軍:"到我家來!"在完成一個月的禁食苦行之後,有軍去了(王宫)。(恰逢)國王元氣大傷,宫門没有開。有軍再次進入瓮中(修苦行)。國王經人提醒想起此事,他再次邀請有軍。有軍再次來到(王宫),而(恰逢)國王再次元氣大傷。有軍再次進入瓮中(修苦行)。國王第三次邀請有軍,有軍第三次來到(王宫)。門衛們想,"每當他來,國王就生病",便毆打他。他沮喪地離開了,想着:"我是個出家人,却被如此虐待。"他發下誓願:"我願重生,將他(即國王)殺死。"有軍命終,重生爲一個擁有微弱神通力的小神。(後來)國王也出家變成苦行僧,死後重生爲一個小神。(現在的)國王室哩尼迦就是過去世的

(接上頁)iti · etad api rājñe niveditaṃ | tato rājñā pañcāṅgikāṃ śirāṃ mocayitvā rudhiraṃ pāyitā so'py asyā dohadaḥ prativigataḥ yāvat paripūrṇair navabhir māsaiḥ prasūtā dārako jātaḥ abhirūpo darśanīyaḥ prāsādikaḥ yasminn api (v9) divase jātas tasminn api divase rudhiravarṣaṃ patitaṃ | bhūyo rājñā naimittikā āhūya pṛṣṭās te kathyanti deva yathā śāstre dṛśyate niyatam ayaṃ dārako pitā jīvitād vyaparopya svayam eva paṭṭaṃ ba〈〈d〉〉dhvā rājyaṃ kārayiṣyatīti | rājā saṃlakṣayati sarvathā rājyārtham ayaṃ māṃ jī(v10)vitād vyaparopayati tad asmai svayam eva rājyaṃ dāsyāmi kimarthaṃ māṃ jīvitād vyaparopayiṣyatīti。

① 策拉娜(Cellaṇā)是摩揭陀國王室哩尼迦的妻子,對應《衣事》中的摩揭陀國王頻毗娑羅之妻策拉(Celā)。

國王(善吉祥)。(現在的)庫尼卡就是(過去世)被虐待的沙門(有軍)。[①]

當投胎到策拉娜腹中時,他(即有軍)想:“爲什麽我用眼睛看不見國王呢?”她(即策拉娜)意識到:“這個胎兒有罪。”雖然用了多種打胎藥,胎兒還是没打掉。當孕期欲望到來時,她感到一種欲望:“我怎麽想吃室哩尼迦腹部紋路的肉呢?”她嘗試墮胎,但不告訴任何人。當她的固執被責罵時,她纔吐露了(孕期欲望)。此事被報告給了無畏(即國王室哩尼迦的另一兒子)。他用兔子皮裹住肉,放在室哩尼迦的腹部紋路上,供給策拉娜。當她進入觀察室,親眼看着(室哩尼迦被人割肉)時,兔子肉被給了她。國王假裝昏過去。當她一想到國王,她就感到不安。當她一想到胎兒,她就覺得:“我怎麽想把所有肉都吃掉呢?”就這樣,她的欲望被消除了。九個月後,男孩誕生了。國王得知後,滿心歡喜。策拉娜讓女仆把男嬰拋弃在無憂林裏。此事被報告給了國王。國王前來訓斥策拉娜:“你爲何拋弃第一個兒子?”然後他去了無憂林。男嬰把無憂林襯托得熠熠生輝,國王稱其爲“無憂林中的月亮”。于是爲他取名“無憂月”。在那裏,男嬰的嬌嫩手指被公鷄羽毛戳傷了,手指没有愈合,而是變得萎縮殘缺。于是玩伴們給他取名叫“庫尼卡(直譯:手殘)”。[②] 每當國王室哩尼迦把(庫尼卡的)流膿手指放在自己口中吮吸時,庫尼卡就(安静地)待在那裏;否則,他就哭泣。後來他長大了。[③]

---

① 該段耆那教俗語原文參見 *Śrīmaj-Jinadāsagaṇi-mahattara-kṛtayāsutracūrṇyāsametaṃ śrīmad-Āvaśyakasūtram*, vol.2, Ratlam: Śrīṛṣabhadevajī Keśarīmalajī Śvetāṃbara saṃsthā, 1928 - 1929, pp.166.1 - 166.9: cellaṇāe putto jāto koṇiu tti | tassa kā uppattī | egaṃ paccaṃtaṃ nagaraṃ | tattha jitasattussa putto sumaṃgalo | amaccaputto seṇio tti poṭṭio | so ohasijjati | pāṇie uccālagaṃ pajjijjati | so dukkhāvijjati sumaṃgaleṇa | so teṇa nivveeṇaṃ bālatavassī pavvaito | sumaṃgalo vi pitari mate rāyā jāto | aṇṇadā so teṇa ogāseṇaṃ volemto diṭṭho | pucchati | logo bhaṇati esa erisaṃ tavaṃ kareti | raṇṇo aṇukaṃpā jātā | puvvaṃ dukkhāvio tti | nimaṃtio mama ghare pārehi tti | māsakhamaṇe puṇṇe gato | rāyā paḍibhaggo | na diṇṇaṃ | puṇo vi uṭṭitaṃ paviṭṭho | saṃbhārito puṇo gato nimaṃteti | āgato puṇo vi paḍibhaggo tti | puṇo'vi uṭṭiyaṃ paviṭṭho | puṇo vi nimaṃteti taiyaṃ | taiyāe vi aṇāto | bāravālehiṃ piṭṭito jadihellāo eti tatihellāo rāyā paḍibhagga ti | so niggato addhitīe ahaṃ pavvaito mi tahā vi dharasito eteṇaṃ ti | nidāṇaṃ kareti etassa vadhāe uvavajjāmi tti | kālagato appiḍḍhito vāṇaṃaṃtaro jāto | so vi rāyā tāvaso pavvaito | vāṇamaṃtaro jāto | puvvaṃ rāyā seṇio | koṇio kuṃḍasamaṇo。

② 俗語 kuṇia 對應梵語 kūṇika(來自動詞詞根√kūṇ“收縮”)。關于 kuṇia 表示“手殘”,參見 Jozef Deleu, “Nirayāvaliyāsuyakkhandha: Uvanga's 8 - 12 van de jaina Canon,” *Orientalia Gandensia*, vol.4, 1969。

③ 該段耆那教俗語原文參見 *Śrīmaj-Jinadāsagaṇi-mahattara-kṛtayāsutracūrṇyāsametaṃ śrīmad-Āvaśyakasūtram*, vol.2, pp.166.9-167.3: jaṃ ceva cellaṇāe poṭṭe uvavaṇṇo taṃ ceva ciṃteti kiha rāyāṇaṃ acchīhi viṇa pecchejja tti | tīe ciṃtitaṃ eyassa gabbhassa doso tti | gabbhapātaṇehi vi na paḍati | dohalakāle dohalo | kaha seṇiyassa udaravalimaṃsāṇi khāejja | abbhaṃtare parihāti | na ya akkhāti | nibbaṃdhe sāvitāe kahitaṃ | abhayassa kahitaṃ | sasagacaṃmeṇaṃ maṃsaṃ kappettā (轉下頁)

雖然《衣事》中對于阿闍世的前世遭遇、投胎和出生的描述,與耆那教《必行經注》中對于庫尼卡的前世遭遇、投胎和出生的描述,在故事情節上并不完全吻合,但這兩個故事版本有以下相似之處:第一,《衣事》和《必行經注》都把阿闍世或庫尼卡的前世,塑造成一位因憤懣不平而發誓報仇的仙人或苦行僧。仙人或苦行僧之所以投胎到王后策拉或策拉娜的腹中,其目的就是要生作頻毗娑羅王或室哩尼迦王的兒子,從而將頻毗娑羅王或室哩尼迦王殺死。换句話説,這兩個故事版本都表明:阿闍世或庫尼卡對父王的敵意是前世結怨的結果。第二,《衣事》和《必行經注》都講述了阿闍世或庫尼卡的母親(策拉或策拉娜)在懷孕期間想要吃丈夫的肉或喝丈夫的血,而且兩部文獻也都講述了頻毗娑羅或室哩尼迦如何利用計策巧妙滿足了妻子的欲望。策拉或策拉娜的這種欲望,其根源在于她腹中的胎兒。她的孕期欲望本質上是阿闍世或庫尼卡在出生前對父王敵意的一種外化體現。第三,《衣事》和《必行經注》都表現了頻毗娑羅或室哩尼迦在知道兒子對他的敵意之後,依然對兒子寵愛有加。這爲後來阿闍世或庫尼卡成功篡奪王位打下了鋪墊。綜上所述,《衣事》中關于阿闍世的前世遭遇、投胎和出生的描述,與耆那教《必行經注》中關于庫尼卡的前世遭遇、投胎和出生的描述具有明顯相似性。這説明《衣事》在幫助我們深入瞭解佛教和耆那教的共有叙事傳統和共有叙事主題方面,具有其他佛教文獻所不可替代的獨特價值。

四、結語

根本説一切有部《律事》的第七章《衣事》是印度佛教律藏的重要組成部分。由于《衣事》没有漢譯本存世,其研究價值長期以來爲國内學術界所忽視。本文系統介紹了《律事》的梵藏漢版本和國内外研究現狀,并在細緻考察《衣事》吉爾吉特梵本和藏譯本的基礎上,提供了《衣事》梵藏本的基本内容一覽表,首次將

(接上頁)valīe uvari diṇṇaṃ | tīse ologaṇagatāe pecchamāṇīe dijjati | rāyā aligamucchitāiṃ kareti | jāhe seṇiyaṃ ciṃteti tāhe addhitī uppajjati | jāhe gabbhaṃ ciṃteti kiha savvaṃ pi khāejjāmi | evaṃ māṇito | ṇavahiṃ māsehiṃ dārao jāto | raṇṇo nivedito tuṭṭho | dāsīe chaḍḍāvito asogavaṇiyāe | seṇiyassa kahitaṃ | āgato aṃbāḍiyā kīsa paḍhamaputto ujjhito tti gato asogavaṇitaṃ | teṇa sā ujjovitā | so bhaṇati asogavaṇacaṃdu tti | asogacaṃdu tti nāmaṃ ca se kataṃ | tattha ya kukkuḍapiccheṇaṃ kāṇaṃgulī se viddhā sukumāliyā | sāṇa pāuṇati | sā kuṇigā jātā | tāhe se dāragarūvehiṃ kataṃ nāmaṃ kuṇio tti | jāhe ya kira taṃ aṃguliṃ pūtaṃ galiti seṇio mukhe kareti | tāhe ṭhāti | itarahā rovati | so ya saṃvaḍḍhati。

《衣事》的内容和結構呈現在學術界面前。此外，本文還以阿闍世的前世遭遇和轉世投胎故事爲例，説明《衣事》爲深入瞭解佛教和耆那教的共有叙事主題以及兩個宗教在經典編纂過程中的密切聯系，提供了一個寶貴的窗口，具有其他佛教文獻所不可替代的獨特價值。《衣事》梵本和藏譯本的内容極其豐富，是瞭解印度佛教叙事傳統和根本説一切有部戒律系統的寶貴資料。筆者希望在今後的研究中，對《衣事》梵本和藏譯本進行完整校訂和對勘分析，繼續彰顯該文獻在佛教研究中的重要價值，從而唤起國内學術界對該文獻的關注和利用。

關于東漢阮諶《周室王城明堂宗廟圖》傳存日本的逸圖

豐田裕章(大阪大學)
翻譯：成高雅

一、引言

本稿將論述在中國已亡佚的《東漢末年王城圖》《明堂圖》等逸圖，在日本通過石清水八幡宮所藏鎌倉時代的抄本得到傳存一事。

石清水八幡宮文書收録的田中家文書(1961 年被指定爲日本國重要文化遺産)中有一份外題爲《异朝明堂指圖[①]記》的文書。此文書是平安時代末期活躍的、對中國文化造詣頗深的政治家信西(約 1106—1160，俗名藤原通憲)回答朝廷諮問時所提交勘文的抄本。文書中引用了四幅有關禮制的圖。

筆者曾于 2006 年 10 月 24 日在京都大學人文科學研究所共同研究班“傳統中國の生活空間”進行了題爲“信西の《异朝明堂指圖記》について”的口頭發表，指出《异朝明堂指圖記》引用的四幅圖中《周室王城明堂宗庙圖所載之明堂圖》與《周室王城宗廟明堂宮室圖所載圖》二圖可能爲東漢阮諶所撰《周室王城明堂宗廟圖》之逸圖。具體發表内容可參考拙稿《石清水八幡宮所藏〈异朝明堂指圖記〉と阮諶〈周室王城宗廟明堂圖〉》(皇學館大學史料編纂所所報《史料》208，伊勢，2007 年 4 月，1—8 頁)。

本文主要對上述舊稿内容進行若干補訂，又追記之後自己的相關研究并譯爲中文。[②]

---

① 指圖：平面圖。

② 拙稿《石清水八幡宮所藏〈异朝明堂指圖記〉と阮諶〈周室王城宗廟明堂圖〉》于 2007 年 4 月發 (轉下頁)

二、關于《异朝明堂指圖記》

久安四年(1148年,干支爲戊辰),由于宫室的“土御門内裏”被燒毁,它的重建便成爲了當時的焦點問題。“土御門内裏”雖然是京内的離宫,但當時,它實質上是内廷。其時權天文博士安部晴道向朝廷進言,指出戊辰年忌“正堂正寢”的上梁立柱。朝廷因此向文章博士及大學助教等人就“正堂正寢”的含義進行了諮問。外題爲《异朝明堂指圖記》的傳世史料即是信西回答諮問時所提交勘文的抄本。

此《异朝明堂指圖記》在《大日本古文書》中以“少納言入道信西　藤原通憲　王宫正堂正寢勘文案”爲題收録了其翻刻本。① 《續石清水八幡宫史料叢書1》則收録了此文書的照片。②

《大日本古文書》認爲,此文書雖非信西自筆,但應抄寫于距信西較近的年代。皇學館大學的遠藤慶太氏也認爲此文書應是鎌倉時代初期抄本,未有僞作所有的不自然之處。作爲石清水八幡宫所藏田中家文書整體史料的一部分,其爲傳世文獻的可信度高。③

對于“正堂正寢”含義的諮問,信西引用了《周禮》正文、《禮記》東漢鄭玄注及唐初賈公彦義疏、《禮記正義》、《兩京新記》④等内容。他指出,就日本而言,禮制“正堂正寢”可以理解爲,平安宫外廷的正殿“大極殿”相當于“正堂”的“明堂”,而平安

(接上頁)表後,與此相關的内容,筆者還發表過《中國における都城の概念の變化と日本の宮都》(收入王維艮、宇野隆夫編:《古代東アジア交流の總合的研究》,國際日本文化研究中心2008年版,第19—66頁)及同論文附論《石清水八幡宮文書中にみえる周室王城明堂宗廟圖》(同收入前書)。此外,關于《周室王城明堂宗廟圖》和都城制的關係,可以參考拙稿《アジアからみた日本の都城》(收入川尻秋生編:《古代の都城と交通》,竹林舍2019年版,第40—74頁)。2019年8月24—25日在北京大學召開的“從中古到近代:寫本與跨文化研究”國際學術研討會,筆者提交了由成高雅氏和劉青氏翻譯的論考《試論東漢阮諶〈周室王城宗廟明堂圖〉傳存日本的逸圖》(同研討會資料集第391—396頁)。另,古橋紀宏氏在其《藤原通憲“王宮正堂正寢勘文”とその禮圖について》(收入西脇常記教授退休記念論集編集委員會、京都大學人文科學研究所Christian Wittern研究室編:《東アジアの宗教と文化　西脇常記教授退休記念論集》,京都大學人文科學研究所Christian Wittern研究室2007年版,第109—168頁)一文中,從中國哲學的視點進行了詳細考證,得出了同樣的結論。

① 《大日本古文書》の家わけ4ノ4,石清水文書之4,東京帝國大學文科大學史料編纂挂1912年版,第318—326頁。

② 田中文清編:《續石清水八幡宮史料叢書1》,石清水八幡宮文書目録1,續群書類従完成會1985年版,第23—24頁。

③ 遠藤慶太:《平安敕撰史書研究》,皇學館大學出版部2006年版,第50—76頁。

④ 《异朝明堂指圖記》中引用了韋述《兩京新記》中如下一段逸文:“東京宮内有幹元門,其内正曰明堂,又曰,西京宮内有承天門,其内正曰大極殿。”大極殿應是太極殿的誤記。

宮内廷“内裏(大内)”的正殿“紫宸殿”可被視爲宫室全體的正殿“正寢”。同時,雖然是京内的離宫,但實際上内廷“土御門内裏”的正殿“南殿”也是一種“正堂正寢”。

信西此論證過程中引用了《三礼圖所載之明堂圖》《三礼圖所載六寢圖》《周室王城明堂宗庿圖所載之明堂圖》《周室王城宗廟明堂宫室圖所載圖》四幅圖,下文將對這些圖進行考察。

三、《异朝明堂指圖記》中的四幅禮圖

(一)《三礼圖所載之明堂圖》《三礼圖所載六寢圖》

《异朝明堂指圖記》所引用的四幅圖①中,《三礼圖所載之明堂圖》(圖 1)和

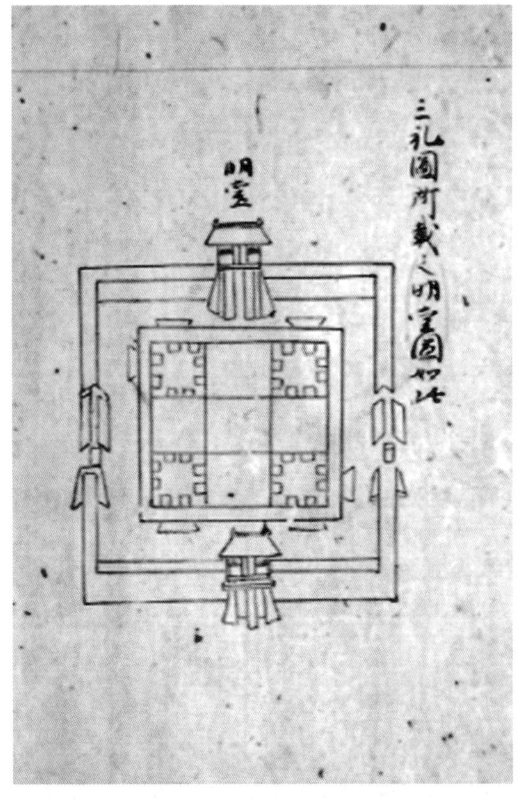

圖 1 《三礼圖所載之明堂圖》(出自石清水八幡宫所藏《异朝明堂指圖記》)

① 本稿所揭載石清水八幡宫所藏《异朝明堂指圖記》中照片均已徵得石清水八幡宫的許可。

《三礼圖所載六寢圖》(圖 2)題中均有“三礼圖所載”之稱，可認爲其出自名爲《三礼圖》(《三禮圖》)的文獻。①

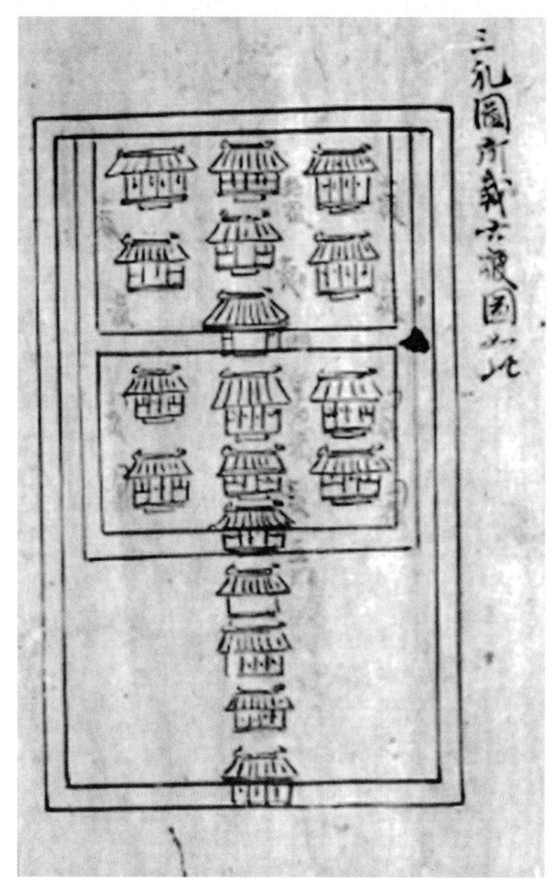

圖 2 《三礼圖所載六寢圖》(出自石清水八幡宫所藏《异朝明堂指圖記》)

中國古代有多種名爲《三禮圖》的文獻，但考慮信西的引用時代及現傳完本等情况，此處應爲北宋初期聶崇義所撰《三禮圖》。

通過與《异朝明堂指圖記》中引《三礼圖》所載圖比較可知，二者建築細節部分都極其類似。② 信西勘文中還引用了《三礼圖》中的一段記載：“舊圖以此爲王

① 《异朝明堂指圖記》中引用的《三禮圖》，圖與勘文皆使用了“礼”而非“禮”字。

② 比較時參考了鄭振鐸所編《新定三禮圖 天竺畫簽 太音大全集 聖迹圖 歷代古人像贊 武經總要前集》(上海古籍出版社 1985 年版，第 57—59 頁)。關于明堂東西樓梯數，聶崇義《三禮圖》中爲東面、西面各二基，而《异朝明堂指圖記》中《三礼圖所載之明堂圖》則爲東面、西面各一基。筆者認爲此處爲抄寫時的筆誤。

宫五門及玉與后六寢之制，今亦就改而定之，孔義依周禮解王六寢，路寢在前，是爲路寢，五在後，通名燕寢”。此文與聶崇義《三禮圖》中内容基本一致，僅有細微差异。

通過以上諸點，筆者可以認爲《异朝明堂指圖記》所引《三礼圖所載之明堂圖》《三礼圖所載六寢圖》均出自聶崇義《三禮圖》。

據《宋史》的《禮志》[①]和《輿服志》[②]的記載，聶崇義的《三禮圖》是其于建隆二年(961)向太祖上呈時所撰，而同書《聶崇義傳》中則記爲建隆三年[③]。同傳中還提到，聶崇義不久即離世，但《三禮圖》在後世廣泛流傳并被繪製于國子監講堂的墻壁上。

如上所述，聶崇義《三禮圖》作爲將禮制圖像化的文獻廣泛流傳于北宋以後。因此，可以推測此書亦傳入平安時代的日本，爲信西的勘文所引。

(二)《周室王城明堂宗庿圖所載之明堂圖》《周室王城宗廟明堂宫室圖所載圖》

除上述《三礼圖》外，石清水八幡宫所藏《异朝明堂指圖記》還引用了《周室王城明堂宗庿圖所載之明堂圖》(圖3)和《周室王城宗廟明堂宫室圖所載圖》(圖4)。此二者亦有“所載”字樣，可以認爲其分别出自名爲《周室王城明堂宗庿圖》和《周室王城宗廟明堂宫室圖》的文獻。[④]

值得注意的是，《隋書・經籍志》中存在與《异朝明堂指圖記》引用的《周室王城明堂宗庿圖》《周室王城宗廟明堂宫室圖》等書名相似名稱的文獻，即“周室王城明堂宗廟圖一卷 祁諶撰”[⑤]一書。《隋書經籍志詳考》認爲，此處作者“祁諶”應是“阮諶”的誤記。[⑥]

阮諶其人在正史中并無列傳。據《隋書・經籍志》中作者同爲阮諶的《三禮圖》的記載可知，其爲東漢時期的侍中。此外，前述《聶崇義傳》所引張昭的上奏

① 《宋史》卷98，志第51，禮1，吉禮1，中華書局1977年標點本，第2421頁。
② 《宋史》卷151，志第104，輿服3，第3526—3527頁。
③ 《宋史》卷431，列傳第190，儒林1，聶崇義，第12793—12797頁。
④ 《异朝明堂指圖記》中引用的《周室王城明堂宗庿圖所載之明堂圖》中，廟字使用了“庿”，而《周室王城宗廟明堂宫室圖所載圖》中則使用了“廟”。本稿爲區别此二者，出自前者的圖使用“庿”，出自後者的圖使用“廟”。提及《异朝明堂指圖記》引用之外的内容，如阮諶《周室王城明堂宗廟圖》等文獻時照常使用“廟”字。
⑤ 《隋書》卷32，志第27，經籍1，中華書局1973年標點本，第924頁。
⑥ 興膳宏、川合康三：《隋書經籍志詳考》，汲古書院1995年版，第116頁。

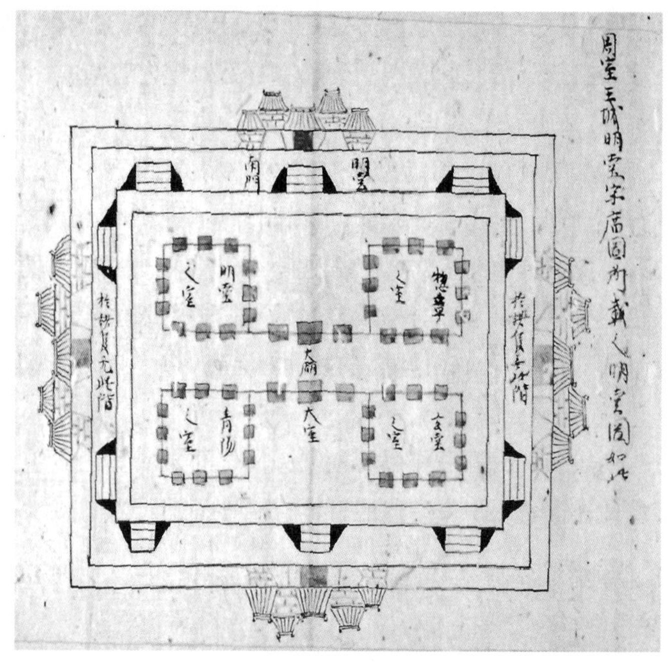

圖 3 《周室王城明堂宗廟圖所載之明堂圖》(出自石清水八幡宫所藏《异朝明堂指圖記》)

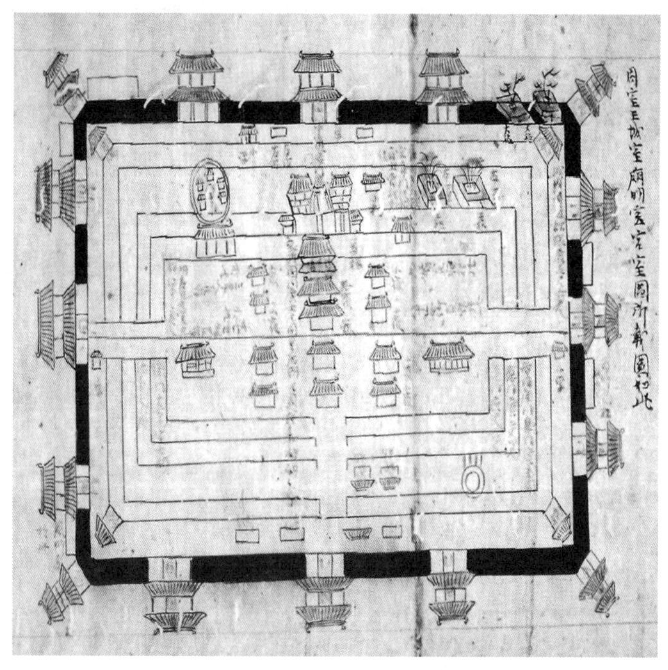

圖 4 《周室王城宗廟明堂宮室圖所載圖》(出自石清水八幡宫所藏《异朝明堂指圖記》)

文中提到,阮諶即是陳留阮士信。

阮武被認爲是阮諶之子,《三國志·杜恕傳》的裴松之注中可見如下記載:"阮武者,亦拓落大才也,案阮氏譜,武父諶,字士信,徵辟無所就,造三禮圖,傳于世。"[①]據此可知阮諶字士信,造《三禮圖》并廣泛流傳于世。

《三國志·盧毓傳》亦有關于阮諶之子阮武的記載:"帝曰……更舉吾所未聞者,乃舉阮武,孫邕,帝于是用邕。"[②]盧毓應魏明帝要求,向其舉薦了阮武等人。由此可知阮武活動于魏明帝時期,其父阮諶則可能生活于東漢後期。此處與前文《隋書·經籍志》中記載的阮諶爲東漢侍中一處在年代上相符。

另在《三國志·盧毓傳》裴松之注中,引用了一段《續漢書》中關于盧毓之父盧植的記載:"植字子幹,少事馬融,與鄭玄同門相友。"[③]此處盧植和鄭玄爲師從馬融的朋友,可以認爲盧毓之父盧植和鄭玄同出一門。考慮到阮武和盧毓是同時代之人,盧植又爲鄭玄之友,筆者可以推測,阮武之父阮諶和鄭玄、盧植處在大致同一時代。

金子修一氏指出,太廟、明堂、辟雍、靈臺這些對于王權極爲重要的禮制建築在東漢都是作爲不同建築物設置的,[④]但根據蔡邕、盧植等人在經學上的解釋,它們在當時本應是同一建築物的部分名稱。

在《异朝明堂指圖記》引用的《周室王城明堂宗廟圖所載之明堂圖》中,明堂的一部分被記作"大廟"(太廟)。而在《周室王城宗廟明堂宮室圖所載圖》中,本應對應于"社稷"出現的"太廟"處繪製了"辟雍"。這種現象可能是由將太廟、明堂、辟雍視爲同一物的觀念所致。

此二圖可能是依據東漢末期盧植、蔡邕等將太廟、辟雍、明堂視爲同一物的解釋所繪製的。這可以作爲其爲東漢末期阮諶所繪圖像逸圖的證據。

前文提到阮諶與盧植有所關聯,盧植又與蔡邕一起參與了東觀《後漢記》(即《東觀漢紀》)的撰補[⑤]。當時的人際關係可能如此反映于圖像的繪製理念上,這也是此二圖爲阮諶撰《周室王城明堂宗廟圖》之逸圖的佐證。

---

① 《三國志》卷 16,魏書,任蘇杜鄭倉傳第 16,中華書局 1959 年標點本,第 508 頁。

② 《三國志》卷 22,魏書,桓二陳徐衛盧傳,盧毓,第 651 頁。

③ 《三國志》卷 22,魏書,桓二陳徐衛盧傳,盧毓,第 650 頁。

④ 金子修一:《中國—郊祀と宗廟と明堂及び封禪》,收入井上光貞他編:《東アジア世界における日本古代史講座》第 9 卷,東京:學生社,1982 年,第 179—221 頁;《古代中国と皇帝祭祀》,汲古書店 2001 年版,第 135—136 頁。

⑤ 《後漢書》卷 60 下,蔡邕列傳第 50 下,中華書局 1965 年標點本,第 2003 頁。

綜上，筆者可以推測：《异朝明堂指圖記》中引用的《周室王城明堂宗廟圖所載之明堂圖》和《周室王城宗廟明堂宫室圖所載圖》均出自《隋書・經籍志》中所載《周室王城明堂宗廟圖》這一文獻。前者爲明堂圖，而後者却着重繪製王城及其内部宫室，因而其書名《周室王城宗廟明堂宫室圖》可能是誤記。

值得注意的是，此二圖的前者《周室王城明堂宗庿圖所載之明堂圖》題中的"庿"字使用了"廟"的古體字①。其圖中描繪的具有闕的門，與漢代的闕門圖像也相一致。② 後者《周室王城宗廟明堂宫室圖所載圖》題中"廟"字未使用古體"庿"，闕門的繪製手法也較爲粗糙。

筆者可以由此認爲，《周室王城明堂宗庿圖所載之明堂圖》更爲忠實地再現了原書的繪製，而與原書相比，《周室王城宗廟明堂宫室圖所載圖》的繪製則略爲粗糙。後者名稱與原書書名的差异也可能源自于此。

石清水八幡宫在當時與伊勢神宫并列，作爲天皇家的宗廟倍受崇敬。信西勘文抄本引用了這些圖，并被付以《异朝明堂指圖記》之外題傳世。因此筆者可以認爲，將博學的信西在提到宗廟、明堂等問題的過程中所引用的阮諶的《明堂圖》，看作此勘文書寫的主要目的，此種書寫背景可能和石清水八幡宫在當時對宗廟、明堂等相關内容教學上的關注有關。

阮諶撰《周室王城明堂宗廟圖》一書被收録于唐大中年間張彦遠(815—907)編纂的《歷代名畫記》卷三《述古之秘畫珍圖》③項中，這足以説明《周室王城明堂宗廟圖》即使是在唐代也是上古的秘畫珍圖。《异朝明堂指圖記》收録的《周室王城明堂宗廟圖》逸圖《周室王城明堂宗庿圖所載之明堂圖》和《周室王城宗廟明堂宫室圖所載圖》，即是《歷代名畫記》也收録其書名的貴重逸圖。

---

① 唐代顔元孫編纂的《干禄字書》〔杉本つとむ編：《异體字研究史料集成(别卷1)》，雄山閣出版社1975年版，第41頁〕中有"廟庿并正"一説，即"廟""庿"二字皆是"正"。《干禄字書》所謂"正"字即公文、碑文等應使用的字體。《説文解字》卷9下(《説文解字　附檢字》，中華書局1963年版，第193頁)中，將"庿"字作爲"古文"字。綜上所述，筆者可以認爲"庿"字是更古的字體。

② 韓釗、李庫、張雷、賈强：《古代闕門及相關問題》，《考古與文物》2004年第5期(總第145期)。該文認爲，在漢代，有闕門的建築十分興盛，在宫殿、都城、宅第、陵墓、祠廟等多處均可見其使用，使用規則爲：一般官僚使用一對單闕，2 000石以上的諸侯使用一對二出闕(闕體由一主闕，一子闕構成)，皇帝使用三出闕(由一主闕與二子闕構成)。《周室王城明堂宗庿圖所載之明堂圖》中明堂的四闕門是主闕附一子闕的二出闕構造。根據《古代闕門及相關問題》中指出的闕門構造與等級關係，可以判斷此種構造和2 000石以上諸侯的闕門構造相同。明堂對皇帝而言是極爲重要的建築物，但此處存在一個問題，即明堂闕門繪製的是諸侯級别的構造。筆者推測，可能此種繪製是依照上古周代明堂制度進行的，尚未采用後世成熟的闕門構造規則，因此出現了此種繪製。

③ 谷口鉄雄編：《校本　歷代名畫記》，中央公論美術出版社1981年版，第60頁。

綜上所述,《异朝明堂指圖記》中所見《周室王城明堂宗廟圖所載之明堂圖》和《周室王城宗廟明堂宫室圖所載圖》二圖,應是東漢末年阮諶撰《周室王城明堂宗廟圖》的一部分,而其中所收之圖在唐代即被作爲秘畫所珍視。筆者可以認爲《异朝明堂指圖記》中收録的此二圖具有極高的史料價值。

四、結語

石清水八幡宫傳存的《异朝明堂指圖記》一書中,收録了《三礼圖所載之明堂圖》《三礼圖所載六寢圖》《周室王城明堂宗廟圖所載之明堂圖》《周室王城宗廟明堂宫室圖所載圖》四幅禮制相關圖。

在這四幅圖中,《三礼圖所載之明堂圖》《三礼圖所載六寢圖》可能是北宋初期聶崇義所撰《三禮圖》的一部分。後其向北宋太祖上呈此《三禮圖》,并被繪製于國子監講堂的墻壁上廣泛流傳于世。

《异朝明堂指圖記》所引用的另外兩幅圖《周室王城明堂宗廟圖所載之明堂圖》《周室王城宗廟明堂宫室圖所載圖》,可能爲東漢末年阮諶(阮士信)所撰《周室王城明堂宗廟圖》的一部分。此書現已散佚。

《周室王城明堂宗廟圖》被收入唐《歷代名畫記》卷三《述古之秘畫珍圖》部分,在唐代也是被作爲上古秘畫珍視的貴重資料,且在中國已亡佚。此貴重史料的逸圖,通過鐮倉時代的抄本在石清水八幡宫文書這一可信度高的文書群中得以傳存。

《异朝明堂指圖記》所引《周室王城明堂宗廟圖所載之明堂圖》《周室王城宗廟明堂宫室圖所載圖》二圖中存在着較爲特异的内容,可能是基于未能傳世的經學解釋而作的。這體現了此逸圖的重要價值。

《异朝明堂指圖記》中《周室王城明堂宗廟圖所載之明堂圖》與《周室王城宗廟明堂宫室圖所載圖》二圖,使用圖像形式展現了宫室、王城、明堂等對王權極重要的建築物的理想構造。這些圖對于考察中、日等國都城,宫殿的構造都具有重大意義。①

---

① 譬如《周室王城宗廟明堂宫室圖所載圖》中,王城在東西南北各配三門,合計十二門,各門開有三條門道。這與《周禮注疏》卷41《冬官考工記下》(北京大學出版社 1999 年版,第 1149 頁)中所見王城的重要指標"國中九經九緯"的唐賈公彦注"言九經九緯者,南北之道爲經,東西之道爲緯。王城 (轉下頁)

今後中國雖有發現古墳壁畫、帛書等更早時期史料的可能性，但《异朝明堂指圖記》中所見《周室王城明堂宗廟圖所載之明堂圖》與《周室王城宗廟明堂宫室圖所載圖》二圖是目前世界上最古老中國明堂圖和王城圖資料。就此二圖今後希望能進行進一步檢討。

附記

本文的發表受到了石清水八幡宫及遠藤慶太、武田時昌、村元健一諸氏的幫助。成高雅、劉青二氏亦幫助翻譯了北京大學國際研討會論文集中的揭載内容和本論文。陳明氏爲這篇論考在北京大學國際研討會上的發表提供了幫助，在此謹向諸位表示衷心感謝！

(接上頁)面有三門，門有三塗”是相一致的。《周室王城宗廟明堂宫室圖所載圖》若出自阮諶《周室王城明堂宗廟圖》，賈公彦的注釋内容就應是東漢時即已存在。這對于如何解讀被視爲理想王城模型的《周禮・冬官考工記》及其與現實的京城(都城)的關係而言都是極爲重要的。筆者的先行研究已經指出，從漢代至魏晋南北朝時期的京城(都城)是内城空間，不包含外郭空間。而以隋朝爲過渡期，進入唐和北宋，這種概念發生了變化，包含了外郭空間。拙稿《アジアからみた日本の都城》中簡要概述過筆者的先行研究中有關都城制度的論考。同稿也提及了《周室王城明堂宗廟圖》與都城之間的關係。日本最正統的都城原型藤原京，就是以内城空間的藤原宫(宫城)爲都城(京城)并配置各有三條門道的十二門。據此，筆者推斷，唐賈公彦《周禮注疏》中的這種解釋，自東漢後便普遍存在并極大地影響了日本的都城設計。

針灸吉田流《蟲書》的成書過程

——從圖示的"蟲"圖的比較入手

池内早紀子(大阪府立大學大學院)

大形徹(大阪府立大學大學院)

翻譯：董濤

一、引言

針灸從中國持續地傳播到日本,生根後開始了獨自的發展。一方面,現在日本流行的針灸,是以近世日本的針灸爲基礎的。日本的近世(16世紀末—19世紀)時期,興起了各種流派。這些流派爲了確立自己的風格,都編纂了各種針灸範式書。吉田流就是其中的一個流派。吉田流的範式書,現在可以確認的不到十種。[①] 這些書當中,《蟲書》(外題《針灸口傳書》,寫本)與《吉田蟲之書》(寫本)記載了各種致病的"蟲"(mushi)[②]。這些都是對重視五臟,將"蟲"作爲病因考慮的宗教性中世醫學的一種繼承。在江户時期(1603—1868),人們認爲"疳蟲"到了青年期會變成"勞蟲",其病症會從小兒的"疳"變成"癆瘵"(結核),此蟲可以自

① 吉田意休草稿,吉田喜安增補,吉田一貞續考:《刺針家鑒集·附脉書》1661年序,收入《臨床實踐針灸流儀書集》第5册,オリエント出版社1988年影印本,第1—204頁。吉田意休草稿,吉田喜安增補,吉田一貞續考:《刺針家鑒集》1661年序,收入《臨床實踐針灸流儀書集》第5册,第205—344頁。吉田意休草稿,吉田喜安增補,吉田一貞續考:《蟲書》(外題《針灸口傳書》),成書年未詳,《臨床實踐針灸流儀書集》第5册,第345—384頁。吉田意休草稿,吉田喜安增補,吉田一貞續考:《吉田流針穴法》1878年寫本,收入《臨床實踐針灸流儀書集》第5册,第389—401頁。吉田意休草稿,吉田喜安增補,吉田一貞續考:《家秘針穴》,1853年寫本,收入《臨床實踐針灸流儀書集》第5册,第403—416頁。吉田意休:《吉田蟲之書》,成書年未詳,收入《臨床針灸古典全書》卷64,オリエント出版社1995年影印本,第375—415頁。吉田意休草稿,吉田喜安增補,吉田一貞續考:《經絡考義》,成書年未詳,《臨床實踐針灸流儀書集》第5册,第417—494頁。吉田意休草稿,吉田喜安增補,吉田一貞續考:《大明針家琢周傳》,成書年未詳,收入《臨床實踐針灸流儀書集》第5册,第495—512頁。

② 拙稿將古人當作致病病因的想象中的蟲一律以"蟲"(mushi)來表述。以下簡稱"蟲"。

由變化。[①] 這些蟲與生物學上的蟲以及現代醫學上的寄生蟲并不完全一致。在當時的書中是作爲實在的事例來展示的，而現代的讀者，將其看作想象中的"蟲"即可。

這些根據想象畫出的"蟲"，大概是根據實際存在的腸胃寄生蟲，再結合以前不明病因的精神疾患（狐憑、疳蟲等）、腹部的積聚（按：現代醫學術語就是胃癌或子宫肌瘤之類）等等混合而成。

在以關西爲中心的地區，流行以小兒爲對象的針灸療法，叫作"小兒針（針）"。開始自江户時代的這一療法，也被叫作"むしばり"（mushi-bari，蟲針），主要針對由"疳の蟲"（kan-no-mushi）所引起的各種精神症狀、身體症狀進行治療。和通常的針灸治療不同，這一療法使用的是非侵入身體的接觸針。不同的流派所用的針也不同，有銀杏葉、釘狀等形狀。這些形狀的變化脉絡，反映出對作爲病因的"蟲"的中世以來的病理觀的繼承。

拙稿旨在討論寫本所圖示的"蟲"與相關文本的關係，以及對吉田流《蟲書》的成書過程進行考察。這項考察使得筆者相信，在成書的過程中，《蟲書》受到了較大的從中國傳來的醫書的二次影響。首先是元危亦林《世醫得效方》的1345年刊本。此書的卷九之《癆瘵》《六代傳病及諸蟲形狀》中部分，有關于各種"蟲"的形狀的圖示。[②] 梶原性全的《萬安方》卷十五《虚勞門》下，引有此"蟲"圖。[③] 這也許是日本出現得最早的關于"蟲"的插圖。

其次，1576年成書的明龔廷賢《古今醫鑑》的"諸蟲""遇仙丹"中記述了"鬼胎""五疳""蟲積""穿心蟲""血鱉蟲""傳尸蟲""肺蟲""疾心蟲""馬尾蟲""積血蟲""細蟲""長蟲""寸白蟲""蟲一條形如蛇"等。這些與吉田流相關的書中記載的各種"蟲"基本一致。[④] 所以我們認爲，吉田流的範式書，受到明代醫書，特别是《古今醫鑑》的影響很大。

綜上所述，《世醫得效方》或是與之有關的書，通過圖畫展示"蟲"的體例傳到日本，歷經吸收與變化，又進一步受到《古今醫鑑》等明代醫書的影響，于是有了今日我們所見到的吉田流對于"蟲"的記載。而其體例變化的一個原因，還包括

① 長谷川雅雄、辻本裕成、ペトロ・クネヒト、美濃部重克：《"腹の蟲"の研究：日本の心身觀をさぐる》，名古屋大學出版會2012年版，第191、231—242頁。
② 危亦林：《世醫得效方》，中國中醫藥出版社2009年版，第173—175頁。
③ 梶原性全：《萬安方》，内閣文庫藏，科學書院1986年影印本，第460—463頁。
④ 龔信、龔廷賢：《古今醫鑑》，收入《龔廷賢醫學全書》，中國中醫藥出版社2015年版，第1269頁。

了傳抄過程中的誤寫。

通過對此中國醫學的吸收與變化的梳理,可以幫助我們理解日本的近世針灸流派的形成過程。

二、方法

範式書就其特點而言,很少刊行而且大多難以流傳下來。現在可以見到的關于"蟲"的圖示書,數量很有限。

首先我們對オリエント出版社[①]出版的《續・針灸醫學諺解書集成》《臨床針灸古典全書》《臨床實踐針灸流儀書集成》進行了調查。此系列書幾乎網羅了日本自中世到近世的針灸各流派的範式書。我們以收録的影印本中有"蟲"的圖像的書爲對象,對其"蟲"的記載數、記載順序、名稱有無、説明有無進行了歸納,并梳理了各自的版本系統。更進一步對有"蟲"圖之外的書也進行了廣泛的調查,着重調查了這些没有圖示的書是否有關于"蟲"的文字記述。

三、結果

(一) オリエント出版社刊行影印本所載"蟲"的調查結果

《續・針灸醫學諺解書集成》《臨床針灸古典全書》《臨床實踐針灸流儀書集成》所收的影印本中的有"蟲"圖的醫書,現在我們知道分别是①《蟲書》、②《吉田蟲之書》、③《針治諸蟲論圖》、④《諸蟲針治論》、⑤《灸法》、⑥《針術秘傳書》、⑦《合類針法奇貨》、⑧《五臟六腑之次第》、⑨《耆婆五臟經》等共計 9 種。其中①《蟲書》與②《吉田蟲之書》爲同書异本。又⑦《合類針法奇貨》爲僅有的刊本,其餘 8 種書皆爲寫本。(表 1)[②]

其次按各書載"蟲"圖列舉如表(表 2—表 10)所示:

① "オリエント出版社"可意譯爲"東方出版社",但日本另有一家名東方出版社,爲避免混淆,本文保留日文寫法。

② 以下對本次調查對象的諸書皆以①到⑨的編號按照下表的順序略寫。

表 1 《續・針灸醫學諺解書集成》《臨床針灸古典全書》《臨床實踐針灸流儀書集成》收載之"蟲"圖及書名一覽

書　名	略名①	著　者	成書(出版)年	
《蟲書》 (外題《針灸口傳書》)②	《蟲書》	吉田意休　草稿 吉田喜安　增補 吉田一貞　續考	未詳	寫本
《吉田蟲之書》③	《吉田》	據稱吉田意休	未詳	寫本
《針治諸蟲論圖》④	《針治》	據稱吉田意休	1616 年(元和二年)	寫本
《諸蟲針治論》⑤	《諸蟲》	未詳	未詳	寫本
《灸法》⑥	《灸法》	未詳	1336—1573 年之間	寫本
《針術秘傳書》⑦	《秘傳》	未詳	1622 年(元和八年)	寫本
《合類針法奇貨》⑧	《奇貨》	渡邊東伯秀富　撰	1680 年(延寶八年)	刊本
《五臟六腑之次第》⑨	《次第》	未詳	1836 年(天保七年)	寫本
《耆婆五臟經》⑩	《耆婆》	未詳	1833 年(天保四年)	寫本

① 書名全稱繁雜,後表各以略名表示。

② 吉田意休草稿,吉田喜安增補,吉田一貞續考:《蟲書》(外題《針灸口傳書》),成書年未詳,收入《臨床實踐針灸流儀書集》第 5 册,第 345—384 頁。

③ 吉田意休:《吉田蟲之書》,京都大學圖書館富士川文庫所藏寫本,收入《臨床針灸古典全書》卷 64,第 375—415 頁。

④ 《針治諸蟲論圖》,國立國會圖書館所藏寫本,收入《臨床實踐針灸流儀書集成》第 7 册,オリエント出版社 1997 年影印本,第 223—230 頁。

⑤ 《家珍經驗方》附録《諸蟲針治論》,京都大學圖書館富士川文庫所藏寫本,收入《臨床實踐針灸流儀書集成》第 7 册,第 231—239 頁。

⑥ 《灸法》,杏雨書屋所藏寫本(研三七四八),收入《臨床實踐針灸流儀書集成》第 7 册,第 240—258 頁。

⑦ 《針術秘傳書》,京都大學圖書館富士川文庫所藏寫本,收入《臨床實踐針灸流儀書集成》第 7 册,第 259—304 頁。

⑧ 渡邊東伯秀富:《合類針法奇貨》,京都大學圖書館富士川文庫所藏,1680 年刊,收入《臨床實踐針灸流儀書集成》第 8 册,オリエント出版社 1997 年影印本,https://rmda.kulib.kyoto-u.ac.jp/item/rb00002455#?c=0&m=0&s=0&cv=0&r=0&xywh=-1876%2C-251%2C9519%2C5016,2020 年 2 月 26 日。

⑨ 《五臟六腑之次第》,國立公文書館内閣文庫所藏寫本(一九五函七九號),收入《臨床實踐針灸流儀書集成》第 7 册,第 107—132 頁。

⑩ 《耆婆五臟經》,臺北故宫博物院圖書館所藏寫本,收入《臨床實踐針灸流儀書集成》第 7 册,第 87—106 頁。另有日本内閣文庫所藏版本。

表 2　①《蟲書》所載"蟲"圖

01	02	03	04	05	06
寸白蟲	傳尸病蟲	穿心蟲	翻胃蟲	痟蚼蟲 小兒病	鬼胎蟲

07	08	09	10	11	12
血鱉蟲	肺香蟲	馬尾蟲	蚍蟲	五積	氣積

表 3　②《吉田》所載"蟲"圖

01	02	03	04	05	06
寸白蟲	傳尸病蟲	穿心虫	翻胃蟲	痟蛔蟲	鬼胎蟲
	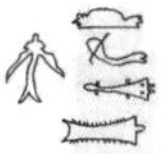				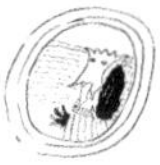
07	08	09	10	11	12
血鱉虫	肺香蟲	馬尾蟲	蚍蟲	五積	氣積
	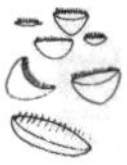				

表 4　③《針治》所載"蟲"圖

01	02	03	04	05	06
寸白之虫	傳尸病虫	穿(寫/シュ) 心蟲	翻胃虫	痟[illegible]蟲	鬼胎
				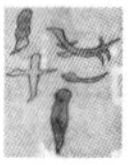	

續　表

07	08	09	10	11	12
五積聚	氣積	血鱉虫	肺天虫	馬尼虫	蚘蟲

表 5　④《諸蟲》所載"蟲"圖

01	02	03	04	05	06
寸白之蟲	傳尸病蟲	穿心蟲	翻胃蟲	疳蛕蟲	鬼胎

07	08	09	10	11	12
五積	氣積	血鱉蟲	肺（蚕）呑蟲[①]	馬尾蟲	蚘蟲

表 6　⑤《灸法》所載"蟲"圖

01	02	03	04	05	06
寸白蟲	天死病むし	かいしん蟲	かんい蟲	かんへきちゅう	きたい
	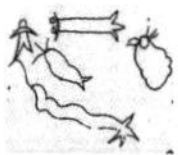				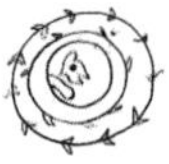
07	08	09	10	11	12
ごしゃく	きしゃく	けつべつちゅう	はいどんのむし	馬尾蟲	いう蟲

① "肺蚕蟲"的"蚕"字旁訂作"呑"。

表7 ⑥《秘傳》所載"蟲"圖

01	02	03	04	05	06	07	08
×①	×	×	×	×	×	×	×
			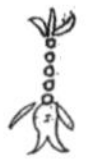			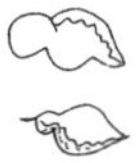	
09	10	11	12	13	14	15	16
×	×	×	×	×	×	×	×

表8 ⑦《奇貨》所載"蟲"圖

01	02	03	04	05②	06	07
三塊・ヲケツノカイ③	三塊・タンシャク	三塊・ショクシャク	氣積塊④	寸白	牢心蟲形⑤	虵蟲形
	都畫在左圖《三塊》中	都畫在左圖《三塊》中⑥				
08	09	10	11	12	13	
馬尾蟲形	肺香蟲形	傳尸病蟲形	五噎五隔翻胃蟲形	痟蚼蟲形⑦	血鱉蟲	

---

① ×表示無"蟲"的名稱記載,下同。
② 05寸白—13血鱉蟲,記載有諸蟲之項。
③ "ヲケツノカイ"爲"瘀血塊"。"タンシャク"爲"痰積"。
④ 氣積被記載爲鬱之一症。
⑤ 頭注中有"寳鑑作穿心虽"。
⑥ 01—03:"ヲケツノカイ""タンシャク""ショクシャク"。此三種爲"三塊",畫在一張圖中。
⑦ 此處"蚼"的假名訓爲"ジュン"。"蚼"本來應是"テン"。

表 9　⑧《次第》所載"蟲"圖

01	02	03	04	05	06	07
頭小大寸白虽	傳尸痨蟲	空心蟲（痨蟲）	翻胃蟲	血鱉蟲	肺蠶蟲	馬尾蟲
			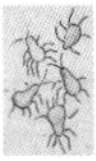			
08	09	10	11	12	13	14
蚘蟲	疳[illegible]蟲	鬼胎	五癖塊（酒癖）	五癖塊（疼癖）	五癖塊（寒癖）	五癖塊（食癖）

15	16	17	18	19	20	21
五癖塊（氣癖）	五積（息豚）	五積（伏梁）	五積（肥氣）	五積（痞氣）	五積（奔豚）	肝蟲
	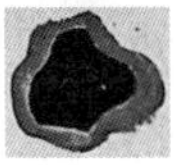					
22	23	24、25	26	27	28	29
心蟲	寸白蟲	肉蟲、胃蟲	脾臟之蟲	肺臟之蟲	腎臟蟲	肺臟飲人津液

30	31	32	33	34		
尸	×	蛔（蛔？）蟲	虽梅	蜣魚爲癩		

表 10　⑨《耆婆》所載"蟲"圖

01	02	03	04	05	06	07	08	09
尸蟲	肺蟲	寸白	苗蟲	蛔蟲	蟯蟲	肉蟲	胃蟲	惡蟲

（上段乃臺北故宫博物院圖書館所藏，下段爲别本，爲日本國立公文書館内閣文庫所藏）

將上述書按照"蟲"圖的記載數、"蟲"名稱之有無、説明之有無統計如(表 11－1)。可知①《蟲書》②《吉田》③《針治》④《諸蟲》⑤《灸法》記載了 12 種"蟲"。又⑥《秘傳》⑦《奇貨》的數量雖有出入，其"蟲"圖應該是出自相同的系統。但是⑧《次第》、⑨《耆婆》二書各自記載了相當數量的不同的"蟲"。這些書大致可以分成上述三個大的系統。

表 11－1　"蟲"圖記載數、名稱之有無、説明之有無

	①	②	③	④	⑤	⑥	⑦	⑧	⑨
書名	蟲書	吉田	針治	諸蟲	灸法	秘傳	奇貨	次第	耆婆 ＊4
數	12	12	12	12	12	16 前後	13＊2	34＊3	9
名稱	○	○	○	○	○	×＊1	○	○	○
説明	○	○	○	○	○	×＊1	○	○	○

注：＊1　僅載有圖
＊2　載蟲 9 種、三塊 3 種、氣積 1 種，共計 13 種
＊3　五積(5)・五癖(5)各自圖，共計 34 幅
＊4　三魂、七魄、三尸合并的文字記述

進一步對"蟲"的名稱進行歸納(表 11－2)，①《蟲書》②《吉田》二書是按照"寸白蟲""傳尸病蟲""穿心蟲""翻胃蟲""疳蚘蟲""鬼胎蟲""血鱉蟲""肺呑蟲""馬尾蟲""虵(蛇)蟲""五積""氣積"的順序。而③《針治》④《諸蟲》⑤《灸法》等

三書的第 6 位“鬼胎蟲”和第 7 位“血鱉蟲”的中間插入了“五積”和“氣積”。而且“虵蟲”被“蚘蟲”替代。

表 11－2 “蟲”名稱一覧

	①	②	③	④	⑤	⑥	⑦	⑧	⑨
	蟲書	吉田	針治	諸蟲	灸法	秘傳	奇貨	次第	耆婆
1	寸白蟲	寸白蟲	寸白之蟲	寸白之蟲	寸白蟲	×	三塊・ヲケツノカイ	頭小大寸白蟲	尸蟲
2	傳户病蟲	傳户病蟲	傳户病蟲	傳户病蟲	天死病むし	×	三塊・タンシャク	傳尸癆蟲	肺蟲
3	穿心蟲	穿心蟲	穿(寁/シュ)心蟲	穿心蟲	かいしん蟲	×	三塊・ショクシャク	空心蟲(癆蟲)	寸白
4	翻胃蟲	翻胃蟲	翻胃蟲	翻胃蟲	かんい蟲	×	氣積塊	翻胃蟲	苗蟲
5	疳蚼蟲小兒病	疳蛔蟲	疳蛔蟲	疳(蛔?)蟲	かんへきちゅう	×	寸白	血鱉蟲	蛔蟲
6	鬼胎蟲	鬼胎蟲	鬼胎	鬼胎	きたい	×	牢心蟲(穿心蟲)	肺蠶蟲	蟯蟲
7	血鱉蟲	血鼊蟲	五積聚	五積	ごしゃく	×	虵蟲	馬尾蟲	肉蟲
8	肺呑蟲	肺呑蟲	氣積	氣積	きしゃく	×	馬尾蟲	蚘蟲	胃蟲
9	馬尾蟲	馬尾蟲	血鱉蟲	血鱉蟲	けつべつちゅう	×	肺呑蟲	疳蝔蟲	惡蟲
10	虵蟲	虵蟲	肺天蟲	肺(蚕)呑蟲	はいどんのむし	×	傳尸病蟲	鬼胎	

續 表

	①	②	③	④	⑤	⑥	⑦	⑧	⑨
11	五積	五積	馬尼蟲	馬尾蟲	馬尾蟲	×	五隔翻胃蟲	五癖塊(酒癖)	
12	氣積	氣積	蛔蟲	蛔蟲	いう蟲	×	疳蛔蟲	五癖塊(疼癖)	
13						×	血鱉蟲	五癖塊(寒癖)	
14						×		五癖塊(食癖)	
15						×		五癖塊(氣癖)	
16						×		五積(息豚)	
17—34								*1	

注：*1 《次第》在第16號的五積(息豚)之後又記載五積(伏梁)、五積(肥氣)、五積(痞氣)、五積(奔豚)、肝蟲、心蟲、寸白蟲、肉蟲、胃蟲、脾臟之蟲、肺臟之蟲、腎臟蟲、肺臟飲人津液、尸、無名、蛔(蛔?)蟲、蟲梅人飲食、蜷魚等共計34種

據此我們可以把這12種"蟲"書再進一步分爲兩個系統(表12)。

表12 オリエント出版社出版各"蟲"圖書之系統

A	a	1	①《蟲書》别名《針口傳書》②《吉田》
		2	③《針治》④《諸蟲》⑤《灸法》
	b		⑥《秘傳》
	c		⑦《奇貨》
B			⑧《次第》
C			⑨《耆婆》(中國臺灣)

(二) 對記録"蟲"圖的其他書籍的調查

我們調查了表12所載書以外的記載了"蟲"圖的書籍，情況如下：

1.《諸病針穴鈔》[1]

作者爲岐伯仙人御流的《諸病針穴鈔》1732 年寫本(長野仁氏所藏)中所載的《諸蟲針治論》如表 13 所示,除去"穿心蟲"寫成"守心蟲"這類寫本常見的誤字以外,與③《針治》的内容(A－a－2)(表 12)一致。

表 13　《諸病針穴鈔・諸蟲針治論》所載"蟲"圖

01	02	03	04	05	06
寸白蟲	傳尸病蟲	守心蟲	×(翻胃蟲)	疳蚼(?)蟲 小兒病	鬼胎

07	08	09	10	11	12
五積	氣積	×(血鱉蟲)	×(肺呑蟲)	馬尾蟲	虵蟲
					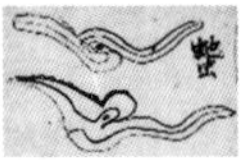

注：×爲無名稱,圖與説明文同《諸蟲針治論》酷似的"蟲"的名稱在(　)中表示

2.《十藥神書》附録《蟲狀病證游食日治法》[2]、《萬安方》[3]、《急救仙方》[4]、《世醫得效方》[5]

江户時期的癆症治療書《十藥神書》的附録《蟲狀病證游食日治法》作載的"蟲"一代各 3 種,共有六代共計 18 種,各代有變化,各有特徵。其中也有"馬尾""蛇""龜鱉"等與①《蟲書》相似的内容。(表 14)

---

① 井上則盈:《諸病針穴鈔》,1732 年(享保十七年),長野仁氏所藏寫本。

② 葛可久:《十藥神書》附録《蟲狀病證游食日治法》,盛文堂漢方醫書頒布會 1984 年影印本,第 25a—28b 頁。

③ 梶原性全:《萬安方》,内閣文庫藏,1327 年。石原明:《萬安方》,科學書院 1986 年影印本,第 460—463 頁。

④《急救仙方》,《道藏》第 26 册,文物出版社、上海書店、天津古籍出版社 1988 年版,第 645—647 頁。

⑤ 危亦林:《世醫得效方》卷 9《六代傳病及諸蟲形狀》,第 173—175 頁。

表 14 《十藥神書》附録《蟲狀病證游食日治法》所載"蟲"圖

01	02	03	04	05	06
第一代 嬰兒	第一代 鬼	第一代 蝦蟆	第二代 亂髮	第二代 蜈蚣	第二代 蝦蟹

07	08	09	10	11	12
第三代 蚊蟻	第三代 蜣蝍	第三代 刺猬	第四代 亂絲	第四代 猪肝	第四代 蛇
					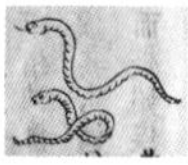
13	14	15	16	17	18
第五代 鼠	第五代 足有頭無、 頭無足無	第五代 精血	第六代 馬尾	第六代 龜鱉	第六代 爛麵、飛蝠
		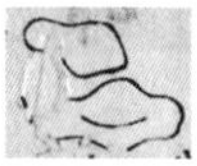			

另外鐮倉時代後期的梶原性善所撰《萬安方》中所載的"蟲"也有六代共計 18 種(表 15)。與《十藥神書》附録《蟲狀病證游食日治法》類似,但其第六代(18)的"蟲"稍有差异。

元代危亦林《世醫得效方》卷九之《六代傳病及諸蟲形狀》中也有同樣的"蟲"的圖示。(表 17)

這其中,《萬安方》(表 15)與《世醫得效方》(表 17)的"蟲"相一致。《十藥神書》附録《蟲狀病證游食日治法》(表 14)和《急救仙方》(宋闕名撰)的"上清紫庭追癆仙方論法"(表 16)中的"蟲"的第六代(18)"蟲"稍有差异。《十藥神書》附録《蟲狀病證游食日治法》中記載有"飛蝠",《急救仙方》之"上清紫庭追癆仙方論法"中記作"飛禽"。

表 15 《萬安方》所載"蟲"圖

01	02	03	04	05	06
第一代 嬰兒皃	第一代 鬼	第一代 蝦蟆	第二代 亂髮、いもり	第二代 蜈蚣	第二代 蝦

07	08	09	10	11	12
第三代 蚊蟻	第三代 蜣螂	第三代 刺猬	第四代 亂絲	第四代 猪肝	第四代 蛇
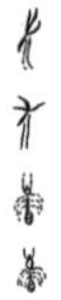					
13	14	15	16	17	18
第五代 足有頭無、 頭無足無	第五代 鼠	第五代 精血	第六代 馬尾	第六代 鱉	第六代 爛麵

表 16 《道藏·太平部·急救仙方》卷十所載"蟲"圖

01	02	03	04	05	06
第一代	第一代	第一代	第二世代	第二代	第二代

續　表

07	08	09	10	11	12
第三代	第三代	第三代	第四代	第四代	第四代
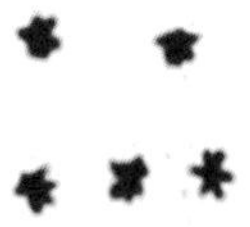					
13	14	15	16	17	18
第五代	第五代	第五代	第六代	第六代	第六代
		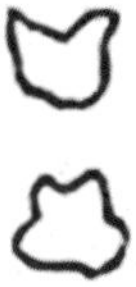			

表 17　《世醫得效方》卷九之《六代傳病及諸蟲形狀》至正五年(1345)所載"蟲"圖

01	02	03	04	05	06
第一代	第一代	第一代	第二世代	第二代	第二代
					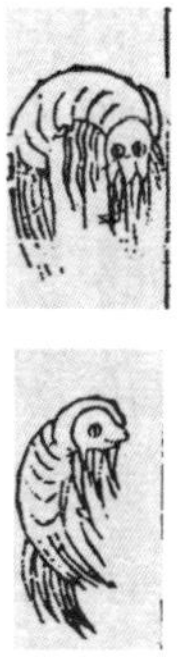

續 表

07	08	09	10	11	12
第三代	第三代	第三代	第四代	第四代	第四代
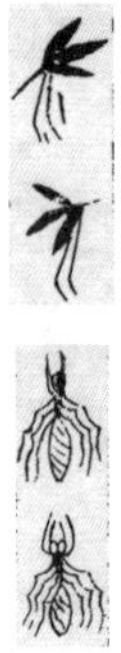				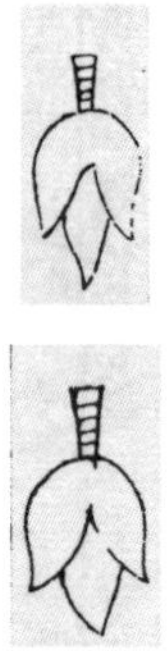	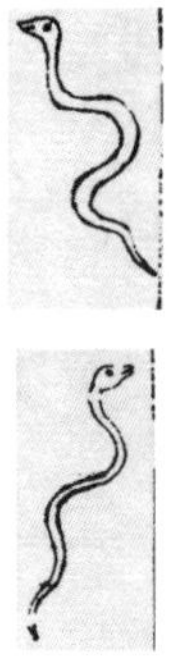
13	14	15	16	17	18
第五代	第五代	第五代	第六代	第六代	第六代
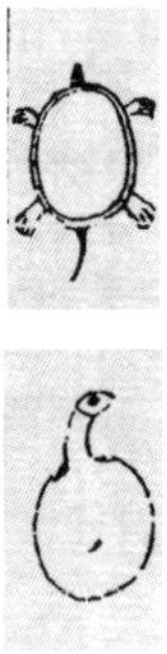		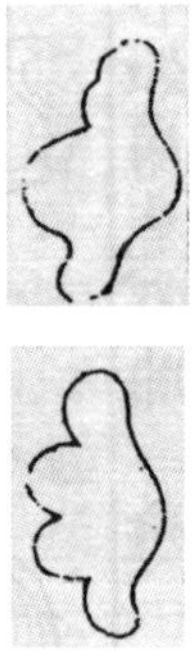	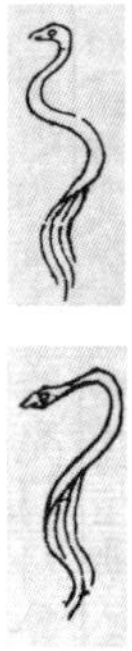		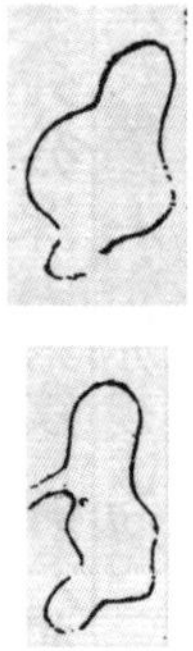

《急救仙方》現有道藏本和四庫全書本。但"上清紫庭追癆仙方論法"見收在道藏中，四庫全書則無。

又《十藥神書》附録《蟲狀病證游食日治法》《萬安方》《急救仙方》《世醫得效方》四書中對以繩取穴的四華穴灸并配合藥物治療的記載在内容上多有一致。但是在《世醫得效方》中的"灸法"中的"又法、四花穴灸、見《蘇沈良方》及《資生經》、效"以及關于四華穴灸的内容，没有詳細的描述。而《急救仙方》中記載了三尸九蟲于庚申之夜向天帝報告的特性，以及如何防止的方法。

根據以上所見，我們認爲日本的鎌倉時期成書的《萬安方》受到了《世醫得效方》或是其源頭資料的影響。江户時期的《十藥神書》附録《蟲狀病證游食日治法》則受到與道藏有關的"上清紫庭追癆仙方論法"的影響。

3.《太上除三尸九蟲保生經》

前述《急救仙方》中記載的三尸九蟲的蟲，按道教的説法，它寄居在人的身體中，于庚申之夜向天帝報告此人所做惡事。以前的日本也廣泛流傳着這個庚申信仰。這些“蟲”圖也見于《正統道藏》洞神部方法類的《太上除三尸九蟲保生經》中(表 18)。三尸是上尸(彭琚)、中尸(彭瓆)和下尸(彭矯)，九蟲則是“伏蟲”“蚘蟲＝蛔蟲”“白蟲＝寸白蟲”“肉蟲”“肺蟲”“胃蟲”“鬲蟲”“赤蟲”“蟯蟲”，然後再加上“蟲色深黑”“傳胎知命蟲”，共計 14 種“蟲”圖。其他還有⑨《耆婆五臟經》中名爲“三魂”“七魄”之圖。其中雖然與①《蟲書》中“寸白蟲”“蛔蟲”等相一致，但“五積”“氣積”并無和“蟲”一樣的插圖。

表 18 《太上除三尸九蟲保生經》所載“蟲”圖

01	02	03			
上尸彭琚 	中尸彭瓆 	下尸彭矯 			
04	05	06	07	08	
伏蟲(蟲色青) 	蚘蟲(蟲色黑) 	寸白蟲(蟲色白) 	肉蟲(蟲色黑) 	肺蟲(蟲色赤) 	
09	10	11	12	13	14
胃蟲 	鬲蟲(蟲青赤相雜) 	赤蟲(蟲赤色) 	蟯蟲(四蟲微紫周巾細蟲并黑) 	蟲色深黑 	傳胎知命蟲 

4.《五臟之守護并蟲之圖》[①]《針聞書》[②]

與載有 12 種蟲的①《蟲書》成書年代相近的，且載有“蟲”圖的，有《五臟之守護并蟲之圖》（表 19）和《針聞書》（表 20）。

表 19 《五臟之守護并蟲之圖》所載“蟲”圖

01	02	03	04	05	06
腎膀胱蟲	胃府蟲	卷臍蟲	好淫蟲	小腸蟲	大腸蟲

07	08	09	10	11	12
膽府蟲	寸白蟲	閣大蟲	陰好蟲	針穴蟲	背腸蟲

13	14	15	16	17	18
釿狂蟲	好食蟲	獨狐蟲	積聚蟲	産後蟲	女之白血見蟲
					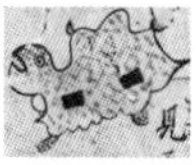

表 20 《針聞書》所載“蟲”圖

01	02	03	04	05	06	07
肺積	心積	脾積	肝積	腎積	馬癇	肺ノ臟ノギュウカン
	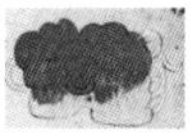		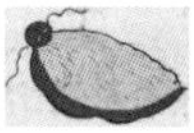			

① 著者未詳：《五臟六腑之守護并蟲之圖》，成書年未詳，九州大學附屬圖書館醫學分館古醫書畫像數據庫，http://hdl.handle.net/2324/1445974，2020 年 2 月 27 日。

② 茨木二介：《針聞書》，九州國立博物館藏，1568 年，ジェイ・キャスト編：《九州國立博物館藏『針聞書』虫の知らせ》，株式會社ジェイ・キャスト2007 年版，第 12—40 頁。

續 表

08	09	10	11	12	13	14
脾ノ聚	肝ノ臟ノ聚	胸蟲	小兒ノ 蟲色々	寸白蟲	鬼胎	肺蟲
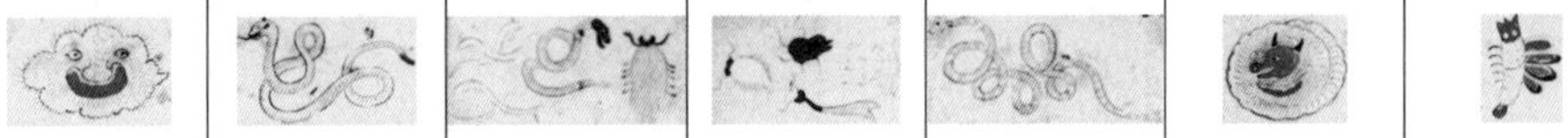						
15	16	17	18	19	20	21
カン(⿰虫間蟲)	血積	×	×	陰蟲	寸白	積

22	23	24	25	26	27	28
×	×	蟲袋	×	×	×	龜積

29	30	31	32	33	34	35
×	積聚	×	胃積	血積	蟯蟲	惡蟲

36	37	38	39	40	41	42
寸白蟲	由蟲	血積	尸蟲	×	×	×

43	44	45	46	47	48	49
コショウ	ケイシャク	龜積	陰氣	黑蟲	×	脹滿

續 表

50	51	52	53	54	55	56
×	×	水腫	×	積蟲	×	笠蟲
57	58	59	60	61	62	63
肝蟲	九蟲	×	×	氣積	×	×

《五臟之守護并蟲之圖》有 18 種“蟲”圖。除“寸白蟲”之外大多與前文所提到的“蟲”相异。有以“積聚”爲蟲命名的“積聚蟲”。“卷臍蟲”的圖與①《蟲書》等的“鬼胎蟲”圖的形象相似。

另一方面《針聞書》中共有 63 種“蟲”圖，比起其他書，本書的内容壓倒性地按照“積”“聚”詳細分類。另外，《針聞書》的治療使用的藥物與①《蟲書》中的組合多有不同。此二書應該是各自獨立的組合。

5.《小兒養育金礎》①

江户後期的《小兒養育金礎》收録有“肝疳の蟲”“腎疳の蟲”“脾疳の蟲”“心疳の蟲”“肺疳の蟲”等五疳之“蟲”圖，與“驚風の蟲”“かたかいの蟲”“積氣の蟲”“腹の蟲”“疝氣の蟲”之圖放在一起。

6.《蟲鑒》②

同樣是江户後期的《蟲鑒》記載了大量在顯微鏡下可見的實在的蟲圖。

鑒于《小兒養育金礎》《蟲鑒》是江户後期的作品，故不在本次考察對象之列。

---

① 石田鼎貫：《小兒養育金礎》，石田勝秀：1813 年，1874 年再版修訂，京都：https://rmda.kulib.kyoto-u.ac.jp/item/rb00003260，2020 年 2 月 27 日。

② 高玄龍、鴻伯解：《蟲鑑》，國立國會圖書館藏，1809 年刊，https://dl.ndl.go.jp/info:ndljp/pid/2536175，2020 年 2 月 27 日。

四、考察

(一) 從室町到江户中期圖示的“蟲”的系統

我們將從室町時代到江户中期的日本的用圖表示的“蟲”按照 A—G 的 7 個系統進行了分類。(表 21)

表 21 “蟲”圖的系統(室町—江户中期)

(F、G 爲先行性存在。成書時期雖然有差异,但對本文考察對象有直接影響,所以并記在内。)

<table>
<tr><td rowspan="4">A</td><td rowspan="2">a</td><td>1</td><td colspan="2">①《蟲書》、②《吉田》</td></tr>
<tr><td>2</td><td colspan="2">③《針治》、④《諸蟲》、⑤《灸法》</td></tr>
<tr><td colspan="2">b</td><td colspan="2">⑥《秘傳》</td></tr>
<tr><td colspan="2">c</td><td colspan="2">⑦《奇貨》</td></tr>
<tr><td colspan="3">B</td><td colspan="2">⑧《次第》</td></tr>
<tr><td colspan="3">C</td><td colspan="2">⑨《耆婆》</td></tr>
<tr><td colspan="3">D</td><td colspan="2">《五臟之守護并蟲之圖》</td></tr>
<tr><td colspan="3">E</td><td colspan="2">《針聞書》</td></tr>
<tr><td colspan="3">F</td><td colspan="2">《太上除三尸九蟲保生經》</td></tr>
<tr><td colspan="3" rowspan="2">G</td><td>i</td><td>《急救仙方》、和刻本《十藥神書》附録《蟲狀病證游食日治法》</td></tr>
<tr><td>ii</td><td>《萬安方》《世醫得效方》</td></tr>
</table>

通過這些比較,我們可以判斷(A) ①《蟲書》—⑦《奇貨》、(B) ⑧《次第》、(C)《耆婆》、(D)《五臟之守護并蟲之圖》、(E)《針聞書》中記載的“蟲”圖,與原先的“蟲”圖,即《道藏》所收(F)《太上除三尸九蟲保生經》、(G)《急救仙方》以及雖無圖示但被很多醫書引用的《諸病源候論》屬于不同的系統。

(二) ①《蟲書》—⑤《灸法》、⑧《次第》、⑨《耆婆》及《諸病針穴鈔》的比較

以下對明顯成書時期不同的(F)《太上除三尸九蟲保生經》(G)《急救仙方》

以及孤立系統的(D)《五臟之守護并蟲之圖》、(E)《針聞書》,有圖而未標注名稱的(A－b)⑥《秘傳》,去掉成書年代比較新的(A－c)⑦《奇貨》,①《蟲書》—⑤《灸法》、⑧《次第》、⑨《耆婆》共計 7 種書進行比較。(表 22)

表 22 "蟲"的記載比較(注：各"蟲"的板塊用濃淡表示)

①《蟲書》	②《吉田》	③《針治》	④《諸蟲》	⑤《灸法》	⑧《次第》	⑨《耆婆》
寸白蟲	寸白蟲	寸白之蟲	寸白之蟲	寸白蟲	頭小大寸白蟲	尸蟲
傳户病蟲	傳户病蟲	傳户病蟲	傳户病蟲	天死病むし	傳尸癆蟲	肺蟲
穿心蟲	穿心蟲	寽心蟲	穿心蟲	かいしん蟲	空心蟲(癆蟲)	寸白
翻胃蟲	翻胃蟲	翻胃蟲	翻胃蟲	かんい蟲	翻胃蟲	苗蟲
疳蚼蟲	疳蛔蟲	疳蛔蟲	疳蛔？蟲	かんへきちゅう	血鱉蟲	蛔蟲
鬼胎蟲	鬼胎蟲	鬼胎	鬼胎	きたい	肺蠶蟲	蟯蟲
血鱉蟲	血龜蟲	五積聚	五積	ごしゃく	馬尾蟲	肉蟲
肺呑蟲	肺呑蟲	氣積	氣積	きしゃく	蛔蟲	胃蟲
馬尾蟲	馬尾蟲	血鱉蟲	血鱉蟲	けつべつちゅう	疳(蟲苗)蟲	惡蟲
蛇蟲	蛇蟲	肺天蟲	肺(蠶)呑蟲	はいどんのむし	鬼胎	
五積	五積	馬尼蟲	馬尾蟲	馬尾蟲	五癖塊(酒癖、疼癖、寒癖、食癖、氣癖)	
氣積	氣積	蛔蟲	蛔蟲	いう蟲	五積(息豚、伏梁、肥氣、痞氣、奔豚)	
					肝蟲	
					心蟲	
					寸白蟲	
					肉蟲	

續 表

①《蟲書》	②《吉田》	③《針治》	④《諸蟲》	⑤《灸法》	⑧《次第》	⑨《耆婆》
					胃蟲	
					脾臓之蟲	
					肺臓之蟲	
					腎臓蟲	
					肺臓飲人津液	
					尸ハ思	
					名稱無し	
					田回(かい)蟲	
					蟲梅人飲食	
					蜷魚	

這 7 種書記載了共通的 12 種"蟲"。前述《諸病針穴鈔》(表 13)也有這共通的 12 種"蟲",加上這 7 種書,我們把"蟲"按照記載的順序分成Ⅰ—Ⅳ的 4 個板塊(表 23)。

表 23　按記載順序的"蟲"的分類板塊

Ⅰ	寸白蟲　傳户病蟲　穿心蟲　翻胃蟲
Ⅱ	痟蚼蟲　鬼胎蟲
Ⅲ	血鱉蟲　肺呑(蚕)蟲　馬尾蟲　蛇(蛔)蟲
Ⅳ	五積　氣積/五癖塊

我們還進一步比較了這 4 個板塊的配列,按照(甲)①《蟲書》②《吉田》、(乙)③《針治》④《諸蟲》⑤《灸法》和(乙')《諸病針穴鈔》、(丙)⑧《次第》這三個分類。(表 24)

表 24　各書所載"蟲"分類板塊的記載順序

甲		乙			丙	乙′
①《蟲書》	②《吉田》	③《針治》	④《諸蟲》	⑤《灸法》	⑧《次第》	《諸病針穴鈔》
Ⅰ	Ⅰ	Ⅰ	Ⅰ	Ⅰ	Ⅰ	Ⅰ
Ⅱ	Ⅱ	Ⅱ	Ⅱ	Ⅱ	Ⅲ	Ⅱ
Ⅲ	Ⅲ	Ⅳ	Ⅳ	Ⅳ	Ⅱ	Ⅳ
Ⅳ	Ⅳ	Ⅲ	Ⅲ	Ⅲ	Ⅳ	Ⅲ

（甲）①《蟲書》②《吉田》和（乙）③《針治》④《諸蟲》⑤《灸法》衹是順序的前後調換，但是⑧《次第》除了與上述書的順序不同，還附有和⑨《耆婆》共通的"肉蟲""胃蟲""尸"。即⑧《次第》在（甲）（乙）之上加上了⑨《耆婆》和他書之"蟲"。（表 24）

（三）從"肺呑（蚕）蟲"的記載入手到《蟲書》的成書

以下我們試圖對記載混亂的"肺蚕（蠶）蟲""肺呑蟲"做一個整理。

一方面，關于"肺呑蟲"的記載，我們没有在本次考察對象以外的醫書中見到。另一方面，隋巢元方撰《諸病源候論》的九蟲候中所載"肺蟲"與蠶相似，會讓人咳嗽。與此表述相同的"肺蟲"還見于其他多種書中。（表 25）

表 25　關于"肺蟲"的記載

書　名	（時代）著者	出　處	記　載　内　容
《諸病源候論》①	（隋）巢元方	九蟲候	五曰肺蟲狀如蠶。肺蟲令人咳嗽。
《外臺秘要》②	（唐）王燾	卷二十六　五臓蟲方	又療肺勞熱損、生肺蟲、形如蠶、在肺爲病、令人咳逆氣喘、或謂憂恚、氣隔寒熱、皆從勞之所生、名曰膏肓、針灸不着、麥門冬五隔下氣丸方。

① 巢元方：《諸病源候論》，宮内廳書陵部所藏，收入《東洋醫學善本叢書》第 6 册，東洋醫學研究會 1981 年版，第 102 頁上欄。

② 王燾：《外臺秘要》，静嘉堂文庫所藏，收入《東洋醫學善本叢書》第 5 册下，東洋醫學研究會 1981 年版，第 508 頁上欄。

續　表

書　名	(時代)著者	出　處	記　載　内　容
《普済本事方》[①]	(南宋) 許叔微	卷七　諸蟲飛尸鬼疰治寸白蟲方	千金謂勞則生熱。熱則生蟲。心蟲曰蛔、脾蟲寸白、腎蟲如寸截絲縷、肝蟲如爛杏、肺蟲如蠶。五蟲皆能殺人、惟肺蟲爲急。肺蟲居肺叶之内、蝕人肺系、故成瘵疾、咯血聲嘶、藥所不到、治之爲難。有人説道藏中載諸蟲頭皆向下行、唯是初一至初五以前頭上行、故用藥者多取月以前。蓋謂是也。
《仁存孫氏治病活法秘方》[②]	(元) 孫仁存	咳嗽類集善説	古人云瘡一月不愈則瘡中有蟲。咳嗽一月不愈、則肺中有蟲。若肺有蟲、則藥難爲功矣。肺蟲如蠶、漸致變亂、日將月積、致成勞蟲矣。
《嬰童類萃》[③]	(明) 王大綸	下卷　五疳論	五疳又有五蟲、肝蟲尾散如馬尾、心蟲乃血鱉、肺蟲寸白蟲食肺間、脾蟲即蛔蟲、腎蟲如細髮、下食肛、久而失治各附本臟食其精血消耗元氣精血尽則死矣。

《諸蟲》訂正了圖旁標注的“肺蚕(蠶)蟲”名稱,認爲是“肺呑蟲”。(圖 1)

圖 1　《諸蟲》的名稱訂正

根據以上的整理,我們試着對“肺呑(蚕)蟲”記載的變遷做一個推測。(圖 2)

《諸病源候論》的“九蟲”中記載的“肺蟲其狀如蠶”(表 25)的表述在各個時代反復被引用。“肺蟲”此名,加上了表述其形狀的“蠶”變成了“肺蠶蟲”。那麽應該有一個最初

① 許叔微:《普濟本事方》,收入北里研究所附屬東洋醫學總合研究所醫史文獻研究室:《和刻漢籍醫書集成》第 2 輯,エンタプライズ1988 年版,第 66 頁。

② 孫仁存:《仁存孫氏治病活法秘方》,國立公文書館藏,收入曹洪欣主編:《珍版海外回歸中醫古籍叢書》第 3 册,人民衛生出版社 2008 年影印本,第 419 頁。

③ 王大綸:《嬰童類萃》下卷,國立國會圖書館所藏,江户寫本,第 2 頁 b,https://ndlonline.ndl.go.jp/risapi/access? accessCode=DIGIT&target=https://dl.ndl.go.jp/info:ndljp/pid/2607676,2020 年 2 月 27 日。

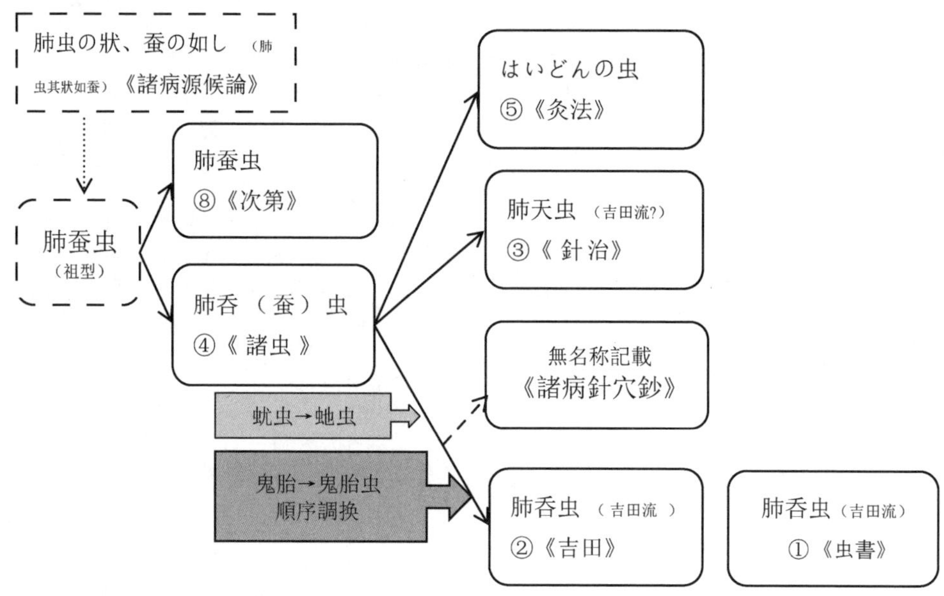

圖 2　從肺蚕(蠶)蟲到肺呑蟲的變化

寫作"肺蠶蟲"的祖本。忠實地抄寫下來的有⑧《次第》,而④《諸蟲》把"肺蠶蟲"訂正爲了"肺呑蟲"(參照前述圖 1)。

從訂正後的④《諸蟲》的"肺呑蟲",才有了⑤《灸法》的"はいどんちゅう"[①]。再傳到③《針治》中變成了"肺天蟲"。這可以看出⑧《次第》保留了初始狀態。④《諸蟲》進行了繼承。其他的 5 種書則表現了④《諸蟲》的旁訂的派生。

此外從④《諸蟲》派生出來的這一系統,又發生了"蛔蟲"變成"蛇蟲"的變化,變得和《諸病針穴鈔》的記載一致。這個系統,經過進一步的加工變成了獨自流派的异本的②《吉田》和①《蟲書》。也就是説從④《諸蟲》中派生的《諸病針穴鈔》的"鬼胎"變成了"鬼胎蟲"。有"X 蟲"這種由名稱加上蟲字的表述,和没有蟲字的表述按照記載的順序整理就是②《蟲書》①《吉田》。

以往的觀點多認爲③《針治》由吉田意休所撰,通過上面的梳理,根據①《蟲書》②《吉田》中的"蛔蟲"到"蛇蟲","鬼胎"到"鬼胎蟲"的變化,以及記載順序相同的情況,我們推測這些書或許是出自同一個作者之手。

---

① "はいどんちゅう"(Hai don chu/肺呑蟲)。

(四)“血鱉蟲”“穿心蟲”“鬼胎蟲”等的由來

另外我們對表 23 所記載的 12 種蟲的祖本進行了推測。

表 26　類似記載的醫書

	《嬰童類萃》		《醫學入門》	《古今醫鑑》	《東醫寶鑒》	《雜病源流犀燭》
	心腹痛論(霊応丹)①	五疳論②	諸蟲③	諸蟲(遇仙丹)④	蟲(遇仙丹)⑤⑥	治積聚癥瘕癖痞方(遇仙丹)⑦
寸白蟲				寸白蟲	寸白蟲	
傳尸蟲			傳尸勞蟲	傳尸蟲	傳尸蟲	傳尸蟲
穿心蟲	穿心			穿心蟲	穿心蟲	穿心蟲
翻胃蟲				翻胃	翻胃	
疳蛔蟲				五疳蟲積	五疳蟲積	
鬼胎蟲			鬼胎	鬼胎	鬼胎	
血鱉蟲	血鱉	血鱉⑧	血鱉	血鱉蟲	血鱉蟲	血鱉蟲
馬尾蟲	馬尾	馬尾		馬尾蟲	馬尾蟲	馬尾蟲
肺昏蟲		肺蟲	肺蟲	肺蟲	肺蟲	肺蟲
蛇蟲	蛇形			形狀如蛇	形狀如蛇	形狀如蛇
蛔蟲	蛔蟲	蛔蟲				
その他				疾心蟲	疾心蟲	疾心蟲

① 王大綸:《嬰童類萃》下卷,國立國會圖書館藏,江户寫本,第 12 頁 b。
② 王大綸:《嬰童類萃》下卷,第 2 頁 b。
③ 李梴:《醫學入門》“諸蟲”,收入北里研究所附屬東洋醫學總合研究所醫史文獻研究室:《和刻漢籍醫書集成》第 9 輯,1990 年影印本,第 385 頁上、下欄。
④ 龔信、龔廷賢:《古今醫鑑》,收入《龔廷賢醫學全書》,第 1269 頁。
⑤ 許浚:《訂正東醫寶鑑・内景篇》卷 3《蟲》,國立國會圖書館藏,1724 年,第 68 頁 b,https://dl.ndl.go.jp/info:ndljp/pid/2558289,2020 年 2 月 27 日。
⑥ 引自《古今醫鑑》。
⑦ 沈金鰲:《雜病源流犀燭》卷 14,《沈氏尊生書》,中國醫藥科學技出版社 2011 年版,第 240 頁。
⑧ “血鱉”與“馬尾”記載在“五蟲”之中。

那麽,“血鱉蟲”“穿心蟲”“鬼胎蟲”“馬尾蟲”等是從哪裏來的呢？結合表26所示,明龔信《古今醫鑑》卷八有如下記述：

> 凡人得病皆因飲酒食肉、生冷過度,致使心膈脹滿、嘔惡吞酸、常吐清水、面黄肌瘦、不思飲食,或成氣塊,初病未覺,漸成大患。此藥能治五勞七傷、山嵐瘴氣、水腫肚腹、脾胃心肺諸病、咳嗽、痰涎壅滯、酒積氣塊、翻胃吐食、十膈五噎、嘔逆惡心、腸風痔漏、血毒積痢、熱氣上攻、頭目瘡癩、下部淋瀝、女人血蠱氣腫、寒熱往來、婦人月水不調、赤白帶下、鬼胎、小兒五疳蟲積、誤吞銅鐵、食惡毒物。并治病淺者,一服見效;病根深者,再進一服,必候惡物下盡爲度。所下其蟲曰穿心蟲,曰血鱉蟲,曰傳尸蟲、肺蟲、疾心蟲、馬尾蟲、積血蟲、細蟲、長蟲、寸白蟲,其狀不一,或作五色,或如爛魚凍。若一次未見蟲積,更看第二三次下來,病根纔去。此乃玉莖略(按:“玉莖略”疑繫“王經略”之誤)。因赴度東安撫,在任得沾山嵐瘴氣,肚腹脹滿,百藥無效。偶遇道人付此藥一劑,服之,下蟲一條,形狀如蛇,長三寸餘,病乃愈。傳留此方,騰空去世,稱遇仙丹也。

從此處方的“遇仙丹”下記録的“諸蟲”項下,從“鬼胎”“下蟲一條,形狀如蛇”變成了“鬼胎蟲”“蛇蟲”,這是顯而易見的。

五、結語

和吉田流有關聯的書中記載的“蟲”,至少受到兩次較大的從中國傳來的醫書的影響。首先是鐮倉時期的《萬安方》引用《世醫得效方》或是有關聯的其他什麽書,爲“蟲”加上了圖示。從與“癆瘵”關係很深的“傳尸蟲”到中世的“三尸蟲”信仰,可以看作是在日本廣泛傳播的以“蟲”爲病因的思想的濫觴。而這些時代的治療方法,如《萬安方》的作者梶原性全所著《頓醫抄》所述,是以灸法爲中心的。之後受到明代的醫書,特别是《古今醫鑑》的影響,“蟲”的種類經歷了再次選擇,加上誤寫派生的結果,就形成了吉田流的“蟲”書。

篠原孝市[①]認爲“日本的針灸從1500年代後半開始迎來了一個大的轉型

① 篠原孝市:《臨床針灸古典全書》卷64,針灸書解題11。

期。隨着明代針灸的傳入，産生了新的發展動向”。但是我們認爲影響不止是“明代針灸”，而是整個明代醫學。隨着後者的傳入，日本的針灸發生了重大的轉型。于是，“蟲”的圖示，就像將“腹診”用圖展示出來的《腹證奇覧》[①]一樣，是日本吸收了這些成果之後又獨自發展的産物。這一吸收的結果，指明了近世的日本針灸、漢方的發展方向。

① 稻葉文禮、和久田寅叔虎：《腹證奇覽》，1801年，醫道の日本社1983年影印本。

發病占研究與保護術數文獻的意義*

佐佐木聰(金澤學院大學)
校閲、翻譯：董濤

導　言

“發病占”是自上古以來無間斷地傳承至今的傳統術數文化之一。其占法是根據發病日時(日曆上的日期、干支、五行、建除等)判斷其後病狀、治療方法以及帶來疾病的鬼神等。這種占法與術數理論、通俗醫療、鬼神觀念、辟邪思想等多方面文化有關，對社會文化史的研究很有裨益。現在作爲最古發病占被熟知的是睡虎地秦簡《日書》甲種《病》篇。而最有名的可能要算敦煌寫本《發病書》(尤其是P.2856)。陳于柱先生已經對敦煌《發病書》作了卓越的研究。然而學界對于宋代以後的發病占的關注甚少。所以筆者此次旨在介紹宋代以後的發病占，尤其是厘清發病占在清末從通書中單獨出來作爲刊本或寫本流布〔如《張天師法(發、祛)病書》〕的過程。爲今後考察此類通俗文獻的保護情況與其意義打下基礎。

一、以往研究與“發病占”的定義

對于這個題目，以往的研究的注意力大部分集中在敦煌寫本中的“發病書”。主要的研究者有：把這個資料作爲占卜療法(Iatromancy)介紹的夏德安(Donald Harper)先生、從“發病書”與道教的關係入手進行研討的劉永明先生、將之作爲敦煌醫藥文獻之一考察的岩本篤志先生等。① 以及導言提到的、最近

* 本項目獲得日本JSPS KAKENHI的支持。資助號：JP18H03573，JP18K00978，JP16K02217。

① Donald Harper, “Dunhuang iatromantic manuscripts: P.2856R and P.2675,” in Vivien Lo and Christopher Cullen (ed.), *Medieval Chinese Medicine*, Routledge Curzon, 2005；劉永明：(轉下頁)

出版《敦煌吐魯番出土發病書整理研究》的陳于柱先生，他在上述作品裏將“發病書”作爲一個體系性的文獻群進行了整理。①

此外，關于被認爲有可能是發病占源頭的睡虎地秦簡《日書》甲種《病》篇，有工藤元男先生的研究。② 但是，在以往的研究中，很少有誰提出這個《病》篇與中古以後的發病占有關係。關于近古以後的發病占，陳于柱先生介紹了兩部抄本。③ 但實際上，還有很多近古、近代的重要資料。對于這個問題，筆者曾經整理過從上古傳承至近代的發病占的文化史。④

另外，關于“發病書”，陳于柱先生是這樣定義的：

> 狹義上講，爲明確題作“發病書”的敦煌吐魯番文獻；就廣義而言，則是敦煌吐魯番文獻中對年、月、日、時等各類時間段下得病的病狀、病因、治療、禁忌、痊愈等情況進行占卜的文本。⑤

這個定義，是對應所謂“敦煌發病書”的。下划綫部分所示的特徵，也與上古、近古的描述不矛盾。但是陳于柱先生把這個資料叫作“發病書”，强調的是一册書本或一卷書本（例如 P.2856《發病書》）。⑥ 對此筆者則主張叫作“發病占”，因爲除了如 P.2856《發病書》的一册爲書本之外，日用類書、通書等通俗文獻中亦有發病占的内容。這種形式的起源可追溯到秦代的《日書》所録《病》篇。《日書》就是古代的通書，與後世的通書相同，在古代的通書《日書》中，發病占構成其内容的一部分。也就是説，從發病占的兩千年史的角度來看，這才是普遍的形態。

當然，也不必否定發病占單行本的存在。除了中古的發病書之外，在近古以後還有陳于柱先生介紹的《發病書》抄本、筆者介紹的光緒刊本等。因此，在對于

（接上頁）《敦煌道教的世俗化之道：敦煌〈發病書〉研究》，《敦煌學輯刊》2006 年第 1 期；岩本篤志：《唐代の醫藥書と敦煌文獻》，角川學藝出版 2015 年版。

① 陳于柱：《敦煌吐魯番出土發病書整理研究》，科學出版社 2016 年版。對于該書，筆者已經發表一篇書評《陳于柱著〈敦煌吐魯番出土發病書整理研究〉》（《東方宗教》第 130 號，2017 年）。

② 工藤元男：《睡虎地秦簡“日書”における病因論と鬼神の關係について》，《東方學》第 88 輯，1994 年。

③ 陳于柱：《敦煌吐魯番出土發病書整理研究》，以及陳于柱、張福慧：《新發見的綫裝本〈張天師發病書〉〈發病全書〉整理研究》，《敦煌學輯刊》2017 年第 2 期。

④ 佐佐木聰：《發病占の二千年史》，《針灸 OSAKA》第 129 號，2018 年。

⑤ 陳于柱：《敦煌吐魯番出土發病書整理研究》，緒論第 V 頁。

⑥ 陳于柱：《敦煌吐魯番出土發病書整理研究》，第 26 頁。在此陳先生强調的是“《發病書》確是一類專門書籍”，而且“在中國社會普遍流行和長期存在，……絶非敦煌一地域西北地區所特有”。

近古以後的發病占進行研究時，我們需要注意作爲日用類書等之一部分流傳的發病占以及作爲抄本、刊本單行流傳的發病占這兩條綫。

二、作爲日用類書、通書等内容中一節的發病占

（一）元代的發病占文獻《陰陽備要選擇成書·疾病門》：

本資料本身是數量很少的元代通書的重要資料（建陽玉融書堂 1357 年刊本，日本廣島市立中央圖書館所藏）[①]，其中有記載了發病占的《疾病門》一節（目録參照表 1）。此《疾病門》作爲近古以降的收録發病占的通書，據筆者管見，是最早的記録。這其中有基于六十干支日的發病占等後世發病占的共通要素。尤其值得注意的是，如此數量的發病占中竟然找不到一條與唐、五代的發病占内容相同的。表明占辭（占文的字句）有明確聯繫的就衹有一條"⑪推十干得病日"。也就是説，發病占一方面繼承了原先的觀念，另一方面在内容、占辭方面不斷地"新陳代謝"，在二三百年間幾乎全部被替代。這種"新陳代謝"的痕迹在明清以降的發病占中也能看到。

表 1 《陰陽備要選擇成書·疾病門》

① 逐日得病禍原吉凶	⑪ 推十干得病日
② 十二支逐日得病決	⑫ 推行年臨九曜用醮位 醮疏式略
③ 推人年命得病忌日	⑬ 十干日不治病
④ 十二命人得病忌月	⑭ 針灸忌犯尻神指訣
⑤ 十二命人得月日時忌	⑮ 惟行年紙所在灸經年月
⑥ 祭五瘟 使者姓名/行病鬼王逐年降臨/鬼王降日/十二年行瘟使所[?]/五瘟時忌/五瘟逐日妨人/五瘟逐日所在	⑯ 貼灸瘡法/明堂云/孫思邈云/凡灸不得傷食……
⑦ 得病忌日	⑰ 針灸吉日/針灸忌日/服藥吉日/服藥忌日/合藥吉日/鬪病吉日/銅人推四時太乙所在/明堂推四時人神所在/銅人推三旬人神所在/人神所在日/人神所在時
⑧ 張天師占得病鬼照圖·纂要云凡占病	⑱ 逐月占病虎圖
⑨ 推得病日出鬼	
⑩ 扁鵲死日	

① 磯部彰：《廣島市立中央圖書館藏淺野文庫漢籍圖録》，東北大學東北アジア研究センター 2015 年版，第 203 頁。

《疾病門》後半的⑭—⑰不是發病占,而是針灸的禁忌與必行内容。從這種疾病門的構成可以窺見到,這類書實際上是要照顧那些關注針灸禁忌的醫療從業者的需求的。同樣的例子,在明代以後的發病占文獻中幾乎找不到。

《陰陽備要選擇成書》也許還是發病占與張天師結合的最早的例證。在敦煌本的發病書中就看不到一個這樣的例子①。明代以降,《法病門》所載録的發病占幾乎必冠以張天師之名。例如《三台萬用正宗・法病門》②,也有把張天師圖描畫在冒頭處的例子(圖 1)。

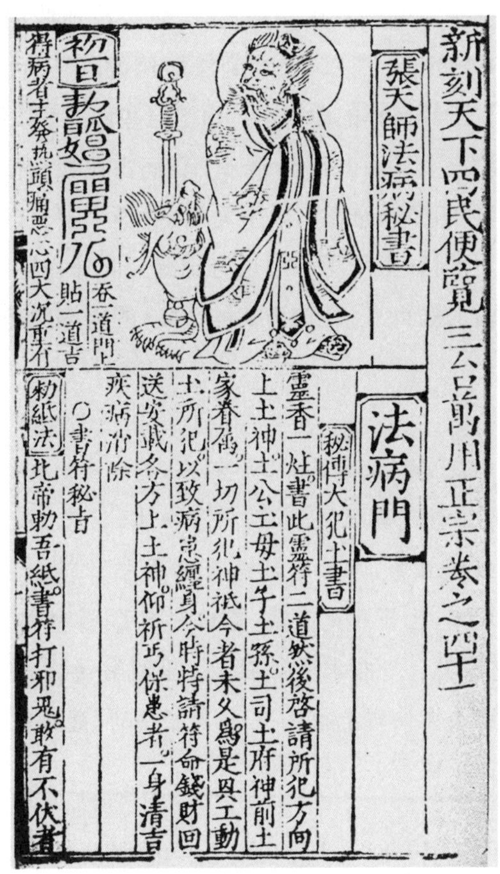

圖 1 《三台萬用正宗・法病門》〔萬曆二十七年(1599)刊〕

① 敦煌發病書《天牢鬼鏡圖并推得病日法》的開頭(Дx.01258)有"張師天撰"四個字,陳于柱先生指出,這應該是"張天師撰"的筆誤(《敦煌吐魯番出土發病書整理研究》第 25 頁)。這就是敦煌發病書中唯一的例子。

② 坂出祥伸、小川陽一編:《三台萬用正宗》,中國日用類書集成 3—5,汲古書院 2000 年版。

(二) 明末以降的發病占文獻(日用類書、占夢書、通書)

明代的日用類書和占夢書中也有發病占。特别是日用類書,明末出版的大多數版本都專門設有法病門,其中的上段的一多半都是發病占。明末的日用類書中,比如《五車拔錦・法病門》之《逐日地支得病吉凶》,是直接繼承了元代的《陰陽備用選擇成書・疾病門》之《逐日得病禍原吉凶》内容的一例,但整體上這種情况并不多見。這裏還是有占辭的"新陳代謝"在起作用。

這個時期成爲新主流的是日用類書之《法病門》[①]所收的《張天師法病書明斷符法》(《五車拔錦》卷三十二)、《張天師法病秘書》(《三台萬用正宗》卷四十一)、《張天師祛病符法》等名稱的發病占。由于這些占法都以曆日的三十日爲基礎,筆者將其稱之爲"三十日病占"[②]。與三十日病占比較相似的形式,在同時期的占夢書《新鍥徽郡原板夢學全書》(以下簡稱《夢學全書》)以及更晚的通書《增廣玉匣記通書》(以下簡稱《玉匣記》)中也有記録。此外在同時期的小説場景中也有使用三十日病占的描寫[③]。比如清初的小説《醒世姻緣傳》第三回中就有這樣的一幕:

> 晁奉山媳婦説道:"我去尋本《祟書》來,咱與珍姨送送,包管就好了。"一邊説,一邊叫人往真武廟陳道士家,借了一本《祟書》來到。查看三十日係"竈神不樂,黄錢紙五張,茶酒糕餅送至竈下吉"。晁大舍説道:"不是三十日。醒了纔覺頭疼,已是五更四點,是初一日了,你查初一日看。"初一日上面寫道係"觸怒家親。鬼在家堂正面坐。至誠悔過禱告,吉"。晁大舍忽然想起夢中公公臨去在他頭上拍了一下,駡了兩句,醒轉就覺頭疼。《祟書》上説,觸怒家親,這分明是公公計較他。

---

① 明末以後,收録《法病門》的日用類書非常流行,清末單行流傳的發病占文獻中又有繼承"法病"字樣的(例如《張天師法病書》),但"法病"二字的確切意義不清楚。或是"發"音通"法",也有忌諱不祥的"發病"改爲"法病"的可能性。參見拙論《清末以降の発病占の變容とその社会史的意義：三十日病占から六十日病占へ》第一章,收入小山聰子編:《前近代日本の病気治療と呪術》,思文閣出版社 2020 年版。

② 見拙文:《清末刊〈張天師法病書〉と近世における三十日病占の展開》,《人文學論集》第 36 集,2018 年。

③ 關于在明清小説中言及的占術(含發病占),小川陽一先生在《日用類書による明清小説の研究》(研文出版 1995 年版)中早已屢次提及,他也指出了發病占與日用類書的不同,但還没深入探討。

這裏值得注意的是，這四處的三十日病占，其占辭是各不相同的。筆者曾經做過相關的整理，[①]現再列如下：

A《夢學全書》之《得授張天師明斷符法》(京大本卷二、北京本卷三)初一日條：

蓋是日得病者，發熱頭痛，心下不安，日輕夜重。犯着東方、瘟司、五道、天神，香火舊願未還。土地使客鬼一名作祟，白虎入宅。用黄財七陌、酒食，向東方送之，吉。

B《五車拔錦》卷三十二《法病門》之《張天師法病書明斷符法》初一日條：

得病者，主發熱、頭痛、惡心、四大(肢)沈重。有犯土地，勾引瘟司、五道、大神，香火不安。師主勾引東方、土地、口炁、白虎，入宅遠年。願力皂神，日輕夜重。作福六七日退，吉；加則凶也。

C《玉匣記》卷四之《張天師祛病符法》初一日條：

病者，東南路上得之。樹神使客死鬼作祟。頭疼，作寒熱，起坐無力，吃食無味。用黄錢五張，向東南方四十步送之，即愈。

D《醒世姻緣傳》第三回所引《祟書》[②]初一日條：

觸怒家親，鬼在家堂正面坐。至誠悔過禱告，吉。

很顯然，這些占辭是完全不同的。也就是説，從明末到清初，至少有四種關于三十日病占的占辭在流傳。這些資料都能反映出當時的三十日病占的流行情況。

---

① 見拙文：《清末刊〈張天師法病書〉と近世における三十日病占の展開》，第3—4頁。

② 小川陽一先生認爲《祟書》就是《玉匣記》(《日用類書による明清小説の研究》第287頁)，但是《祟書》的名稱，在《玉匣記》成立之前的南宋范成大《嘲蚊四十韵》中已經被使用過(拙文《發病占の二千年史》第120—121頁)。另外，以所謂"禁忌"爲"祟"的觀念在後漢王充《論衡·辨祟》中可以找到。

三、清末以降單行、流傳的發病占文獻

清末光緒時期，發病占以《張天師發病書》《張天師法病書》《張天師祛病書》等爲書名刊刻了單行本。以前陳于柱在《敦煌吐魯番出土發病書整理研究》中介紹了其中的一個抄本，强調中古的發病書(敦煌發病書)的傳統延續到了近代。筆者受此啓發，對這個時代的發病占文獻進行了再一次的調查和收集。起初是專注收集影響力較大的刊本，但隨着收集的深入，發現抄本現存的種類更多，且内容和種類都更爲豐富，所以就將抄本也放入了研究範圍。

概觀清末以降的發病占文獻，三十日病占與六十日病占(六十干支日病占)是主流。一方面，三十日病占值得注意的地方，如前文所述，受到了明末清初潮流的影響，特别是繼承了C《玉匣記》系統的占辭。另一方面，六十日病占在清代首次登場，清末以後與三十日病占并行流傳。陳于柱氏所藏的《發病全書》[①]以及筆者所收集的民國抄本(參見篇末的附録)，都發現了兼收兩種的發病占。各種占法特徵如下：

(1) 三十日病占：

三十日病占特徵，正如其名，是將發病日分三十日進行占卜。如上所述，這個占法最初出現在日用類書中，以致病或導致症狀的神鬼對應某日，再教人以祓除祟禍的咒符。這種形式在清初的《玉匣記》等書中都還在蹈襲。占辭雖然有變化，咒符還是原樣轉載。清末的三十日病占中出自《玉匣記》的占多數。比如標注爲光緒三年(1877)的《張天師驅邪治病秘訣》就繼承了《玉匣記》的占辭和咒符，還加上了鬼神圖的内容。[②]

(2) 六十日病占(六十干支日病占)：

六十日病占是基于六十干支日的發病占。在六十日病占裏，除了一小部分的例外，幾乎看不到與三十日病占的占辭之間有什麽繼承關係。一個特徵是每一日的干支對應有一當值的鬼神，而且有姓名。三十日病占的致病鬼神，從祖先

---

① 關于《發病全書》，參見陳于柱、張福慧《新發見的綫裝本〈張天師發病書〉〈發病全書〉整理研究》篇末所收的資料。

② 關于三十日病占，參見拙文：《清末刊〈張天師法病書〉と近世における三十日病占の展開》，第7—10頁。

到家内外的各種鬼神、精魅都有。而六十干支日病占基本都被統一爲冥官的鬼神。這種思想，在《女青鬼律》等初期的天師道經典中可以看到。[①] 就算提到冥官，大部分也是化成人形的動物或是怪物姿態的鬼神。比如説劉思孔《法病書》（柏林州立圖書館所藏）中，記載了許多似所謂“甲馬子”的鬼神（圖 2）。[②] 發病占

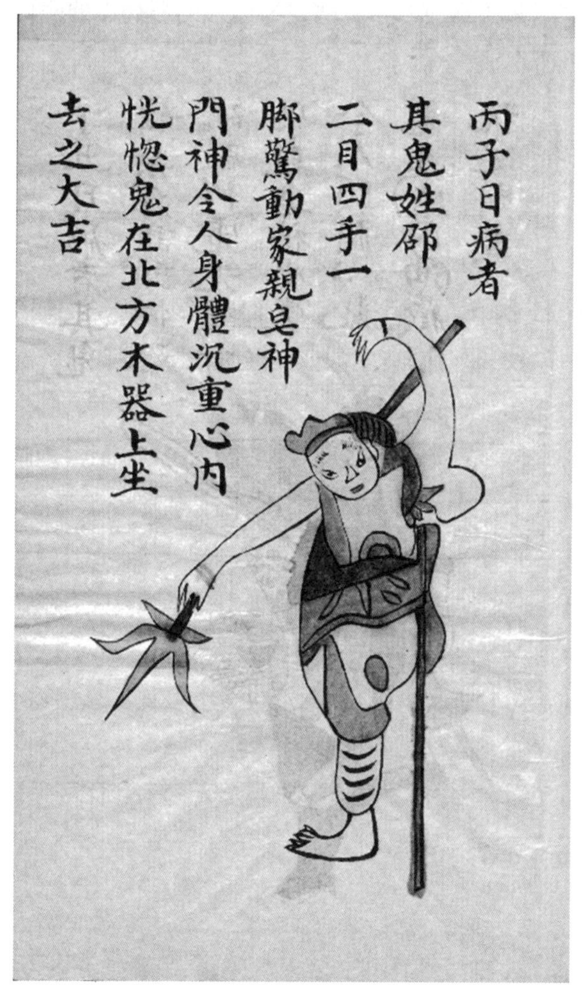

圖 2　劉思孔《法病書》甲寅年(1914)録

---

① 關于《女青鬼律》所見冥官與鬼神，參見拙論《〈女青鬼律〉に見える鬼神観及びその受容と展開》（《東方宗教》第 113 號，2009 年）。

② 本書的封面題簽有“法病書（以下小字雙行）甲寅仲春月/録　圖注［劉思孔印］”字樣。此“甲寅”被認爲是民國三年（1914）。此外在柏林州立圖書館中收藏有《張天師袪病符法》抄本一部。兩種抄本都在柏林州立圖書館的官方數據庫（https://digital.staatsbibliothek-berlin.de）上公開展示。

應該也和甲馬子一類的通俗道教儀禮有密切的聯繫[①]。冠上張天師的名號，如前述《醒世姻緣傳》的場面一樣，可以反映出時人生活與道觀日用的聯繫。

有這些致病鬼神特徵的六十日病占，據筆者管見，光緒三十四年出版的成和堂刊本就是最早的例子[②]。按照上述特徵，六十日病占好像到清末才突然成立、流行，但其實不然。爲了探討六十日病占與以往的發病占的關係，接下來我們必須要關注清代的民間通書。

四、清丹桂堂通書所收六十日病占

除了上述六十日病占之外，筆者發現《廣州大典》所收録的清代的四部通書中也有根據六十日占斷的發病占[③]。這種發病占也在近古發病占的文化史上占有重要地位。關于《廣州大典》所藏的四部通書如下（書名與版框大小來自《廣州大典》）[④]：

(1)《清道光乙巳年通書》（丹桂堂刻本，美國哈佛大學哈佛燕京圖書館所藏，版框高 182 毫米、寬 128 毫米）

(2)《清咸豐癸丑年通書》（丹桂堂刻本，美國哈佛大學哈佛燕京圖書館所藏，版框高 156 毫米、寬 106 毫米）

(3)《清咸豐甲寅年通書》（丹桂堂刻本，美國哈佛大學哈佛燕京圖書館所藏，版框高 169 毫米、寬 105 毫米）

(4)《清咸光緒丙戌年通書》（丹桂堂刻本，美國哈佛大學哈佛燕京圖書館所藏，版框高 157 毫米、寬 103 毫米）

此四部通書不是同版，但就發病占而言，其占辭大概一致。在此展示的是較清晰

---

① 關于甲馬子與通俗道教儀禮，參見川野明正：《神像呪符〈甲馬子〉集成：中國雲南省漢族、白族民間信仰志》，東方出版社 2005 年版。

② 關于成和堂刊本與六十日病占，參見拙文《清末以降の発病占の變容とその社会史的意義：三十日病占から六十日病占へ》第二章。

③ 陳建華、曹淳亮主編：《廣州大典》第 45 輯，子部天文算法類第 2 册，廣州出版社 2015 年版。

④ 《廣州大典》子部天文算法類第 2 册第 29 頁（發病占第 50—52 頁）、第 67 頁（同第 113—115 頁）、第 131 頁（同第 174—176 頁）、第 191 頁（同第 223—225 頁）。

的(2)的一頁(圖 3)。該頁用的是上面咒符、下面占辭的形式,例如甲子日、乙丑日兩條的占辭如下：

> 甲子日得病,凡東北方冲着五道傷神、過往傷神、男女傷神、家宅、祖先神。主病寒熱四肢骨肉沉重。用黑錢五百、神馬、水飯、果酒,向北方設送,大吉。
>
> 乙丑日得病,東北方冲着刀兵神、外來男女傷神,竈君、土地不安。主病頭痛嘔吐、氣急沉重。用白錢二百、神馬、水飯、果酒,向東北方設送,大吉。

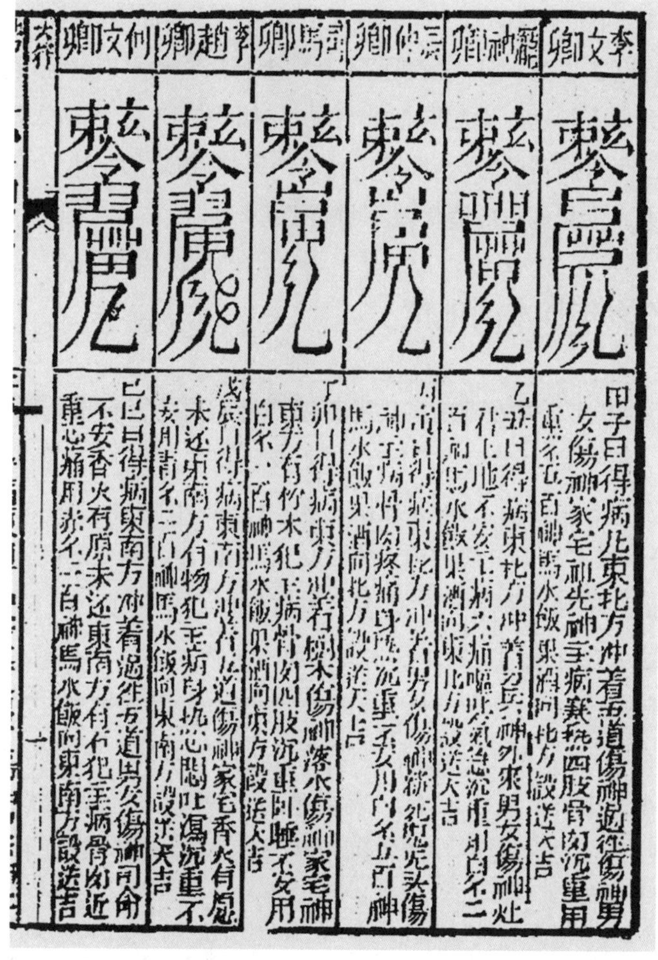

圖 3 《清咸豐癸丑年通書》(丹桂堂刻本)

占辭的内容可以分爲三部，第一是得病的方位、病因的鬼神；第二是發病以後的病狀；第三是辟邪方法。這些占辭的内容跟其他的發病占大概一樣。要注意的是，第一部分所言及的鬼神，是多種多樣的鬼神、精魅（例如五道傷神、男女傷神、竈君、土地神等），它們的特徵類似前述三十日病占中所見的鬼神、精魅。這個特徵明顯表示出，丹桂堂通書的六十日病占很可能是從明末以來的三十日病占發展而來的。不過，各條咒符上面也有鬼神名字，例如甲子日上面有"李文卿"、乙丑日上面有"麗神卿"字樣，這些名字可能屬于掌管各日的冥官。這是跟前述的清末流行的六十日病占相通的特徵。

丹桂堂通書的出版年代是自道光乙巳年（二十五年，1845）至光緒丙戌年（十二年），與清末單行、流行的六十病占相比成書更早。因此可以説，丹桂堂通書的六十日病占保存了以三十日病占爲藍本到六十日病占的早期情況（也就是説，從三十日病占到六十日病占過渡時期的情況）。如我們所見，到清末，六十日病占已經喪失了三十日病占的特徵（即關于雜多的鬼神、精魅的記述）。到這個階段，三十日病占與六十日病占的關係就不明顯了。

五、民國乙亥年抄本的地位

筆者于 2018 年 3 月在湖南省長沙簡牘博物館前的古玩市場購得了一册發病占的抄本。第一葉（不含正文）上寫有"乙亥年立本/[　]十方願①用"的字樣。從未見清諱及内容來判斷，應該是民國乙亥年（1935）的抄本。總共 24.5 葉的册子，前半部分收録了三十日病占與六十日病占，與以往的體例不同。後半部分則是七言形式的江流和尚物語②與"燒香根因"（詳細内容不明），整體佛教色彩濃厚。也許是過去在寺院門前營生的占術師所用之物。

（1）書志：

緑格抄本，14.0 厘米×23.5 厘米（匡郭 17.7 厘米×11.1 厘米），四周單邊，白口，無魚尾，半葉 11 行，每行 20 字。表紙題、封面題、正文首題尾題等均無。扉頁（第一葉表）有"乙亥年立本""十方願用"字樣。正文用毛筆，間有黑、赤、青鋼

---

① 關于"十方願"，有《無量壽經》等所謂"四十八願"有"得見十方願""香薰十方願"等，其詳細情況不明。

② 關于江流和尚物語，磯部彰編著《上海圖書館所藏〈江流記〉原典と解題》（特別推進研究"清朝宮廷演劇文化の研究"班，2010 年）中根據最新的宮廷演劇資料作有解，但與江流和尚物語的關係尚不明。

筆字施注、句號等。另上部有“羅承馮(?)章”印記數處。

副葉,三十日病占4.5葉,“倒禄馬吉凶”半葉,六十日病占3葉,雜占、“和神”1葉,雜占・咒符半葉,江流和尚物語(七言)9葉,“燒香根因”6葉。共24.5葉(一部重複)。

(2) 發病占:

本書兼載三十日病占與六十日病占。整體的細節參見論文末附録的稿本,各概要特徵整理如下。

a) 三十日病占:

本書所載三十日病占的占辭與此前的三十日病占完全不同。但形式上仍蹈襲以往的三十日病占,比如初一日條内容如下:

> 初一日得病者,東方回家[①]。肚腹發熱,四肢沈重,日輕夜重。弖犯土地,引進檀神、梅山。女病,弖犯東北方、産死、傷亡、竈司、廟王。七日退,吉;加,凶。回送,可好。

由此可見,發病日、病狀與經過、鬼神、辟邪方法等要素,與以往的三十日病占無异。作爲病因列舉的鬼神,其種類也與以往無大的變化。但是在下劃綫部分,特别説明女性發病情況及致病的鬼神,這是以往所未見的特徵。男女論斷相异的現象,在敦煌發病書的階段已經出現,但大多是“男輕女重”一類素樸的結論。本書似乎沿襲了這個觀念,對男女進行了更具體的區分。

b) 六十日病占:

本書所收的六十日病占,與清末單行、流行的六十日病占不同,而較近似丹桂堂通書的六十日病占的風格。其占辭如下:

> 甲子、乙丑,新犯:本祭、土地、檀神、小口、父母、魍魎爲灾。一、四、八日退,吉;加,凶。

如上,本書的六十日病占,每日對應的不是冥官,而是在三十日病占中常見

① “東方回家”句意未詳。他日中無此類句子。或許如《玉匣記》系統的占辭,是表示祟禍所來方位之意。

的蕪雜的鬼神、精魅。而且干支日是按"甲子、乙丑"這樣五行相同的二日爲一條。二日合爲一條的發病占最早出現在睡虎地秦簡《日書》中，整體而言，其占辭（尤其是對鬼神的記述）更接近三十日病占或者丹桂堂通書的六十日病占。與其他的發病占相比，其占辭雖然更簡略了，但明顯繼承了早期的六十日病占的特點。一般來説，雖然清末以後更流行冥官掌管六十干支日的"新"的六十日病占，但是早期的六十日病占也還没有完全消失。

另一個特徵，就是完全不言及病狀。[①] 發病占中，占辭簡略，省去病狀的例子并不少見，比較長的占辭則一般會提及病狀。以往的三十日病占和六十日病占都會蹈襲這點，但是這個民國抄本的發病占全部省去了。詳細的病狀記録本來是我們瞭解其與民間醫療之間結合的窗口，[②]完全省去，也許能説明發病占與民間醫療之間的密切關係稀薄化了。

六、結語：發病占的社會文化意義與資料保護現狀

綜上所述，發病占的歷史幾乎與以日書爲起源的通書相當，也和通書、曆書的發展史有着緊密的聯繫。這一跨越兩千年的通俗文化，直到中國迎來近代化的民國時期仍然一脉相承，這是很值得關注的一個事實。但是時至今日，仍然鮮有研究言及此類典籍，與通書等通俗文獻比較起來，發病占文獻的文化價值完全得不到承認。也許是筆者的寡聞，除了柏林州立圖書館之外，没有找到第二家收藏有清末至民國時期流行的發病占文獻的圖書館或研究機構。奇怪的是，發病占作爲戰國秦漢出土資料和唐五代寫本，因爲是相應資料群的一部分，也受到了一定關注，但是作爲綿延到近代中國的文化史的一個截面，研究者似乎對此毫無興趣。

時至今日，發病占已經静静地消亡。鮮見有心的研究者在古書市場上收集不多的傳本。偶有重新流通的本子，都是被好事者納入藏物，再難公開。抄寫或是印刷在清末民初所用的粗糙的紙張上的發病占文獻，如果保存狀態惡劣，用不了多久就會化作粉塵。就占辭的多樣性而言，以往被視爲文化價值稍低的抄本

① 同樣的特徵，在陳于柱先生所藏的《發病全書》中也有顯現，陳先生也指出了這點（《新發見的綫裝本〈張天師發病書〉〈發病全書〉整理研究》第 128 頁）。

② 陳于柱：《敦煌吐魯番出土發病書整理研究》，第 64—65 頁。

其實更值得關注，以清末的傳本爲尤。但是受法律的限制，海外研究者的收集和保存都很艱難。所以我們認爲，爲了這一珍貴的術數文化的保存和繼承，中國的研究者應該發揮起不可或缺的主導作用。

附録　民國抄本《(擬)法病書》所載三十日病占、六十日病占稿本

(1) 三十日病占：

初一日得病者，東方回家。肚腹發熱，四肢沈重，日輕夜重。弓[①]犯土地，引進檀神、梅山。女病，弓犯東北方、産死、傷亡、竈司、廟王。七日退，吉；加，凶。回送，可好。

初二日得病者，作寒作熱，手足，腰腹彭(膨)腫。有廟神、高檀、梅山、社令、土煞、枉死、傷亡，齋願未還。女病，昏沈，夜夢不詳(祥)[②]，仙娘作怪。北方、産死、傷亡、咒咀之怪。回送，安矣。

初三日德(得)病者，主惡心，四支骨節疼痛，作寒作熱，腹内嘔吐，不腹(服)藥昏朦，夢脉不詳(祥)，亂言糊(胡)語。北方失驚，香火不安。勾引咒咀、孟公、寨長、廟王、檀神爲怪。齋願未明，枉死、傷亡。看一、四、七日退，吉；加，凶。要小心作福。

初四日德(得)病者，主頭痛，四支無主[③]，心恍飽悶，作寒作熱，脚足疼痛，糊(胡)言亂語，茶飯不思。弓舊願叫拜，孟公、差猖、咒咀、檀神爲怪。女病，産死、傷亡、外外、求産、連親、枉死、游野、陰師、古廟。三日退，吉；加，[男[④]]女俱重。回解。

初五日得病，主兩脅肚腹飽瘴，脚手疼痛，畏寒畏熱。主惡心煩悶，不思飲食。有舊願，土地、家生[⑤]引進，高檀、水肖、陰師、社令、發誓、叫鬼、土煞爲主(怪)[⑥]，留連虚(?)驚。女病，弓仙娘、小山。回解。

初六日得病，主發熱，肚腹嘔吐，四支脚手不安，夜夢亂語。弓家生、古像不安，老竈冷淡，引進廟神、水檀、梅山、孟公、白虎、咒咀、陰師、傷亡爲怪。七日退，

---

① 按："弓"是"乃"之异體字。以下皆同。
② 正文"不祥"皆作"不詳"。以下皆同。
③ 按：疑"主"當作"力"。
④ 正文無"男"字，疑有缺字。按：初八日條、十四日條各有"男女俱重"句，據補。
⑤ 正文多有"家生"，疑當作"家先"。
⑥ "主"字無義，當改作"怪"。

吉；加，凶。

初七日得病，主身寒熱，頭痛，四支無力骨節，面紅，亂語心驚。香火不安，邪神、時氣、白虎、梅山、寨主叫拜。竈神、廟神弱，舊願未還，游野、陰師爲怪。回送，可好。

初八日得病，主頭痛服（眼）[①]花，骨節遍身不安，肚腹疼痛，作寒作熱，飲食不思，日輕夜重，不受妙藥，恐。弓血光、失傷、西北方、廟神、土地、咒咀、孟公、梅山、檀神、水肖、古墳、陰師；弓瘟師、白虎、連親、枉死、高標，紅油、擔神拜鬼之咎。男女俱重。大作福，可保。

初九日得病，四支沈重。有舊願未還。心膨瘴，飲食不消，寒熱，夢脉魂游，嘔吐咳嗽。家下土煞不安，東北方、枉死、傷亡、梅山、社令、諸天之願。疼痛，男女有防墓墳，咒罵檢察之咎。回送。

初十日得病，四支疼痛，肚腹膨瘴，大解小解，相剋，寒熱不知，頭痛眼花。家下葷願未還，東北方、枉死、先王、五通、廟王、游野、土地、梅山、家生不安。回送。

十一日得病，主氣急，肚腹骨節疼痛，發熱嘔吐。天曹有願，白虎入宅。咒咀、孟公、諸天、梅檀、産死、古墳、廟王、强神、猛猖。回送。

十二日得病，主頭痛眼花，震驚，作寒作熱，骨節，嘔吐。弓舊願不明，司命、土地不安，引進寨主、廟神、梅山、咒咀、枉死、邪神。擔拜神鬼，大作福保。

十三日得病，主肚腹疼痛作熱，小肚寒冷，嘔吐咳嗽。家下舊願，陰師、時氣、白虎、水檀肖、傷亡。回送。

十四日得病、主腰疼潮熱，骨節疼痛。香火未安，勾引朽檀、廟王、土煞、墳煞、梅山、咒咀，齋願不明，竈神招灾。男女俱重。

十五日得病，四支沈重，要心氣急，眼花潮熱，遍身疼痛，心驚恍惚，夜夢不詳（祥），亂言寒語。主犯家生、交引孟公、廟王、陰師、强神，咒咀遠年，擔神冤（?）厄，水檀、竈司破像。弓云肖、小山、外外、土煞爲怪。回送。

十六日得病，主頭痛眼花，兩脅腰疼血毒，不思茶飯吃，日輕夜重。香火冷淡，竈神引進草禁、梅山、檀神、舊願、外道、傷亡，咒咀遠年，争開[②]之。乃産死、自縊，弓古物爲怪。退，吉；加，凶。作福，可保。

十七日得病，主□吐，夜夢不詳，吃陰食，作寒作熱，骨節疼痛。家先、土地、

① 正文多有“眼花”句，據改。
② 疑“開”當作“鬧”。

時氣、瘟師、白虎、病神、水肖、檀神、古墓、古煞、刀兵之鬼爲怪。回送。

十八日得病，主寒熱冷汗，肚飽腰痛，心悶眼花，飲食不思。弓犯五通、廟神、司命、土地、傷亡。齋願未還，宅中、土地、東北方、游野、古檀、陰師、産死、傷亡、小(?)山、水肖爲怪。回送，大吉。

十九日得病，主頭痛，要心遍身，骨節疼痛，肚腹膨瘴，嘔吐寒熱，亂言面紅，昏沈氣急，不思茶飯。宅神不安，游野、陰師、孟公、五猖、檀神。葷願，白虎、瘟司、喪車。叫拜咒咀，弓標黑神爲怪。可作大福保。

廿日得病，主身體骨節疼痛，頭熱，遍身無□。家生、勾引、東北方、廟神、土地、司命、强神、游野、陰師、五猖、孟公、檀神、枉死、水檀。擔拜神像，齋願未還，回送。

廿一日得病，主寒熱，肚腹腰疼，眼花軟弱。家下舊願未還，田司、五通、廟王、高檀、梅山、水肖、陰師、司命、咒神、白虎[作]怪。

廿二日得病，主發熱畏寒，肚腹頭，日輕夜重，不效藥方，在北方失驚。游野、檀神。净願不明，家先、土地、連親咒咀。

廿三日得病，主潮熱，眼花頭痛，骨節疼痛，嘔吐，四體不安，血光瘴毒，手脚軟弱。有飛天(?)、大神、吵神咒咀。弓齋願未還，孟公、陰師、廟王作怪。大作福，宜送可矣。

廿四日得病，主頭痛，遍身發熱，眼花亂言，骨節疼痛，服藥無效，肚腹膨瘴，大解小解，不和夢，食陰飯，手足軟弱，在北驚，梅山、廟神、寨主、云肖、家先、陰師，叫拜神靈之咎大办高。回送。退，吉；加，凶。

廿五日得病，主心氣，疼痛四支，潮熱沈重。神願未還，土地、司命、頭痛、西方、傷亡、游野、檀神、水肖、家先、司命可①安。回送，可矣。

廿六日得病，主心腹疼痛，發熱發冷，四支疼痛，眼花昏沈，日輕夜重，服藥不效。時氣、白虎、家生、土地、陰師、梅[山]猖神。舊願，産死、傷亡。回送，可好。

廿七日得病，主潮熱嘔吐，四體疼痛，眼花面紅，夢不詳(祥)。弓瘴毒在身。東北方、枉死、傷亡、白口、咒咀、孟公、强神、檀神、梅山、土地、朽竈。女病，弓外外爲禍。回送。

廿八日得病，主頭疼痛，潮熱，睡卧不寧。北方、檀神、家宅、小子、傷亡，作怪

① 疑“可”當作“不”。

是也。宜送，即安。

廿九日得病，主，乃家生、香火，招引廟王、梅山、傷亡爲怪。弖舊願，洪油、雄鷄，五猖。日輕夜重，竈司。一、五、七日安矣。返偃，大作福保。

卅日得病，主沈重嘔吐。家先、司命、招引外道，取討前願，東北方、血光、毒氣爲禍。弖廟、餓鬼在身東方，弖一古怪爲禍，即宜送。艮(良)財回送，大作福，保矣。

(2) 六十日病占：

甲子、乙丑，新犯：本祭、土地、檀神、小口、父母、魍魎爲灾。一、四、八日退，吉；加，凶。

丙寅、丁卯，新犯：家生、小口、父母、先亡爲灾。四、六、十日退，吉；加，凶。

戊辰、己巳，新犯：本祭、土地、家先、檀神求食。看三、六、九日退，吉；加，凶。

庚午、辛未，新犯：本祭、土神、瘟司、小口、父母爲禍。五日退，吉；加，凶。

壬申、癸酉，新犯：土神、四官、梅山鬼神爲禍。看一、四、七日退，吉；加，凶。

甲戌、乙亥，新犯：香火不安，傷亡鬼爲禍。看四、七日退，吉；加，凶。

丙子、丁丑，新犯：五通、檀神、傷亡爲灾。看二、六日退，吉；加，凶。

戊寅、己卯，新犯：本祭、廟王、小口、父母、咒咀鬼爲灾。看三、六日退，吉；加，凶。

庚辰、辛巳，新犯：有齋願、天時、五通、傷亡爲禍，求食。鬼，回送，大吉。

壬午、癸未，新犯：邪師、檀神、社令求食，爲灾。看三、六、九日退，吉；加，凶。

甲申、乙酉，新[犯][①]：小坑、失魂、先祖、比考爲[禍][②]。宜收魂，回送，安外道，吉。

丙戌、丁亥，新犯：土神、五道、瘟司爲灾。難好。大作福保可矣。

戊子、己丑，新犯：三車神、傷亡爲灾。宜回送。一、四、七日退，吉；加，凶。

庚寅、辛卯，新犯：香火不安，招引五道、瘟司求食。三、六、九日退，吉；加，凶。

---

① 原本無“犯”字，他日條皆有“犯”字，據補。

② 按他日條，當有“禍”字或“灾”字。

壬辰、癸巳,新犯:先祖、傷亡鬼拿魂去了。可追夢(魂)[①]。袛恐,難好。可作大福。

甲午、乙未,新犯:聖靈官、小口、父母鬼拿魂。可收魂追命。看五、七[日][②]退,吉;加,凶。

丙申、丁酉,新犯:竈神不安,五路、傷亡、五道、瘟司。袛恐,難好。許願大作福。看二、八日退,吉;加,凶。

戊戌、己亥,新犯:先祖、檀神、小口、橋頭、土地爲灾。三、六、九日退,吉;加,凶。

庚子、辛丑,新犯:香火不安,父母、傷亡、瘟司。三、六、九日退,吉;加,凶。

壬寅、癸卯,新犯:齋願不明,四聖、土地爲禍。看四、八日退,吉;加,凶。

甲辰、乙巳,新犯:陰師、外道,舊願不明。四、六、十日退,吉;加,凶。

丙午、丁未,新犯:雙車、白虎、天符、瘟司爲禍、收魂。大作福保,六日退,吉;加,凶。

戊申、己酉,新犯:山肖、土地、小口、先亡爲怪,一、五、七日退,吉;加,凶。

庚戌、辛亥,新犯:五瘟鬼王爲禍,求食,失魂。可大作福保。

壬子、癸丑,新犯:土地不安,檀神爲怪。三、六、九日回送,退,吉;加,凶。

甲寅、乙卯,新犯:雙車、白虎、小口、廟神。失魂,可追魂,作福保。

丙辰、丁巳,新犯:落水、傷亡、小口、父母鬼求食。大回送可矣。

戊午、己未,新犯:雙車、傷亡鬼、五道、瘟司爲禍。可作福保。

庚申、辛酉,新犯:檀神、小口、父母鬼求食。宜回奉,無防。

壬戌、癸亥,[新犯]:廟王、雙鬼主、晋(留)[③]連。難好,大作福保,可矣。

附記

2020年3月將此論文投稿之後,筆者又發表了如下兩篇日語論文:

1) 佐佐木聰:《初期道教經典に見える鬼神觀再考:〈發病占〉と曆日の冥官の關係に着目して》,《東方宗教》第141號,2023年。

2) 佐佐木聰:《光緒丁酉年郭洪興抄發病占書とその占辭に見える鬼神》,

① 按上文有"先祖、傷亡鬼拿魂去了",疑"夢"當作"魂"。甲寅、乙卯條有"追魂"句。
② 按他日條,當有"日"字。
③ 按三十日病占初五日條有鬼神"留連",疑"晋"當作"留"。

《古代文化》第 75 卷第 2 號，2023 年。

另外，筆者對自己目前所收集的清末民國時代的發病占書，正進行整理及陸續地在網上公開。已經公開了六本發病占書整理本〔《發病占》資料集成（暫定版）之一、二、三、四、五、六〕。這些整理本可以從筆者的研究博客（Researchmap）上下載（https://researchmap.jp/blogs/blog_entries/view/91687/7dddd8cc27a274e4ae250cc3beab3090?frame_id=685159）。

關于其他尚未整理及公開的發病占書，筆者將在拙文《清末民国期の発病占書の収集状況について》（收入《金澤學院大學研究紀要》第 23 號，2025 年）中詳述。

《山相秘録》中探礦法所見的風水術與望氣術之影響

水口拓壽（日本武藏大學人文學部）

一、主旨

佐藤信淵（1769—1850）是日本江户時代（1603—1868）後期的百科全書式學者，他的著述遍及政治學、經濟學、教育學、軍事學、天文學、礦山學、冶金學、農學等領域。《山相秘録》是一本礦山學、冶金學方面的書，他參與了該書的創作。在該書中可見由中國傳來之風水術與望氣術的影響。本文以該書爲例，關注日本攝取術數這一思維并加以發展的過程。書題的“山相”指的是觀察山，尋找礦床的意思。筆者不稱該書爲“佐藤信淵的著作”而稱之爲“他參與了該書的創作”，其理由在下一節説明。

《山相秘録》的先行研究大多是科學技術史方面的。例如礦山學及冶金學專家渡邊渡與渡邊俊雄以近代礦山學與相關領域的知識爲該書的探礦法體系進行整理、解釋，并逐一論評其得失。[①] 渡邊渡還着眼于該書在探礦法方面提出的創見“望氣之法”，指出它與中國以及歐洲的傳統探礦法的共通性，并指出見于佐藤信淵另一本著作《經濟要録》〔文政十年（1827）〕的礦山學觀點受到《管子》等漢籍

---

① 渡邊渡：《東西古今ノ山相學ヲ論ズ（日本礦業會第一回講話會ニ於ケル演説）》，收入《日本礦業會誌》第 272 號，日本礦業會 1907 年版；《佐藤信淵の山相學に就て》，《東亞の光》第 13 卷第 4、5、7 號，東亞の光編輯所 1918 年版；《山相論》，收入鴇田惠吉編：《佐藤信淵礦山學集》，富山房 1944 年版。渡邊俊雄：《古昔の山相學》，《大阪時事新報》1920 年 2 月 29 日—3 月 5 日，大阪時事新報社 1920 年版。

的影響。[①] 此外，科學技術史學者藪内清也關心漢籍對該書的影響，對明末宋應星的《天工開物》進行概論性論考時，推定《山相秘録》的多數内容和技術觀受到了《天工開物》的影響。[②] 另一位科學技術史的學者吉田光邦在江户時代的礦山學、冶金學文獻解題中推定《山相秘録》的"望氣之法"等記述是傳承自《管子》及南朝梁的五行占書《地鏡圖》中的礦山學觀念（後者還包括采用望氣術的探礦法）。他把日本的探礦、冶金技術中原有的咒術性與神秘性置换爲來自中國的"自然論理"一事認定爲"山相的秘傳"的發生，并視江户時代後期創作的《山相秘録》爲這一歷史趨勢的里程碑。[③]

在上述的先行研究中，與筆者研究最相關的莫過于兼具思想史視野的吉田光邦的論考。而且筆者認爲，由"望氣之法"看出《山相秘録》與《地鏡圖》的系譜關係，吉田光邦的洞察力實在令人折服。然而，除了望氣術，在《山相秘録》也可見風水術（嚴格來説，是添加了望氣術要素的風水術）的影響。結合術數的兩個領域的學説，以構成探礦法的一個項目，這方面的研究，至今未見。該書如何繼承、如何加工來自中國的風水術或望氣術等，也似乎未見前人研究。拙稿擬作爲回答這些問題的一個初步探究。

二、《山相秘録》的創作與流傳

《山相秘録》行文之始，并列了"不昧軒佐藤元伯翁述""玄明窩佐藤孝伯翁注""融齋佐藤信淵校正"[④]這三條信息。意即該書經歷佐藤家三代而成，佐藤信淵的祖父信景（字元伯）撰寫正文，父親信季（字孝伯）加上注釋，佐藤信淵本人自己校正。以佐藤信淵的名義執筆的導讀（《總論第一》的前半部分）包含了對于正文作者與注釋作者的説明。他自稱自己淵博的學識來源于高祖父以來的家學，

---

① 渡邊渡：《東西古今ノ山相學ヲ論ズ（日本礦業會第一回講話會ニ於ケル演説）》，第806—807頁；《佐藤信淵の山相學に就て》，第13卷第5號第56—57頁、第13卷第7號第26—29頁；《山相論》，第215—216頁。

② 藪内清：《天工開物について》，藪内清編：《天工開物の研究》，恒星社厚生閣1953年版，第22頁。

③ 吉田光邦：《解説》，收入三枝博音編：《復刻　日本科學古典全書》卷9（初刊時爲第4册），朝日新聞社1978年版（初刊1942年），卷末第4—6頁（正文結束後的部分）。

④ 以下《山相秘録》的内容全部依據三枝博音的校訂本《〈山相秘録〉解説》（收入三枝博音編：《復刻　日本科學古典全書》卷9）。此外，日本國立國會圖書館所藏明治九年（1876）東京名山堂刊本可綫上瀏覽（http://dl.ndl.go.jp/info:ndljp/pid/847356、http://dl.ndl.go.jp/info:ndljp/pid/847357，2020年2月1日）。

并大言不慚地説自己是家學的集大成者。并誇示包括自己在内，五代以來的家學著作在他晚年已累積了共36部215卷（自己的著作是23部138卷）[①]。自歷史學者羽仁五郎與森銑三對此作了批判性考證以來，如下的説法已成爲相當有影響力的見解：五代家學是佐藤信淵虛構的，不管是稱爲祖先著作的，還是所謂他依據祖先著作完成的，全部都是他一人單獨執筆的。[②] 筆者也在相當程度上接受羽仁與森的見解，衹是若要斷言《山相秘録》這本書是佐藤信淵單獨執筆的，必須拿出有力的證據，但這樣的研究似乎没有。因此本文前一節在提及該書作者時，衹以"他參與了該書的創作"這樣保留性的説法帶過。

根據科學技術史學者三枝博音的説法，《山相秘録》在昭和十七年（1942）時，大部分還存世的寫本與刊本有很短的識語（後記），記載佐藤信淵于文政十年親自從該書原本手抄一本，傳授給門人根岸延貞一事[③]。從這個識語可以推知：（1）該書的成立不會晚于文政十年；（2）佐藤信淵給根岸延貞的寫本成爲日後大部分寫本的祖本。在該書公刊時，最有影響力的底本還是這個系統的寫本。佐藤信淵歿後，明治九年（1876），東京的名山閣發行了該書最初的刊本，也就是説該書成立後的半個世紀裏，主要是通過抄寫流傳的。該書的關聯著作包括據稱是信景所著的《山相秘録圖》、據稱是信季所著的《山相秘録圖解》等共四部傳世，這些關聯著作的公刊則是在更晚的昭和十九年。由鴇田惠吉編輯，東京富山房發行的《佐藤信淵礦山學集》把《山相秘録》及其關聯著作都收了進來。根據筆者調查各種目録的結果，以下機構收藏了《山相秘録》的現存寫本：東京大學總合圖書館（田中芳男文庫及一般藏書）、東京大學工學・情報理工學圖書館、九州大學工學部地球資源系統工學部門内圖書室（内田文書）、岩手大學圖書館（宫崎文庫）、富山大學附屬圖書館醫藥學圖書館。藏有《山相秘録圖》現存寫本的則有東京大學工學・情報理工學圖書館、九州大學工學部地球資源系統工學部門内圖書室（内田文書）。藏有《山相秘録圖解》現存寫本的則衹有東京大學工學・情報

---

① 佐藤信淵：《佐藤椿園家傳書目録》，收入織田完之編：《佐藤信淵家學大要》，碑文協會1906年版，卷頭第1—20頁（正文開始前的部分）。

② 羽仁五郎：《佐藤信淵に關する基礎的研究》，岩波書店1929年版，第77—93、114—120頁。森銑三：《佐藤信淵》，收入《森銑三著作集》卷9，中央公論社1971年版（底本爲《佐藤信淵——疑問の人物》，今日の問題社1942年版），第323—333頁及各處。三枝博音：《〈山相秘録〉解説》，第69—70頁。稲雄次：《佐藤信淵の虚像と實像——佐藤信淵研究序説》，岩田書院2001年版，第195—202頁。

③ 三枝博音：《〈山相秘録〉解説》，第69頁。

理工學圖書館。[①]

三、《山相秘録》中所見望氣術的影響

《山相秘録》由以下九篇組成：《總論第一》《金山第二》《銀山第三》《銅山第四》《銕山第五》《鉛山第六》《錫山第七》《水銀第八》《硫黄第九》。第一篇的主題是説明探礦法的體系，其後的八篇也有若干關于各種礦物的探礦法記載，不過重點是各種礦物的采掘法與冶金法（也包含硫磺的精練法）。根據渡邊渡所做的整理，在《總論第一》裏解説的探礦法體系有如下六個項目：（1）根據埋藏礦物的"氣"來鑒别礦床的有無與埋藏礦物的種類；（2）根據礦床的走向與傾斜程度鑒别礦床良否；（3）根據露頭的礦物鑒别埋藏金屬的種類；（4）根據露頭的礦物鑒别埋藏金屬的多寡；（5）鑒别礦床中礦體所在位置的高低；（6）鑒别到達礦體的深淺距離。[②] 第一個項目就是"望氣之法"，它由"最初遠見之法"與"中夜望氣之法"兩個階段組成，前者從宏觀的角度鑒别礦床的位置，後者則以微觀的角度鑒别埋藏礦物的種類。

以下從《總論第一》中與"中夜望氣之法"有關的地方，抽出有關埋藏礦物的"氣"（有時用"精"這樣的表述）的部分。（圖 1）在據稱是佐藤信景所寫的正文裏，有據稱是佐藤信季所寫的注釋。爲了方便討論，以下引文在關于金的記述前冠上ⓖ（gold），銀的冠上ⓢ（silver），銅的冠上ⓒ（copper）。

> 凡そ山中含藏の諸金、其の精氣を蒸發するに、各々定まれる形色ありて甚だ著明（いちじるしき）ものなり。ⓖ金精は華の如く、ⓢ銀精は龍の如く、ⓒ銅精は虹の如く、鉛精は煙の如く、錫精は霧の如し。ⓖⓢⓒ金・銀・銅の精は、高く升るものは二十丈の上に出で、鉛精は風に順ひ、錫の精は風に

① 東京大學工學・情報理工學圖書館所藏《山相秘録圖》、《山相秘録圖解》寫本可綫上瀏覽（https://curation.library.t.u-tokyo.ac.jp/s/db/record/28bbf8bc-44b3-4c16-b3fd-9db46f319082、https://curation.library.t.u-tokyo.ac.jp/s/db/record/3f04c1dd-989a-4f9d-8390-d1b1974f8f1f，2020 年 2 月 1 日）。

② 渡邊渡：《東西古今ノ山相學ヲ論ズ（日本礦業會第一回講話會ニ於ケル演説）》，第 794 頁；《佐藤信淵の山相學に就て》，第 13 卷第 5 號第 55 頁。

逆ふ。即ち是れ諸金蒸發の精氣各自の形色にして、古來山相家一子相傳の秘訣なり。

ⓖ金精は黄赤色の金光にして、初め土中より發生するときは、其の勢ひ全く砲火を上るが如く、六七丈或は十餘丈の高きに升り、開ひて花形を爲し、其の華必ず八花なる者なり。須臾にして空中に消え、或は稀に飛び去ること有り。俗に此れを金魂と名づく。頗る砲火に似たると雖ども、火の光りとは大いに異なり。ⓢ又銀精は青白色の銀光にして、最初發生するときは頗る烟の如し。須臾に雲中龍の在るが如き形をなし、升ること十餘丈或は二十丈許にして、終に上天するが如くに爲りて空中に散ず。或は稀には、初め發するときに聲の有ることもある者なり。ⓒ又銅精は紫・青・黄・白等間道に泥りたる氣、直ちに八九丈より或は十餘丈も上に升り、頗る虹に似て甚だ幽也。又鉛の精は黄白色の煙の如く、此も亦直ちに立ち升り、幽なれど煙の如くには散らずして、風に靡きて漸々に細くなり、終に絲の如くになりて消へる者なり。亦錫の精は淡紅色にして霧の如く、頗る遠村の桃の花盛を眺望するに似たり。須臾に漸く高く升り、次第に其の氣淡く爲りて、終には風に逆ひて風上の方に靡きて消へ失せる者なり。錫の精の風に逆ふことは、錫は礜石・紅砒等の氣の強きが故なり。ⓖⓢⓒ抑も此の五種の金精、形色著明なりと云ふと雖ども、暗夜に遠望のことなるを以て、形色幽幻にして夢現の如く、殊更暫時の間に消滅する者なり。よく心を留め眸を凝して熟視するにあらざれば、此を視ること能はざる者なり。實に就て考ふべし。

如同吉田光邦已經指出的，這裏的礦山學觀念，也就是采用望氣術的探礦法，可以看到來自南朝梁的五行占書《地鏡圖》的影響。可惜，《地鏡圖》在隋代已經散佚。[①] 不過因爲一些類書的引用，主要是唐《藝文類聚》和北宋《太平御覽》

① 《隋書・經籍志》的子部五行類(對《乾坤鏡》項目的注釋)裏提及《地鏡圖》(共6卷)是佚書。

圖 1　東京大學工學・情報理工學圖書館所藏《山相秘録圖》寫本

（左）《金山及ビ溪水之形狀並ニ夜中金精ヲ發シタル圖》
（右）局部（金的"氣"高升後，向八方散開）
（圖片來源：https://curation.library.t.u-tokyo.ac.jp/files/original/d2ca1999f8bb91648e017d0af87decb03fe5d20a.jpg）

（這兩部類書在日本也流通），①佚文得以傳存。以下是從《地鏡圖》中約 40 條的佚文中抽出有關地中金屬或玉石發散的"氣"（有時用"精""光""象"這些表述）的部分。在這之中，也包含探索金屬器等的方法。爲便于討論，同上段引文，在關于金的記述前冠上ⓖ，銀的冠上ⓢ，銅的冠上ⓒ。

【第 2 條】ⓖⓒ凡觀金、玉、寶劍、銅、鐵，皆以辛之日。待雨止，明日平旦及黄昏、夜半觀之。所見光，白者，玉也。ⓖ赤者，金。ⓒ黄者，銅。黑者，鐵。（《藝文類聚》所引）

【第 5 條】玉，石之精也。其在石中，若山中石潤而浸，旁有水。其居地，其氣清而浮，其氣青白而圓光轉，其地中常潤。（《初學記》《太平御覽》所引）

【第 12 條】青玉之見，爲女人。（《太平御覽》所引）

【第 13 條】ⓖ黄金之見，爲火及白鼠。（《藝文類聚》《太平御覽》所引）

【第 14 條】ⓖ欲觀金氣，以庚、辛日。其氣，象人。（《北堂書鈔》所引）

---

① 這方面的研究可參閱小島憲之：《上代日本文學と中國文學——出典論を中心とする比較文學的考察》，塙書房 1962 年版，上卷第 114—132 頁。

【第 15 條】ⓖ黄金之氣,赤黄,千萬斤以上[①],光大,如鏡盤。金氣發大,上赤下青也。(《初學記》《太平御覽》所引)

【第 16 條】ⓖ金百斤已上,至三百斤,精,如羊者。(《藝文類聚》所引)

【第 19 條】ⓢ銀之氣,夜正白,流散在地。撥之,隨手散,復合。此,是也。山有葱,下有銀。光,隱隱正白。山有磁石,下有銅若金。(《藝文類聚》《太平御覽》所引)

【第 20 條】ⓒ銅器之屬,見其狀,如望焉,輝輝然。齊器之象,爲牛。楚器之象,爲馬。越器之象,爲蝦蟇。宋器之象,爲白狗。秦器之象,爲豚。燕器之見,爲豕。(《北堂書鈔》《太平御覽》所引)

【第 22 條】ⓒ錢銅之氣,望之,如有青雲。(《藝文類聚》《太平御覽》所引)

【第 23 條】ⓒ望錢,千萬以上,如車。十萬之精,如一素木。萬錢精,蓋地,如甕。(《太平御覽》所引)[②]

就金、銀、銅放出的"氣"所呈現出特有的色彩的説明,《地鏡圖》與《山相秘録》是共通的。金發出的"氣"都包含了赤色的要素(在《地鏡圖》是赤、赤黄、上赤下青;《山相秘録》是黄赤),銀發出的"氣"都包含了白色的要素(在《地鏡圖》是正白;在《山相秘録》是青白),銅發出的"氣"都是黄色、青色。兩書呈現了高度的一致性。换言之,在這方面,《山相秘録》較爲忠實地繼承了《地鏡圖》的探礦用望氣術。

而對埋藏礦物等的"氣"之樣態描寫,兩書却不一致。也就是説,在這方面《山相秘録》并非忠實再現《地鏡圖》。以下就兩者描寫的特徵進行對照。《地鏡圖》中,將"氣"的樣態,以人、各種動物、各種器具等具體的譬喻,静態地、簡潔地傳達給讀者。而《山相秘録》,比如説,錫的"氣"像淡紅色的霧,然後以"頗る遠村の桃の花盛を眺望するに似たり"(筆者譯:頗似眺望桃花在遠村盛開的景色)來描寫這樣的視覺印象。鉛的"氣"像黄白色的烟,它消散的過程爲"風に靡きて漸々に細くなり、終に絲の如くになりて消へる者なり"(筆者譯:隨風披靡而漸漸變細,最後變成一根絲的樣子而消失)。對金的"氣"的樣態和生滅則是這樣

① 何丙郁只根據與第 2 條的整合性,認爲此處應作"黄金之氣,赤,黄金千萬斤以上"。何丙郁:《〈地鏡圖〉の研究》,收入藪内清先生頌壽記念論文集出版委員會編:《東洋の科學と技術——藪内清先生頌壽記念論文集》,同朋舍出版 1982 年版,第 146 頁。筆者不深入討論這個問題,姑且引用原文。

② 《地鏡圖》佚文引自《玉函山房輯佚書》(清馬國翰輯)本。

描寫的："其の勢ひ全く砲火を上るが如く、六七丈或は十餘丈の高きに升り、開ひて花形を為し、其の華必ず八花咲なる者なり。須臾にして空中に消え、或は稀に飛び去ること有り。"（筆者譯：它噴出的氣勢就像炮火，上升至六、七丈或十餘丈之高，然後散開而呈現花朵形，其花朵形必定有八片花瓣。它于須臾之間在空中消失，偶爾也有往某處飛去的。）仿佛是在描寫當時流行的木版畫浮世繪的烟火情景。該書在描寫"氣"的樣態時，不衹做静態的描寫，也包括了動態的刻畫。而且穿插多樣的比喻，隨處可見如畫般細膩的筆致，這是《地鏡圖》所没有的特徵。

四、《山相秘録》所見風水術的影響

《山相秘録・總論第一》提到，要進行"中夜望氣之法"，也就是從微觀的角度鑒别埋藏礦物的種類，必須先進行"最初遠見之法"，也就是采用宏觀的角度鑒别礦床的位置。以下將與"最初遠見之法"相關的部分抽出。與前一節所提及的"中夜望氣之法"相關内容一樣，在據稱是佐藤信景所寫的正文裏，有據稱是佐藤信季所寫的注釋。爲了方便討論，以下在關于山的排列的記述前冠上ⓜ（mountain），望氣的方向的冠上ⓓ（direction），望氣的時期的冠上ⓣ（time）。

> 凡そ山相を觀るには、必ずⓜ其の山の太祖を正南に當てⓓ正北の方より相すること、古よりの定法なり。ⓣ月は五・六・七月を上とし、日は雨の新に晴れたるを上とし、時は巳より未の間を上とす。暑中雨の新に晴れたるときに南山を遠望すれば、雲消し霧滅して、諸峯の顏色、宿酒の頓に醒めたるが如き者なり。是のときに當りてⓜ太祖・太宗より兒孫までの層巒を熟視するに、青翠の中に別に霞光瑞靄（かくわうずゐあい）を發して、鮮明他に異なる所なるは、即ち諸金含有の山相なり。此を最初遠見の法と名づく。
>
> ⓜ太祖とは、諸峯中最も高くして大なる山を云ふ。其の次を太宗とし、其の次を中宗・小宗等と名づく。兒孫とは、其の外圍なる諸の小山を云ふ。ⓣ凡そ山相を觀るに、五・六・七の三ケ月を上とするは、暑中は雨の降るも多く、且つ霞光瑞靄の蒸發することも厚きが故なり。霞光瑞靄

は、凡そ寶貨より蒸發する精氣のことにて、其の形色、毫光の幽微なるが如き者なり。處々に發すること多し。心を留めてよく見習ふべし。層巒とは、山の疊みたる襞積（ひだ）を云ふ。ⓓ抑も山相を觀るに、必ず其の山の北の方より眺望することは、凡そ山の南面は恆に太陽の遍照を受くるが故に、其の光焰に壓却せられて山の精氣を發すること少きを以てなり。又此の最初遠見法は、遠見と云ふと雖ども、外山の足（ふもと）を距たること二十町に過ぐべからず。皇國の里程二十町は即ち天度一分なり。外山の足をさること一分なれば、或は祖山を距たること十分餘に至る。天度十分以上隔たるときは蒸氣頗る厚くして、或は諸山の層巒を熟視するの障碍をなすこと有り。察せざるべからざるなり。

以"太祖""太宗""中宗""小宗""兒孫"這樣的親屬稱呼比喻來説明山的大小或位置關係（圖 2），并從群山聚集之處找尋從地中發出"氣"的場所，在在都可窺見風水術的影響。更明確地説，是接受地中發散出的"氣"的可視性，然後根據這個看得見的"氣"來判斷宅地、墓地吉凶這種類型的風水術[①]。也可説是添加了望氣術要素的風水術。筆者推測，"最初遠見之法"直接受到清前期葉泰的風水書《山法全書》的影響〔該書被收入葉泰的風水著作集《地理大成》之中，附有康熙三十五年（1696）的序〕。該書最初傳入日本的時間是寶永七年（1710），約在《山相秘録》創作的一個世紀之前，享和三年（1803）、文化二年（1805）也分别有傳入的記録。[②]此外，文化十三年占術家西岡玉全選録了其中的部分内容，并加以注釋，刊行了《地理山法風水秘録》。有了這本參考書，《山法全書》的内容也就更容易理解了。

接下來將《山相秘録》與《山法全書・卷之首上・望氣》試作比較（《地理山法風水秘録》裏也有同一章的全文）。延續上文的標注法，在關于山的排列的記述前冠上ⓜ，望氣的時期的冠上ⓣ。

望氣者，望山川所升之氣，以辨其龍之結作也。ⓜ太祖之上，ⓣ于夏、秋之交，雨霽之後，丑、寅之時，必有上升之氣，宜于此時望之。氣之發，從山顛

① 這種類型的風水著作有傳魏管輅撰《管氏地理指蒙》、傳唐楊筠松撰《葬法倒杖》等。
② 宫内貴久：《家相の民俗學》，吉川弘文館 2006 年版，第 59—62 頁。

圖 2　東京大學工學・情報理工學圖書館所藏《山相秘録圖》寫本

《山ノ大〔太〕祖太宗中宗其他兒孫迄ヲ見定ムル圖》

（圖片來源：https://curation.library.t.u-tokyo.ac.jp/files/original/68b32bd99cb333f13832d451fe540a341933b3ec.jpg）

直起冲上，下小上大，如傘，此爲真氣。若横于山腰者，乃雲、霧之氣，非真氣之發也。氣清奇者，貴。肥濁者，富。端正者，出文。偏斜者，出武。色，赤、黄爲上，青、白、黑次之。其詳具《天機素書》[①]。[②]

(1) 將發出"氣"的場所——"太祖"視爲是最重要的；(2) 最適宜望氣的時機是夏季至秋季，剛下過雨的時候。兩書在這兩點上，幾乎是一致的[③]。就適宜望氣的時間段而言，《山相秘録》舉的是前後包夾正午的巳時至未時，而《山法全書》却是丑時至寅時，也就是深夜的時間段，一天開始的幾個小時。不過《山相秘録》在後

① 傳唐邱延翰撰的風水書，冒頭處有《望氣尋龍篇》。

② 《山法全書》引用康熙三十五年序刊本（收録于四庫全書存目叢書編纂委員會編《四庫全書存目叢書》子部第 65 册，齊魯書社 1995—1997 年版）。版面缺損的部分依標點本《地理大成　山法全書》（武陵出版社 2001 年版）補上。

③ 就雨停的時間點，《山相秘録》也跟《地鏡圖》第 2 條是一致的。有可能是《山法全書》受《地鏡圖》的影響後，又影響了《山相秘録》。

續提出“中夜望氣之法”的地方，指出農曆五月至八月的深夜子時爲最適宜的時機[①]，這就與《山法全書》相當接近了。换句話説，《山相秘録》也許是把《山法全書》添加望氣術要素的風水術加以切割後再使用：“中夜望氣之法”繼承了望氣的時間段，其他的部分則由“最初遠見之法”概括了。[②]

不過，“最初遠見之法”并非追求宅地、墓地的風水術。《山相秘録》注意到風水術裏有添加望氣術要素的這個類型，把它改頭换面，加進作爲探礦法的“望氣之法”之中。該書雖然從風水書中取材，但目的并非追求風水術性的開展。不像《地鏡圖》的探礦用望氣術那樣，在同樣的領域，以同樣的目的，直接攝取挪用，不需做太多的更動。因此，前面所引的地方，有風水書一般不提的記述。在風水術中，往往將“面南”列爲好的宅地、墓地的條件之一[③]，想當然的説法是，把山的南面的土地作爲判斷吉凶的對象。但“最初遠見之法”要觀察的是山本身的北面。對此，《山相秘録》陳述的理由是這樣的：在山的南面，埋藏礦物的“氣”受日光直接照射，因此發散得不多。該書畢竟衹是把山當作礦床的所在處，且依是否易于用“望氣之法”鑒别礦脉的有無這樣的標準，應選擇山的北面而非南面。該書從礦山學性的合理性方面作了如上的説明。[④]

在前面所引的内容當中，形容夏天雨停之後遠山的模樣，采用的是如下的擬人化描繪：“雲消し霧滅して、諸峯の顔色、宿酒の頓に醒めたるが如き者なり。”（筆者譯：那時雲霧已經消散，諸山的臉色，宛如從宿醉中忽然清醒了。）跟“中夜望氣之法”相關的内容也見得到這樣的描寫（請參閲第3節）。這樣的描寫手法，不衹《地鏡圖》没有，《山法全書》裏也没有。説是這本書個性的一部分也不爲過。

---

① “凡そ中夜望氣の法を行ふには、五月より八月迄の間に宜し。諸金精氣の出現するは、大抵夜半子の時なる者なり。月のなき能く晴れたる夜を撰ぶべし。月の明らかなる夜は、出現しても甚だ見得がたき者なり。”（筆者譯：適合實踐中夜望氣之法的期間，一般是五月至八月之間。諸金的精氣出現的時間，大抵是夜半子時。必須選擇没有月亮，十分晴朗的夜晚。月亮明亮的夜晚，即使精氣出現，也極其難以看見。）（這一段據稱是佐藤信景作的正文。）

② 《地鏡圖》佚文第2條、第14條也有關于適宜望氣的時期的記述，内容提及適合觀察金、銅、鐵等的“氣”的日子是庚日或辛日（皆爲五行中屬“金”之日）。但在《山相秘録》中，看不到直接繼承的記述。

③ 例如，風水術的權威文獻之一《葬書》（傳東晋郭璞撰）的《外篇》裏有：“夫葬，以左爲青龍，右爲白虎，前爲朱雀，後爲玄武。”即，墓地要面向朱雀的方位（面南）。同書的分篇與引用依文淵閣四庫全書本。

④ 順帶一提，該書提及“中夜望氣之法”應在子時施行的理由是：這個時候太陽從大地下面加熱，埋藏礦物的“氣”容易發散（蓋し夜半子の時には、日輪は大地の正下に在りて、大地の下面より熬炙（がうせき）するを以て、土中自然に熱沸す。故に山中含藏の諸金、其の熱沸の醸化に因て、各々其の色の精氣を蒸發して此を地上に出現し、以て人世に其の有用を示す）。（筆者譯：想來夜半子時，太陽在大地的正下方，從底下熬煮大地，因此土中自然沸騰。故含藏于山中的諸金，在大地沸騰的醸化作用下，各自蒸發其色的精氣于地上，以此向人們顯示其之有用。）（據稱是佐藤信季作的注釋。）

五、結語

《山相秘録》是江户後期由佐藤信淵參與創作的一本關于礦山學、冶金學的書。在解説探礦法體系的《總論第一》中，該書提出了“望氣之法”，它由宏觀的“最初遠見之法”與微觀的“中夜望氣之法”這兩個階段組成。“中夜望氣之法”在同樣的領域、同樣的目的上攝取了南朝梁五行占書《地鏡圖》中的探礦用望氣術，但嚴格來説，在對于埋藏物所發出的“氣”的描述方面，衹有對“氣”的顔色的描述算是繼承了《地鏡圖》，“氣”的樣態方面就跟《地鏡圖》描述得不一致了。《山相秘録》和《地鏡圖》不同之處在于，前者不衹有静態描寫，還有動態描寫，隨處可見如畫的筆致。“最初遠見之法”取材自清前期葉泰所著風水書《山法全書》，是添加了望氣術要素的風水術類型。《山相秘録》使用風水術的詞彙來描述山的大小與位置關係，以及“氣”發出的場所，適宜望氣的季節與時期，這些都可説是繼承自《山法全書》。不過，《山相秘録》把《山法全書》的内容加以改造，加入了探礦法中的“望氣之法”，也因此具有了一般風水書所没有的原因説明，如觀察某座山的時候，選擇某個方位或方向的理由。此外“最初遠見之法”充滿擬人化或圖像化的描寫，也是《地鏡圖》和《山法全書》裏没有的。

最後，簡短追加以下内容。《山相秘録》的導讀文章裏記載了佐藤信淵根據《古事記》《日本書紀》發展出水、火、土、風四元素説的宇宙創造論，還有産靈太神以及其後出現的伊弉諾、伊弉册(伊弉冉)兩位神明創造“地球”與“地球旋轉之樞軸”的過程。并將埋藏各種礦物的大地定位爲“造物主”下賜給人類的寶藏。他所寫的《天柱記》(文政八年成立)及《鎔造化育論》(可能于同時期成立)這兩本天文學的書也有這樣的宇宙觀。綜合這三本書，可以知道，佐藤信淵通曉“國學”與“蘭學”(經由荷蘭傳來的西洋學術)。他透過西洋傳來的天文學，得知大地是個球體，有地軸，會自轉，作爲一個行星，也會在太陽系中公轉。他將這些知識和古代神話結合在一起，[①]形成折中型宇宙觀，并以之爲基礎，把歸爲他的祖父及父親的礦山學説和冶金學説，融合進了《山相秘録》這本書裏。

---

① 《天柱記》的天文學説及該書與先行文獻的關係，請參閲上田晴彦：《〈天柱記〉における地動説に關する考察及び太陽圖に關する調査研究について》，《秋田大學教育文化學部研究紀要　自然科學》第68集，秋田大學教育文化學部2003年版。

對敦煌文獻《正月占城氣法》中“雲氣占”的考察

椛島雅弘(和歌山高專)

一、引言

中國兵學常認爲雲氣與軍隊的關係非常密切,可以反映雲下軍隊的狀態。例如,《晋書・天文志》中有“凡降人氣,如人十十五五,皆叉手低頭”。“十十五五”形容錯亂不齊。“叉手”是“叉手禮”的意思,這是中國古代日常生活中打招呼的禮儀,後比喻投降。①

其他的材料還有《墨子・迎敵祠》,其中有通過觀測雲氣預測吉凶的記載;②1973年在湖南省發現了馬王堆漢墓帛書《天文氣象雜占》,裏面有彩色的雲氣圖和占文。這些材料表明,中國自古就認爲雲氣占在軍事上十分重要。

敦煌文獻《正月占城氣法》也闡述了雲氣占,本文將考察《正月占城氣法》的内容,并揭示它跟其他雲氣占的關聯性。③

---

① 不過,這樣好懂的占文衹是一小部分,不太好懂的也很多。

② “凡望氣,有大將氣,有中將氣,有小將氣,有往氣,有來氣,有敗氣,能得明此者可知成敗吉凶。”(《墨子・迎敵祠》)

③ 關于敦煌占術文獻,可以參考以下學者的研究,如馬克:《敦煌數占小考》,《法國漢學》第5輯,中華書局2000年版;黄正建:《敦煌占卜文書與唐五代占卜研究》,學苑出版社2001年版;Marc Kalinowski, *Divination et société dans la Chine médiévale. Étude des manuscrits de Dunhuang de la Bibliothèque nationale de France et de la British Library*, Paris: Bibliothèque nationale de France, 2003;鄧文寬、劉樂賢:《敦煌天文氣象占寫本概述》,《敦煌吐魯番研究》第9卷,2006年;王晶波:《敦煌占卜文獻與社會生活》,甘肅教育出版社2013年版;鄭炳林、陳于柱:《敦煌占卜文獻叙録》,蘭州大學出版社2014年版。

二、《正月占城氣法》的内容與釋讀

首先，介紹一下《正月占城氣法》的基本信息。《正月占城氣法》是敦煌文獻，有三種寫本。第一，P.3288《玄象西秦五州占第廿二　天鏡》收録的寫本[①]，也是這三種寫本中保存狀態最好的一部。[②] 第二，P.2632《手決》收録的寫本[③]，内容有欠缺，并且没有篇名。第三，Дx.01366V《立(玄)像西秦五州占第廿二(假)》收録的寫本[④]，相比其他兩種，該種保存狀態較差。[⑤] 此外，P.2941、S.2729V、S.5614的一部分内容與三寫本相同，但没有《正月占城氣法》。

P.3288《玄象西秦五州占第廿二　天鏡》之中有各種各樣的占卜，其中《五星占(假)》《日暝西秦》《占月鬥法》《占日食法》《懸像占日耳法》《西秦占日暈法》《占色氣法》《占月光不明法》《五星符(假)》等篇都記載了西秦五州的地名：武威、張掖、酒泉、晋昌、敦煌。而《正月占城氣法》篇没有涉及以上地名。

其次，關于成書年代，鄧文寬、劉樂賢[⑥]以S.2729V"大蕃國庚辰年五月廿三日沙州"這個落款的時間，即公元800年爲依據，推測這些文獻寫成于800年之前。另有P.3288等文獻的内容是關于防止异族進攻的，由于755年發生安史之亂，吐蕃占領西秦五州，因此他們猜測P.3288等大致編成于755—800年之間。

如按先行研究考察的話，《正月占城氣法》的年代也是755—800年之間。

接下來，對《正月占城氣法》作一解讀。綜合以上分析，本文把P.3288的寫本當作底本，但P.3288與P.2632、Дx.01366V有异同。在此情況下，記載注釋部分。

---

① 法國國家圖書館編：《法國國家圖書館藏敦煌西域文獻》第23册，上海古籍出版社2002年版。此外，兩種文獻的彩色圖片可以看到gallica(https://gallica.bnf.fr/accueil/fr/content/accueil-fr? mode=desktop)。

② 關于P.3288的篇名，《法國國家圖書館藏敦煌西域文獻》第23册認爲是《立像西秦五州占第廿二　天鏡》;《敦煌天文氣象占寫概述》把"立"當作"玄"，主張"玄象"意味着"天象"，小論參考該論點。

③ 法國國家圖書館編：《法國國家圖書館藏敦煌西域文獻》第17册，上海古籍出版社2001年版。

④ 俄羅斯科學院東方研究所聖彼得堡分所編：《俄羅斯科學院東方研究所聖彼得堡分所藏敦煌文獻》第8册，上海古籍出版社1997年版。

⑤ 《敦煌占卜文獻與社會生活》闡述各敦煌文獻概略。

⑥ 《敦煌天文氣象占寫本概述》。

原文(標點與换行由筆者作出):

正月占城氣法[1]

子日。有雲赤如扦(注1)形,圓而直長,在黑氣中,有猛將鋭兵至(注2)。大將須堅守勿鬥(注3)慎之不出兵。其年(注4)六月下旬有兵損。

丑日(注5)。有雲如懸衣(注6),臨城注南方,有兵來至我城。城人須先出兵擊之,必勝。不出四月中旬有兵。

寅日。白雲如車(注7)形臨城(注8),其年必有(注9)猛兵鋭將至城,不出五月中旬。

卯日。有氣如人頭(注10)臨城,之(城)人合憂。初大驚鳥相煞。大將勿懼之行令(注11)罰,大吉無事(注12)。

辰日。有赤黄雲臨城,連綿(注13)不絶注城人,大將有喜慶卅日内。天子有曲恩(注14)來至邊城(注15),漢兵立功焄。大吉。

巳日。有雲臨城,下有青上赤(注16)如魚鱗(注17),秋七月所出方合注破城,壞邑煞將士也。

午日。有雲如星,或如杯碗,白色流散臨城不定,注秋八月,有急兵來我城,人合流散,粟貴,離心離德(注18)。

未日。白氣如屈虹(注19),皎日明廣臨城,有賊(注20),不出六十日城中下人謀上,四月中旬灾起(注21)。須慎之。

申日。有赤白氣(注22)臨城如張弓弩(注23),之秋九月末注大兵(注24)至。及慎之(注25)十一月。

酉日。有黄白色如(注26)虹,皎在城四面,城破之(注27)邑危之象(注28)。

戌日。有氣如圓倉(注29)之狀,見日逾(注30)明,此猛將之氣,臨城。冬十月猛將鋭兵主(注31),大將顔出兵于城外。禳(注32)之大吉。

亥日。有雲(注33)上有氣,黄中有赤色,下有黑色(注34)臨城,此爲伏屍(尸)(注35)將之氣。注城人粟貴流亡。大將須貯(注36)糧存信以恩(恩)(注37)恤下。得免其患。

校注:

(注1)“扦”是一種細長而一端尖鋭的棒形器物。

---

① 關于該文的文本,可以參考關長龍輯校:《敦煌本數術文獻輯校》中册,中華書局2019年版。

(注 2)《虎鈐經》卷十七："或雲氣長數十百丈者，猛將之氣也。"

(注 3) 在 P.2632，"門"與"慎"之間有"争"字。

(注 4) 在 P.2632，"其"與"六"之間有"年"字，故筆者在原文里加上"年"字。

(注 5) 在 P.2632，"丑日"以下，日期之前都有"正月"二字，但不能確認"子日"的記載。另有，Дx.01366V 存在"正月未日"的表述。

(注 6)《隋書・天文志》："或雲氣如懸衣，敗兆也。"其他文獻也認爲"懸衣"是"敗兆"之意。

(注 7)《隋書・天文志》："宋雲如車。""車氣乍高乍下，往往而聚。"但原文占文與《隋書・天文志》的占文没有關聯。

(注 8) 在 P.2632，"臨"與"其"之間有"城"字，故筆者在原文里加上"城"字。

(注 9) 在 P.2632，"必"與"猛"之間有"有"字，故筆者在原文里加上"有"字。

(注 10)《晋書・天文志》："營上有雲如衆人頭赤色，其城營皆可屠。"《乙巳占》卷九："雲氣如人頭者，是將軍失兵衆。"

(注 11) P.2632 作"行人之"。

(注 12) P.2632 没有"無事"二字。

(注 13)《晋書・天文志》："喜氣上黄下赤。"原文"赤黄""喜"的内容與《晋書・天文志》一致。《靈臺秘苑》卷四："軍勝氣……赤黄上達于天。"

(注 14) P.3288 作"廿日内又是有曲恩"，P.2632 作"廿日内天子有曲恩"。筆者在原文里采用 P.2632 的寫法。"曲恩"是"給人以大恩惠"的意思。《舊唐書・高祖紀》："酬裴寂則曲恩大過。"

(注 15) "邊城"是"邊防城市"的意思。《墨子・號令》："數使人行勞賜守邊城關塞，備蠻夷之勞苦者。"

(注 16) 在 P.2632"土"與"赤"之間有"有"字。

(注 17) P.2632 不作"轔"，寫作"撼"。

(注 18) "離心離德"是"思想不統一，信念不一致"的意思。《尚書・泰誓中》："受有億兆夷人，離心離德。"

(注 19) "屈虹"表示"彩虹斷裂散亂的樣子"。《史記・司馬相如列傳》："靡屈虹而爲綢。"《晋書・天文志》："凡白虹者，百殃之本，衆亂所基。""凡白虹霧，奸臣謀君，擅權立威。"

(注 20) P.2632 不作"賊"，寫作"開"。

(注 21) P.2632 不作"灾"，寫作"突"。

(注 22)《太白陰經》卷八："猛將之處，有赤白氣相繞。"

(注 23) P.2632 不作"弩"，寫作"怒"，Дx.01366V 作"駑"。《晋書・天文志》："或如張

弩……此皆猛將之氣也。"《虎鈐經》卷十七:"或如弓形……此十三者猛將之氣也。"這兩個記載都認爲弩形雲氣是"猛將之氣"。

(注 24) P.2632 無"大兵"的"大"字。

(注 25) P.2632 無"慎之"的"之"字。

(注 26) P.3288"白"與"虹"之間還有一字,但無法辨讀。P.2632 寫作"白色如虹"。故筆者在原文里加上"色如"。

(注 27) P.2632 無"破之"的"之"字。

(注 28) P.2632 不作"象",寫作"像"。

(注 29) "圓倉"是"圓形穀倉"的意思,猜測與"囷倉"同義。《乙巳占》卷九:"兩軍相當,敵軍上氣如囷倉,正白,見日益明者,猛將氣,不可擊。"

(注 30) P.2632 不作"逾",寫作"愈"。

(注 31) P.2632 不作"主",寫作"至"。

(注 32) "穰"是"攘"的意思。

(注 33) P.2632"有"與"上"之間有"雲"字。故筆者在原文里加上"雲"。

(注 34) Дx.01366V 無"下有黑色"。《晋書·天文志》等:"凡屠城之氣,……或有赤黑氣如狸皮斑。"《虎鈐經》卷十七:"或雲氣黑色而黄色在上者,士卒怯懦,内亦有反亂之計也。"

(注 35) "伏尸"是"死骸"的意思。《戰國策·魏策》:"秦王曰:'天子之怒,伏尸百萬,流血千里。'"

(注 36) P.2632 不作"貯",寫作"佇"。

(注 37) "恖"是"悉"。《敦煌本數術文獻輯校》判讀爲"恩"字。

《正月占城氣法》有從"子日"到"亥日"一共十二日的占術,基本上是在闡述雲氣的狀態與占卜結果,不過也有一部分日子同時闡述了對策與對策結果。將有關各日的原文表述之作用整理爲下表:

表 1

	雲氣狀態	占卜結果	對　策	對策結果
子日	有雲赤如扞形,圓而直長,在黑氣中	有猛將鋭兵至 其年六月下旬有兵損	大將須堅守勿鬥慎之不出兵	
丑日	有雲如懸衣,臨城注南方	有兵來至我城 不出四月中旬有兵	城人須先出兵擊之	必勝

續 表

	雲氣狀態	占卜結果	對 策	對策結果
寅日	白雲如車形臨城	其年必有猛兵鋭將至城，不出五月中旬		
卯日	有氣如人頭臨城	之人合憂。初大驚鳥相煞	大將勿懼之行令罰	大吉無事
辰日	有赤黄雲臨城連綿不絶注城人	大將有喜慶卅日内。天子有曲恩來至邊城，漢兵立功君。大吉		
巳日	有雲臨城，下有青上赤如魚鱗	秋七月所出方合注破城，壞邑煞將士也		
午日	有雲如星，或如杯碗，白色流散臨城不定，注秋八月	有急兵來我城，人合流散，粟貴，離心離德		
未日	白氣如屈虹，皎日明廣臨城	有賊，不出六十日城中下人謀上，四月中旬灾起	須慎之	
申日	有赤白氣臨城如張弓弩	之秋九月末注大兵至	及慎之十一月	
酉日	有黄白色如虹，皎在城四面	城破之邑危之象		
戌日	有氣如圓倉之狀，見日逾明	此猛將之氣，臨城。冬十月猛將鋭兵主，大將顏出兵于城外	穰之	大吉
亥日	有雲上有氣，黄中有赤色，下有黑色臨城	此爲伏尸將之氣。注城人粟貴流亡	大將須貯糧存信以恩恤下	得免其患

三、對于敦煌文獻《正月占城氣法》的考察

（一）“雲”與“氣”的區别

先來看看《正月占城氣法》中“雲”與“氣”的區别。在子日、丑日、寅日、巳日、

午日、亥日的部分使用"雲",在其他的日子使用"氣",這種區分有没有特别的用意?

《太白陰經》中有"經曰,天地相感,陰陽相薄,謂之氣,久積而成雲,皆物形于下而氣應于上"的記載,認爲積滿"氣"當"雲",换言之,濃度很高的氣爲雲。另有,《晋書·天文志》關于"瑞氣"有如下記述:"瑞氣:一曰慶雲。若烟非烟,若雲非雲,郁郁紛紛,蕭索輪囷,是謂慶雲,亦曰景雲。此喜氣也。太平之應。""慶雲"被認爲是"瑞氣"的一種,但用"雲"字命名。

這樣的現象可以通過《晋書·天文志》的"十煇(暈)"得到確認。例如,"八曰序,謂氣若山而在日上",參照《太白陰經》來理解,如山形狀的"序"以爲是"雲",實際上是"氣"。[①]

因此,中國兵學有時根據氣的濃度判定"雲"與"氣",有時候對兩者的區分很含糊。《正月占城氣法》中"雲"與"氣"的解釋也有兩種可能性。

(二)占卜方法、占卜理論

首先,占者怎麽使用《正月占城氣法》占卜呢?筆者推測有兩種可能性。在正月中丑日觀測"有雲如懸衣臨城注南方"的話,推測"不出四月中旬有兵""有兵來至我城",這是一種可能性。或者解釋"正月"爲"從正月開始一年間",這樣的話,不管是不是正月期間,衹要日期地支與運氣的樣子一致,都可以占卜,這是另一種可能性。

其次,《正月占城氣法》根據什麽樣的占卜理論來占卜?占卜判斷中非常重要的是"顔色"與"形狀"。關于顔色,《晋書·天文志》中有"青饑,赤兵,白喪,黑憂,黄熟",這個記載受到五行説,以及對顔色簡單的對應印象的影響,例如象徵"兵"的紅氣出現在子日、巳日,都猜測爲軍隊的入侵。

那麽,觀測到兩個以上的顔色的話,該如何判斷?例如,申日出現紅色、白色,推測大軍來襲,這與《晋書·天文志》"紅=兵"的印象一致,與"白=喪"的印象不一致,但是如果軍隊、戰争包含"喪"的印象的話,那麽申日與《晋書·天文志》的顔色理論不是矛盾關係?

而在酉日根據"黄白色如虹皎在城四面",推測危險逼近我方城堡,這與《晋

① 根據"十煇"的内容,不僅是"雲","虹""暈""霧""雨""風"都被當作氣的一種。

書》"黄＝熟"的印象不一致，這種情况該如何理解？《晋書・天文志》中有"凡白虹者，百殃之本，衆亂所基"之語，白色彩虹被視作不吉祥的象徵，大概《正月占城氣法》的酉日受到白色彩虹的影響，被判定爲未來不吉祥。

關于形狀，在卯日根據"有氣如人頭臨城"，推測將發生不吉祥之事。因爲"人頭"的形狀容易讓人聯想到首級、斬首，所以推測這樣的内容，勸戒自己軍隊的將軍。另外，《晋書・天文志》"營上有雲如衆人頭赤色，其城營皆可屠"、《乙巳占》卷九"雲氣如人頭者，是將軍失兵衆"這樣的記述也應該是根據"人頭＝首級、斬首"的聯想得出的結果。

四、中國兵學中《正月占城氣法》與其他文獻的關係

爲了闡明《正月占城氣法》與其他文獻的關係，我們需要確認《晋書・天文志》《開元占經》《太白陰經》的雲氣占。

《晋書・天文志》"雜氣"的部分把雲氣分爲"天子氣""猛將之氣""軍勝之氣""負氣""降人氣"等，分類標準是占卜内容，每項中有幾個占卜。例如，對"戰氣"的闡述如下：

> 凡戰氣，青白如膏，如人無頭，如死人卧，如丹蛇，赤氣隨之，必大戰，殺將。四望無雲，見赤氣如狗入營，其下有流血。

《開元占經》形式與《晋書・天文志》"雜氣"的部分一樣，對"猛將之氣""伏兵氣"的描述一致，而且這兩種文獻都記有"白（氣）如瓜蔓連結，部隊相逐，須臾罷而復出"。但其他部分并不完全一致，而且有"帝王氣""賢將氣""軍營氣"等項目，《晋書・天文志》却没有。

《太白陰經》形式與《晋書・天文志》《開元占經》同一，而且也有"猛將氣""伏兵氣"，相關内容與《晋書・天文志》都有相同的描述，例如，"四望無雲，見赤氣如狗入營，其下有流血"。而且《太白陰經》與《開元占經》中有"敵上氣黑中赤，在前者，將精悍不可當"等相同部分。總而言之，三者大致形式相同，并有部分内容一致。

根據以上分析可以判斷，三者屬于接近的系統。此外，三者與《隋書・天文

志》《乙巳占》《靈臺秘苑》《虎鈐經》《武經總要》的部分形式與内容相同。

那麽,該如何理解三者與《正月占城氣法》雲氣占的關係呢? 三者與《正月占城氣法》都使用了"懸衣""人頭"等專業術語,不過《正月占城氣法》的占卜形式很特殊,相异部分很多,而且三者與《正月占城氣法》之間没有相同表述,因此應該認爲三者與《正月占城氣法》的雲氣占屬于不同的系統。

那麽,三者與《正月占城氣法》之間有如何具體差别? 筆者認爲至少有五點。

第一,占卜立場不同。《晉書·天文志》等基本上不明説野戰或攻戰或守戰,另有關于城堡周圍的雲氣的記述,該觀點是攻城立場。例如,《晉書·天文志》:

> 凡堅城之上,有黑雲如星,名曰軍精。或白氣如旌旗,或青雲、黄雲臨城。皆有大喜慶。或氣青色如牛頭觸人,或城上氣如烟火,如雙蛇,如杵形向外,或有雲分爲兩彗狀者,皆不可攻。

最後的"皆不可攻"表示攻城立場,其他文獻的城堡雲氣占是也一樣。但《正月占城氣法》從守城的立場表述雲氣占。

第二,戰鬥的對象不同。《晉書·天文志》中有"北夷之氣,如牛羊群畜、穹廬,南夷之氣,類舟船、幡旗",《開元占經》中有"東夷,氣如樹;西夷,氣如室屋;南夷,氣如閣臺,或如舟船、幡旗;北夷,氣如群羊,如穹廬",可以確認的是,這是對异族的記述,不過衹有异族運氣的特徵,而且其他大部分文字未提及异族。

而《正月占城氣法》中有"大將有喜慶。世日内天子有曲恩來至邊城,漢兵立功焄"(辰日)的記載,這是以防備异族爲前提,其他部分不存在直接聯想异族的記載,不過全部内容是關于守城,因此《正月占城氣法》全篇也很可能是以防備异族爲主題。

第三,運氣的觀測方法不同。如前描述,《晉書·天文志》等書認爲雲氣反映了雲下軍隊的狀態,因此雲氣與軍隊的關係非常密切,基本上是衹有占卜看得懂的領域。而《正月占城氣法》以城堡内或者城堡周圍的雲氣來推測外部軍隊會不會入侵。

第四,對占卜結果發生的時期的表達不同。《晉書·天文志》等書的雲氣占不明確表達占卜結果發生的時期。而《正月占城氣法》明示何時發生占卜結果及對策結果,例如"其年六月下旬有兵損"(子日·占卜結果)、"不出四月中旬有兵"

(丑日·占卜結果),這個傾向見于十二個占卜中的九個。

第五,是否提及觀測日期。《太白陰經》中有"凡欲知我軍氣,常以甲巳日及庚、子、辰、戌、午、未、亥日,及八月十八日,去軍十里許,登高望之。但百人以上,則皆有氣",闡述爲了觀測我軍的雲氣所需要的日期信息。但是除此以外,不僅是《太白陰經》,而且《晋書·天文志》《開元占經》也未提及日期。而《正月占城氣法》所有的占卜與日期有關係。[1]

由此可見,《正月占城氣法》與《晋書·天文志》《開元占經》《太白陰經》至少有五點差別。

五、結語

《正月占城氣法》使用與《晋書·天文志》等書相同的占卜語句,不過在"占卜立場""戰鬥對象""運氣的觀測方法""占卜結果發生的時期""觀測日期"這五方面存在差别。在中國兵學中,《正月占城氣法》的雲氣占很特殊,它的價值會在兵學實踐中得到體現。

那麽,《正月占城氣法》是如何創作和流傳的呢?有兩種可能性。第一,原來在中原的《正月占城氣法》或者與其相似的文獻,在唐代以後流傳到敦煌。在此可能性下,因爲現在無法確認到底是哪一種文獻,所以學界普遍認爲原本已經失傳。

第二,參考曾在中原存在的《晋書·天文志》或與《晋書·天文志》相似的文獻,至少是在唐代出現了適應敦煌地域的雲氣占。總之,《正月占城氣法》與敦煌地域有密切的關係。在《正月占城氣法》的寫成年代,敦煌與吐蕃接壤,因此對异族進攻的防犯顯得十分重要。

---

① 《占月鬥法》《日暝西秦》《占月食法》也有從子日到亥日十二種的占卜方式,例如:"醜日鬥者,四郡粟麥貴,有外兵來至我邑,城人流亡,九月下旬必有流血之像。大將須慎之。"

敦煌藏文本 P.3288V《逐日人神所在法》整理研究*

張福慧(甘肅省博物館)
陳于柱(天水師範學院)

法國國家圖書館庋藏的敦煌寫卷 P.3288 由多紙粘連而成,首尾均缺,正面抄漢文文獻《玄像西秦五州占》《太史雜占曆》等,[①]背面自右向左相繼抄寫《佛典摘抄》、《佛曲》、《樂住山》、《五臺山贊》、古藏文文獻、《乾寧三年丙辰歲(896)正月歸義軍節度押衙某雜寫》、《步軍都知兵馬使張賢慶銜名》、《歸義軍節度馬步都虞侯銀青光禄大夫檢校太子賓客兼監察御史上柱國張懷政邈真贊并序》,其中,P.3288背面藏文文獻第 187—213 行抄有與古代針灸禁忌相關的《逐日人神所在法》。薩仁高娃 2010 年發表《國外藏敦煌漢文文獻中的非漢文文獻》對 P.3288 背面藏文文獻進行了首次著録,但將此件文獻定名爲《藏文咒語》,[②]不確。2017 年,劉英華先生初步分析了 P.3288 背面藏文的内容構成,正確指出此件文獻中存有與人神禁忌相關的書寫。[③] 不過由于 P.3288 背面藏文文字多有漫漶,在很大程度上增加了辨識文字的難度,所以其中的人神禁忌的文字釋讀、文獻定名、歷史來源、學術價值等關鍵問題一直没有解决。人神禁忌是古代針灸醫學的重要内涵,故此件文獻的譯釋和公諸于世,不僅對進一步研究吐蕃醫學的形成和發展有着積極的意義,而且對于唐宋漢、藏醫學交流史以及整個中國醫學史的研究也具有重要的參考價值。

---

* 本文係 2018 年全國高校古籍整理委員會項目(1815)、2019 年教育部人文社會科學研究一般項目(19YJA770022)的階段性研究成果。

① 參見鄭炳林、陳于柱:《敦煌占卜文獻叙録》,蘭州大學出版社 2014 年版,第 66 頁。

② 參見薩仁高娃:《國外藏敦煌漢文文獻中的非漢文文獻》,《文津學志》第 3 輯,國家圖書館出版社 2010 年版,第 148 頁。

③ 參見劉英華:《敦煌本 P.3288 3555A V°藏文星占文書研究之一——九曜和二十八宿名表釋讀》,《西藏民族大學學報(哲學社會科學版)》2017 年第 5 期。

一、文字譯釋

P.3288背面藏文原件的圖版已于2002年由上海古籍出版社刊布，卷中有對人神禁忌的書寫，藏文首題“逐日人神所在不宜行火灸及針灸禁忌”，起“一日在足大趾”，迄“三十日在脚踝和背及掌心，完”，存有三十組文字，較完整地規定了一月三十天中人神在人體的特定部位，并强調其所在部位忌用針灸。下面是藏文文本的漢文翻譯（文字殘缺之處均用“□”表示，并視具體情況適當延長或縮短），[①]希望能爲中醫古籍研究者提供一件新的資料。

逐日人神所在不宜行火灸及針灸禁忌。一日在足大趾和□。二日在足外踝。三日在股内。四日在腰和足。五日在口内。六日在手的□和腹部。七日在内踝。八日在手腕。九日在尻。十日在脊背和腰。十一日在鼻柱。十二日在鬢角和髮際。十三日在牙齒。十四日在喉嚨和手的□和胃脘。十五日在遍身，故此日不宜針灸及火灸。十六日在胸乳。十七日在氣冲及牙齒及脅部。十八日在大腿、腹内及□。十九日在足□及掌心。二十日在足趺及外踝骨，膝下。二十一日在手小指及足的□。二十二日在胸腹及足外踝。二十三日在□及足。二十四日在手。二十五日在手中指及足的□及足掌心。二十六日在肩頭上下。二十七日在膝。二十八日在男根、女陰。二十九日在大腿内外及膝蓋。三十日在脚踝和背及掌心，完。

二、關于文獻定名的問題

以上譯文中的“人神”是中國古代針灸禁忌中的一種，這一醫學觀念最早源于《内經》，指特定時間裏的氣血在人體不同部位消長，在針灸過程中要規避相應時間和部位，以免破壞氣血的消長及人體的平衡，否則會引發出血甚至死亡等嚴重醫療事故。[②] 作爲較早系統記録人神禁忌的專著，成書于漢晋間的《黄帝蝦蟆

① 對此藏文文本的釋讀，參見陳于柱、張福慧：《敦煌藏文本P.3288V〈逐日人神所在法〉題解與釋録》，《天水師範學院學報》2019年第4期。

② 參見張仁：《針灸意外事故的历史與現狀》，《中西醫結合學報》2004年第4期。

經》闡述了人神禁忌是以月之圓缺對人體氣血變化的影響爲醫理基礎。魏晉以降,有關人神禁忌的記載愈發豐富,其傳統直至清代,從未斷絶,尤其是唐代的《備急千金要方》《外臺秘要》將當時散見諸處的與人神禁忌相關的文字彙集一起,後世醫書如《黄帝明堂灸經》等多沿用其内容,鮮有超出者。[①] 嚴格來講,針灸人神禁忌并無科學依據,但長期爲古代針灸者所信奉。

唐宋社會針灸活動中對人神的敬畏,通過敦煌文獻亦可窺豹一斑。敦煌漢文文獻所存人神禁忌的寫卷既有醫書,如 P.2675《新集備急灸經》(甲本甲卷、乙本)、S.5737《灸經明堂》、P.3247《人神流注殘卷》;[②]也有具注曆日,如 P.2765《唐大和八年甲寅歲(834)具注曆日》、P.4996+P.3476《唐景福二年癸丑歲(893)具注曆日》、P.3247V《後唐同光四年丙戌歲(926)具注曆日一卷并序》、S.95《後周顯德二年乙卯歲(955)具注曆日并序》、S.3985+P.2705《宋端拱二年己丑歲(989)具注曆日》等;[③]還有術數書,如 P.2675V《陰陽書》、S.930V《推人辰法》、S.6167《人神游日》、[④]羅振玉藏敦煌文獻《推年人神所在法》。[⑤] 醫書、具注曆日以及術數書對"人神"的廣泛收録,充分表明人神禁忌已成爲唐宋時代醫界與社會民衆重要的實用性知識和常識性知識,并獲得了官方的認可。[⑥]

在上述文獻中,根據特定時間周期對應人體特定部位的特點,古代中醫針灸人神禁忌可以分爲行年人神禁忌、十二部人神禁忌、四季人神禁忌、十乾十二支人神禁忌、十二建人神禁忌、逐日人神禁忌(日辰忌)、十二時人神禁忌等多種類别。敦煌藏文寫本 P.3288V 中的人神書寫屬于逐日人神禁忌,該類别人神禁忌在古代文獻中的名稱并不固定,如敦煌曆日 S.612《宋太平興國三年戊寅歲(978)應天具注曆日》題作"推逐日人神針灸法"、宋《黄帝明堂灸經》書作"人神所在不宜針灸"、清《協紀辨方書》稱作"逐日人神所在",日本醫書《醫心方》以"人神所在法"爲題。參考以上題名,并結合 P.3288V 藏文人神禁忌首題"逐日人神所在不宜行火灸及針灸禁忌",筆者認爲敦煌寫本 P.3288V 藏文針灸禁忌書寫定名爲

① 參見華瀾(Alain Arrault):《9 至 10 世紀敦煌曆日中的選擇術與醫學活動》,李國强譯,《敦煌吐魯番研究》第 9 卷,2006 年。

② 參見馬繼興等輯校:《敦煌醫藥文獻輯校》,江蘇古籍出版社 1998 年版,第 513—534 頁。

③ 參見鄧文寬輯校:《敦煌天文曆法文獻輯校》,江蘇古籍出版社 1998 年版,第 140—660 頁。

④ 參見黄正建:《敦煌占卜文書與唐五代占卜研究(增訂版)》,中國社會科學出版社 2014 年版,第 155 頁。

⑤ 參見趙貞:《敦煌占卜文書殘卷零拾》,《敦煌吐魯番研究》第 8 卷,中華書局 2005 年版,第 210 頁。

⑥ 《唐六典》卷 14《太卜署》載:"凡历注之用六:一曰大會,二曰小會,三曰雜會,四曰歲會,五曰建除,六曰人神。"李林甫等撰:《唐六典》,陳仲夫點校,中華書局 2014 年版,第 413 頁。

“逐日人神所在法”較妥。

三、敦煌藏文《逐日人神所在法》的文本來源與使用群體

敦煌藏文本 P.3288V《逐日人神所在法》所載内容，與同樣出自藏經洞的敦煌諸件漢文本逐日人神禁忌在文例編排與内容書寫上基本一致，但文字略有差异。這主要體現在三個方面：一是部分時間對應的身體部位不盡相同，如十四日人神禁忌在藏文本中寫作“十四日在喉嚨和手的□和胃脘”，而敦煌漢文本幾乎全寫作“十四日在胃管”，没有涉及藏文本中的喉嚨和手這兩個身體部位。關于十四日人神在人體三個部位的記録，目前主要保存在《千金翼方》與《外臺秘要》這兩本唐代漢文醫籍中，其文字表述爲“十四日胃脘喉嚨足陽明”[①]，其中的“足”在敦煌藏文本中被寫成了“手”。二是藏文本對針灸安全的强調更顯突出，尤其表現在十五日人神禁忌上，漢文本普遍用“十五日在遍身”一語概括，而藏文本則進一步强調“十五日在遍身，故此日不宜針灸及火灸”，這是所有漢文針灸禁忌文獻所未見的。三是對人體部位描述的精確度不同，以二十八日人神所在爲例，敦煌漢文本多書作“廿八日在陰”，敦煌藏文本則寫作“tshes nyi shu brgyad la pho mtshan dang mo mtshan la gnas(二十八日在男根、女陰)”，其表述相較敦煌漢文本而言更爲清晰明確，且更凸顯吐蕃語言特色。

此前所知最早的藏文逐日人神所在法，保存在 17 世紀藏族名醫塔曼然巴羅桑曲扎大師編著的《藏醫秘訣》中。[②] 此書與漢文醫籍、敦煌文獻中的逐日人神禁忌相比較，在文例編排方面基本一致，但在内容書寫上彼此却相近者少、相异者多，特别是有關各日人神與對應身體部位的描述差异較大，如：八日，《千金翼方》、P.3288V《逐日人神所在法》分别作“八日足腕一云脚”“八日在手腕”，《藏醫

---

① 孫思邈：《千金翼方校釋》，李景榮等校釋，人民衛生出版社 1998 年版，第 437 頁。

② 參見青海省藏醫藥研究所、《藏醫藥經典文獻集成》編委會編：《藏醫秘訣匯集》，民族出版社 2006 年版，第 230—231 頁。其漢譯文爲：“人神處所(bla gnas)的計算方法(brtsi tshul)是，(每月)一日在足大拇指，二日在脚踝，三日在小腿肚，四日在膝關節大腿内側，五日在膕窩(在膝關節後)，六日在大腿的溝(腹股溝)，七日在心窩部(胸部正中)，八日在心，九日在頸項，十日在喉頭部，十一日在鼻尖，十二日在前額，十三日在囟門，十四日在耳尖，十五日由頭頂到全身，十六日在後頸窩，十七日在肩部，十八日在臀部，十九日在頸項，二十日在肘部，二十一日在肋部，二十二日在腋下，二十三日在手，二十四日在腎，二十五日在髖臼，二十六日在百那，二十七日在生殖器，二十八日在脛面部，二十九日在背部，三十日在從足心到全身。”參見劉英華：《敦煌藏文寫卷 P.T.1044 再探》，《敦煌吐蕃文化學術研討會論文集》，甘肅民族出版社 2009 年版，第 275 頁。

秘訣》作“八日在心”；十三日，《千金翼方》、P.3288V《逐日人神所在法》均是人神“在牙齒”，《藏醫秘訣》寫作“十三日在囟門”；十七日，《千金翼方》、P.3288V《逐日人神所在法》分别是“十七日氣冲及脅部”“十七日在氣冲及牙齒及脅部”，《藏醫秘訣》則是“十七日在肩部”。比較而言，敦煌藏文本 P.3288V 與漢文醫籍的人神禁忌書寫更爲相近。根據 P.3288 背面藏文文字自漢文《乾寧三年丙辰歲正月歸義軍節度押衙某雜寫》右側空約三行處自左向右抄寫的情形判斷，此件藏文文獻的抄寫年代應在唐乾寧三年左右，屬吐蕃晚期的作品，比《藏醫秘訣》早了近七個世紀。從這一角度來看，敦煌本 P.3288V《逐日人神所在法》無疑應是目前所存時代最早的古藏文針灸人神禁忌文獻。

通過與敦煌漢文本人神禁忌文獻以及傳世漢文醫籍的比較，可以斷定，敦煌寫本 P.3288 背面藏文《逐日人神所在法》是根據相關漢文針灸人神禁忌文獻改編而成，并有部分内容源自唐代中原醫書《千金翼方》或《外臺秘要》。

由于藏語文自公元 8 世紀中葉開始逐漸成爲河西與西域地區的一種共用語言，故敦煌藏文本 P.3288V《逐日人神所在法》的使用群體問題就變得複雜，需進一步落實。敦煌文獻 P.3288 就整體而言，背面用藏文相繼抄有沐浴洗頭占[①]、星占、人神禁忌、宅經等内容，前後藏文字迹相同，爲一人所抄。在《逐日人神所在法》後面有一段漫漶較爲嚴重的藏文文字，其首行書作“rus ni gtsang □ gyi □ lang dang skas（藏裔□階梯□惡業）”，經筆者與才讓教授、朱麗雙教授討論，[②]一致認爲此件藏文文獻中的“gtsang”當譯爲“後藏”，即今西藏日喀則及其附近地區。此外，在《逐日人神所在法》之前的藏文星占書寫中，還有“調服牦牛”的表述。文本中的這些信息足以表明，包括《逐日人神所在法》在内的敦煌藏文文獻 P.3288V 的編譯者與使用群體應是吐蕃人。

四、敦煌藏文本《逐日人神所在法》重要的文獻學與歷史學價值

敦煌藏經洞出土的古藏文醫學文獻是研究吐蕃醫學的珍貴資料，學界此前釋讀整理出 S.t.756《醫療術長卷》、S.t.1254《醫療術》、P.T.1057《醫療術》、P.T.

① 參見陳于柱、張福慧：《敦煌古藏文寫本 P.3288V(1)〈沐浴洗頭擇吉日法〉題解與釋録》，《敦煌學輯刊》2019 年第 2 期。

② 感謝才讓教授、朱麗雙教授的不吝賜教！

127《火灸療法》、P.T.1044《火灸療法》、P.T.1058《藏文穴位圖》等六件寫卷，作爲目前所知時代最早的古藏文針灸人神禁忌文獻，敦煌本 P.3288V《逐日人神所在法》的發現尚屬首次，此件寫本的譯釋和刊布，不僅進一步擴展了學界對吐蕃醫學文獻的認識，而且爲研究吐蕃針灸醫學的傳承演變提供了彌足珍貴的新史料，有助于保存并豐富吐蕃民族文獻。

需加注意的是，在出土文獻中已發現回鶻文和西夏文兩種少數民族語言的人神禁忌文獻，但前者因殘缺不全而難以窺其全貌，[①]後者則僅存《十二部日人神不宜灸》《十二時不宜灸》《十二部年人神不宜灸》，未見與逐日人神禁忌相關的書寫。[②] 所以，敦煌藏文本《逐日人神所在法》也是目前出土的少數民族語言文獻中唯一保存完整的逐日人神所在法寫本。毫無疑問，敦煌漢、藏文人神禁忌文獻與吐魯番出土回鶻文、黑水城出土西夏文人神禁忌文獻的相繼發現，説明作爲醫療安全規範重要内容的中醫針灸禁忌，不僅在唐宋時期的中原頗爲流行，而且對中國古代的吐蕃、回鶻、西夏等少數民族均具有重要影響，充分證明：歷史上西北少數民族和中原内地在醫學領域的交流與融合同樣是中國邊疆民族關係的主旋律之一。

學界目前對于唐宋時代漢、藏醫學的關係研究，主要沿着兩種路徑展開：一是利用傳世西藏教法史籍中的相關記載予以建構[③]，所用資料主要有《紅史》《賢者喜宴》《西藏王臣記》《月王要診》等，然西藏教法史籍的成書時代普遍較晚，并且常充滿宗教神話色彩，因此很多内容仍需進一步考證和落實；二是通過此前業已刊布的敦煌藏文醫學文獻與中原醫學在取穴方法、主治病症、治療原則等方面的比較，以探究藏、漢醫學的若干相近性[④]，但誠如相關研究者所坦承的那樣，這些比較仍是較爲粗淺的。總而言之，既有研究均缺乏直接的實證材料以闡明唐宋時代漢、藏醫學的關係，所以學界目前或否認古代藏醫灸法曾受到中醫灸法的影響[⑤]，提出漢、藏兩個傳統醫藥體系中的灸療術是相對獨立地發展起來的[⑥]；或認爲吐蕃火

---

① 參見楊富學、張田芳：《回鶻文〈針灸圖〉及其與敦煌針灸文獻之關聯》，《中醫藥文化》2018 年第 2 期。

② 參見聶鴻音：《西夏譯本〈明堂灸經〉初探》，《文獻》2009 年第 3 期。

③ 參見黄顥：《唐代漢地醫學對藏族醫學的影響》，《民族研究》1980 年第 5 期。

④ 參見羅秉芬：《敦煌本吐蕃醫學文獻〈火灸療法〉的研究》，收入羅秉芬主編：《敦煌本吐蕃醫學文獻精要》，民族出版社 2002 年版，第 72—75 頁。

⑤ 參見洪武娌：《敦煌本吐蕃醫學卷子中的療法初探》，收入羅秉芬主編：《敦煌本吐蕃醫學文獻精要》，第 116 頁。

⑥ 參見蔡景峰：《藏醫學通史》，青海人民出版社 2002 年版，第 74 頁。

灸術主要是與突厥、波斯、古印度等西域民族的火灸術互相交流、互相融匯在一起發展起來的[①]。作爲一種實用性文書，敦煌藏文寫本 P.3288V《逐日人神所在法》的發現與釋讀，不僅有力説明了唐宋之際以針灸術爲代表的藏、漢醫學有着緊密聯繫，吐蕃民衆主動學習和應用中醫針灸禁忌，而且爲解決吐蕃醫學在發展過程中曾積極借鑒、吸收中原漢族醫學養分提供了直接證據和確鑿、完整的實證資料。總的看來，敦煌藏文本《逐日人神所在法》涉及吐蕃醫學的諸多問題，是客觀認識吐蕃醫學形成以及漢、藏醫學交流的珍貴史料，具有重要且獨特的學術價值，應該得到學界的足够重視。

① 參見羅秉芬：《敦煌本吐蕃醫學文獻〈火灸療法〉的研究》，收入羅秉芬主編：《敦煌本吐蕃醫學文獻精要》，第 67 頁。

敦煌失名脉學著作(Дх00613+P.3287)再考*

于業禮(上海中醫藥大學)
沈澍農(南京中醫藥大學)

一、引言

敦煌醫學文獻中,P.3287是十分重要的一個長卷,一者因其長,故所載内容多(共149行);二者,其所載内容涉及《素問·三部九候論》《傷寒論·傷寒例》等幾部重要的醫學著作,對于考察這幾部醫著在唐代及唐以前的版本流傳情況,是較有價值的參考材料。故而,學者對該卷的重視度也比較高,如王洪圖先生早在1983年就曾著文,對其中第1—31行屬《素問·三部九候論》部分的内容進行探討。[①] 1987年,王咪咪先生再探該卷,將該卷第1—31行與P.3481一起,稱爲"敦煌本《内經》"[②]。對該殘卷屬《傷寒論》部分進行研究的,則有王杏林先生(2006)[③]。她將該卷與S.202并稱爲"敦煌本《傷寒論》",對部分文字進行了校證梳理。其他參與該殘卷研究的,還有馬繼興(1990)[④],張儂(1990、1991)[⑤],趙健雄、蘇彦玲(1991)[⑥],田永衍(2014)[⑦]等先生。

梳理以上研究,可以發現一個共同點,即在研究過程中,諸先生均是着眼于

* 本文係國家社會科學基金重大項目"敦煌西域出土漢文醫藥文獻綜合研究"(17ZDA332)階段性成果。

① 王洪圖:《敦煌古醫經殘卷與〈素問·三部九候論〉之异文考釋》,《北京中醫學院學報》1983年第2期。

② 王咪咪:《敦煌卷子〈内經〉考》,《上海中醫藥雜志》1987年第3期。

③ 王杏林:《敦煌本〈傷寒論〉校證》,《敦煌學輯刊》2006年第1期。

④ 馬繼興:《繼敦煌殘卷中發現〈内經〉古診法後的再發現》,《甘肅中醫雜志》1990年第4期。

⑤ 張儂:《敦煌〈脉經〉初探》,《甘肅中醫雜志》1990年第2期;《敦煌〈脉經〉七方考》,《敦煌研究》1991年第4期。

⑥ 趙健雄、蘇彦玲:《敦煌遺書醫學卷考析》,《敦煌研究》1991年第4期。

⑦ 田永衍:《敦煌文獻〈不知名氏辨脉法之二〉、〈玄感脉經〉考論三則》,《敦煌學輯刊》2014年第4期。

P.3287 所載内容的一部分,或《素問·三部九候論》,或《傷寒論》等,把 P.3287 認作是一部匯抄《素問》《傷寒論》等醫學著作段落的卷子。這種做法造成的一個結果是人爲地將 P.3287 分裂成數卷,分别稱之爲"敦煌本《内經》""敦煌本《傷寒論》"等。這樣的研究方法是否妥當?以及對 P.3287 寫卷性質的判定是否合適?或許還有可以再商討的餘地。

2017 年,本文作者之一沈澍農的一篇文章爲該殘卷的深入研究帶來了轉機。該文中,沈澍農發現 P.3287 殘卷與俄羅斯藏 Дx00613 在文獻形制、抄寫筆迹等方面高度相似,殘損曲綫較爲吻合,實是同一殘卷分裂所成,可進行拼綴[①]。Дx00613 存文字 28 行,所載内容分别對應于《靈樞·衛氣行》《平脉略例》《素問·三部九候論》等醫學著作。Дx00613 與 P.3287 可以進行拼綴的地方,正位于二者并載的《素問·三部九候論》部分,拼綴後,二者所載内容銜接無縫,與傳世本對照後,可發現除篇首與篇末部分文字有出入外,基本上完整地抄録了《素問·三部九候論》的全文。

敦煌文獻的研究中,拼綴研究是十分有特色,且難度較高的一項工作。沈澍農將 Дx00613 與 P.3287 拼綴起來,是敦煌醫學文獻研究中的一項重要成果,對這兩個殘卷的繼續研究有推動性的價值。但沈澍農的這篇文章,同時還有一個重要的意義,就是在既往諸學者對 P.3287 進行"分割"研究多年後,重申了 P.3287 作爲獨立寫卷的價值。無獨有偶,陳明先生也提出要把 P.3287"當作一個整體來看待,不能以後世文獻爲標準來進行拆分",并提出:"對照唐代《醫疾令》等國家律令中頒布的醫學教材名録,該卷子可能就是醫學生的學習教材。"[②] 陳先生書雖後出,其文當完成得較早,故没能參考沈澍農的研究成果。兩位學者所見之同提示我們,對于 P.3287 的研究,當另换一種方法與思路。

二、對 Дx00613+P.3287 所載主要内容的考察

按照一般規則,Дx00613 與 P.3287 拼綴後,可合稱爲 Дx00613+P.3287,連續計行數。綴合後,該文獻前後闕損,起首三行上下殘損,第 4—35 行下部殘損,尾部第 172—175 行上部殘損。單面抄寫,共存文字 177 行,有烏絲欄,注釋小字

① 沈澍農:《俄法兩個敦煌卷子綴合與相關研究》,《中醫藥文化》2017 年第 4 期。
② 陳明:《敦煌的醫療與社會》,中國大百科全書出版社 2018 年版,第 24 頁。

雙行書寫于一欄，行字數爲大字 19—27 字。大小：孟列夫《俄藏敦煌漢文寫卷叙録》載 Дx00613 高 18 厘米，長 44.5 厘米；而 P.3287，IDP(國際敦煌項目網站)公布爲 29 厘米×150.5 厘米，沈澍農認爲長度可疑，據圖版所附比例尺，他推測 P.3287“真正總長約長 236 厘米”。後經過與法國圖書館羅栖霞女士核實，確證該殘卷實長 234.5 厘米。高 29 厘米，與 Дx00613 一致。則 Дx00613＋P.3287 寫卷的高度爲 29 厘米，總長度爲 279 厘米。

Дx00613＋P.3287 所載内容，如上文所述，分别對應于《靈樞》《難經》《素問》《傷寒論》等傳世醫籍。爲便于描述，列表如下(表 1)：

表 1　Дx00613＋P.3287 内容與傳世文獻對照表

部　分	Дx00613＋P.3287	對應傳世文獻	備　　注
第一部分	第 1—9 行	《靈樞・衛氣行》	
第二部分	第 9—16 行	《平脉略例》	亦與《靈樞・五十營》《難經・一難》等相關内容對應
第三部分	第 17—59 行	《素問・三部九候論》	
第四部分	第 60—78 行	《傷寒論・傷寒例》	馬繼興先生命名爲“《傷寒論》乙本”
第五部分	第 79—88 行	失名脉書一	馬繼興先生命名爲“亡名氏脉書第一種”
第六部分	第 89—95 行	《傷寒論・辨脉法》	馬繼興先生命名爲“《傷寒論》丙本”
第七部分	第 95—177 行	失名脉書二	馬繼興先生命名爲“亡名氏脉書第二種”

以下按部分對 Дx00613＋P.3287 所載的具體内容作介紹。

第一部分：

該部分爲第 1—9 行上半部分，所載内容對應于傳世文獻《靈樞》卷十一《衛氣行篇第七十六》中的部分文字。該篇主要内容是論述了衛氣在人體内的循行和針刺之間的關係。因 Дx00613＋P.3287 前有殘損，未知是從何處抄起。目前保留的内容，經與傳世本《靈樞》對比，可知屬于《衛氣行》篇的最後一段，是對衛氣在人體内每刻、每舍之循行部位的具體論述。

第二部分：

該部分爲第 9 行下半部分—16 行，又可分爲三個部分：一是第 9—11 行，二是第 12—14 行，三是第 15—16 行。

第 9—11 行所載内容對應于傳世文獻《靈樞》卷四《五十營篇第十五》中的部分文字。該篇主要内容實論述營氣一晝夜運行人體二十八脉五十周次，與呼吸次數、脉之長短，以及與周天二十八宿運轉之間的對應關係。該部分不足 3 行，雖有殘損，據傳世本，可補全爲："故人一呼脉再動，氣行三寸也；一吸脉亦再動，氣行三寸也；呼吸定息，氣行六寸。是其常也。"是論述營氣運行脉内與呼吸、脉動之間關係的一段話。但是該段話同時也見于《難經・一難》中，且在《難經》中，即與下文"人一日一夜凡一萬三千五百息"等相連，判定是出自《難經・一難》也未嘗不可。

第 12—14 行所載内容似對應于傳世文獻中的《難經・一難》，但又不完全一致。如該部分第 12 行所存的"平人一日一夜一萬三千五百息"及第 13 行所存的"克榮衛之氣行陽廿五度"等字，與《難經・一難》"人一日一夜凡一萬三千五百息，脉行五十度周于身，漏水下百刻，榮衛行陽二十五度，行陰亦二十五度，爲一周也"等似完全相同。但第 14 行中出現的"端"字，很可能是"如環無端"的殘餘；"榮名脉中"很可能是"榮行脉中"的抄訛，則該行當對應于傳世文獻中的《靈樞・營衛生會》，與"營在脉中，衛在脉外，營周不休，五十而復大會，陰陽相貫，如環無端。衛氣行于陰二十五度，行于陽二十五度"等語高度相似。

第 15—16 行所存内容中，有"手太陰者寸口是也""寸口者"等語，以及"生决于寸口"，前所殘之字或爲"死"字，即"死生决于寸口"，均不見于《難經》中。

而檢其他敦煌文獻，發現該段實與《平脉略例》的部分内容一致。如 P.2115 第 125—131 行上半部分作："人一呼脉再動，氣行三寸；一吸脉亦再動，氣行三寸；呼吸定息，并有五動，氣行六寸。是其常。平人也，一日一夜一萬三千五百息。脉并行五十周于身，漏下百刻。榮衛之氣，行陽廿五度，行陰亦廿五度，周而復始，會于手太陰者，寸口是也。寸口者，五藏六府血氣之所終，故定死生决于寸口。"[①]該部分還存有小字注釋一處，經查檢，未在傳世文獻中發現相似内容。

---

① 該段引文是據圖版直接録文而得，其中异體、俗寫等字徑改作正體。下文凡引敦煌文獻，不另外注明者，均是如此。

第三部分：

該部分爲第17—59行，所載内容對應于傳世文獻中《素問》卷六之《三部九候論篇第二十》，除篇首及篇尾數行外，基本是《三部九候論》的全文抄録，可以視作《三部九候論》的古傳本之一，故在版本上有較大價值。既往學者已多有論述，兹不贅言。《三部九候論》的主要内容是探討"三部九候"的診脉方法，即分上、中、下三部脉，每部各有天、地、人三候，三部九候合參，以決死生。另，該部分共有注釋5處，均不見于《素問》歷代注本中。

第四部分：

該部分爲第60—78行，所載内容對應于傳世文獻《傷寒論》卷二《傷寒例》中的部分文字。其中第66—73行又見于《備急千金要方》卷九《傷寒上》所引"王叔和"，以及《外臺秘要》卷一所引"王叔和"[①]，主要是有關脉陰陽虚實盛衰變化的一段論述。經對比，該部分與《備急千金要方》卷九《傷寒上》所引"王叔和"文字相似度最高。

第五部分：

該部分爲第79—88行，所載内容無完全對應的傳世文獻。詳其内容，是以黄帝與岐伯問答的形式，探討"診脉之法常以平旦"及"脉五十投一止者吉，不滿五十投一止者凶"兩個問題。從行文與著作形式來看，與《素問》《靈樞》兩部著作相似，但又不見于兩部著作中，疑是屬于某失傳古文獻的篇章。而有關這兩個問題的探討，在傳世文獻中却也不是毫無痕迹的，如有關"診脉之法常以平旦"的探討，在《素問・脉要精微論》、《脉經》卷一第二、《備急千金要方》卷二十八第一中都有所體現。對第二個問題的探討，則可以在《難經・十一難》、《脉經》卷四第六、《備急千金要方》卷二十八第十三、《千金翼方》卷二十五第七等文獻中找到相似内容。

第六部分：

該部分爲第89—95行前半部分，所載内容對應于傳世文獻《傷寒論》卷一《辨脉法》中的部分文字。主要論述出現"脉浮而洪，身汗如油，喘而不休，水漿不下，形體不仁，乍静乍亂"的死脉下，五臟何者先絶的情況。

第七部分：

該部分爲第95行後半部分—177行，所載内容和王叔和《脉經》部分篇章體

---

① 關于《傷寒論・傷寒例》的作者，學界一直有争議，如明代黄仲理、方有执、喻嘉言等认爲是王叔和，該書是他的"僞作"，故《備急千金要方》《外臺秘要》等書引該篇内容時，或称之爲"王叔和"。

例、内容相似,但相差亦不少,當屬二書。詳該部分的内容,主要是論述脉學及相關問題,提出九組十九種相類脉,論述十九種脉三關分部的病候與治療等。該部分有不少小字注釋,不見于傳世文獻中。另值得一提的是,該部分第123行出現了《脉訣》這個書名。

三、Дx00613+P.3287或是一部獨立的脉學專著

前文提及,陳明先生認爲P.3287可能是醫學生的學習教材,這一觀點不能説毫無道理,但也還有可供討論的空間。如通過對Дx00613+P.3287所載内容的分解和詳細討論,可以看出其所載主要爲脉學的内容。而據復原唐《醫疾令》第3條的規定:"諸醫針生,各分經受業。醫生習《甲乙》《脉經》《本草》,兼習《張仲景》《小品方》《集驗》等方。針生習《素問》《黄帝針經》《明堂》《脉訣》,兼習《流注》《偃側》等圖、《赤烏神針》等經。"①推測醫學生所使用的教材或是《甲乙》《脉經》《張仲景》,或《小品方》《素問》等原書著作。Дx00613+P.3287是摘取《素問》《傷寒論》(舊亦名《張仲景》)諸書脉學内容彙編而成,如果承認Дx00613+P.3287的屬性爲醫學教材,則必須承認,在唐代的醫學教育中,有專門人員負責對作爲教材的諸書,按内容進行重新彙編,從而形成了Дx00613+P.3287這一類的文獻。同時,也不排除地方醫學教育有自編教材的可能,衹是目前傳世與出土文獻中所見的材料,并不能很好地支撑這一觀點。

在此基礎上,本文更傾向于認爲Дx00613+P.3287或是一部獨立的脉學專著,是摘取《素問》《傷寒論》《難經》《平脉略例》等著作中相關的脉學内容,彙編注釋而成。以下將從内、外兩個方面提出證據。

(一) 内證

1. 對摘抄的内容重新創作

Дx00613+P.3287是摘取前代文獻中的相關内容,彙編注釋而成,這樣的著作形式,在中古時期的醫籍中比較常見,較著名的如巢元方《諸病源候論》、孫思邈《備急千金要方》《千金翼方》等。脉學方面以此形式著成的則有《脉經》等,

① 程錦:《唐醫疾令復原研究》,收入《天一閣藏明鈔本天聖令校證》(下册),中華書局2006年版,第552—580頁。

如王叔和序稱："今撰集岐伯以來，逮于華佗，經論要訣，合爲十卷，百病根原，各以類例相從，聲色證候，靡不該備，其王、阮、傅、戴、吴、葛、吕、張，所傳异同，咸悉載録。"[①]這種著作形式也流傳下來，成爲中國醫學古籍著作的一種重要形式。

考察後發現，此類文獻的撰著者，在摘抄前代文獻時，往往并非全依原文，甚或在原文基礎上有所創作。通過對比可以發現，Дх00613＋P.3287 中的部分内容，就有重新創作的"嫌疑"。

如 Дх00613＋P.3287 第 1—9 行對應傳世文獻《靈樞・衛氣行》的最後一段，第 10—11 行對應《靈樞・五營》，二者分屬不同的文獻，Дх00613＋P.3287 的著作者在彙編時結合起來，文義貫穿，即是有所加工。如第 9 行"〇一日一夜，水下百克，而盡一度矣。故▨"，傳世本《靈樞・衛氣行》至"水下百克而盡一度矣"已全文結束，無"故▨"及以後的文字。而 Дх00613＋P.3287 摘引《靈樞・五營》的内容，則是以"故"字起首，即"故人一呼脉再動，氣行三寸；一吸脉亦再動，氣行三寸；呼吸定息，氣行六寸"，Дх00613＋P.3287 第 10、11 行所殘存的文字與傳世本完全一致。也就是説，Дх00613＋P.3287 的編著者，將自《靈樞・五營》中摘引的一段話，直接附加于摘引《靈樞・衛氣行》的原文之後，使原來分屬兩處的文獻，結合在一起，構成新的内容。當然 Дх00613＋P.3287 第 1—11 行，也有可能是來源于同一部今傳世未見的文獻，那樣，就不存在重新創作的問題。

2. 對摘抄的内容加以注釋

Дх00613＋P.3287 中有不少小字注釋，均不見于傳世文獻，考慮可能是編著者所加。主要見于第三、第七部分，第三部分中的注釋共有 6 條，分别爲：

1) 第 16 行"决于寸口"下，注曰："手太陰法水而行，以水▨魚，手太陰亦有魚，而象▨。"

2) 第 38 行"需需然者不病也"下，注曰："需需者來有力。"

3) 第 39 行"惲惲然者病也"下，注曰："惲惲者來無力。"

4) 第 40 行"其氣來徐徐"下，注曰："徐徐者似有似無。"

5) 第 40 行"不去來者亦死"下，注曰："不去來者，彈之全無。"

6) 第 57 行"中部人手少陰"下，注曰："少陰手心主脉同。"

---

① 沈炎南主編：《脉經校注》，人民衛生出版社 1991 年版，第 15 頁。

第七部分的注釋較多,但多與藥物名稱下雙行小字標明的炮製方法相混,難以區分。主要的有以下 9 條:

7) 第 96 行"微濇(澀)相類"下,注曰:"一云軟與遲相類,細與微相類。"

8) 第 104 行"土無正位,寄王四季"下,注曰:"三月得十八日,六月十八日,九月十八日,十二月十八日。"

9) 第 133 行"桂枝湯方"下,注曰:"主熱盛。"

10) 第 137 行"葛根湯方"下,注曰:"主寒熱。"

11) 第 142 行"摩風膏方"下,注曰:"主一切風。"

12) 第 152 行"平胃丸方"下,注曰:"主心懸,饑不用食。"

13) 第 161 行"瞿麥湯方",注曰:"主小便血色、嗇痛。"

14) 第 163 行"滑石散方"下,注曰:"主小便竟,餘更來"。

15) 第 169 行"期門章門"下,注曰:"期門在乳下而斜二勒間,上管在斊(臍)上三寸,章門在兩脅下小勒頭,申下足、屈上足取之。"

另外,第 148 行"前胡湯方"下,有"主氣脹急"四字,雖是寫作大字,但據前後文例,應也是屬于注釋的內容,當作小字。詳以上 16 條注釋,從內容上來説,多是醫理方面的注釋發揮,但也包括了如第 7 條這樣類似校勘的內容,這是很值得關注的。由此,或可證明,Дx00613＋P.3287 編著者所摘引文獻的底本不止一種。

3. 前後文互相呼應

之所以判定 Дx00613＋P.3287 是一部獨立的脉學著作,是因爲有一條强有力的內證——出現在第 121—122 行中的一句話。原文作:"上九候中云一候後者,名之爲病;二候後者,名之爲困;三候後者,名之爲厄。以此知也。"這句話出現的位置在于 Дx00613＋P.3287 所載內容的第七部分,所云"上九候中",應是指第三部分所引的《素問・三部九候論》,"一候後者"及以下內容,也出現在屬于第三部分的第 42—43 行。這句話寫作大字,可能是屬于原文。但據上文所論,該殘卷有小字誤作大字的抄寫例,則這句話也有可能是屬于注釋的內容。不管如何,該第七部分的寫作必定是在第三部分的基礎上完成的,所以才能够形成這樣的前後呼應關係。由此則可據以判斷 Дx00613＋P.3287 所載七個部分的內容,不僅在形制上位于同一卷子,而且內容上也是一個整體,應是一部獨立的文獻著作。

另外，Дх00613＋P.3287 所載第七部分的内容不見于傳世文獻中，如推測見于 121—122 行的這句話爲原文，則第七部分内容很可能整體上屬于 Дх00613＋P.3287 一書的原創。

（二）外證：其他敦煌傳本殘片

Дх00613＋P.3287 所載内容作爲一部獨立的脉學著作，或曾在敦煌等地區廣爲流傳，除 Дх00613＋P.3287 外，在俄藏敦煌文獻中，尚存留有 Дх09319、Дх16882 和 Дх18168 等三個關係十分密切的殘小片。

Дх09319，見于《俄藏敦煌文獻》第 14 册。寫本殘片，上下、前後均殘損，現存文字 6 行，有欄綫。所載 6 行殘文，經考見于《素問・三部九候論》中，而又不盡相同。録文如下（圖 1）：

（前缺）

1 ⧄故三以而成[天]⧄

2 ⧄故爲九藏，若五⧄

3 ⧄奈何？歧伯曰：形⧄

4 ⧄脉大，匈（胸）中氣多者死⧄

5 ⧄[三部九]候，形色相得者生⧄

6 ⧄□不病也，其[上]⧄

（後缺）

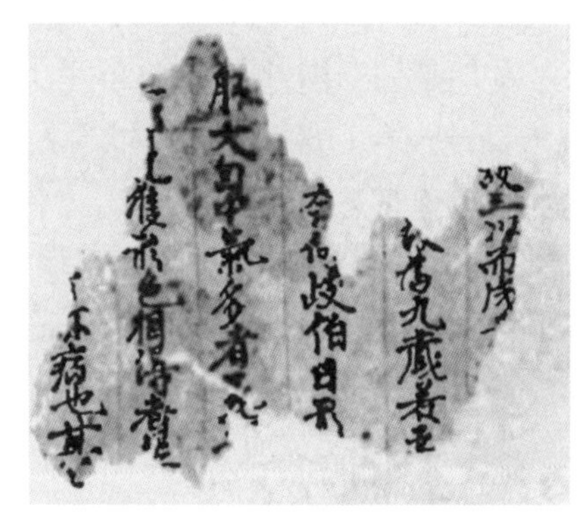

圖 1

該殘片或是《素問・三部九候論》的敦煌殘片之一，在文本上，對今通行本《三部九候論》有校勘意義。[①] 但檢索其他敦煌醫學文獻，該殘片所載内容同時見于 Дх00613＋P.3287 第 28—34 行，雖稍有差异，但就今通行本來説，則更爲接近。故此，考慮二者之間有着密切的關係。

Дх18168，見于《俄藏敦煌文獻》第 17 册。寫本殘片，前後及上下并缺損，僅存文字 3 行，尺寸未詳。抄寫有行格，有訛字等，無避諱字。録文如下（圖 2）：

---

① 于業禮、張葦航：《俄藏敦煌 Дх09319 殘片研究》，《中華醫史雜志》2018 年第 6 期。

(前缺)

1 ▨□□少陰,此名三部九候,三部 ▨

2 ▨□上中下,故名九候也。仲量[景]曰:《陰陽大□》▨

3 ▨風寒始也,表中風必裹不消 ▨

(後缺)

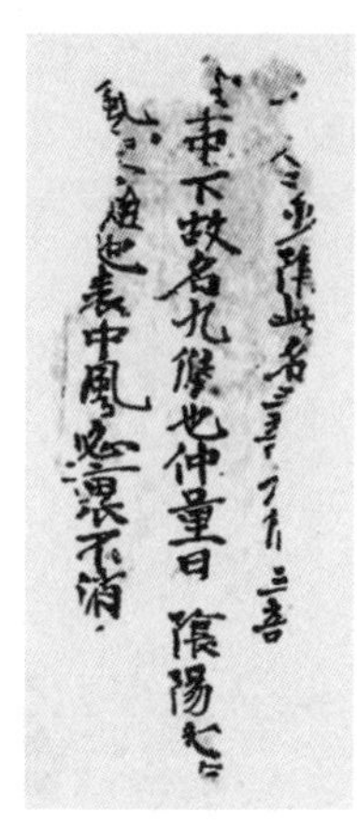

圖 2

通過檢索傳世文獻,發現該殘片所載第 1 行和第 2 行上半部分内容見于《素問・三部九候論》,第 2 行"仲景曰"以後及第 3 行内容見于《傷寒論・傷寒例》,而有所不同。如"表中風必裹不消",《傷寒論・傷寒例》作"始表中風寒,入裹則不消矣"等。再通過檢索其他敦煌醫學文獻,發現該殘片與 Дx00613＋P.3287 第 58—61 行内容重合。且正處于 Дx00613＋P.3287 摘抄《素問・三部九候論》與《傷寒論・傷寒例》的連接處,位置比較關鍵(圖 3)。

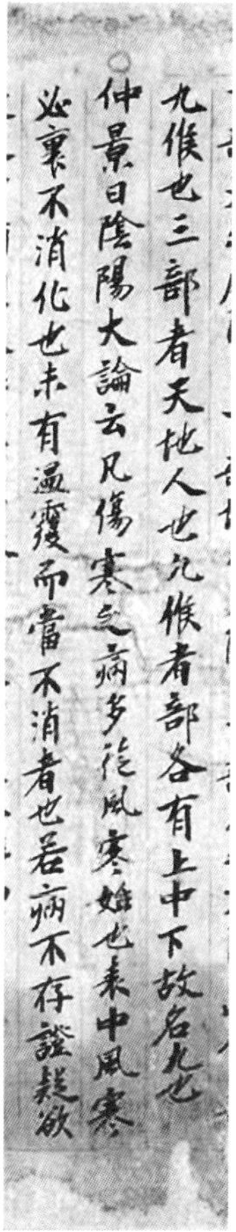

圖 3

Дx16882,見于《俄藏敦煌文獻》第 17 册。寫本殘片,前後及上部殘損,現存文字 9 行,尺寸未詳,有行格。無避諱字,無法確定其抄寫年代。録文如下(圖 4):

(前缺)

1 ▨□期門在□乳下□

2 ▨□屈上足,側卧取之。關脉

3 ▨□胃管寫(瀉)之。方如上關浮中。

4 ▨□　芍藥湯利小便,瞿麥湯方

5 ▨惡察(寒)方　白勺(芍)藥四兩、甘草二兩

6 ▨卅牧(枚)擘、粘(飴)八兩,右七味,合廿四

7 ▨内粘(飴),更煎五六沸,分五服

8 ▨前胡湯,上逆便怡悦。

9 ▨案數,如似□□□湯也。

(後缺)

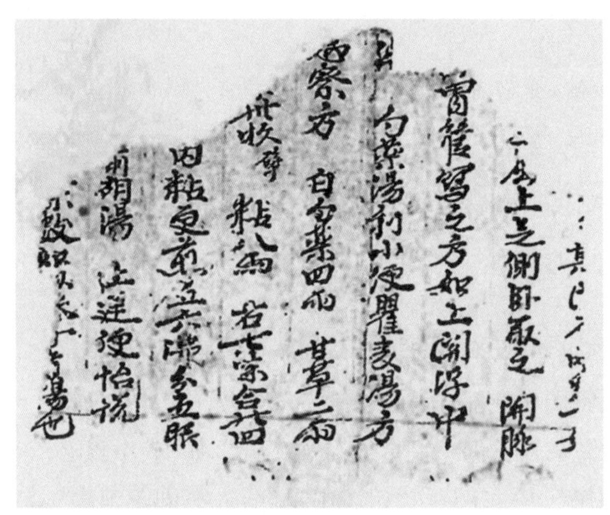

圖 4

該殘片所載内容，在傳世醫學文獻中未檢索到與之相對應的内容；在敦煌醫學文獻中，則與 Дx00613＋P.3287 第七部分的第 169—177 行内容相同。Дx00613＋P.3287 第七部分又唯見于敦煌文獻中，傳世文獻無。Дx16882 殘片的發現，可以證明 Дx00613＋P.3287 所載該内容之不孤。通過對比，可以發現 Дx16882 與 Дx00613＋P.3287 在抄寫上存在一定差异。同時，二者也可以相互校勘和補充。

至此可知，以上俄藏 Дx09319 與 Дx18168、Дx16882 三個殘片，存在着一個共同點，那就是所載内容均與 Дx00613＋P.3287 重合，重合行數可列表如下(表 2)：

表 2　俄藏敦煌醫學殘片與 Дx00613＋P.3287 重合對照表

俄 藏 殘 片	Дx00613＋P.3287
Дx09319 第 1—6 行	第 28—34 行
Дx18168 第 1—3 行	第 58—61 行
Дx16882 第 1—9 行	第 169—177 行

之所以出現這樣的重合，原因有兩種可能：一是純粹的巧合，Дx09319 與 Дx18168、Дx16882 三件殘片屬于三種醫學文獻的殘餘，正好與同時摘録了這三種醫學文獻的 Дx00613＋P.3287 在内容上出現了重合；二是 Дx09319 與

Дx18168、Дx16882 三件殘片屬于同一種醫學文獻,該文獻是 Дx00613+P.3287 殘卷的另一寫本,故有所重合。後者的可能性更大一些。一個比較有力的證據是 Дx18168 殘片所存的三行内容,同時屬于《素問·三部九候論》與《傷寒論·傷寒例》兩種醫學著作,正是 Дx00613+P.3287 文書中抄寫該兩種醫學著作的銜接之處,似不能全以"巧合"論之。

另外,俄藏 Дx09319、Дx18168 和 Дx16882 三個殘片之間的關係也值得深究。從形制與抄寫字體來看,三個殘片似有拼綴的可能。首先,在抄寫形制上,各殘片均有行格;其次,抄寫字體稍相似,由于殘存内容較少,三者間存在可比較的共同文字僅有一"也"字,但從其他一些筆劃的書寫中還是能看到一些相似性的,如"伯、白、曰"三字中共同的部分(表 3)。

表 3　Дx09319、Дx18168 和 Дx16882 相同字體對照表

文　字	Дx09319	Дx18168	Дx16882
也	也	也	也
伯、白、曰	伯曰	曰	白

另外,Дx09319、Дx18168 和 Дx16882 三個殘片在抄寫上均存在較多錯誤,抄寫品質不高,或亦反映了三者之間的一些關聯。當然,以上均非確切的證據,仍需進一步的論證。如果三者能够拼綴,拼綴順序當爲 Дx09319+Дx18168+Дx16882。

但不管俄藏該三個殘小片是否能够拼綴,有一點是可以確定的,即 Дx00613+P.3287 所載的該種文獻,在敦煌文獻中存在不止一件寫本。對于敦煌醫學文獻的研究來説,如果某殘卷僅存在一個寫本,那麽很難確知該殘卷是書寫者抄自某部著作,即存在底本文獻;還是由書寫者彙集相關醫學内容而成,即不存在底本文獻(類似于後世的"稿本"概念)。而如果某殘卷存在着不同的寫本,則存在一個或多個底本文獻的可能性較大,反映出該文獻在敦煌地區有一定的流傳度。尤其是俄藏 Дx18168 所見的抄寫錯誤,將"仲景"誤作"仲量",這是一般醫學人員或醫學生不大會犯的一個錯誤,或可推測該殘片的抄寫者爲不懂醫學的社會人員。從這一點上來説,將 Дx00613+P.3287 視作以"脉學專著"的形式流傳,而非醫學教材的形式，或更爲精確。

四、Дx00613＋P.3287 所載脉學專著的價值

綜上，我們從内證和外證兩個方面判定 Дx00613＋P.3287 所載内容當是一部脉學專著，而非陳明先生所説的醫學教材。該專著曾在敦煌地區廣爲流傳，在敦煌文獻中保留了至少兩個傳本。關于該脉學專著的産生年代，通過對 Дx00613＋P.3287 抄寫年代的考察，結合隋唐之際其他脉學專著産生較多等社會背景，初步判定是在六朝至隋唐之際。

Дx00613＋P.3287 的抄寫年代，王洪圖先生認爲 P.3287 是在武則天朝（684—701）抄寫完成，依據是卷中"淵、葉、泄"等字都寫作异體，"具有顯著的'武周新字特徵'"。[①] 經過仔細查核，該卷中并未出現過明確的武周新字，王先生提出的證據和結論都需再商榷。其後，沈澍農通過仔細辨别，指出 P.3287 的抄寫當是在唐高宗時，如其稱："P.3287 避隋文帝楊堅之'堅'作'鞹'（按此字誤，當作'鞕'，同'硬'）、唐太宗李世民之'世'（'世'缺筆類似'廿'；又'葉'作'𦯧'）、唐高宗李治之'治'（缺末筆），不避唐睿宗李旦之'旦'（另唐高祖李淵之'淵'用异體，疑有避諱之義）。綜合來看，P.3287 當抄成于唐高宗（650—683）時代。"[②]

沈先生的這一結論應是基本可信的，據此抄寫年代，推測 Дx00613＋P.3287 所載的脉學專著，其著成時間或是在六朝至隋唐之際。

這一時期，也正是脉學著作蓬勃發展的時期。如《隋書・經籍志》所載的脉學著作僅有王叔和《脉經》十卷、《脉經》二卷兩種，《舊唐書・經籍志》未載王叔和《脉經》，而增加《三部四時五藏辨候診色脉經》一卷和徐氏《脉經訣》三卷，共三種。至《新唐書・藝文志》，脉學著作則發展到七種，新增了《黄帝流注脉經》一卷、《王子顒脉經》二卷、《甄權脉經》一卷等。史志目録著録之外，敦煌藏經洞同時也發現了多種未經記載的脉學著作，如《平脉略例》《玄感脉經》《青烏子脉訣》《五藏脉候陰陽相乘法》《七表八裏三部脉》等。Дx00613＋P.3287 作爲一部脉學著作，其産生的土壤是十分肥沃的。

---

① 參見王洪圖：《敦煌古醫經殘卷與〈素問・三部九候論〉之异文考釋》。

② 參見沈澍農：《俄法兩個敦煌卷子綴合與相關研究》。

另外,Дx00613＋P.3287 第 123 行有"又問:《脉訣》中云:'一脉不來,知病所在。何故有二言不同?'"等語,所引《脉訣》一書,今不知具體所指,故亦無法借助其判定 Дx00613＋P.3287 所載該脉學專著的年代上限。後世流行的有《王叔和脉訣》,傳爲六朝(或曰宋)高陽生所作,其文體例爲歌訣形式,與此處引文無涉。又此處所引的"一脉不來,知病所在",傳世文獻中相似的文字見于王叔和《脉經》卷四第一中,作:"二十八脉相逐上下,一脉不來,知疾所苦。"仔細分析 Дx00613＋P.3287 此處引文的上下文義,是先引了《素問・三部九候論》"廿八脉相隨上下,一脉亦來,知病所在"(第 119 行)等語,後對《脉訣》中"一脉不來,知病所在"的异文提出疑問,所以才會説"何故有二言不同"。王叔和《脉經》中出現的"一脉不來,知疾所苦"异文,可能與 Дx00613＋P.3287 所引《脉訣》中的内容有同源關係。

至于 Дx00613＋P.3287 所載脉學專著的編撰者,目前也無法考證得出。上引《新唐書・藝文志》所載諸種脉學專著,除王叔和《脉經》外,餘均亡佚不見。如果説 Дx00613＋P.3287 所載脉學專著即是其中一種,或亦不無可能。

Дx00613＋P.3287 所載内容,其産生時代和作者,雖均不能確考,但作爲一部獨立的脉學專著,在醫學發展史及重估敦煌醫學文獻的價值上,都具有重要的學術意義。

第一,有助于考察六朝隋唐之際脉學著作内容

誠如上文所提到的,六朝至隋唐之際,是脉學著作蓬勃發展的時期,大量重要的脉學專著在此時産生。但由于諸多原因,除脉學的經典之作——王叔和《脉經》外,大多都已經亡佚,以至于後世無法考察這一時期脉學著作的主要内容。直到敦煌藏經洞中保留的《平脉略例》《玄感脉經》《青烏子脉訣》《五藏脉候陰陽相乘法》《七表八裏三部脉》等書被發掘出來,後世才能略窺其中究竟。Дx00613＋P.3287 所載内容作爲一部獨立的脉學專著,和《平脉略例》等書一起,同爲考察六朝隋唐之際脉學著作内容的重要參考材料,值得重視。且 Дx00613＋P.3287 所載該書大量引用《素問》《靈樞》《傷寒論》等書中的脉學内容,與敦煌其他脉學著作中的内容均不一致,十分獨特。

又,Дx00613＋P.3287 所載内容的第七部分,内容較多,不見載于傳世醫學文獻中,據上文考察,很有可能是 Дx00613＋P.3287 所載該脉學專著的原創。該部分内容頗具特色,有重要的學術價值,前人論之已詳。如叢春雨先生曰:"再就該書内容而言，《脉經》《千金要方》和《千金翼方》中亦能見到與敦煌卷意義相近的載述，但它們却是散見于各卷各篇的，不如敦煌卷文之前後相因相應。而且，經過與此三書的互校對照，有些内容是以敦煌卷爲勝、爲全，或首見。如敦煌卷文提出了九組十九種相類脉，而《脉經》等書僅有八組十六種相類脉；敦煌卷文論四時平脉，是將臟與腑并舉，如春時的肝與膽等，爲它書所無；論脉之病候與治療，敦煌卷子是以脉類爲綱，寸關尺分部爲目，而《脉經》《千金要方》却是以寸關尺分部爲綱，脉類爲目，則後者不如前者明晰易學；而且，前者較後者更爲詳細的述論了各脉見寸關尺三部時的病候與治療，尤其治療上的方劑組成、用法、禁忌及穴位定位等，都是《脉經》等所没有的。”①

第二，有助于考察《素問》《靈樞》《傷寒論》等書在唐以前的流傳與版本

Дх00613＋P.3287所載該書摘引了《素問》《靈樞》《傷寒論》等書中與脉學相關的内容，并加以注釋，所引内容涉及《素問・三部九候論》《傷寒論・傷寒例》等重要文獻，對于唐以前《素問》《傷寒論》等書的流傳情况及版本考察，有重要的價值。如《素問》一書，今通行本爲唐朝王冰整理本，王冰之前，據文獻記載尚有全元起、楊上善注釋本，以及皇甫謐將其内容分類重排入了《針灸甲乙經》中。楊上善注本即《太素》，全元起本通過宋代林億等人的注釋，可知其大略。將Дх00613＋P.3287所載該書中摘引的《素問・三部九候論》與全元起本及《針灸甲乙經》相比，發現内容均不相同。如《素問》王冰注本（顧從德本）“以左手足上去踝五寸按之，庶右手足當踝而彈之”一語，《新校正》云：“臣億等按《甲乙經》及全元起注本并云：‘以左手足上去踝五寸而按之，右手當踝而彈之。’”Дх00613＋P.3287作：“以左手去足内踝上五寸，指微案之，以右手指當踝上，微而彈之。”則可知Дх00613＋P.3287所載該書中摘引的《素問・三部九候論》可視爲《素問・三部九候論》在唐以前的另外傳本，可藉此考察《素問》一書的流傳與版本情况。

而作爲不同版本，Дх00613＋P.3287對于《素問》《靈樞》《傷寒論》相關内容的校勘也具有重要價值。相關研究已較多，兹不一一舉例。②

第三，有助于重估敦煌醫學文獻的價值

學界一般認爲敦煌醫學文獻具有文獻研究、臨床醫學實踐和反映隋唐時期

① 叢春雨：《敦煌中醫藥全書》，中醫古籍出版社1994年版，第324頁。
② 可參見湯偉：《敦煌本與今本〈三部九候論〉比較研究》，《敦煌研究》2018年第3期。

的敦煌醫事狀况等方面的價值。[①] 其中研究和論述得最多的是其文獻研究價值,具體包括保存已佚醫學文獻、提供版本校勘依據以及文獻形制樣例等。但同時也有不少學者提出,敦煌醫學文獻中的主要内容,其實在傳世醫學著作中均能找到對應的文獻,所以對其價值的衡量應有所保留。經過百年時間的研究之後,我們以爲,敦煌醫學文獻的總體價值應在研究的基礎上重新估量,既不能過分誇大,也不能對明顯存在的意義視而不見。如在保留已佚文獻方面,敦煌醫學文獻的價值是絶對不能忽視的,較重要的如《張仲景五藏論》《明堂五藏論》《平脉略例》等,全賴敦煌醫學文獻中有所留存,如今的研究者才能得知其中究竟。Дx00613+P.3287 所載該脉學專著,同樣也是傳世文獻中未見的古醫籍,能够爲敦煌醫學文獻價值的重估再增添一絲分量。

五、結語

上文通過對 Дx00613+P.3287 所載主要内容的考察,從内、外兩個方面提出證據,證明該寫卷所載實是一部獨立的脉學專著,有着重要的學術價值,所得出的主要結論有以下幾個方面:

1. Дx00613+P.3287 所載主要内容可分爲七個部分,分别對應傳世文獻中的《靈樞》《素問》《難經》《傷寒論》及敦煌文獻《平脉略例》等書中的相關内容。

2. Дx00613+P.3287 所載内容前後連貫,加上在敦煌文獻中保留有不同傳本,考慮實是一部獨立的脉學專著;著作方式爲摘引《靈樞》《素問》《難經》《傷寒論》等書中的脉學内容,彙編注釋而成;其中第五、第七部分不見于傳世文獻中,其中又有關照前文的語句,故很可能是 Дx00613+P.3287 的原創,并可由此推斷,全卷爲有意識整理、編纂而成的醫學著作。

3. Дx00613+P.3287 所載該脉學專著的著作年代約在六朝至隋唐之際,著作者未詳。

4. Дx00613+P.3287 所載該脉學專著對于考察六朝至隋唐之際脉學著作的

① 相關的研究可參考趙建雄:《試論敦煌遺書中醫藥文獻的價值》,《兰州大學學報(醫學版)》1987 年第 1 期;谭真:《試論敦煌醫學價值》,《中華醫史雜志》1992 年第 4 期;叢春雨:《敦煌中醫藥學的内涵及其學術價值》,《中國中西醫結合雜志》1992 年第 11 期;李金田、朱向東:《敦煌醫學寶藏奇葩——敦煌醫學的學術和研究價值探析》,《中國現代中藥》2013 年第 2 期;等等。

主要内容，對于考察《素問》《靈樞》《難經》《傷寒論》等書在唐以前的流傳與版本情況，對于重估敦煌醫學文獻的總體價值都有着重要的意義。

另外，還有一點值得討論的是敦煌醫學文獻的校録、研究方法問題。對于Дx00613＋P.3287這樣貌似組合而成的文獻，既往均是把該卷所載内容分裂開來進行探討，這才導致對其屬性的判定一直不是很清晰。相似的敦煌醫學文獻還有S.6245V＋S.9431R＋S.9443R＋S.8289R等，該卷所載的同樣也是脉學内容，包括《五藏脉陰陽相乘法》《占五藏聲色源候》《平三關陰陽二十四氣脉》《脉經(序言與卷一)》等，既往也多是分裂開來進行研究的。[①] 以本文對Дx00613＋P.3287的研究爲鑒，則既往對S.6245V＋S.9431R＋S.9443R＋S.8289R分裂開來的研究方法很可能也是不合理的，需要進一步探討。

① 相關的研究，可參見王淑民《四個英藏敦煌脉書殘卷的綴輯研究》(《敦煌研究》2001年第4期)等文章。

關于在日敦煌文獻收藏的研究
——以濱田德海收藏文獻的收藏過程爲中心

岩本篤志(立正大學)

一、引言

在20世紀初期,莫高窟第17窟中的大部分敦煌文獻都被帶到海外,或被收藏,或被出售。從保護和傳承文化遺産的角度來看,這些文獻在歷史上的流失是一個大問題;同時,掌握它們的現狀也很重要。

一方面,有關日本國内機構和個人所藏的敦煌文獻,一直到20世紀90年代,幾乎没有被系統、詳細介紹過。一般認爲"通過古玩鋪被帶到日本的敦煌寫本,90%以上均非真品"①,可能正是這樣的説法讓公開變得慎重。

而另一方面,敦煌研究院的施萍婷20世紀90年代前半期,在日本國内的研究者、所藏機構的協助下,對日本各個機構所藏的中國西域出土文獻進行調查,并公開出版了研究成果。此外,鄭阿財、王三慶、榮新江等敦煌學專家也來到日本,進行了同樣的調查。這些調查的成果,其後成爲經常被引用的基礎研究。

關于國會圖書館所藏敦煌文獻,本人曾發表過論文。② 關于2016年公開的伍倫文物藝術拍賣會的敦煌文獻,本人也發表過論文。③ 本文是對上述論文要點的總結。

---

① 藤枝晃:《"德化李氏凡將閣珍藏"印について》,京都國立博物館《學叢》第7號,1985年。

② 岩本篤志:《國立國會圖書館藏敦煌文獻小考》,《立正大學人文科學研究所年報》第52册,2015年。

③ 岩本篤志:《濱田德海舊藏敦煌文獻再考——國立國會圖書館藏本と北京伍倫國際拍賣公司本をめぐって》,《敦煌寫本研究年報》第12號,2017年。

二、國會圖書館所藏本和伍倫拍賣有限公司售本

英國圖書館的國際敦煌項目的網頁説日本國會圖書館收藏了 48 件中國西域寫本，又説國會圖書館通過井上書店購買了濱田收集的資料。

1989 年開始，敦煌研究院的施萍婷對日藏敦煌文獻進行了調查并製作了目録，這項成果發表于《敦煌研究》上[①]。她調查了國會圖書館收藏的《敦煌等經文》(WB32－148)。《敦煌等經文》包含 48 本書，其中 6 本并不是敦煌文獻。但她的調查不够充分。除她調查的文獻以外，國會圖書館還有 3 件敦煌文獻。(表 1)而且她也没有探討爲什麽《敦煌等經文》包括日本古寫經。

表 1　國會圖書館所藏敦煌文獻的概要

文獻名及編號	數　量	説　　明
敦煌等經文(WB32－148)	48 件	6 件非敦煌文獻
後周顯德二年曆斷簡(WA37－9)	1 件	
大智度夢化行六度品(WA2－20)/大般若波羅蜜多經卷 490(WA2－21)	2 件	

由此可見，敦煌文獻的資料一共 45 件。

下面，我想先介紹兩份資料。

(一) 昭和三十五年(1960)12 月 13 日衆議院會議記録

在這份記録中，國會圖書館副館長向國會議員申報了 1961 年的圖書館預算。主要内容如下：

> 濱田德海先生自從擔任財政部官員以後，從 1939 年到 1945 年一直在中國上任，購買了數十本古寫經，1945 年回日本，1958 年去世。某位研究者

① 施萍婷：《日本公私收藏敦煌遺書叙録(三)》，《敦煌研究》1995 年第 4 期；《敦煌習學集》(下)，甘肅民族出版社 2004 年版，第 409—423 頁。

指出：這些資料是日本佛教和其他東方研究不可或缺的資料。所以他認爲國會圖書館應該購買收藏這些資料。但現階段無法購買全部藏書。衹準備了預算的一半資金。

也就是説，國會圖書館收藏的《敦煌等經文》是濱田德海收藏的一部分。

濱田德海，出生于鹿兒島。在大藏省（財政部）從事税務方面的工作。關于他的《濱田德海資料》（税務方面的資料）現收藏于東京大學經濟學部圖書室。

（二）伍倫文物藝術拍賣會

2016年9月25號，北京伍倫2016秋季文物藝術品拍賣會開會了。這一年，《濱田德海蒐藏敦煌遺書》也出版了。編者方廣錩先生指出：

據日本朋友告知，日本國會圖書館原計劃將濱田藏品全部購入。但當時日本敦煌學界一位著名權威學者考察了國會圖書館已經購入的這批濱田藏品後，斷言均爲贋品。這使得國會圖書館的有關人員大爲窘迫。因爲收購濱田藏品用的是國庫的資金，如入藏的是贋品，則相關人員所擔干係實在匪淺。所以，立即中止了原定的收購計劃。其後，那位日本敦煌學權威又提出日本所收藏的敦煌遺書，百分之九十五乃至百分之九十八都是假的，給日本敦煌學界極大的衝擊。①

就濱田德海收藏的敦煌遺書來説，我們可以確認，國會收藏本（48件，包含6件非敦煌文獻）和伍倫售本（36件）原來都是濱田的藏品。

日本敦煌研究者們都知道，井上書店幾十年來一直在銷售敦煌文獻。但是，多數人并不知道出處。《濱田德海蒐藏敦煌遺書》的内容可能就是通過井上書店收集的。濱田藏品不僅包含中國古代寫經，也包含日本古寫經。這就是《敦煌等經文》包含日本古寫經的原因。

對比《濱田德海蒐藏敦煌遺書》和2010年在東京舉辦的罕見書籍展覽上的井上書店的目録，我們會發現，它們一部分一致。

---

① 方廣錩主編：《濱田德海蒐藏敦煌遺書》，國家圖書館出版社2016年版，第2頁。

三、濱田德海藏品的收集過程

那麽，濱田的藏品是如何收集的？通過先行研究，衹知道 20 世紀 30 年代和 40 年代濱田先生在天津和北京收集過古寫經。本次發表中，我想通過新的資料來探討一下這個問題。

（一）古書籍店主們的回憶

1987 年，著名古書籍店主反町茂雄出版了《紙魚之談論過去的日子　昭和篇》[①]。"紙魚"是書蟲的意思。作者把自己比喻成書蟲。書中收録了他跟井上書店主井上周一郎會談的内容，該内容涉及以下兩個章節："敦煌古寫經的大宗訂貨""十年合同在三年内被中止"。我們可以梳理出以下要點：

1. 昭和二十八年（應該是三十八年。昭和三十八年是公曆 1963 年）濱田德海的遺族拜訪了井上書店，請求井上周一郎找到可以購買濱田遺書（大約 200 件）的圖書館或書店，但要找到購買者并不容易。

2. 濱田在北京時收集了古寫經，并于 1945 年之前返回東京。戰敗後混亂時期，大約從 1947 年到 1951 年，日本的古書籍店經手了許多敦煌寫經，濱田購買了許多。

3. 濱田去世後，日本國會圖書館希望購買他的收藏品。但是因爲圖書館無法一次性付清所有的款項，所以選擇分批購買，可是國會圖書館在大約三年後停止了采購。

4. 在購買時，國會圖書館諮詢了京都大學的藤枝晃先生并選擇了要優先購買的三年份的藏書。

5. 其餘國會圖書館未購買的部分被井上書店購買了。

上述内容與前面描述的國會議事的記録一致，同時又有許多新發現。值得注意的是，當國會圖書館購買該系列時，藤枝先生也參與了此事，優選敦煌文獻。

藤枝先生應該没有讓國會圖書館取消購買濱田德海的藏品，并且這次購買使藤枝先生第一次意識到日本收藏文獻的真僞問題。這次購買十年後，藤枝撰

① 反町茂雄：《紙魚の昔がたり　昭和篇》，八木書店 1987 年版。

寫了一篇關于在日收藏文獻的真僞的論文。

順便説一下,根據日本國會圖書館1962年的材料[①],“購買時諮詢了東洋文庫的岩井大慧”。目前,没有任何資料可以證明岩井大慧和藤枝先生之間有互動。

(二) 1944年東洋文庫舉辦東京大藏會的記録

1944年東洋文庫舉辦的東京大藏會上,濱田德海、山合喜三郎、栗原貞一展開了敦煌寫經收集。濱田還展示了他收藏的44件展覽品[②]。

依據展覽會的目録,44件中的7件(包括2件非敦煌文獻)的標題或特徵與國會圖書館的“敦煌等經文”一致。另外有8件是伍倫售本。

敦煌等經文48件+伍倫售本36件+大藏會44件-重複15件,所以,113件資料可以被確認爲濱田收藏品。

這份記録對于瞭解濱田的收集過程非常重要,顯示了他在1944年以前收集的内容。比較國會收藏本和伍倫售本以及1944年的目録,我們可以知道,許多日本收藏家在第二次世界大戰後出售了他們的藏品,并且一部分被濱田購買了。我們還可以知道濱田購買了山合喜三郎和栗原貞一收集的敦煌寫經。

(三) 1939年安藤德器的回憶録

那麽濱田在哪裏購買到敦煌文獻的?下面我想介紹一下安藤德器的回憶録。安藤德器是日本作家、記者,20世紀30年代後半期到40年代住在北京[③]。

1939年安藤德器聽説李盛鐸所藏的敦煌文獻出售,他計劃購買。他看過朋友作野先生從李家寄出的50本左右的敦煌文獻。但他準備資金的速度很慢,無法購買。又聽説李盛鐸所藏的敦煌文獻還有近500件,但這些被銀行家王克敏購買了[④]。

安藤回憶録中寫的47件敦煌文獻中有一件名爲《金録晨夜十方懺》,這本書

---

① 國立國會圖書館:《敦煌寫經の收藏について》,《國立國會圖書館月報》11號,1962年。

② 東京大藏會:《第三十回東京大藏會展觀目録》(昭和19年11月12日于東洋文庫),東洋文庫1944年版。

③ 安藤德器:《敦煌經卷の蒐集》,《茶わん》第98號;《滿支雜記》,白楊社1939年版,第39—47頁。梶浦晋:《大正・昭和前期の京都における敦煌學》,收入高田時雄編:《草創期の敦煌學》,知泉書館2002年版,第109—126頁。

④ 安藤德器:《敦煌經卷の蒐集》。

在《正統道藏》中也未見記載，但與國會圖書館收藏的《敦煌等經文》之一一致。

根據神冢的論文[1]，《金録晨夜十方懺》是英藏一件（斷片），法藏一件（斷片），國會圖書館一件（斷片）。（英藏與國會圖書館所藏筆迹相同，應爲同一人所寫。）衹是英法藏品没有書名，而國會圖書館有書名。所以安藤所見應爲國會圖書館的收藏品。

并且47件中的2件與井上書店古書籍目録中記載的《釋門教授》[2]《佛説解百生怨家經》書名一致[3]。這兩個書名很少見，應該不是偶然一致。也就是説安藤看到的這一部分，最終被濱田購買了。

四、結語

20世紀30年代，衆所周知，李盛鐸藏有很多罕見古書籍[4]。

2009年，大阪的杏雨書屋公開了敦煌秘笈。世人由此得知，1936年左右李盛鐸的兒子李滂把432件敦煌文獻賣給了京都大學的羽田亨。杏雨書屋第五代主人武田長兵衛給羽田亨提供了資金支持。李滂大概把他收藏的全部敦煌文獻賣給了羽田亨[5]。1939年，李盛鐸的其餘藏書"木犀軒"被北京大學收藏了。但是，很少人知道李盛鐸有多少藏書，買主是誰。因此市場上李盛鐸的藏本價值越來越高。

1939年安藤聽説李盛鐸收藏的敦煌文獻在北京和天津出售，但他不知道羽田亨教授已經買過李盛鐸收藏的。他打算購買，看了李家收藏敦煌文獻的一部分，但因資金問題，最終無法購買。因爲這些被銀行家王克敏先購買了。他聽説王克敏購買了500件文獻。

但是有可能，是李家的親戚利用了李盛鐸的名聲，或是古玩鋪謊稱是李盛鐸的藏品。正因爲如此，濱田的藏品中一部分寫經裏有當時人添寫的内容。[6]

王克敏支持汪精衛政府，又是金融專家。因此，他應該有機會認識税務官僚

---

① 神冢淑子：《國會圖書館所藏の敦煌道教寫本》，《名古屋大學文學部研究論集（哲學）》第59號，2013年；《道教經典の形成と佛教》，名古屋大學出版會2017年版，第324—361頁。

② 井上書店：《人文系古書綜合目録》第57號，1995年（古書販賣カタログ）。

③ ABAJ：《2010年國際稀覯本フェア》（販賣目録），ABAJ日本古書籍商協會2010年版。

④ 吴密：《訃聞所見李盛鐸生卒年及其生平事蹟》，《圖書館研究》2016年第3期。

⑤ 高田時雄：《李滂と白堅》，《敦煌寫本研究年報》創刊號，2007年。

⑥ 高田時雄：《日藏敦煌遺書の來源と真僞問題》，《敦煌寫本研究年報》第9號，2015年。

濱田。因此濱田很可能從王克敏手中購買了一些敦煌文獻。

許多日本收藏家在第二次世界大戰後出售了他們的藏品,而一部分被濱田購買了。比如,濱田購買了著名藏書家石井光雄的敦煌文獻藏品。

通過梳理濱田收藏的過程,也可以看出 20 世紀 30 年代後半期到 60 年代中日兩國民間人士對敦煌寫經的强烈關注。

另外,2020 年 3 月財團法人東洋文庫内亞研究部門計劃公開關于濱田德海收集中國西域出土寫經的秘密資料。那份資料記載了濱田德海收集古寫經的數量和目録。關于這份資料請參考我的新論文。① 這份資料證明了本稿的推論。但是筆者是在 2019 年 8 月才得知這份資料的存在的。資料公開以後濱田德海的收藏會得到更多的關注。

① 岩本篤志:《浜田徳海の敦煌寫經の蒐集とそのコレクションの性格》,收入東洋文庫内陸アジア研究班編:《濱田德海舊蔵敦煌文書コレクション目録》,東洋文庫 2020 年版。

日本《醫心方》(半井家本)卷子本和背書信息傳達和媒體形式

多田(永瀨)伊織(大阪大學)

一、引言

在傳世文獻的研究中,學術界很少討論抄本和版本之間信息傳達的區别。抄本中的卷子本有着書册體所没有的特性,那就是“背書”的可能性。“背書”是指:在卷子本正文的相應部分的紙背上寫入應該附加的信息。一般情况下,現在看到的古抄本的卷子本已經被裝飾了,所以很難直接看到紙背上的“背書”,需要經過修理才能看到。

丹波康賴(912—995)是平安時代中期的醫師,永觀二年(984),他將綜合醫學書《醫心方》(全30卷)獻給朝廷。歷任針博士、醫師博士、左衛門佐、左兵衛醫師、丹波介,升至從五位上。

現在成爲日本國寶的《醫心方》半井家本,是現存抄本中最古老、最完整的善本。其中27卷抄寫于平安時代(12世紀),1卷抄寫于鐮倉時代,另有2卷和1册爲江户時代的抄本。平安時代的抄本之中有25卷使用楮紙,由約10個人完成抄寫。

關于卷子本的《醫心方》半井家本,在現行文本的藥方上,可以看到明顯的增廣點零星。這些增廣,是附加在背書上的。從丹波康賴原選本到半井家本,經過了一次到二次以上的傳寫。本文將通過文獻學的方法,對上述書寫過程中藥方的取捨過程進行梳理。

二、《醫心方》創作時日本流行的類書編纂方法

益田宗基于太田晶二郎的觀點，對日本平安時代的類書編纂方法進行了如下闡述：

> 在此之前，讓我們先來談一談被稱爲有史以來便處于第一階段的編輯方法"切貼"。所謂"切貼"，是指從各種史料中摘録必要的事情，然後將這些事情按照類别整理，分别按照年月日或每件事項粘貼製作成一卷一册的方法。該方法是製作類書時必須使用的方法，據説菅原道真(845—902)在編輯《類聚國史》時就采用了這個方法。據説他準備了幾個壺，從《日本書紀》到《日本三代實録》的草稿，按每個項目區分開，寫成細長的紙，投入到該項目的壺中進行整理。據説他仿照了《白氏文集》的編輯方法。即使是《敕撰和歌集》的編輯，恐怕也是采用了與此相近的方法，依照編纂《敕撰和歌集》的宗旨，從各位投稿者的歌集中分門别類地選出和歌，做上記號。這些貼上的記號，是不是用漿糊貼上的另當别論。這些帶着記號的寫稿組成了初步的草稿。要是需要補充大量記述，形成日記，那就在别的紙上寫下來，之後將這些日記插入并粘貼到所涉事情或和歌處；以及雖然趣味有所不同，比如説軍記物語等，將很長的文稿用"切貼"修補，舉個例子，我們能在神田本《太平記》裏觀察到這種痕迹。由此可以看出，"切貼"工作并非僅限於現在，而是歷來編輯者的智慧。况且，卷軸是方便"切貼"的原稿形態。……以這一"切貼"稿本爲基礎，在編纂者的補筆、更正、割愛的基礎上加上舞文修飾之後，作爲定稿重新編寫。[①]

編撰《醫心方》的時期離菅原道真編撰《類聚國史》的時期并不遠，因此，我們認爲《醫心方》也用益田宗介紹的這種編撰方式。

---

① 益田宗：《吾妻鏡の本文批判のための覺書—吾妻鏡と明月記との關係》，《東京大學史料編纂所報》第6號，1971年。

三、以卷子本的風格編撰類書的特點

藤本孝一對做成卷子本的特徵描述如下：

> 卷子本的編撰過程
>
> 卷子本是用“原件—附録紙簽—《編纂·部類》—粘貼爲卷軸”“貼在卷軸上—《編纂·切繼》—卷軸謄寫”的流程編撰的，時常進行以敕撰集爲首的歌集的編纂。[①]

他指出，卷子本和册子本不僅裝訂的方法不同，編輯的時候也有很大的不同。

> 卷子本和册子本的不同點
>
> 對裝訂形態不同的卷子本和册子本進行編輯作業的不同之處在于能否進行剪切和背書。“剪切”是指剪切和粘貼的書本紙片，不能用于册子本。此外，由于紙張的背面就是葉子的背面，因此册子本没有“背書”。(略)[②]

背書時，卷子本處于續紙狀態，没有軸。一般來説，寫在卷子本正面的文字可以透到背面。在其他位置書寫的時候，爲了明白説明和正文的關係，編者會在背面加上日期和注解。

這裏需要注意的是“背書”。未經裝裱的卷子可以在背面“寫入”許多内容。作爲實用書籍的醫書需要不斷更新。在“背書”中寫入新知識，然後再重新抄寫。醫學書籍中添加“背書”和“寫入”的比較常見?

這裏需要注意的是没有裝幀的卷子的稱呼。在中國，裝幀後的卷子本稱爲“卷子”，未裝幀的、還是卷紙狀態的稱爲“卷”，以示區别。可以認爲，實用書籍是直接以“卷”的形式被利用的。2024 年的 76 届正倉院展上展出了紫檀金銀繪書

---

① 藤本孝一：《紅梅殿の壶と編撰　説話集を中心として》，收入倉本一宏編：《説話研究を拓く—説話文学と歴史史料の间に》，思文閣出版社 2019 年版，第 134 頁。

② 藤本孝一：《紅梅殿の壶と編撰　説話集を中心として》，收入倉本一宏編：《説話研究を拓く—説話文学と歴史史料の间に》，第 137—138 頁。

几。這是用來展開卷軸的臺子,在承載球形柱座的方形臺子上立一根柱子,這根柱子左右伸出帶有支撐臺的臂架。臂架的兩端各立一根更細的柱子,柱子的上下帶有兩根用來支撐卷軸的圓形金銅圈。在正倉院事務所的草案中,這本書几是用來擴展帶軸的卷子的,但是如果放置帶軸的卷子,就會傾斜,不穩定。藤本孝一認爲,其書几是用來閱讀没有帶軸的未裝幀的"卷"的裝置。用這個裝置,可以穩定地放置没有帶軸的卷,可以左右翻出"卷"來閱讀。

四、三件玉壺丸方:佛教醫書《僧深方》和道教醫書《千金方》《千金翼方》

"玉壺丸"的名稱,首見于晋代道士葛洪撰述的《抱朴子》[①]上。但是葛洪在該書中没有留下玉壺丸的詳細配方。

被認爲活躍于南朝、大概是從劉宋到南齊的僧侶僧深,收集了當時的經方,編成《僧深方》40 卷。其中,引用到玉壺丸的藥方,叫"西王母玉壺赤丸"[②]。

進入唐代,道士孫思邈編成《備急千金要方》(簡稱《千金方》)30 卷(652 年)。其中有"仙人玉壺丸方"[③],可以看到玉壺丸的藥方。另外,在他爲補充《千金方》選編的《千金翼方》中有玉壺圓[④]的藥方。

比較一下兩者的前半部分(表 1)。

表 1 西王母玉壺赤丸與仙人玉壺丸方,玉壺圓的對比

日本丹波康賴《醫心方》卷14《治注病方第十一》(半井家本,日本國立東京博物館所藏)	唐孫思邈,南宋版《新雕孫真人千金方》卷 12《膽腑方·萬病丸散第七》(陸心源皕宋樓舊藏,日本静嘉堂文庫所藏)	唐孫思邈,元大德本《千金翼方》卷 20《雜病下·備急第一》(日本宫内廳書陵部所藏)
西王母玉壺赤丸、備急治尸注、卒惡、水陸毒螫(丑略反)萬病方(一名耆婆丸),	仙人玉壺丸方	玉壺圓 主萬病皆用之。 雄黄(貳兩) 八角附子(貳兩,炮) 藜蘆(二兩) 丹砂

① 《抱朴子·内篇》卷 17《登涉》:"若帶八物麝香丸、及度世丸、及護命丸、及玉壺丸、犀角丸、及七星丸、及薺苨,皆辟沙蝨(虱)短狐也。"
② 《醫心方》卷 14《治注病方第十一》。
③ 《备急千金要方》卷 12《萬病丸散第七》。
④ 《千金翼方》卷 20《雜病下·備急第一》。

續　表

日本丹波康頼《醫心方》卷14《治注病方第十一》(半井家本,日本國立東京博物館所藏)	唐孫思邈,南宋版《新雕孫真人千金方》卷 12《膽腑方・萬病丸散第七》(陸心源皕宋樓舊藏,日本静嘉堂文庫所藏)	唐孫思邈,元大德本《千金翼方》卷 20《雜病下・備急第一》(日本宫内廳書陵部所藏)
武都雄黄　一兩(赤如鶏冠)　八角大附子　一兩(炮、稱)　梨蘆　一兩　上丹砂　一兩(不使有石者) 白礬石(練之一旦一夕)　巴豆　一兩(去皮,熬令紫色稱之。一方,有真朱一兩)	雄黄　藜蘆　丹砂　礬石　巴豆　八角附子(各二兩)	(貳兩)　礬石(貳兩,燒)　巴豆仁(貳兩,去皮)
凡六物,悉令精好,先治巴豆三千杵。次内礬石,冶三千杵。次内梨蘆,冶三千杵。次内雄黄,冶三千杵。次内白蜜,冶三千杵,亦可從此,更冶萬杵,最佳。 有加真朱一兩者,若不用丹沙而内真朱二兩,無在也。 生礬石、黑礬石皆可用,不必白色者。巴豆勿用兩人者。 又方(第二) 別搗梨蘆、附子。下篩,乃更稱之。 又一方(第三)	右六味,先擣巴豆三千杵,次内礬石又擣三千杵,次内藜蘆三千杵,次内附子三千杵,次内雄黄三千杵,次内丹砂三千杵,内蜜又擣萬杵,佳。 若無丹砂,内真朱四兩,無在。	右六味,先擣巴豆三千杵,次内礬石又三千杵,次納藜蘆又三千杵,次内雄黄又三千杵,次内丹砂又三千杵,次内附子又三千杵,次内白蜜又三千杵,訖,更治萬杵,佳。 無丹砂,用真朱肆兩代之。
每内藥輒冶五百杵,輒内少蜜,恐藥飛。擣都畢、乃更冶萬杵。	每内藥輒冶五百杵,内少蜜,恐藥飛揚。	每内藥,即下少蜜,恐藥飛揚。
合藥,得僮子冶之,大佳。無僮子,但凡人三日齋戒,乃使之。	冶藥,用王相吉日良時,童子齋戒爲良,	以王相日,童子齋戒,
合藥,用建、除日,天清无雲霧日,向月建。	天晴明無雲霧,白晝。	天晴明時合。
藥成,密之,勿令泄,着清潔處。	藥成,密器中封之,勿泄氣,著清潔處。	盛密器中封之,勿洩氣,安清净處。

通過比較三者我們可以看到以下内容：

1. 比孫思邈《千金方》《千金翼方》晚 200 年左右成立的《醫心方》所引《僧深方》"西王母玉壺赤丸"的藥方更爲詳細。

2.《千金方》《千金翼方》遺漏了經方開頭附帶的説明。

3.《僧深方》所引“西王母玉壺赤丸”也遺漏了佐料搗制程式的一部分。

4. 雖然組成相同,但是《僧深方》的經方是《千金方》《千金翼方》的半量。

綜上所述,《醫心方》所引《僧深方》的“西王母玉壺赤丸”,來源于古老道教系醫學的“玉壺丸”藥方。佛教方面認爲,應該以不對其經方進行修改的方式傳承,而道教方面則改變了“玉壺丸”藥方。

“玉壺丸”是葛洪《抱朴子》提到的、具有歷史的丸藥。葛洪還撰述有《肘後備急方》。今本《肘後備急方》説,《備急散丸方》上有“玉壺丸”經方:

> 治卒蠆螫方第五十七
> 以玉壺丸及五蛄丸,塗其上并得。
> 其方在《備急丸散方》中。[①]

《備急散丸方》現已散佚,估計是《抱朴子》中葛洪提及的藥方。它大概是《僧深方》所引道教藥方的來源之一。(圖 1)

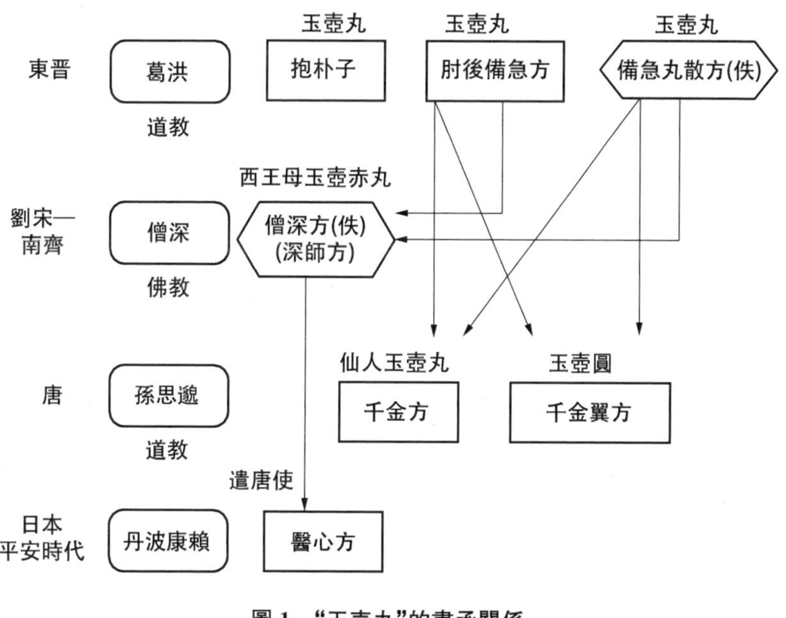

圖 1 “玉壺丸”的書承關係

① 今本《肘後備急方》卷 7。

五、結語

原來學界認爲"玉壺丸"經方都是一樣的，但是經過比較，我們發現佛教系的《僧深方》和道教系的《千金方》《千金翼方》有明顯的差异。《僧深方》是比《千金翼方》《千金方》更古老的醫書，《醫心方》所引"西王母玉壺赤丸"經方估計更接近于葛洪的《備急散丸方》的"玉壺丸"。作爲實用書的醫書，總是被要求通過修改來改進，而卷子本的風格也與此相對應。經過背書和"切繼"被修改，作爲背書的部分也被插入了正文。現在《醫心方》所引《僧深方》的"西王母玉壺赤丸"一文篇幅極大，很有可能是將背書插入了正文。

一套木版可以複製很多版本，而手抄本是一本一本抄寫的，每一本的文本都可能不同。對照抄本和版本時，需要注意各自的特性。

室町時代養生書的版本小考

劉　青(弘前大學)

中世以來,寫本一直在日本文化傳播中占據主流地位。印刷術雖然很早就從中國傳入日本,但是得以印刷的也衹局限于佛經、儒家經典、醫書等小範圍的書籍。在16世紀之前,雕版印刷出版的醫書僅有三部,《醫書大全》《俗解八十一難經》和《察病指南》。

16世紀末期,活字印刷術從歐洲及朝鮮傳入日本。特别是萬曆朝鮮戰爭(1591—1592,1597—1598)時,日本從朝鮮帶回活字印刷術,它的輕便、易操作給當時的印刷出版業注入了新的血液,之後的約六十年間,活字印刷術在日本開始盛行,這個時期被刊刻的書籍稱爲古活字版。進入江户時代,社會生活富足穩定,活字印刷不能滿足社會對書籍的大量需求,雕版刊刻再次回歸主流。在這個時期,出現了大量漢籍的和刻本。真柳誠氏在《江户期渡來の中國醫書とその和刻版》[①]一文中提出了"和刻率"一詞,通過他的計算方法,統計出在江户時期,從中國傳入的漢籍醫書中,大約有百分之三十九會出現和刻本。

近世以後,即使是在雕版印刷占據重要地位的時代,寫本文化在日本也没有消失。從現存的寫本中大部分爲近世作品的情況也可以看出,寫本持續不停地被製作,在社會文化中的地位仍然十分重要。寫本文化根深蒂固,堀川貴司氏[②]認爲,原因可歸結爲以下幾點:

(1) 因爲出版限制,一部分書籍衹能以寫本的形式進行出版。

(2) 自古以來的寫本高貴的觀念。

---

① 真柳誠:《江户期渡來の中國醫書とその和刻版》,收入山田慶兒、栗山茂久編:《歷史の中の病と醫學》,思文閣出版社1997年版,第301—340頁。

② 堀川貴司:《書誌学入門—古典籍を見る・知る・読む》,勉誠社2010年版,第177—178頁。

(3) 對名人、公家、書法家筆迹的尊重、推崇意識。

(4) 存在一些不希望被廣泛傳播的書籍。

(5) 近世的文人有親自製作書籍的需求和傳統。

近世的和書及漢籍醫書，有很多一直以來以寫本的形式流傳于世，也有一部分後來被活字、雕版反復刊刻，因此得到普及。筆者嘗試以室町時期爲考察對象，收集現存于日本各個圖書館中的室町時代的養生書，通過對它們現在版本情況的介紹、各版内容的比較、書籍形態波動的分析，以期對當時社會文化的理解有所幫助。本稿作爲研究的第一步，將選擇有代表性的日本養生書三例，以及傳入日本的漢籍養生書三例，分析他們的寫本、刊本情况，梳理當時及後來被書寫、刊刻的脉絡，爲進一步深入調查室町、江户時代的醫學書籍的刊刻打下基礎。[①]

下面對室町時代有名醫家所著的三部養生書作初步介紹。

1.《延壽類要》

本書由竹田昭慶（又名定盛，1421—1508）編纂于1456年，全書以“治未病”的思想爲開篇，分爲養性調氣篇、行壯修用篇、行壯制禁篇、服食用舍篇、房中損益篇等五個部分，多是中國養生書的拔萃和彙編。具體的養生方法參照了孫思邈的《千金方》及元代養生書《三元參贊延壽書》的内容，比如在第一章養性調氣篇中，提到“老子曰，人生大期，百年爲限，節護之者，可至千歲……不死之藥”，此處老子的話并不見于《道德經》，而出自《三元參贊延壽書》“老子曰”的部分。同時，本書也引用了《仙經》《太清經》的内容。行壯修用篇中，引用了“仙經曰：欲求長生者，先去三尸”等道教的修煉法，并用一章專門叙述房中術，整體的風格深受道教養生術的影響。

本書有多部寫本存世，分别藏于内閣文庫、宫内廳書陵部、京都大學富士川文庫、内藤紀念くすり博物館，寫本的抄寫時代分布于室町、江户時代。如圖1所示的室町時期的寫本，藏于内閣文庫，抄寫年代不詳，分爲上下兩册，最後有著者跋文。標注了訓點和返點。

關于本書的刻本，據筆者調查，目前僅有一部存世，藏于京都大學富士川文庫（圖2）。此本由竹田昭慶的子孫竹田公豐刊刻并添加補注，刻于寬政五年（1793），版刻，有返點。寫本中的著者跋文被作爲自序附于卷首，并添加了和氣

① 本稿以“日本古典籍總合目録データベース”和“新日本古典籍總合データベース”兩個电子檢索所收録的圖書館藏書作爲考察對象，覆蓋圖書館尚有不全面之處，將在别稿進行補充。

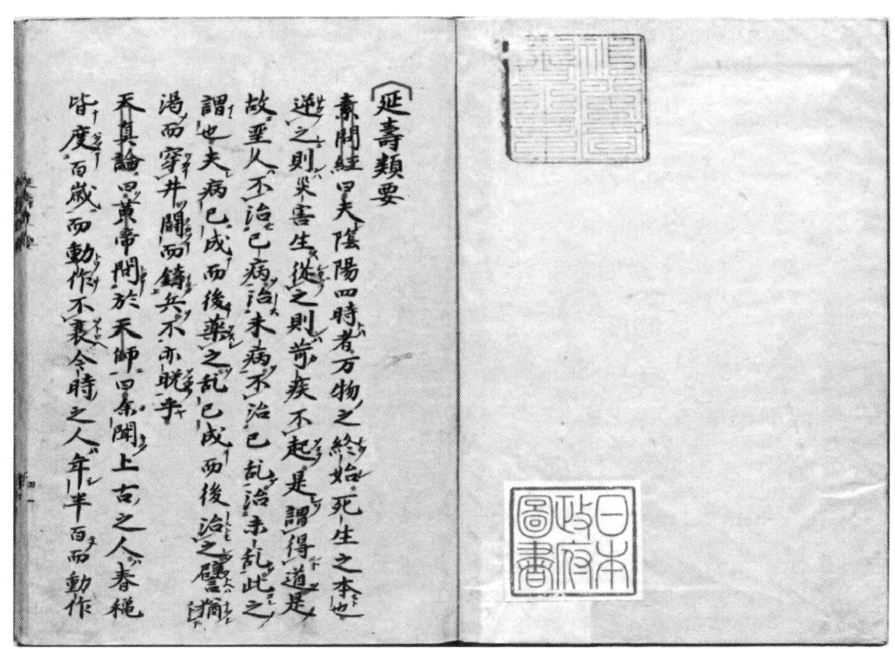
延壽類要
素問經曰夫陰陽四時者万物之終始死生之本也
逆之則災害生從之則苛疾不起是謂得道是
故聖人不治已病治未病不治已乱治未乱此之
謂也夫病已成而後藥之乱已成而後治之譬猶
渴而穿井闘而鑄兵不亦晚乎
天真論曰黄帝問於天師曰余聞上古之人春秋
皆度百歲而動作不衰今時之人年半百而動作

圖1　内閣文庫藏《延壽類要》(寫本)

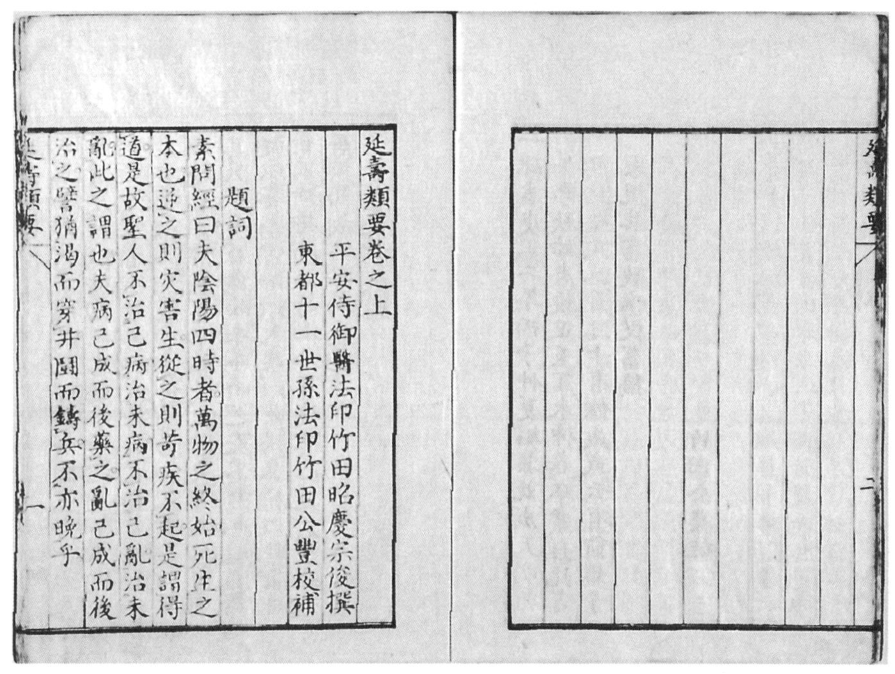
延壽類要卷之上
平安侍御醫法印竹田昭慶宗後撰
東都十一世孫法印竹田公豊校補
題詞
素問經曰夫陰陽四時者萬物之終始死生之
本也逆之則災害生從之則苛疾不起是謂得
道是故聖人不治已病治未病不治已亂治未
亂此之謂也夫病已成而後藥之亂已成而後
治之譬猶渴而穿井鬪而鑄兵不亦晚乎

圖2　富士川文庫藏《延壽類要》(刻本)

家的後人和氣朝臣成美君人、吉田宗恂的後人吉田宗愔及刊者竹田公豐的序文，通過序文“謙豫氏作之補注，并録家藏之舊篇，爲刻本欲公之四方”，“蓋其書成，而今既經三百有餘歲，以故後世藏其全書者鮮矣，予有慨于此，于斯乎，搜索予家所藏之蠹簡……宗俊君手澤之書稿也”，此刻本的刊刻經過也可明瞭。在此刻本中，竹田公豐將原書内容的出典一一找出，并進行對照，添加注解。在“服食用舍篇”一章中補充了藥材、食材的和名叫法。

2.《養生記》

《養生記》是一部由漢字混合假名寫成的養生書，目前僅存一部寫本。此寫本藏于日本研醫會圖書館(圖 3)，外題爲“初代曲直瀨道三　養生記”，一册。從書的後記看出，此書爲第五代道三橘玄淵于延寶六年(1678)所抄，初代曲直瀨道三的手稿本在松平土佐守處，應友人所求，橘玄淵抄下了原書内容，後來又有五六個人來找橘玄淵索要此書。之後又應其他友人的要求，橘玄淵在原書後補充

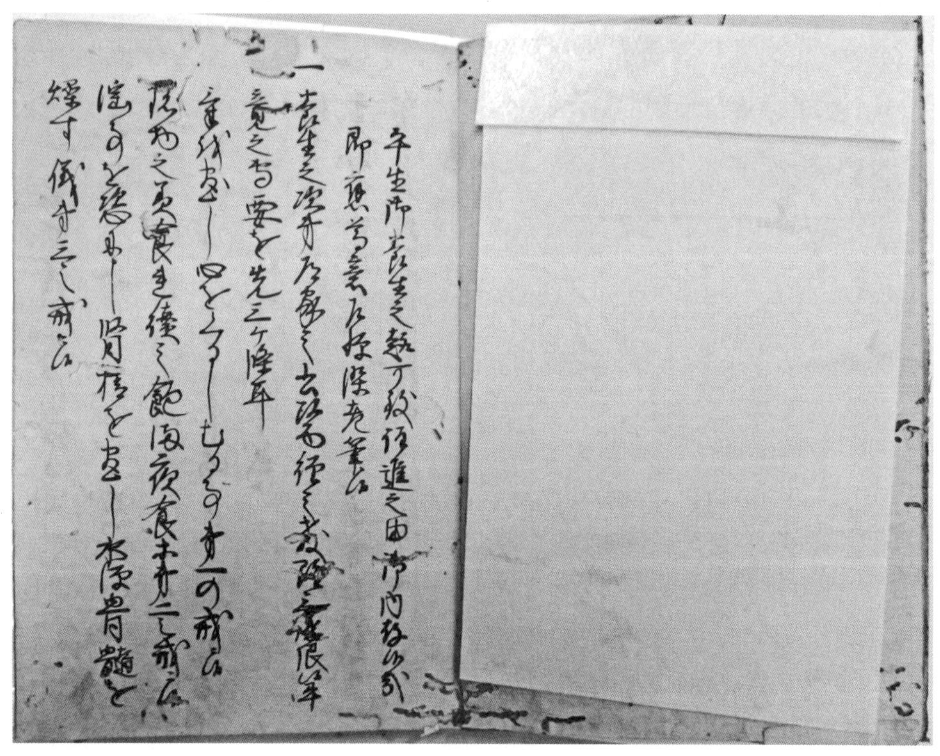

圖 3　研醫會圖書館藏《養生記》(寫本)

上了附録。從内容上來看,前半部分爲初代曲直瀨道三在 1586 年所寫内容,包含了養生三條、養生誹諧十七首、無毒月、世上宜慎誹諧七首、枸杞湯浴月等内容。這些内容和初代道三的著作《養生和歌》一致。後半分别爲橘玄淵于 1676 年、1677 年補充的附録,包含了中藏經、情志、起居、飲食、色欲、養生總論及先祖道三所述養生倭歌一卷等内容,附録内容相對通俗易懂,并在最後提到養生的方法終是"惟仙家方士之術而已哉"。

3.《延壽撮要》

《延壽撮要》是曲直瀨玄朔(1549—1631)在 1599 年纂成,又名《延壽養生》《延壽養生論》《延壽養生傳》。全書分爲養生總論、言行篇、飲食篇、房事篇四個部分。文體包含了室町時代的口語體,由漢字混合假名構成。内容通俗易懂,是面向平民階層的養生入門書。

此書的成書年代,從歷史記載來看,正值曲直瀨玄朔因豐臣秀次(1568—1595)切腹事件連坐而被發配的時期。從内容上來看,此書和元代養生書《三元參贊延壽書》的内容非常相近,是對《三元參贊延壽書》的再整理和平易化翻譯。

此書有多個寫本及刊本存世,共計多達 40 種。未能確認書寫年代的寫本很多,刊本的年代遍布室町、江户時代,可見在江户時代出現了大規模的刊印。以京都大學富士川文庫藏的一個寫本爲例(圖 4),全書使用漢字和片假名寫成,附有跋文。後記中,有"名闕　慶長己亥年(1599)"的落款。跋文用漢文寫成,提到"在關左(即關東,左遷地即在關東地區)之日偏州下邑之者,不知養生之道,不幸而致夭横"。他心懷憐憫,記下一些關鍵的養生法,并用假名寫成,命名爲《延壽撮要》。之後回到"洛陽"(即京都),此書有幸得到天皇的閲覽。作者希望這部書可以"廣頒華夷,普授士民,人人長保仙壽"。最後署名"名闕"。根據以上内容,此本有可能爲曲直瀨玄朔的手稿本或者手稿本的模寫本。

此書後來被多次刊刻。僅京都大學富士川文庫所藏,就有 1599 年古活字本(圖 5),用楷書的漢字和假名構成,古活字版中有同樣的上述跋文。1630 年的整版印刷本(圖 6),由行書的漢字和變體假名構成。還有 1632 年的刊本(圖 7),出現了横版,小尺寸的便携式讀本。以及受到江户中期草雙紙的影響,有插圖式的刊本也出現了(圖 8)。從刻板的變化,也可以看出此書向更加通俗易讀、便于携帶、普及民衆的趨勢發展。

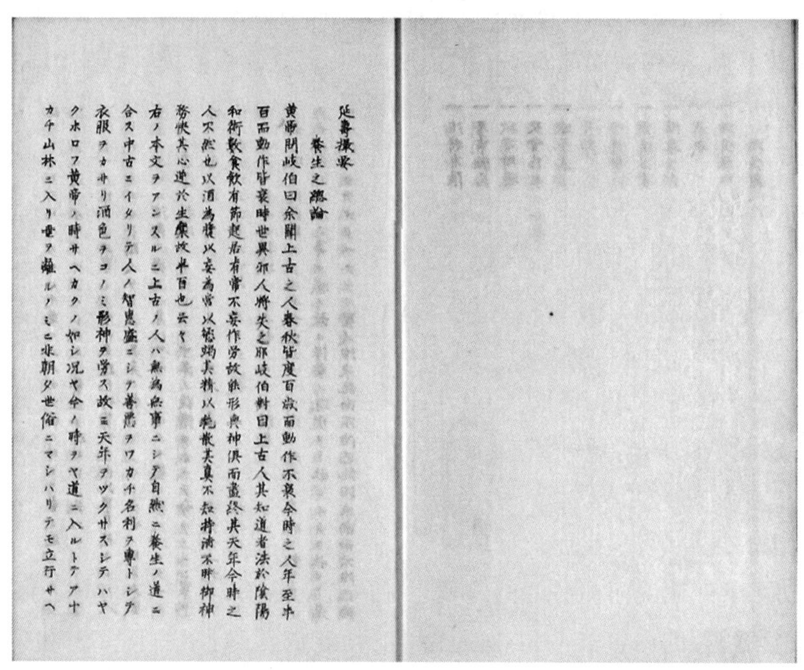

延壽撮要

養生之總論

黄帝問岐伯曰余聞上古之人春秋皆度百歲而動作不衰今時之人年至半百而動作皆衰時世異邪人將失之耶岐伯對曰上古人其知道者法於陰陽和術數食飲有節起居有常不妄作勞故能形與神俱而盡終其天年今時之人不然也以酒為漿以妄為常以欲竭其精以耗散其真不知持滿不時御神務快其心逆於生樂故半百也云々

右ノ本文ヲアンズルニ上古ノ人ハ無為無事ニシテ自然ニ養生ノ道ニ合ス中古ニイタリテ人ノ智恵盛ニシテ善悪ヲワカチ名利ヲ專トシテ衣服ヲカザリ酒色ヲコノミ形神ヲ労ス故ニ天年ヲツクサズシテハヤクホロブ黄帝ノ時サヘカクノ如シ況ヤ今ノ時ヲヤ道ニ入ルトテアナカチ山林ニ入リ世ヲ離ルノミニ非朝夕世俗ニマジハリテモ立行サヘ

圖 4　富士川文庫藏《延壽撮要》(寫本)

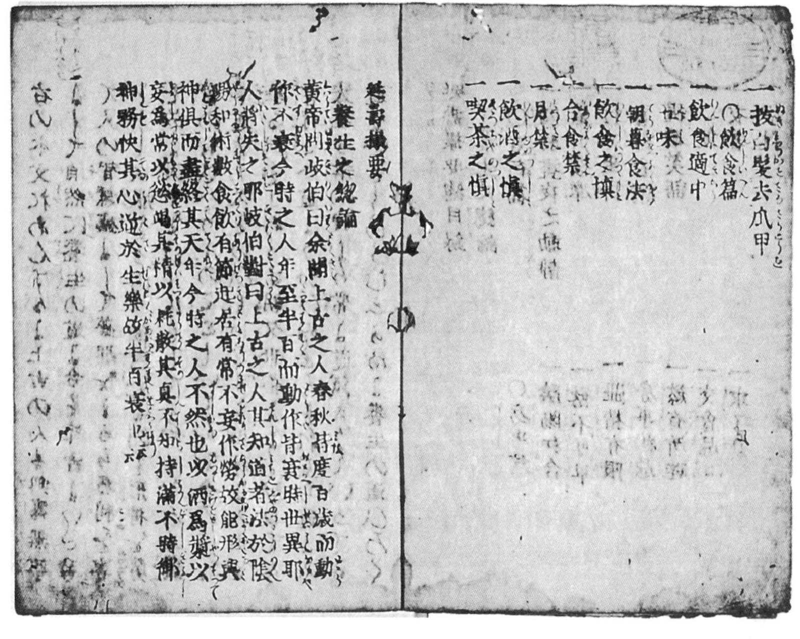

一 按白髮去爪甲

○飲食篇

一 飲食適中

一 五味

一 朝暮食法

一 飲食之慎

一 合食禁

一 月禁

一 飲酒之慎

一 喫茶之慎

延壽撮要

養生之總論

黄帝問岐伯曰余聞上古之人春秋皆度百歲而動作不衰今時之人年至半百而動作皆衰時世異耶人將失之耶岐伯對曰上古之人其知道者法於陰陽和術數食飲有節起居有常不妄作勞故能形與神俱而盡終其天年今時之人不然也以酒爲漿以妄爲常以慾竭其精以耗散其真不知持滿不時御神務快其心逆於生樂故半百衰

圖 5　富士川文庫藏《延壽撮要》(古活字本)

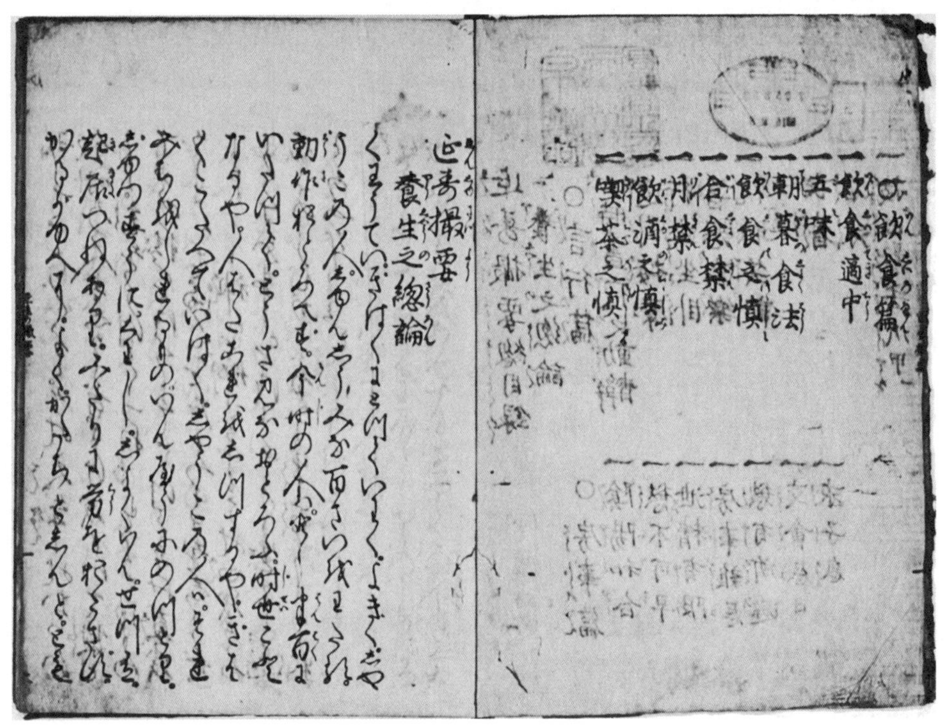

圖 6　富士川文庫藏《延壽撮要》（刊本）

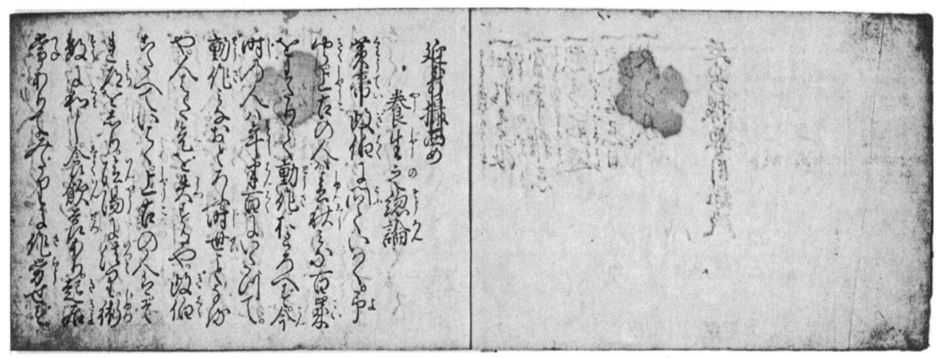

圖 7　富士川文庫藏《延壽撮要》（刊本）

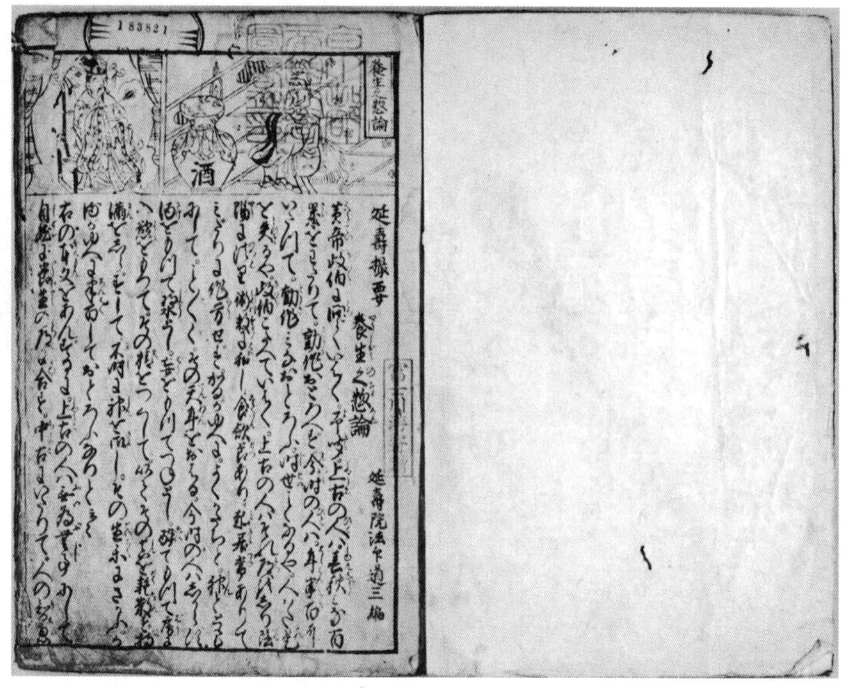

圖 8　富士川文庫藏《延壽撮要》(刊本)

接下來介紹一下在當時較有影響力的三部漢籍養生書在日本的版本。

4.《三元參贊延壽書》

上文已經提到過的，被《延壽類要》《延壽撮要》等引用、參照的中國元代養生書《三元參贊延壽書》成書于 1291 年，書名又稱《三元延壽參贊書》。此書被編入《道藏》洞神部方法類，書名爲"三元延壽參贊書"。分爲五卷，前三卷分别叙述了天元之壽、地元之壽、人元之壽的養生術。後兩卷在三元之壽的基礎上，闡述了换元、補藥、導引等養生法及"神仙警世""陰德延壽論""亟三爲一歌"等理論。

初代曲直瀨道三在 1570 年，親自抄寫了本書，現藏于京都大學富士川文庫(圖 9)。但與其説此本是《三元延壽參贊書》的寫本，從内容上來看，不如説與抄物更接近。抄物是室町時代到江户初期，由僧人、醫家、學者等對漢籍注釋而形成的一種作品形式。通常用個人的讀書筆記、講義録，弟子的聽課筆記等形式寫成。如同抄寫者的個人讀書摘録一般，寫法隨意，改變了原書的副標題，也省略了其中的一部分内容，類似于大綱性整理。書末，還添加了抄寫者于 1580 年整理抄録的《泰定養生主論》卷一。

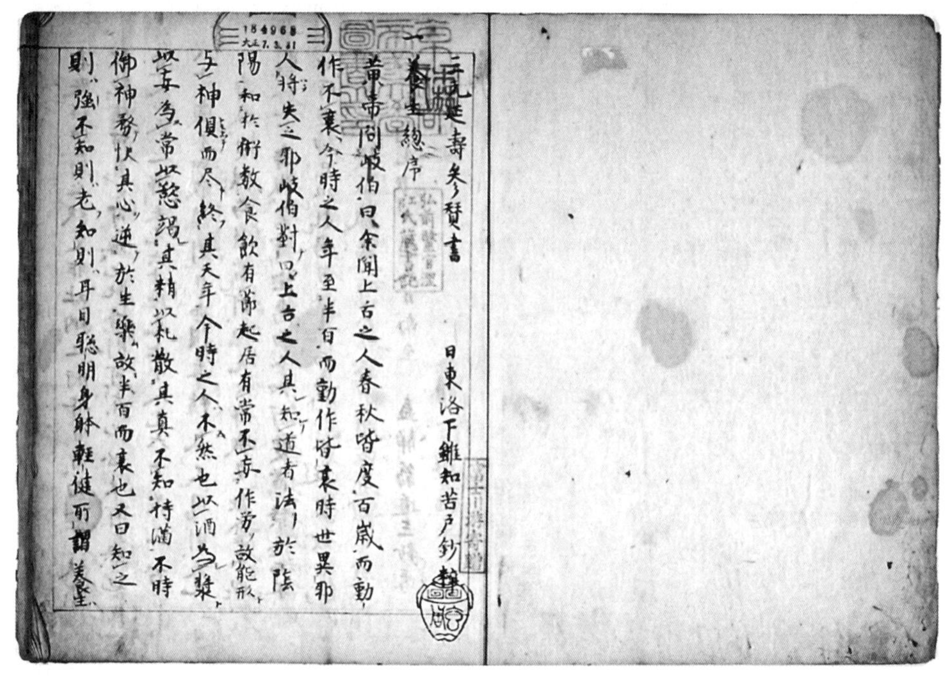

三元延壽參贊書
日東洛下雖知苦戸鈔輯
養生總序
黄帝問岐伯曰余聞上古之人春秋皆度百歲而動
作不衰今時之人年至半百而動作皆衰時世異耶
人將失之耶岐伯對曰上古之人其知道者法於陰
陽和於術數食飲有節起居有常不妄作勞故能形
与神俱而尽終其天年今時之人不然也以酒為漿
以妄為常以慾竭其精以耗散其真不知持滿不時
御神務快其心逆於生樂故半百而衰也又曰知之
則強不知則老知則耳目聡明身躰軽健所謂養生

圖 9　富士川文庫藏《三元參贊延壽書》(抄物)

此書并没有和刻本。内閣文庫中藏有此書的刻本,判斷爲明刻本。被收入《合刻延壽書》系列,據内閣文庫的記録,《合刻延壽書》系列由明代胡文煥纂輯。除了《三元參贊延壽書》之外,還包含了《食物本草》《食鑒本草》《養生食忌》《養生導引法》《保生心鑒》《保真秘要》《養生類纂》《山居四要》《壽親養老書》《錦身機要》《錦身機要指源篇》,共 10 册 12 種。可以聯想到此系列爲胡文煥所輯《壽養叢書》(34 種)的一部分,而外題"合刻延壽書"很有可能是傳到日本之後被添加的。

5.《山居四要》

《山居四要》是元代汪汝懋編纂的養生書,由攝生之要、養生之要、衛生之要、治生之要四卷構成。本書歷來被認爲是在元代楊瑀的著作的基礎上改編而成,全面介紹了簡便易行的日常養生術。

《山居四要拔萃》(以下簡稱《拔萃》)是節選《山居四要》的内容而寫成,由漢字混合假名的文體構成。與原書相同,本書也由攝生之要、養生之要、衛生之要、治生之要四部分構成。在攝生之要的部分,《拔萃》雖然完整地抄寫了各個小標題，但標題下的内容有所選擇和省略。在養生之要的部分，各個小標題下的内容也多少有所删減，其中“孕婦忌食”“乳母忌食”這兩節關于婦女養生的内容被完全删減。衛生之要的部分，主要是介紹應對各種疾病的藥方，在這一部分，《拔萃》删減了“婦人”“小兒”兩個小節的内容。最後的治生之要部分，除了各個標題下内容有删減外，完全删減了“行厨備用”一節。據筆者調查，《拔萃》目前有兩部寫本存世，分别存于京都大學富士川文庫（圖 10）和宫内廳書陵部。兩部寫本最後，均附有曲直瀨玄朔的跋文，交待了此寫本的抄寫背景，内容如下：

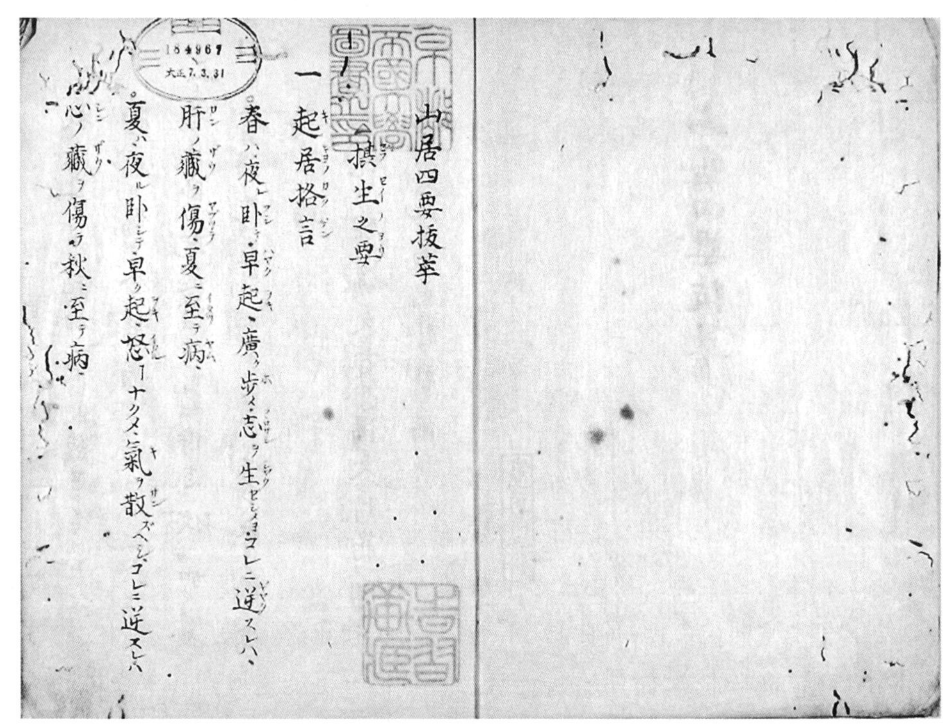
山居四要拔萃
攝生之要
一　起居格言
春ハ夜ニ卧テ早起、廣ク歩メ志ヲ生セシメヨコレニ逆スレハ、
肝ノ藏ヲ傷ヲ夏ニ至テ病
夏ハ夜ル卧シテ早ク起怒ヿナクメ氣ヲ散ズベシコレニ逆スレハ
心ノ藏ヲ傷ヲ秋ニ至テ病

圖 10　富士川文庫藏《山居四要拔萃》（寫本）

日本國前博陸殿下將擊大明，既被遣前驅于朝鮮矣。于時藝陽大守宰相羽林郎豊臣輝元公在開寧縣而偶示得沉疴，予依殿下之命，不遠命不遠千里于以療之，經歷密陽館之日，幸得山居四要一部，披而觀之則飲食起居之妙術，保生治疾之彙方，常銘座右而寅昏可玩味之書也。相公聞之就予請以倭語書寫焉，不克辭讓而走兔毫以応公求云爾。天正二十年龍集壬辰仲冬下瀚，日東洛下，延命院玄朔書于開寧青秀樓下。

按照此跋文的内容,《山居四要》一書爲玄朔在朝鮮密陽館所得,并受豐臣輝元之命,用"倭文"進行了抄寫。但是據遠藤次郎的考證[①],《拔萃》一書的作者應爲初代道三,而玄朔衹是出于政治等目的,假稱自己所寫。

6.《活人心》

《活人心》(又名《活人心法》《活人心方》《臞仙活人心法》等)由明初文人朱權(1378—1448)所著,此書成書時間約在1403—1408年間[②]。内容分爲上下兩卷,上卷以日常養生術爲中心,從修心到日常起居、導引、呼吸、飲食等,下卷以常用基礎藥方爲主,列舉藥方數目雖不多但覆蓋面廣,從整體調養到内科、外科、男性、婦人科各個方面都有涉及,實用性强。此書出現之後很快傳入朝鮮,出現了多個朝鮮刻本,之後傳入日本。

日本的内閣文庫藏有此書的寫本(圖11),字體清晰,内容完整,圖像精美。

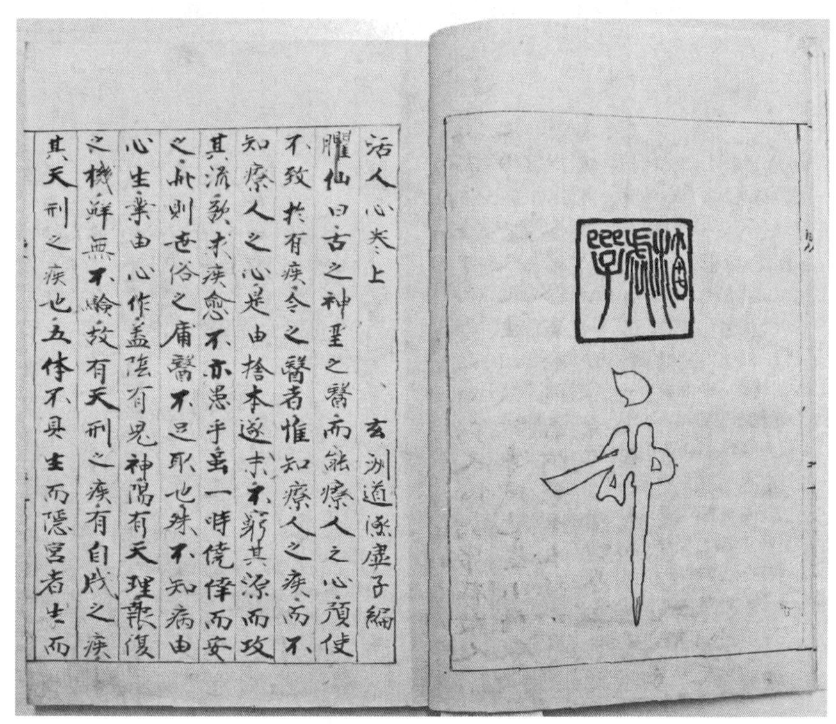
活人心卷上
玄洲道涵虚子編
臞仙曰古之神聖之醫而能療人之心預使
不致於有疾今之醫者惟知療人之疾而不
知療人之心是由捨本逐末不窮其源而攻
其流欲求疾愈不亦愚乎雖一時僥倖而安
之此則世俗之庸醫不足取也殊不知病由
心生業由心作蓋陰有鬼神陽有天理報復
之機鮮無不驗故有天刑之疾有自戕之疾
其天刑之疾也五体不具生而隱宮者也而

圖11　内閣文庫藏《活人心》(寫本)

---

① 遠藤次郎:《曲直瀬玄朔の著作の諸問題—『山居四要拔粋』『済民記』は玄朔の著作か》,《日本醫史學雜志》第50卷第4號,2004年。

② 劉青:《朱權的養生在朝鮮的傳播——從福井崇蘭館本〈活人心〉談起》,中西書局2024年版,第185頁。

而且與諸朝鮮刻本相較，内容上與現存的明刻本更接近，準確度更高。[1]

刻本方面，日本杏雨書屋的福井崇蘭館舊藏中，藏有本書的明代刻本。另外，此書的和刻本，現藏于早稻田大學圖書館（圖 12）。此和刻本爲雕版印刷，刻于 1653 年，以 1550 年的朝鮮慶州刻本爲底本，標注了讀音和返點。但是，在結構上，此刊本把原有的上下兩卷，分爲上中下三卷，内容上没有變化。

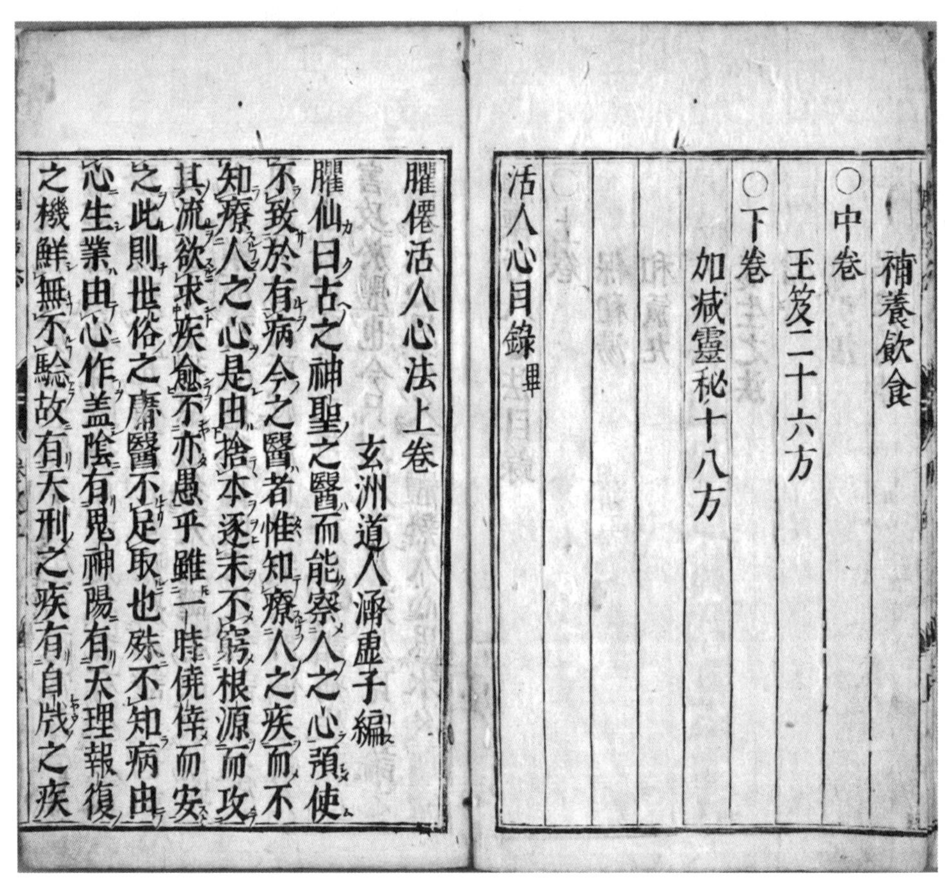
補養飲食
○中卷
王笈二十六方
○下卷
加減靈秘十八方
活人心目錄畢

臞僊活人心法上卷
玄洲道人涵虛子編
臞仙曰古之神聖之醫而能療人之心預使不致於有病今之醫者惟知療人之疾而不知療人之心是由捨本逐末不窮根源而攻其流欲求疾愈不亦愚乎雖一時僥倖而安之此則世俗之庸醫不足取也殊不知病由心生業由心作蓋陰有鬼神陽有天理報復之機鮮無不驗故有天刑之疾有自戕之疾

圖 12　早稻田大學圖書館藏《臞仙活人心法》（和刻本）

以上，本稿初步分析了在室町時代成書的養生書，以及在這個時期流傳較廣的養生漢籍的寫本及刊本情況。我們可以從中瞭解到，在日本的室町時代，當時

① 劉青：《朱權〈活人心〉の朝鮮と日本における伝播：諸本の比較を通して》，《人間・環境學》第 27 號，2018 年。

的著名醫家所寫養生書最早多以寫本的形式出現,并以寫本的形式不斷流傳。其中的一些養生寫本,被後代發掘而刻板成書。也有一些在民衆中廣泛普及,經歷了活字、雕版等多次刊刻。而那些更接近個人體驗或讀書筆記的作品,其目的不在傳播,而祇是應友人所求或者爲後代傳閲,因此僅以寫本的形式流傳了下來。從中國傳入日本的漢籍養生書,則更多是以稿本或抄物的形式存在,在貴族、醫家等上流文化階層中供個人學習、交流之用。與刻本比較,寫本的傳播功能雖然相對較低,但由于是在醫師、貴族之間傳閲及代代相承,其内容被更好地吸收,成爲當時醫師及文人思想體系的一部分,對之後日本醫學及養生思想的發展都産生了影響。因此,對于近世養生書的寫本的深入研究,也將作爲筆者研究日本養生思想的新方向,在今後獲得詳細探討。

早稻田大學圖書館藏《底野迦真方》寫本初探

——兼論底野迦在日本江户時期的使用

陳　明(北京大學東方文學研究中心)

底野迦(Theriaca)是源自古代希臘、羅馬的一種著名解毒劑,從中古到近代,該藥以多種形式盛行于西亞等地,并返傳回歐洲,再從歐洲流入東亞,可謂是古代歐亞藥物在長時段、跨區域交流的典型之一。[①] 底野迦在初唐時期隨拂菻使團入華,從而進入中國醫家的視野,最早記録于蘇敬等修撰的《新修本草》(《唐本草》)之中,[②]并在歷代本草著作中占據一角。有關底野迦的知識在元明之際和明末清初分别由西亞伊斯蘭醫學家、西洋傳教士(耶穌會士等)不斷傳入,雖因各種原因未被中醫采納爲主流藥物,但其外來文化含義却非常顯著,其影響不容忽視。

日本學者富士川游[③]、赤松金芳[④]、前嶋信次[⑤]、宇野善康[⑥]、稻葉隆政[⑦]、奥田

---

① Gilbert Watson, *Theriac and Mithridatium: A Study in Therapeutics*, London: Wellcome Historical Medical Library, 1966. Chen Ming, "'The Healer of All Illnesses': The Origins and Development of Rûm's Gift to the Tang Court: Theriac," *Studies in Chinese Religions*, vol.5, no.1, 2019.

② 有學者將《南方草木狀》中的"乞力伽"推測爲底野迦,筆者不取其説。可參見中國科學院昆明植物研究所編:《南方草木狀考補》,雲南民族出版社 1991 年版,第 143—152 頁。

③ 富士川游:《富士川游著作集》卷 4,思文閣出版 1981 年版,第 446—448 頁。

④ 赤松金芳:《底野迦考》,日本醫史學會編:《中外醫事新報》(1209),1934 年 7 月;(1210),1934 年 8 月。

⑤ 前嶋信次:《テリアカ考——文化交流史上から見た一薬品の伝播について——》(一—三),收入氏著《東西物産の交流——東西文化交流の諸相》,誠文堂新光社 1982 年版。

⑥ 宇野善康:《テリアカ文獻の採訪》,《史學》56 卷 4 號,1987 年。

⑦ 稻葉隆政:《毒物とテリアカに関するシャーナークの書》(Ⅰ),《史學》56 卷 4 號,1987 年;(Ⅱ),《史學》57 卷 1 號,1987 年。

潤、市野和彦[①]、中村輝子、遠藤次郎[②]、海野原一角[③]等關注底野迦在東方的傳播，已經作了非常多的前期研究，尤其是前嶋信次的《テリアカ考》系列論文，視野開闊、史料翔實，爲後續研究樹立了很好的樣板。本文主要以學界較少關注到的、被前嶋信次認爲"或許也最終散佚掉了"的、被早稻田大學圖書館收藏的《底野迦真方》寫本爲中心，在前賢的基礎上繼續討論底野迦在日本江户時期的流傳與使用情况，爲《底野迦的全球史》一書的撰寫提供重要的理論基礎[④]。

一、日本現存《新修本草》寫本中的底野迦

由于中國醫學文化的紐帶作用，底野迦最早應該是從唐朝傳入日本。而日本最早有關底野迦的知識無疑來自《新修本草》。該書在平安時代就被用作典藥寮的教材。日本武田財團杏雨書屋收藏的《新修本草》殘卷中，《新修本草・禽獸部卷第十五》抄録了底野迦的知識。其内容爲："底野迦　味辛、苦、平、無毒。主百病，中惡，客忤邪氣，心腹積聚。出西戎。云用諸膽作之，狀似久壞丸藥，赤黑色。胡人時將至此，亦甚珍貴，試用有效。新附。"該卷的末尾部分還收録了類似漢譯佛經寫本中的"譯場列位"那樣的參與編撰《新修本草》的主要官員名録，可以説，該寫卷基本上保留了原書的面貌。目前發現的敦煌出土的《新修本草》五種殘卷（BD12242/臨 2371＋羽 040R、P3714、S4534/1＋S9434V、S4534/2、P3822）中，恰好未見該書卷十五，因此，此《新修本草》的日本寫卷在醫學文獻史和寫本文化史上的價值不言而喻。

日本現存最早記載底野迦的本地文獻是《本草和名》。《本草和名》是日本平安時代大醫深根輔仁在延喜十八年（918）編撰而成，主要收録了《新修本草》與陳藏器《本草拾遺》等書中的藥物，其中首次提到了底野迦，即"底野迦蘇敬注云：用諸膽作之。唐"。所謂"用諸膽作之"在後世改成了"用猪膽作之"。宋初日本醫學家

---

① 奥田潤、市野和彦：《古代ヨーロッパの萬能秘薬テリアカ》，《藥史學雜志》第 33 卷第 2 號，1998 年。

② 中村輝子、遠藤次郎：《テリアカの再検讨》，《日本醫史學雜誌》第 45 卷第 2 號，1999 年。中村輝子、遠藤次郎：《中國におけるテリアカの受容》，《日本醫史學雜志》第 46 卷第 3 號，2000 年。中村辉子、远藤次郎：《日本におけるテリアカの受容（抄）》，《日本醫史學雜志》第 47 卷第 3 號，2001 年。

③ 海野原一角：《テリアカの話》，網絡文章。海野原一角，"シとスの間を行きつ戻りつ6，シンプル（simple）でないスィンプルズ（simples）：テリアカの話"，http://homepage3.nifty.com/～akasatana/akasatana15.html，2008 年 9 月 22 日。

④ 陳明：《底野迦的全球史：從希臘到江户》（待刊書稿）。

丹波康賴(912—995)所撰《醫心方》卷一的本草名録中也有“底野迦(唐)”的記載。

而前近代日本對于底野迦的認知,至少有另外兩個來源,一個是明末來華耶穌會傳教士義大利人艾儒略(Giulio Aleni,1582—1649)的記載;另一個是依賴于荷蘭等歐洲商人到日本販賣該藥時所傳的知識,或通過譯語人居中傳播而得。

艾儒略《職方外紀》中記載:

> 如德亞(Judaea)國之西有國名達馬斯谷(Dimashq)……土人製一藥甚良,名的里亞加,能治百病,尤解諸毒。有試之者,先覓一毒蛇咬傷,毒發腫漲,乃以藥少許咽之,無弗愈者,各國甚珍异之[①]。

“的里亞加”即底野迦的异譯。此條記載與夏德所謂“據阿拉伯史記載,最良之底野加産于伊拉克或八吉打(Bagadad,巴格達)附近”[②],恰可印證17世紀西亞的叙利亞和伊拉克地區都繼承了伊斯蘭中世紀配製底野迦的傳統。

艾儒略《職方外紀》一書在日本頗有市場,雖然寬永七年(1630)曾遭禁止,但并未杜絶此書的傳播,它不僅有單本流行,而且還出現了將它與其他著作雜糅而成的《廣州通紀》一類的書籍[③]。從日本醫學文獻中的譯名或簡注來看,日本醫家當時已經將唐代的底野迦與艾儒略筆下記載的“的里亞加”結合起來,體現了他們對早期中西醫學知識進行結合的趣味。

二、《底野迦真方》寫本及其内容來源

早稻田大學圖書館藏《底野迦真方譯稿》(參見早稻田大學圖書館古典籍總合數據庫,請求記號:文庫08A0030)(圖1),封面題寫“底野迦真方　大槻玄澤譯稿”(以下簡稱《底野迦真方》),乃是大槻文庫的寫本。此書由杉田玄白(1733—1817)翻譯、大槻玄澤(大槻磐水,1757—1827)增譯、桂川國瑞(貴川甫

① 艾儒略:《職方外紀校釋》,謝方校釋,中華書局1996年版,第55頁。

② 夏德:《大秦國全録》(或稱《中國與羅馬東部》),朱杰勤譯,商務印書館1964年版,第122—123頁。張星烺編注、朱杰勤校訂:《中西交通史料彙編》第一册,中華書局1977年版,第99頁。

③ 高田時雄:《〈廣州通紀〉初探》,見榮新江、李孝聰:《中外關係史:新史料與新問題》,科學出版社2004年版,第281—287頁。

周，1751—1809）参校。早稻田大學收藏的此寫本共 1 册，25 厘米，内有印記“大槻文庫”“大槻家舊藏”。此寫本乃大槻磐水所寫，抄寫時間爲江户中期，具體年代不明。《底野迦真方》寫本内頁外題“神驗手裹丹　照明玉函方完”，同頁還抄寫了 8 行日文假名，另有 1 行漢文名“底野迦藥品病名考”。其頁背面另書“手裹丹方”4 字。該寫本共有 7 頁，正背雙面每面 9 行，從上到下書寫，朱墨字皆有，并夾雜用墨筆塗黑表示删除。從字迹來看，此書漢字中夾雜日文，屬于非定型稿本，可能是翻譯修訂時的工作文本。其内容分爲兩大部分，其一爲“底野迦真方附言”，其二爲“齊家纂要底野迦方譯稿”。

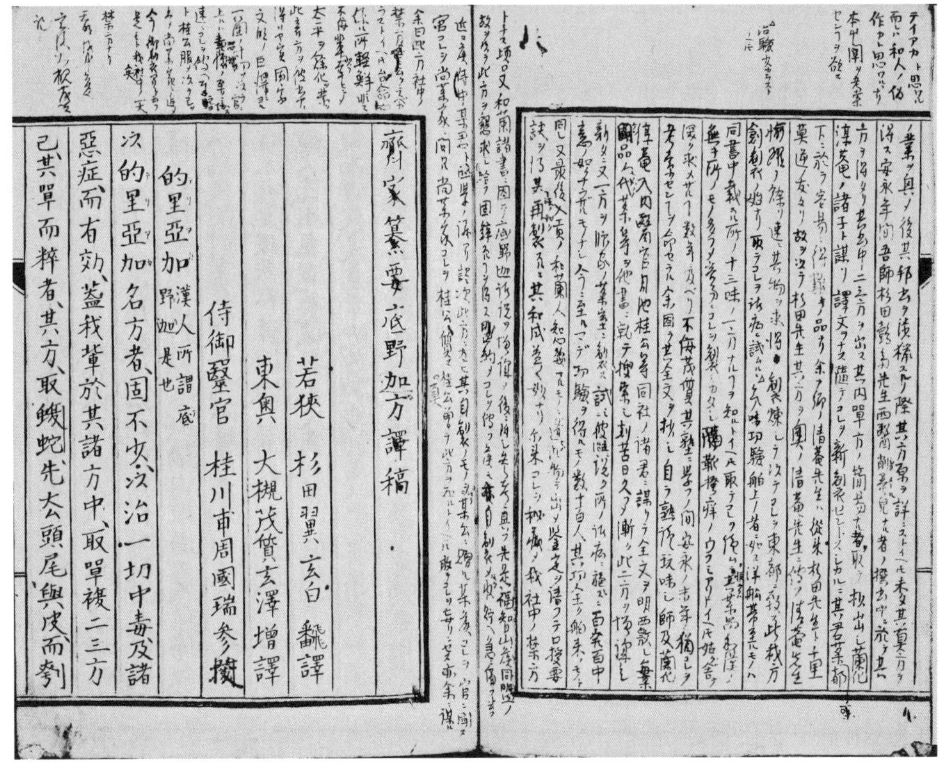
齊家纂要底野迦方譯稿
若狹　杉田翼　玄白　飜譯
東奧　大槻茂質　玄澤　增譯
侍御醫官　桂川甫周國瑞　參校
的里亞加　漢人所謂底野迦是也
次的里亞加名方者，固不必治一切中毒及諸惡症而有効，蓋我輩於其諸方中，取單複二三方，已其單而粹者，其方取蝮蛇先去頭尾與皮而剉

圖 1　早稻田大學圖書館藏《底野迦真方》寫本

“底野迦真方附言”部分，共 1 頁，正背雙面書寫。其内容乃是抄在譯稿之前對底野迦的情况進行説明，最後的頭注有落款，這部分文字的作者就是大槻玄澤。其開篇首言：“テリアカ，原西洋方也。近來荷蘭人賫來，往往世弘，醫家俗人俱善知其功效。”接着指出奸商加入其他藥用來造假。其目的顯然是貪求利

潤。其下引蘇恭《唐本草》等書中關于底野迦的文字以及有關底野迦的使用情況。

"底野迦真方附言"中值得關注的有以下幾條：

其一，李春懋《本草闡》。

> 又，明吴門李春懋《本草闡》云：底野伽，一名體亞香，南海，出于暹羅國。以諸獸肉和蜜所製，氣味甘凉，無毒，主治小兒百病、發痘，解胎毒。初生時未食乳，用三五厘合黄連、甘草末，蜜調，令咂之佳。及痘毒未解或小兒二、三歲用之，預防痘毒、患散、癖邪，而解諸毒。

"吴門"即指江蘇蘇州地區。李春懋，其人事迹不明。今查丹波元胤《醫籍考》，引《吴縣志》，列出"《李氏春茂婦人諸證辨覽》：未見"[①]。筆者推測，此處的"李春茂"，或即李春懋。日本古方派醫家村井椿《藥征續編》(是對吉益東洞《藥征》的補充)卷下附録部分的"粳米"條引：

> 明·李春懋曰："凡仲景方法，用米者皆稻(糯)米。王叔和改稻(糯)米作粳米，後世方家彷之，不知其是非。"余曰："是其是非，非春懋所能知也。夫人未嘗知所以仲景方法，與病證相對，而何得分辨糯、粳二米之功乎哉？"[②]

此處的"李春懋"無疑就是"底野迦真方附言"中的李春懋。《藥征續編》所引李春懋的文字頗類本草著述，或許就出自《本草闡》。這説明李春懋至少有《本草闡》一書在18世紀末期之前流傳于日本，因《藥徵續編》有寬政八年的刻本。《本草闡》未見于歷代書録，希望未來能在日本找到該書的遺存。

從上引《本草闡》的文字來看，李春懋筆下的底野迦來自海上絲綢之路，從"南海"區域的"暹羅國"(泰國的古稱)傳入我國江南地區。但實際上，底野迦并非原産自暹羅國，乃是從歐洲(或者西亞)由海舶傳入南亞(比如印度果阿)或東

① 丹波元胤：《醫籍考》，郭秀梅、岡田研吉整理，學苑出版社2007年版，第570頁。

② 村井椿：《藥徵續編》，吴昌國校注，收入《中國古醫籍整理叢書·本草52》，中國中醫藥出版社2016年版，第41—42頁。

南亞，再從東南亞轉口貿易至我國廣州等沿海港口城市，清康熙年間（1662—1722）甚至傳入宮中使用。李春懋記録的底野迦别名"體亞香"，目前在其他文獻中未能查到該詞的痕迹。"體亞香"應是根據外文讀音寫出來的漢字，其發音tei-a-ka，與底野迦在日語的一般寫法"テリアカ"（teriaka）大致相同。李春懋記録的底野迦功能主要是"主治小兒百病、發痘，解胎毒"，這也是當時醫家主要關注兒童疾病的反映。

在所引《本草闌》内容的頁面上方，還有10行評注的文字：

> 《烏巢道人手引草》中多引用有此書，但《本草闌》中未見。私以爲，此文稚嫩，并不通順，甚爲鄙俚。尤其可疑的是寫作"一名體亞香（teiaka）"。如果當作唐音來考慮的話，應該是"ダイアヒヤン（daiahyan）"。與"テエカ（teeka）"有很大差异。恐怕是我方當成了萬葉假名的"テイアカ（teiaka）"。這樣的話，我想應當是日本人的僞作。想再考察一下《本草闌》。

很顯然，此書寫者對"體亞香"的語源和譯音提出了質疑，并由此提出對《本草闌》也需要再度考察。烏巢道人即江户醫家加藤謙齋（1669—1724），名忠實，字衛愚，號謙齋，又稱烏巢道人。烏巢道人《手引草》是指烏巢道人的一部醫書《醫療手引草》。該書分五部（上、中、下編及續編、别録），其中是否涉及底野迦的内容，待查。

其二，明人翻譯《地理書》。

又明人西書翻譯《地理書》"如德亞"條："土人製一藥甚良，名的里亞加，能治百病，尤解諸毒。有試之者，先覓一毒蛇咬傷，毒發腫漲，乃以藥少許咽之，無弗愈者，各國甚珍异之。"余按：此音譯字，蠻譯之正音也。

很顯然，所謂"明人西書翻譯《地理書》"是指明代從西洋傳來的一部翻譯之作《地理書》，實即耶穌會傳教士艾儒略的《職方外紀》。《職方外紀》一書曾受到日本政府的禁止，因此，此處就没有點明其原作者和書名，而是用比較含糊的説法（明人、西書、《地理書》）一筆帶過。

其三，西醫削墨兒。

"底野迦真方附言"下文主要提及底野迦方劑流傳到日本的過程，其中提及了"安永年間"，杉田鷧齋（1733—1817，杉田玄白）先生于西醫削墨兒的撰述中得其方。法國學者削墨兒(Noël Chomel,或譯“肖梅爾”,1633—1712)曾編纂《日用百科辭典》(*Dictionnaire oeconomique*),該書的荷蘭語譯本 *Huishoudelyk woordboek* 被馬場貞由、大槻玄澤摘選編譯爲《厚生新編》①。安永年間(1772—1781)杉田玄白從削墨兒的書中發現了有關底野迦的内容,并加以譯傳。參與該藥方譯傳的人員有“余鄉清庵先生”“蘭化”“淳庵”“内醫月池桂公”等人。“余鄉清庵先生”即建部清庵(1712—1782)、“蘭化”即前野良澤(1723—1803,號蘭化)、“淳庵”即中川淳庵(1739—1786)。

《齊家纂要底野迦方譯稿》的書名中缺了一個“真”字,書寫者用紅色圓圈補出了該字,而且“迦”字也是用紅筆在原來寫的“加”字上增加了筆劃而成。在“齊家纂要”和“譯稿”六字上,還用紅筆各塗上了點,用來表示强調。該部分很明顯是多次寫成的,出現了底稿以及在底稿上修訂的諸多痕迹,包括用墨筆塗抹掉、用紅色字勾畫以及補充的字迹。從這些勾畫以及補充的地方可以看出,書寫者是多次對稿本進行了修補,其中隱藏了不少有關成書過程的信息。這些信息也是研究一部江户醫書生成過程的重要資料。

《齊家纂要底野迦真方譯稿》列出了下列譯者與校閲者名單:

若狹　杉田翼玄白　翻譯
東奥　大槻茂質玄澤　增譯
侍御醫官　桂川甫周國瑞　參閲(校)

此書主要列舉了底野迦的單方和幾個複方,其内容如下:

的里亞加漢人所謂底野迦是也。

以的里亞加名方者固不少,以治一切中毒及諸惡症而有效,蓋我輩于其諸方中,取單複二三方已。其單而粹者,其方:取蝮蛇先去頭尾與皮,而刳其腹,唯留其心與肝,盡除去其蓄血及餘藏。又割其諸血脉,并去其蓄血而水洗净,乃入石臼内搗爛,取出,入鍋上下加火焙乾。其法如作蒸餅,火則文

① 筑波大學附屬圖書館收藏了一册削墨兒(シヨメール,Syomeru)的《回青製造法》,大槻茂質譯述,書前有文化七年(1810)的序。有關《厚生新編》的新近研究,可參見徐克偉:《日本蘭學翻譯中的漢學資源及其局限:以〈厚生新編〉(1811—45)爲中心》,大阪關西大學博士學位論文,2017 年。

武得宜。複入臼搗之,而加上好蜜三倍,鍋内炒過,又入臼搗勻,以爲末,而别蜜水各等分,磁罐内煮八半時,徐徐攪勻,要不焦黑,候其粘沫涌沸,乃下火,以布濾過,再入罐内,微火煮,水汽盡,然後投末。又煮四半時,候和,下火猶拌勻,而冷定,是爲單方的里亞加。

主治天行疫、諸熱凶惡症、泄下利等,有奇效。每用一胡桃殼大,以清(葡萄)酒一匙至三匙,吞下。若泄利,以燒酎送下更良。彼方謂物印者,酒也,以葡萄製。蓋此方有能發汗、兼益心氣之功。①

複方乃"和蘭舶來者即是",是由設獨亞裹意根、犍地亞那根(Gentiana)、七葉一枝草、安杰里加(agaric)、蜜製蝮蛇末、没藥(murr)等 13 味藥物配製而成。

在這三種底野迦方(的里亞加單方、的里亞加複方、四味的里亞加方)之後,另有杜松膏糖方。其附録則爲對"的里亞加"所對應的歐洲多種語言(厄勒齊亞語/希臘語、羅甸語/拉丁語、荷蘭語)的解説。筆者認爲其中最值得關注的是"四味的里亞加方"。

其四,四味的里亞加方。

《齊家纂要底野迦真方譯稿》中有"四味的里亞加方",其内容如下:

四味的里亞加方是爲貧人設者

没藥

月桂用實 ○倭名達木或辭詞

龍膽代用説已見

馬兜鈴用圓根者○和漢不生此種,因代葉説,今用長根。各十六戔(錢)

右先取没藥碎細,而下餘藥,共搗和爲末,加净好蜂蜜研調,上文火煮。以條子攪不住手。宜以如設伊路不制法名,别具爲度,而下火冷定,密器收貯。

主治諸中毒,或傳染諸惡症,或蟲獸傷,或可禮幾此翻腸痛,因證多端,詳見于别書,或瞥捺烏僕爾私咄病名未詳,或搐搦拘攣,及驚癎、顛眩、失氣諸症。每服小兒自一厘强至一分弱,大人强壯者,自一錢至二錢。

凡外傳取效者,裹吉達連私足跗硬腫病之名,未詳、涅原倭孤病名,别私咄可兒之

① 此處的"燒酎"(しょうちゅう/Shochu)即燒酒,是蒸餾酒的一种,"蒸餾"後變成浓度較高的酒。"物印"應是 wine 一詞的音譯,即葡萄酒。

别名，詳别具，蒲爾獨頻能病名，未詳，其説别具，或天行疫、瘧疾及一切潮熱，或心胃小腹之病，及便毒等，則以燒酎若油，溶化外敷之，皆有效其脊椎足蹠或動脉其他-身有患處，塗之佳。

該方由没藥、月桂、龍膽、馬兜鈴四味藥物調配而成，主要是供那些用不起名貴底野迦複方的窮人們使用，故特别標出“是爲貧人設者”。有關該方的源流值得關注。底野迦方是古希臘時代就有的，并且有多種不同的組方形式，并非每一種底野迦中都含有鴉片。古希臘、羅馬的底野迦方中不僅有數十味藥物配製的大型底野迦複方，也有由四種藥物配製的“四味的里亞加方”。根據古羅馬大醫學家蓋倫的記述，羅馬皇帝馬可・奥里利烏斯所曾經常服用的一種底野迦，它的配方衹有四種，即馬兜鈴(birthwort)、瀝青(asphaltum)、芸香(rue)和苦野豌豆(vetch)，這些藥放在酒或者食用油裏服用①。除蓋倫用四味藥配製的底野迦方之外，其他的那些四味藥的底野迦方，則被稱作“窮人的底野迦”(theriac pauperum)，其配方被稱作“四味”(diatessaron)，通常由等分的龍膽(gentian)、馬兜鈴(aristolochia)、月桂(laurel berries)和没藥(myrrh)四味藥加蜜配製而成。與大型底野迦複方相比，這一“窮人的底野迦”，即“四味(diatessaron)底野迦”方，至少有兩個特點：其一，入藥成份種類很少，而且缺乏最具標志性的鴉片和毒蛇肉兩味藥；其二，它的主治功能也没有大型底野迦複方那麽多，僅僅保留了其中的幾種，遠遠稱不上“善治萬病”。

《回回藥方》卷三十五“衆毒門”中的“他而牙吉阿而八阿方”，其阿拉伯語名爲 Tiryāq al-arbaʻah，實際上就是《回回藥方》卷二十九中的“四物荅兒牙吉”。因爲《回回藥方》是一個彙編本，同詞异譯的現象比較常見，所以，“四物荅兒牙吉”與“他而牙吉阿而八阿方”雖然都對應 Tiryāq al-arbaʻah，但兩種譯名前後并未統一。

上述羅馬帝國時期的“窮人的底野迦”(“四味底野迦”)就是《回回藥方》中“四物荅兒牙吉”，也是江户時期“四味的里亞加方”的源頭。至于“四味底野迦”方到底起源于何時何地，由于史料闕如，迄今尚未研究清楚。它有可能與上述

① 龔纓晏：《鴉片的傳播與對華鴉片貿易》，上篇“鴉片的傳播與入華”的第四章“底也迦與吸煙(烟)療法的辨析”，東方出版社 1999 年版，第 39 頁。另見 J. Scarborough, “The Opium Poppy in Hellenistic and Roman Medicine,” in Roy Porter and Mikulas Teich (eds.), *Drugs and Narcotics in History*, Cambridge: Cambridge University Press, 1995, pp.4 - 23。

"安德魯馬黑斯的底野迦"的年代差不多,不會晚于公元 2 世紀前期。該"四味底野迦"方在亞歷山大城——古希臘、羅馬醫學的中心之一——的醫生們中頗爲流行。阿米達的埃提烏斯(Aetius of Amida,6 世紀)和埃伊納的保羅(Paul of Aegina,7 世紀)等醫家多有應用。該方也傳播至叙利亞和阿拉伯地區,甚至中古阿拉伯最有名的醫家拉齊(al-Rāzī)和伊本·西那(Ibn Sīnā/Avicenna)對此也情有獨鍾。①

除了古希臘、羅馬的基督教徒以及中東的猶太教徒外,羅馬帝國的東部(即叙利亞地區)的景教僧人也開始使用底野迦。景教僧是古希臘醫學向波斯、阿拉伯世界傳播的真正承擔者。他們在軍迪薩蔔爾城(Gondēšâpur)建立的學院和醫院,在兩個世紀内不僅是近東地區,而且是當時世界文明内的主要醫學中心②。

現存叙利亞語古抄醫書《醫學集》(*The Book of Medicines*),是華里士·布奇(E.A. Wallis Budge)在底格里斯河地區的阿爾科什鎮,從一位執事 Isa bar-Esha'ya 那裹複製的。原卷可能抄寫于底格里斯河附近,大約抄于 12 世紀。《醫學集》共由三部分組成:第一部分"醫書"(The Book of Medicine)是有關人體解剖學、病理學和診斷學的演講;第二部分"占星醫學"(Astrological Section);第三個部分"當地民間醫方"。該書的前兩部分是一名叙利亞景教醫生從希臘語本翻譯過來的。雖然没有留下作者和譯者的名字,不過,從該書可知《醫學集》的原作者在亞歷山大城學習過。③ 筆者初步認爲,該書的成書年代應該是在前伊斯蘭時代,不晚于 7 世紀。

《醫學集》中收録了上千種、分屬多個系列的藥方,不少來自古代醫家,遍及埃及、希臘、波斯和印度。《醫學集》中記載了名目繁多的數種解毒劑和底野迦方。該書中的解毒劑基本上與底野迦屬于同一類型。底野迦的三個叙利亞語詞形爲 têryâḳê、têrîrḳî 和 téryaqi。該底野迦方的内容如下:

---

① Jean Flahaut, "La theriaque diatessaron ou theriaque des pauvres," *Revue d'histoire de la pharmacie*, vol.46, no.318, 1998. Cf. Jaclynne J. Kemer, *Art in the name of science: Illustrated manuscripts of the Kitab al-diryaq*, Ph.D. diss New York University, 2004, pp.149 - 172.

② Allen O. Whipple, *The Role of the Nestorians and Muslims in the History of Medicine*, Princeton University Press, 1967.

③ E. A. Wallis Budge, ed. and tran., *The Syriac Book of Medicines. Syrian Anatomy, Pathology and Therapeutics in the Early Middle Ages. With Sections on Astrological and Native Medicine and Recipes by an Anonymous Physician*, vol.2, London: Oxford University Press, 1913.

由4味藥組成的這劑底野迦，有益于治療久患肝、脾痛患者，胃病、癲癇、精神錯亂(瘋狂)、譫妄症以及毒蟲叮咬和心悸。

等量的龍膽根(gentian)、月桂樹籽(Laurel berries)、圓的或者長的馬兜鈴(Aristolochia)、没藥(myrrh)，與足量的、去除了浮渣的蜜，(配製後，)每劑一打蘭，用熱水冲服。有些人用苦木香(costus)替代没藥；還有些人則加入少量的藏紅花。①

這個四種藥物的底野迦方與前述"窮人的底野迦"("四味底野迦")方基本上是一致的，但這個藥方中還記載了另一種變化方，即用苦木香替代没藥或者加藏紅花。這已經清晰地表明了當地尋求藥方變化的努力趨向。因此，該方可以稱作"四味底野迦"的新型變化方。

底野迦很可能是通過精通叙利亞語的景教僧醫傳到阿拉伯伊斯蘭世界的。底野迦在阿拉伯伊斯蘭的醫學中同樣保持了相當高的名氣，許多醫家都喜歡使用該藥，他們充分認識到了該藥的多種效能。阿拉伯大醫學家伊本·西那(阿維森納)在《醫典》卷五的"有效的底野迦"(al Tiryāq al-Fārūq，即《回回藥方》中的"大苔兒牙吉""他而牙吉法盧吉方")中，指出了底野迦的多種用途。《醫典》卷五還有數個底野迦方，其中"四物苔兒牙吉"(Tiryāq al-arba'ah)方的記載如下：

取羅馬國產的龍膽(Jinṭyān Rūmī)、月桂樹籽(Ḥabb al-Ghāri)、長形的馬兜鈴(Zarāwand tawīl)、没藥(Murr)各等分，與足量的、除去了沫子的蜂蜜一起，調成舐劑。做成每劑重約1砝碼(Mithqāl，重量單位，合4.25克。——宋峴注)的丸藥，用熱水飲服。據醫生們説，他們有用苦木香(costus)代替没藥的。塞哈爾白赫特(Ṣāhārbakht，9世紀人，黑衣大食朝的波斯血統的醫學家。《回回藥方》呼之爲撒哈而八黑忒。——宋峴注)講，他在使用這四味藥的解毒藥的處方時，加入了分量相同的番紅花，可治愈蝎子、蜘蛛的蜇咬，去各種冷症。②

① E. A. Wallis Budge (ed. and tran.), *The Syriac Book of Medicines. Syrian Anatomy, Pathology and Therapeutics in the Early Middle Ages. With Sections on Astrological and Native Medicine and Recipes, by an Anonymous Physician*, London: Oxford University Press, 1913, p.409.

② 宋峴：《回回藥方考釋》，中華書局2000年版，第70頁。"舐劑"即藥糖劑。

江户時期的醫學文獻中，有多處記載了底野迦的藥方及其使用，其中不乏“四味的里亞加方”的身影。在《醫藥雜記》(滋賀醫科大學附屬圖書館河村文庫，請求記號：K10)中還有更簡潔的藥方介紹，比如：

> 四味的里亞加　主治健胃。
> 龍膽　木香　没藥各等分　月桂子半
> 右用蜂蜜煉和。

片倉元周(1751—1822)《青囊瑣探》卷下記載了“底野迦真方”以及另一個底野迦方——“亞爾牟的栗亞加方”，後者的内容如下：

> 亞爾牟的栗亞加方亞爾牟者，言賤也。蓋此方以爲貧賤者設也。
> 月桂用實，和名達木或賁【贲資】詞，没藥　龍膽　馬兜鈴各十六錢
> 右先以没藥碎細而下餘藥共搗和爲末，加上好蜂蜜研調，上文火煮。以木條子攪，不可住手。俟如膏爲度，下火冷定，密器收貯聽用。
> 主治諸中毒，或蟲獸諸傷，或傳染諸病，肚腹疼痛，或搐搦拘攣，失心顛眩。每服小兒自二、三厘至一分，大人强壯者，自一錢至二錢。凡天行疫疾、瘧疾及一切潮熱，或心胸小腹諸痛，及便毒并背脊手足硬腫等諸症，以燒酎或麻油，和勻敷之，皆悉有效。①

這個“亞爾牟的栗亞加方”最古老的源頭就是古羅馬的“四味底野迦”方。此外，與“亞爾牟的栗亞加方”譯名相似的是“亞爾謨的里亞加”。後者見于藤林普山(藤林紀元，1781—1836)譯輯《西醫方選》。早稻田大學圖書館藏《西醫方選》(請求記號：ヤ09 00730)共2册10卷，乃文政十一年(1828)文集堂(京都富小路竹屋町)印本。其卷一目録“腐敗熱”下列的方劑名有“亞爾謨的里亞加”。此方與“幾那散”一樣，出自“征”，即指西醫征卒陀的著作。其内容如下：

> 亞爾謨的里亞加同　治熱已解而力未復者。

① 片倉元周：《青囊瑣探》，日本國立國會圖書館藏本(編號1—98)，静儉堂藏版，享和元年(1801)，第35葉。

青木香末　土木香末　没藥末

杜松實醬各等分

右橙皮舍利別調爲膏子。

“亞爾謨的里亞加”也是“四味的里亞加”的一種，不過，與“亞爾牟的栗亞加方”相比，用來配方的 4 種藥物（青木香、土木香、没藥、杜松實醬）有些改變。早稻田大學圖書館另藏有藤林普山的《西醫今日方》（請求記號：ヤ01 01528）（圖 2），寫本中不僅有“的里亞加露”、“的里亞加安度路瑪亞一名大的里亞加”、使用了的里亞加的“硫磺膏”，還有“的里亞加若的薩論一名小的里亞加”，後者也是“四味的里亞加”的一種。

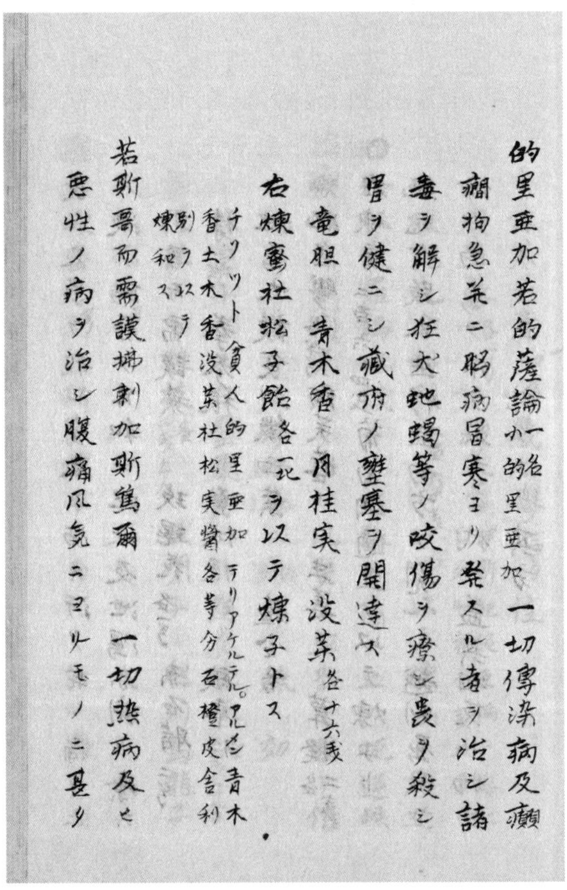
的里亜加若的薩論一名小的里亜加　一切傳染病及癩
癇狗急茶ニ脳病冒寒ヨリ発スル者ヲ治シ諸
毒ヲ解シ狂犬蛇蝎等ノ咬傷ヲ療シ蟲ヲ殺シ
胃ヲ健ニシ藏府ノ壅塞ヲ開達ス
竜胆　青木香　肉桂実　没薬各十六銭
右煉蜜杜松子飴各二瓦ヲ以テ煉子トス
チウツト貧人的里亜加テリアケルテル。アルダ青木
香土木香没薬杜松実醤各等分右橙皮舎利
別ヲ以テ煉和ス
若斯哥而需謨拂剌加斯篤爾　一切熱病及ヒ
悪性ノ病ヲ治シ腹痛風気ニヨリモノニ甚タ

圖 2　早稻田大學藏《西醫今日方》寫本中的“小的里亞加”

大略來看，在日本的文獻中，有關底野迦（テリアカ）的名稱與藥方有多種譯法：的里亞加、的栗亞加、的里亞迦、底野迦、底亞伽、底野亞迦等。與“四味的里亞加方”相關的藥方名稱還有“亞爾牟的栗亞加方”“亞爾謨的里亞加”“的里亞加若的薩論”（“小的里亞加方”）等。其中，“亞爾謨的里亞加”的内容比較簡略，與其他三種有較大的不同。根據醫籍的内容來判斷，這四種方劑均來自當時歐洲流行的醫書，而不是直接來自古希臘、羅馬時期的原著。前兩種方劑的譯文下均有不少注釋文字，除交待方劑的流傳外，最主要的是表現了日本醫家對這一古代名方的當地語系化處置，非常明顯的證據就是用當地能找到的藥物去替代原方中那些難以獲取的外來藥物。日本醫家不僅僅使用西洋商人“朝貢”或者貿易的此種藥，而且還能想方設法在日本本土研製開發，并投入醫療臨床使用。此藥在日本可堪注意者，至少有兩點：其一，常秘而不傳；其二，用于治療衆疾。

三、江户時期有關底野迦的其他寫本

經過目前不完全的搜尋，筆者發現，江户時期以“底野迦”或“的里亞加”命名的日本寫本還有不少，現具體介紹如下。

（一）三種《底野迦方》（《的里亞迦考》）寫本

慶應義塾大學圖書館富士川文庫收藏了三種《底野迦方》寫本。第一種《底野迦方》（圖 3），編號 70100589588，單册，正背雙面書寫，頁面中未畫欄綫，墨書中夾雜紅色標點。其具體抄寫年代不明。其新封面上的書名爲《底野迦方》，但原封面上的書名爲《的里亞迦考》，書名下并有一個“全”字。該書的“序”署名爲日本“寬政甲寅　醫官　杉木良仲温　撰”，序言中云：“《的里亞迦考》，目耕道人所輯録也。此方初出于遠西，而我邦之醫得之來貢紅毛鬼。”該書的“原序”署名爲“江户　鈴木素行良知”。其正文部分開篇爲“底野迦方”，作者題名爲“江户　鈴木素行良知　輯”。其下有“緣起”（主要涉及該藥的流傳情況）、“方藥”。其中“方藥”部分大致按照各方劑中所用藥物種類數量的順序收録了“單方漢人所謂底野迦是也”“二味方”“三味方”“四味方是爲窮人設者”“又方一名的惡底沙六奴”“五味方”“七味方”“八味方”“九味方”“十味方”“十二味方”“十三味方”“又方即複方也，荷蘭人時將至此”“十四味方”“十五味方”“十八味方”“二十味方”“二十一味方”“六十四味方”和“熱泥夫兒飴方”。其中的九種四味方與前述“四味的里亞加方”有密切關係。

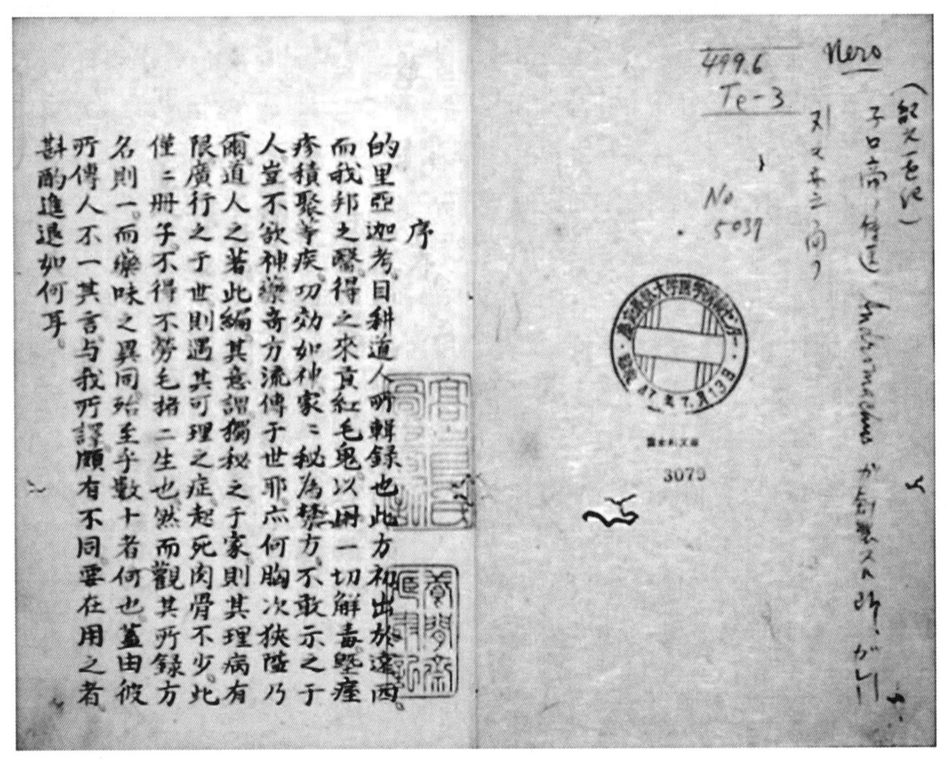
序
的里亞迦考日耕道人所輯録也此方初出於遠西而我邦之醫得之來貢紅毛鬼以用一切解毒壓瘥疹積聚等疾功効如神家〻秘為禁方不敢示之于人豈不欲神變奇方流傳于世耶亦何胸次狹隘乃爾道人之著此編其意謂獨秘之于家則其理病有限廣行之于世則遇其可理之症起死肉骨不少此僅〻冊子不得不勞毛搦二生也然而觀其所録方名則一而藥味之異同殆至乎數十者何也蓋由彼所傳人不一其言与我所譯頗有不同要在用之者斟酌進退如何耳

圖 3　慶應義塾大學圖書館藏第一種《底野迦方》寫本之“序”

慶應義塾大學圖書館富士川文庫藏第二種《底野迦方》寫本（圖 4），編號 70100589596，單册，正背雙面書寫。其不同之處是，該寫本中是畫好格子的，每面 11 行，每行 20 格，字都寫在格子內。第二種寫本也有“序”“原序”和正文“底野迦方”，其內容與第一種寫本基本相同，兩個寫本中均有幾處在頁面的天頭出現補充的字迹。

慶應義塾大學圖書館富士川文庫藏第三種《底野迦方》寫本（圖 5），編號 70100589570，單册，正背雙面書寫。原封面題名“蘭法　底野迦方　完”，意思是該書是一部完整的來自荷蘭的《底野迦方》。首頁衹有一行字，即“底野亞迦煉方記　完”，很顯然，這裏的“底野亞迦”是“底野迦”或“的里亞迦”的另一種音譯詞形。該寫本每面 10 行，有欄綫，但未畫格子。該寫本没有“序”和“原序”部分，直

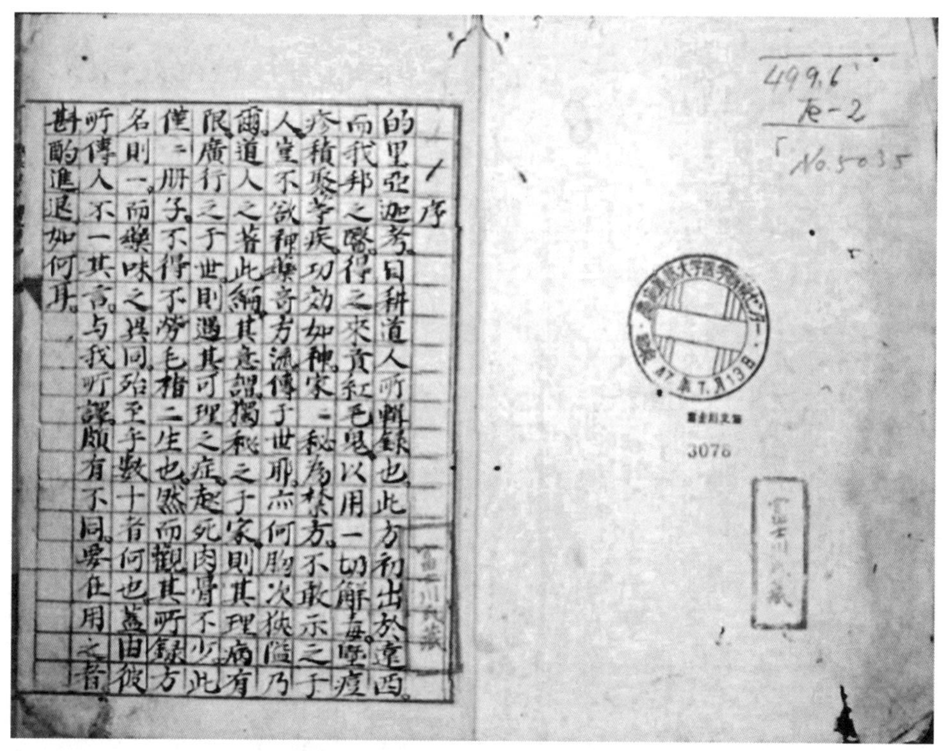
序
的里亞迦考曰耕道人所輯録也此方初出於遠西而我邦之醫得之來貢紅毛児以用一切解毒乎痘疹積聚等疾功效如神家ニ秘為禁方不敢示之乎人豈不欲神藥奇方流傳于世耶亦何拘次換隱乃爾道人之著此編其意謂獨秘之于家則其理病有限廣行之于世則遇其可理之症起死肉骨不少此從ニ册子不得不勞毛楮ニ生也然而觀其所録方名則一而藥味之異同殆至乎數十者何也蓋由彼所傳人不一其言与我所譯頗有不同要在用之者斟酌進退如何耳

圖 4　慶應義塾大學圖書館藏第二種《底野迦方》寫本之“序”

接抄録了“底野迦方”的正文部分，含“緣起”“單方底野迦”“四味方”“二味方”“三味方”“八味方”“十味方”“四味方　杉田玄伯傳”“五味方”“七味方”“九味方”“十二味方”“十三味方”“設寧异夫留飴方”“十四味方”“十五味方”“十三味方　第山傳”等。從這些抄録的藥方來看，該寫本不是作者首次所寫的原稿本，而是某位抄録者（也可能是作者本人）從原稿本（或轉抄本）中摘抄而成的。

（二）《齊家纂要底野加方譯稿》

慶應義塾大學圖書館富士川文庫藏《齊家纂要底野加方譯稿》寫本（圖 6），編號 70100589600，單册，正背雙面書寫。每面 10 行，有欄綫。原封面題名“和蘭的里亞加譯稿”。實際上，此寫本是一個匯雜了多種醫方文獻的稿本。其一，正文第一種的開篇首題“齋家纂要底野加方譯稿”，其中的“齋”應該是“齊”字的形誤。該部分包括了“的里亞加漢人所謂底野加是也”（即“單方的里亞加”）、“又方即

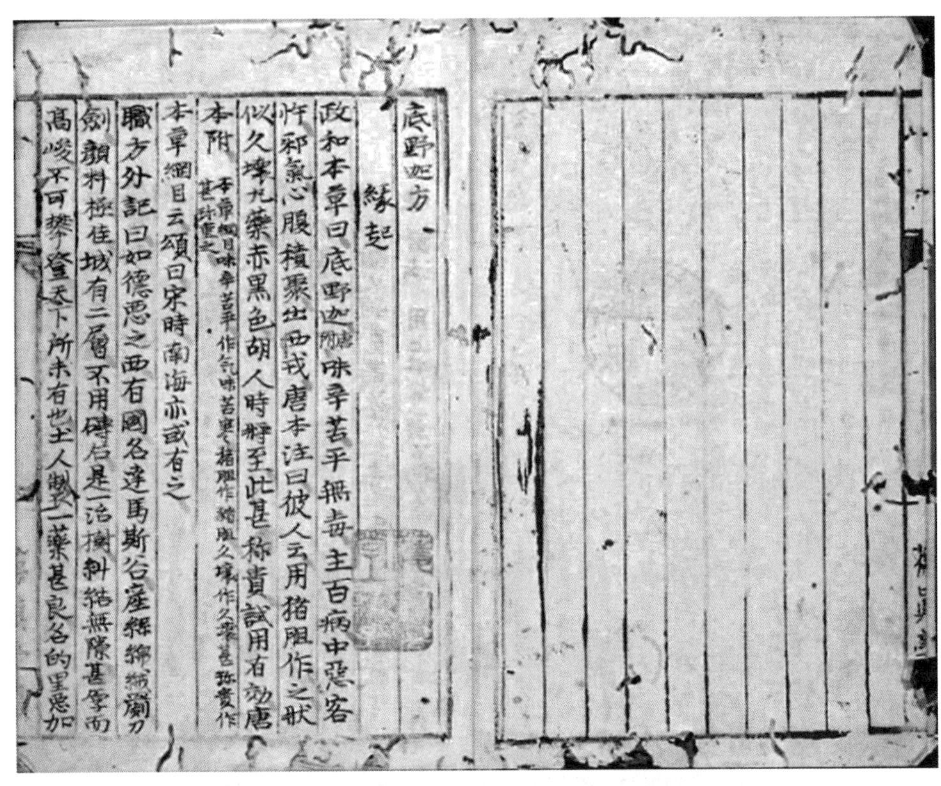
底野迦方
緣起
政和本草曰底野迦味辛苦平無毒主百病中惡客
忤邪氣心腹積聚出西戎唐本注曰彼人云用豬膽作之狀
似久壞丸藥赤黑色胡人時將至此甚稀貴試用有効唐
本附　本草綱目味辛苦平作氣味苦寒豬膽作豬脂久壞作久聚甚稀貴作甚珍重之
本草綱目云頌曰宋時南海亦或有之
職方外記曰如德亞之西有國名達馬斯谷產絲綿瓶罽刀
劍顏料極佳城有二層不用磚石是一活樹糾結無隙甚厚而
高峻不可攀登天下所未有也土人製一藥甚良名的里亞加

圖5　慶應義塾大學圖書館藏第三種《底野迦方》寫本

複方　和蘭船來者即是也”“四味的里亞加方是爲貧人設者”三個方劑的内容，文末題爲“右所載于齊家纂要千百十一葉”。其二，第二種首題“穀乙悉事物韵會扁”，其下標有“的里亞加方　鳳翔公子　譯”“蘭化先生閲　臣長兰萬年　校　”“大槻茂質子换　訂”。其後抄録了“的里亞加剌田牒裹亞劫兒和蘭”“底野迦方　蘭化先生譯”（此實爲四味底野迦方）“翻譯底野迦方　前野良澤源意”“煉蜜法”“杜松子飴法”“四味方”“底亞伽方”（十五味）等方劑。從上述内容來看，大體上與早稻田大學藏本《底野迦真方》中的《齊家纂要底野加方譯稿》部分相同，但比後者要簡略一些。從書名的寫法來看，此寫本似乎比早稻田大學本要早一些，因爲此書名中既没有“真”字，“加”字也不是“迦”字。

不過，此寫本後續的内容是早稻田大學本所没有的，這應該是抄寫者雜抄其他文稿的結果，其中有“吐方略考”（含有數個外來吐方）、“□□病痛止藥”等雜抄。值得注意的是，此寫本的最後有尾題“文化十一年甲戌年三月十八日”“金田

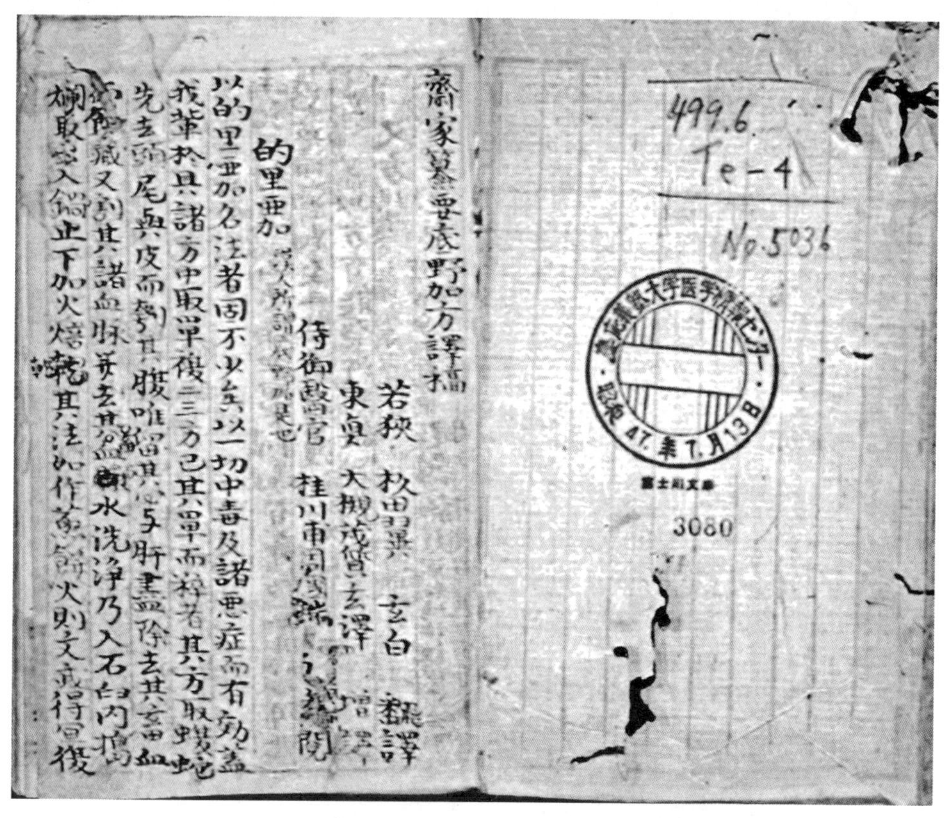

圖 6　慶應義塾大學圖書館藏《齊家纂要底野加方譯稿》寫本

子冲　號北溟”，這或許表明此寫本乃是金田子冲(北溟)在日本文化十一年(1814)所抄寫的。

(三)《脚氣方論》與《蠻方録》

前嶋信次在《底野迦考》一文的第三部分，列舉了京都大學圖書館收藏的兩種相關文獻，即《脚氣方論》(請求記號：DIG - KYOT - 1339 - 1)和《蠻方録》(請求記號：DIG - KYOT - 51877 - C)。《脚氣方論》寫本(圖 7)是 1 册(1 卷附 7 卷)。該寫本是一個内容雜抄的合綴本，原封面所列的書名除《脚氣方論》外，還“附：《蠻方録　即的里亞伽方》《信石方》《知足齋十九方》《種痘法》《巴豆方》”。該寫本所收録的内容如下：其一，《脚氣方論》，“遠水　幹々堂主人輯”，收録了多種治療脚氣的醫方；其二，《脚氣論》探討了脚氣病的病因病機；其三，《底野迦方》含“緣起”（抄引《政和本草》《本草綱目》《職方外紀》三書中關于底野迦的文字）以及相關的方劑“單方底野迦”、“煉蜜法”、“四味方”、“單方”、“二味方”、“三味方”、“八味方”、“十味方”、“四味方杉田玄伯傳”（該方末尾載“右所載于齊家纂要千百一十葉，鑾名……”）、“五味方”、“七味方”、“九味方”、“十二味方”、“十三味方”、“設寧异夫留飴方”（設寧异夫留飴，即杜松）、“十四味方”、“十五味方”、“十三味方”、“的蠟失及羅太”（該方中有“萬按：予先年見真物造製成者……”一段話，且“萬按”二字旁邊有紅筆標記）；其四，《底野迦名義》開篇有“善三郎樣　左七郎”，這是一封問答的書信，信末有日期“三月十一日”。據前嶋信次推論，“左七郎”是江户時期比較有名的蘭學家吉雄耕牛（1724—1800）的侄兒，即吉雄作次郎的兒子吉雄左七郎（周房）。“善三郎”則可能是著名的蘭學家通詞目附西善三

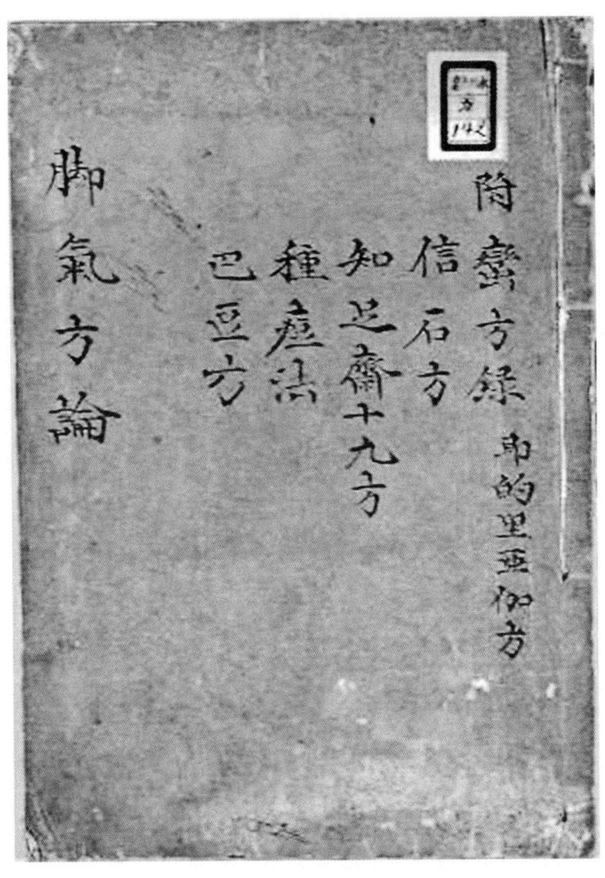

圖 7　京都大學圖書館藏《脚氣方論》寫本

郎。《底野迦名義》的主要内容是“勿搦祭亞的里亞加”，講述在義大利地中海城市勿搦祭亞（義大利語名 Venizia，該譯名亦出自《職方外紀》，即今威尼斯，英文名 Vinice[①]）製作底野迦的情況。該段的末尾有“勿搦祭亞國ノ百七十五年……印”，這或許説明其内容生産于 1775 年，那麼，該寫本的抄寫也會是在該時間之後；其五，《有毒集方》收録了紫金丹、三白丸等用于解毒的二十餘個藥方；其六，《種痘新編》乃“桑田玄真宜之譯”，其中的巴豆方也是數個醫方的集合。

京大富士川文庫的《蠻方録》寫本（圖 8），1 册。該寫本也是一個内容雜抄的合綴本，原封面所列的書名除《蠻方録》外，還“附：《信石類方》《知足齋方》《種痘法》《巴豆諸方》《石膏味方》”。

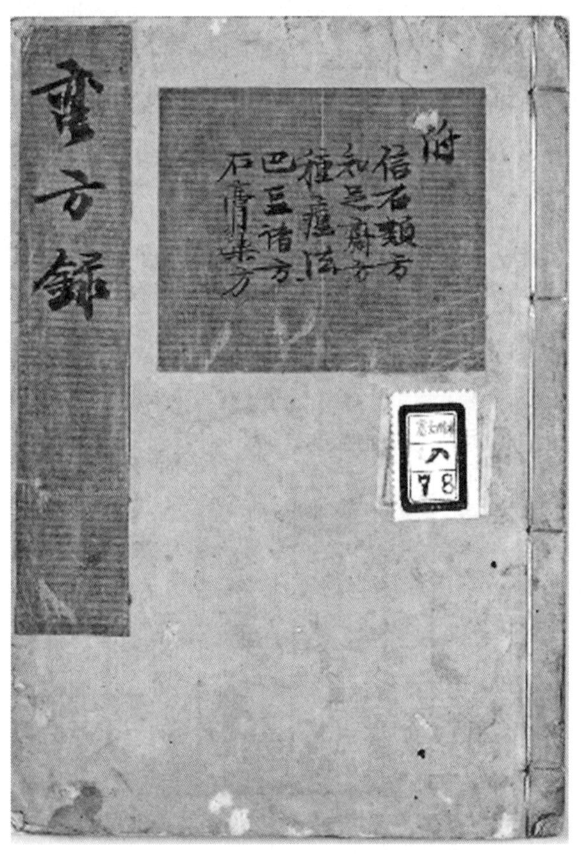

圖 8　京都大學圖書館藏《蠻方録》寫本

---

① 艾儒略：《職方外紀校釋》，第 90 頁注釋 16。

該寫本所收録的内容如下：

其一，《底野迦方》，“櫟山道人輯”，含有“緣起”（抄引《政和本草》《本草綱目》《職方外紀》三書中關于底野迦的文字）以及相關的方劑“單方底野迦”、“煉蜜法”、“四味方”、“四味方玄岱傳”、“單方仝【仝同】”、“二味方仝【仝同】”、“三味方仝【仝同】”、“八味方仝【仝同】”、“十味方仝【仝同】”、“四味方杉田玄伯傳”（該方末尾載“右所載于齊家纂要千百一十葉，蠻名……”）、“五味方”、“七味方”、“九味方”、“十二味方”、“十三味方”、“設寧异夫留飴方”、“十四味方”、“十五味方”、“十三味方茅山傳”等。此寫本中的“的蠟失及羅太”部分放在“十三味方茅山傳”之中，本方末尾文字爲“冷定收貯”。此處没有《脚氣方論》寫本中“萬按：予先年見真物造製成者……”那段話。這説明《蠻方録》寫本中的《底野迦方》和前者雖大體相似，但也有一些差异。這些差异可以爲我們分析兩個寫本之間的關係提供一些有用的綫索。從字迹和内容的取捨來看，《蠻方録》寫本中的《底野迦方》，其抄寫可能要早于《脚氣方論》寫本中的《底野迦方》；其二，《底野迦名義》，此處與《脚氣方論》寫本中的《底野迦名義》基本相同；其三，《有毒集方》，此處有另一個名稱《信石方》，也收録了紫金丹、三白丸等解毒藥方；其四，《知足齋德本十九方》，此處標明出自《青囊瑣探》，抄録了發陳湯、青龍散、解毒丸等十九個藥方。此部分的末尾有“右十九方主治運用詳出片倉元周《青囊瑣探》，不贅焉”；其五，《種痘新編》，此處亦標明“桑田玄真宜之譯”，抄録了“種痘六法”；其六，《巴豆方》。該寫本的結尾還有“杰山堂藏”的標記。這可能説明了該寫本所用紙本的來源。

（四）《底野迦問答》與《底野迦經驗記》

九州大學附屬中央圖書館的雅俗文庫中收藏了兩種以底野迦命名的文獻。

其一，長嘯主人著《底野迦問答》（*Teriaka mondo*），完整的 1 卷 1 册，編號 Rare Book Collections〈428828〉，日語，26.0 厘米×17.7 厘米大小，和漢裝，是文化七年的寫本（圖 9）。其尾題“文化七年庚年九月望　尾割野邑氏抄出”，這説明抄寫者名爲尾割野邑，可能是尾張國（東海道，今愛知縣西部）的醫家。此寫本乃中野三敏所贈。其封面題右寫有“痘瘡ノ藥”。此書共 8 頁，其中夾雜了一頁類似廣告的説明書。全書采用問答體的方式，即“或人問曰”和“答曰”。所問的問題并不多，但回答得比較詳細。這些問題主要集中在底野迦的效能與當地使用情況上。長嘯主人本人有使用底野迦的經驗，不僅對舶來的底野迦感興趣，在

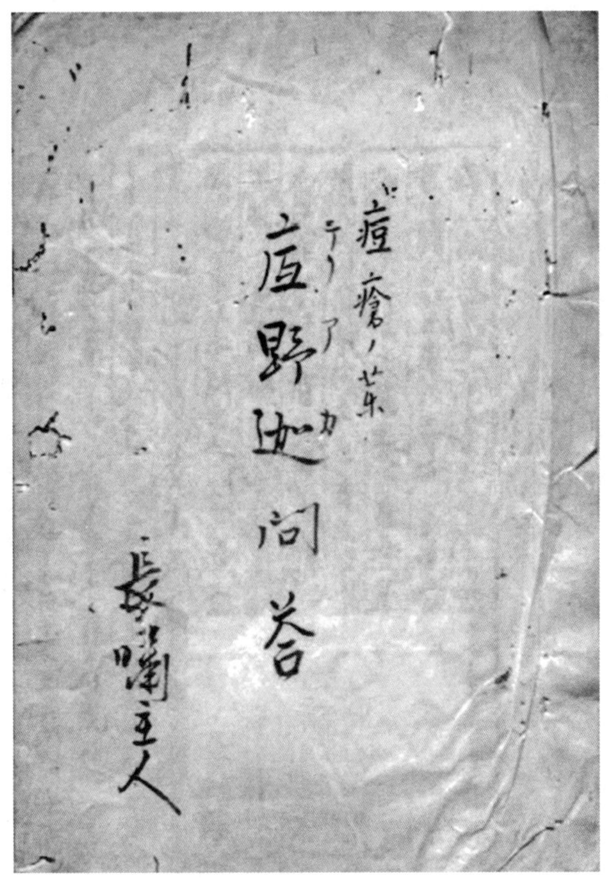

圖 9　九州大學中央圖書館藏《底野迦問答》寫本

寬政年間(1789—1801)購入舶來上品三箱,而且還搜集了不少當地醫家所配製的底野迦方,具體情況是:

> 京都萩野氏杯中亦有方密藏,我便是經他授予。此外還有舶來品收藏,寬政年中,購入舶來上品五箱,也告知我:上品絶佳。我買入三箱,所以可知萩野氏等處也有使用此藥。我曾經談到底野迦效用廣泛,没想到還有更多我所不知的效果……我稍加打聽收集,得十六七方:浪華蒹葭堂之方,在大垣進行製造的方子也略有耳聞,尾割野村氏方,藥名中野春洞老之方,此外還有嵯峨天龍,以及各處所得之方。爲此二十年來我用盡心血,所藏的舶來三品,經常用的四五品,我并非爲射利,而是爲天下諸人之病,尤其是想解

除小兒病痛。

“浪華蒹葭堂”即江户中期的本草學者木村蒹葭堂（1736—1802，名孔恭，字世肅，號巽齋）。因其庭院打井時發現了蘆葦（蒹葭），他非常欣喜，便把書齋命名爲“蒹葭堂”，此後成爲他的代稱。對于底野迦，記曰：“浪華蒹葭堂索求，得舶來上品之物，雖然得之，却不知用之，徒勞無益。其後，自其令人製造出真方并開始賣藥……”可見浪華蒹葭堂對底野迦的認識經歷了從無知到自製并販賣的一個漫長過程。江户中期，雖然底野迦“聽聞有數種奇效”，但使用并不如想象中的廣泛：一則是“有人不解爲何要用蠻方不明之物，因此擔憂隨便使用會有害處”，“雖然木村氏〈指蒹葭堂〉記有主治療效，但聽從采納之人甚少”；二則就使用的人群而言，雖然“三都、尾割的醫家經常用之，出示于人令人服用”，但往往多是窮人用之。正如該書中所説：“富家之人因萬物富足，志向難以專一，信心等亦無法如貧賤之人一般純粹，富家用藥衆多，即使是用了底野迦，也不知究竟是哪一味藥的效用。貧家并無其他藥可用，所以知曉底野迦的效果。因此富裕之家多不知其效。”長嘯主人曾經歷了“四個孩子在十八日内得了稀痘的病症，從發熱到痊愈均用此藥，見效”。他使用底野迦的主要目的是“爲天下諸人之病，尤其是想解除小兒病痛，且有彌補貧家藥用匱乏的微志”。就底野迦配方的流傳而言：一方面，長嘯主人從其他醫家那裏獲得此密藏知識；另一方面，他又“發誓保證堅决不會將其外傳于人”。衹是他胸懷憐憫，“爲家境貧窮没有藥品的人用藥是我的樂趣，自始都没有想要追逐名利去給富人用藥”，他又免不了想將此藥的配製與用法傳播給大衆。

《底野迦問答》中基本上没有提供底野迦的配方、劑量、合藥過程、服用方法等，但解釋了該類藥的主治功效，比如“第一是作爲解毒劑，用于驚風、氣付[①]，可能會被當作解熱的凉劑，但是并非苦寒，亦會被視爲補益，但并非補澀。用于體冷則發熱，時有痊愈，緩解大便結，緩解抑制痢疾，〈或者毒氣的排瀉〉風感、暑邪、瘧、時疫，對于兒童的這些病症均有效果”。

《底野迦問答》寫本中還夾雜了一單頁，據其尾題“右　蘭書中　底野迦效能　文化七庚午十二月念三日至　尾割野邑氏抄出”，可見其抄自蘭醫典籍中有

① “氣付”：気ツケ，據《日本國語大詞典》，是使恢復精神，使昏厥過去的人蘇醒之意；或指能達成此效果的藥物。“氣付藥”即興奮劑、蘇醒藥。

關"底野迦效能"的内容,主要涉及主治病證和内服與外用的方法。至于該單頁内容的具體出處,還有待查考。

其二,《底野迦經驗記》(*Teriaka keikenki*)。1卷1册,日語,和漢裝。該寫本的作者與抄寫者不明,乃寬政八年抄寫(圖10),也是中野三敏所贈。其封面題寫"寬政八年丙辰五月　底野迦經驗記"。該寫本共16頁,字體爲草書,比較潦草,不易辨認。該寫本的開篇交代,大約10年前,請大阪的木村蒹葭堂獲得了一些底野迦,該藥頗有療效,但作爲舶來的外國藥物,其藥效并不能肯定,因此需要在治療過程中加以驗證。該寫本的主體内容類别似逐日的簡要病歷,時間起自"四月廿二日",終至"九月廿三日"。其内容大致按日期記録了患者的名字、病情等,以及有無底野迦這種藥的效果。在墨書條目中,常見有紅點以及"奇效"

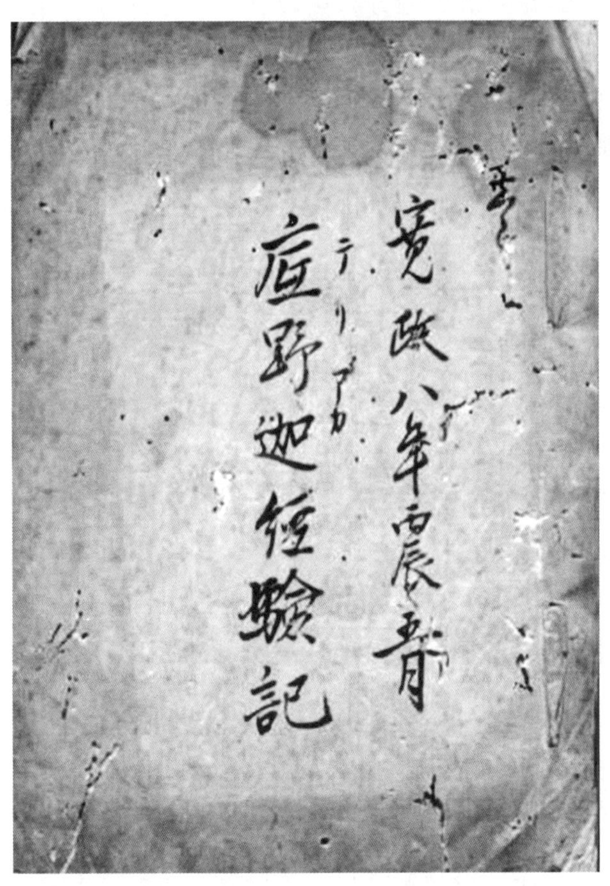

圖10　九州大學中央圖書館藏《底野迦經驗記》寫本

"效"等紅字，這説明該寫本抄寫完畢之後，抄寫者(或他人)再次校核或者判定了相關内容。該書可以證明，在江户中期的日本，底野迦日常治療的對象是普通患者，而不是富人患者。

《底野迦經驗記》和《底野迦問答》均提及了從木村蒹葭堂處獲得了一些底野迦及其相關知識，這或許表明《底野迦經驗記》也可能與長嘯主人相關，但長嘯主人的具體信息不明，還有待查考。

(五)《諸家的里亞加譯稿》

静嘉堂文庫收藏的《諸家的里亞加譯稿》中，收録了多種有關底野迦的資料，包括杉田玄白著《底野迦真方》(尾題有"天明戊申夏　玄澤大槻茂質記")、前野良沢的《翻譯底野迦方》(尾題有"寬政元己酉二月再考スル者ナリ　前野良澤源喜　録之")、"紀藩　鳳翔公子　譯"的《爸乙悉的里亞加方》以及《底裏野加譯稿》。前野良沢的《翻譯底野迦方》中有"寬政元己酉二月再考"之類的記載。這説明該寫本至少應該是寬政元年二月之後抄寫的。這些内容大體上與前述的底野迦文獻相同，它們基本上都被收録進《前野良沢資料集》(第二卷)中[①]。

此外，日本武田財團杏雨書屋也收藏了西洋的有關底野迦的藥書。《杏雨書屋藏書目録》的記載如下：

其一，《杏雨書屋藏書目録》第82頁：

《遠西名物考》《底野迦説抄一卷》　附《和蘭製劑》乾1963

《底野迦》一卷

江户　宇田川璘(榛齋)著　江户　摘録者不明　附江户

千野良岱著　江户　摘録者未詳　文化4(1807)　松軒　寫本　1帙1册

其二，《杏雨書屋藏書目録》第86頁：

① 大分縣立先哲史料館編集：《前野良沢資料集》卷2，"大分縣先哲叢書"，大分縣教育委員會2009年版，第264—282頁。

《和蘭製劑底野迦一卷》 乾 1963
江户　千野元達(良岱、芾畹)著　[附《遠西名物考》《底野迦説抄》]

其三,《杏雨書屋藏書目録》第 503 頁:

《齊家纂要底野加釋稿一卷》 杏 5653
《風犬咬傷治方一卷》
西洋　闕名原本　江户　杉田翼(玄白)譯　江户　大槻茂質(玄澤)增譯　文
2(1819)　東奥　長瀞藩醫鶯穀輔之校寫本　1 帙 1 册

其四,《杏雨書屋藏書目録》第 621 頁:

《的里亞加方一卷》 杏 3771
江户　著者未詳　[與草/浸考同册]
《的里亞迦考一卷》 乾 2251　[1794 年成書]
江户　鈴木素行(暘穀,養齋,? —1816)著　[鈴木養齋輯録醫書所收]

由于筆者目前尚未有機會去杏雨書屋查閲這些寫本,具體情况不得而知,無法與上述已知的寫本内容進行比對,也無法探討這些寫本相互之間的關係。

(六) 其他寫本中有關“底野迦”或“的里亞加”的條目

1.《蘭畹摘芳》抄本中的“的里亞加”條目

大槻磐水(1757—1827)翻譯的《蘭畹摘芳》有多種不同的版本,包括抄本和印本。《蘭畹摘芳總目》第一編卷六中列有“的里亞加主治”,但僅存名目。早稻田大學圖書館藏《蘭畹摘芳》(《蘭畹摘芳》引)抄本以及 1817 年的印本《蘭畹摘芳》中均未查到“的里亞加”。京都大學附屬圖書館收藏的近衛文庫《蘭畹摘芳》抄本(請求記號: DIG - KYOT - 936),一套 7 卷 4 册,此乃“大槻茂質(磐水)訳考”“蓮沼清輯録”“山村昌永校訂”,初編爲寛政四年,其四編有天保二年(1831)的序。此抄本第三册卷之五有“的里亞加”(圖 11)、卷之六有“吸毒石”。“的里

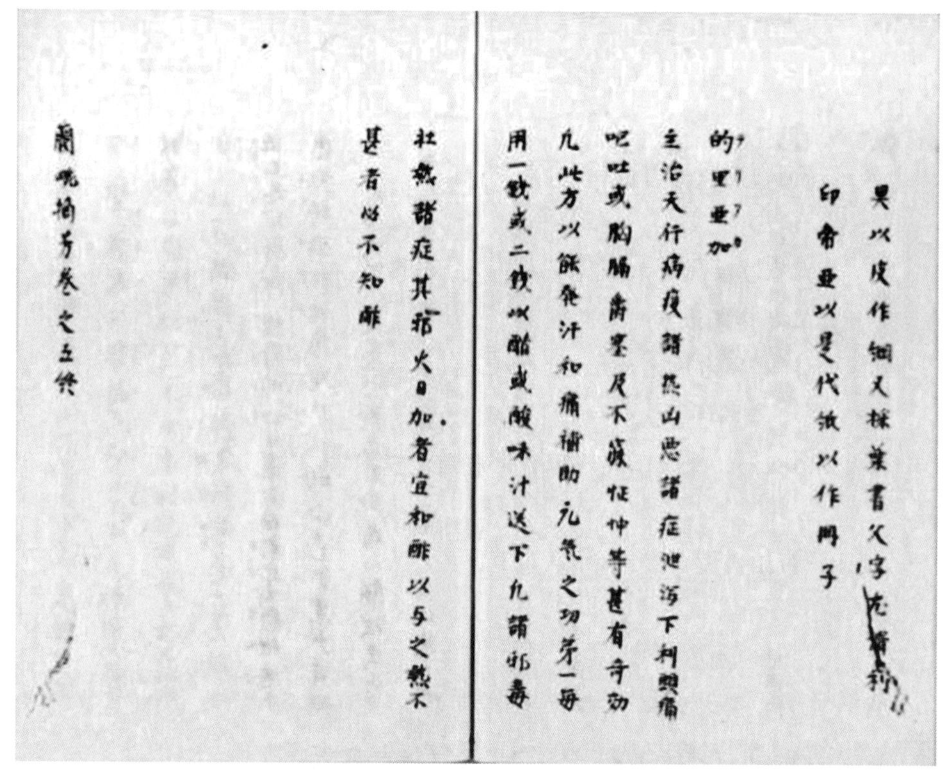
果以皮作細叉採葉書文字
印帝亞以是代紙以作冊子
的里亞加
主治天行病疫諸熱凶悪諸症泄瀉下利頭痛
嘔吐或胸膈鬱塞及不寐怔忡等甚有奇効
凡此方以能発汗和痛補助元氣之功第一毎
用一銭或二銭以醋或酸味汁送下凡諸邪毒
壯熱諸症其邪火日加者宜和酢以与之熱不
甚者必不知酢
蘭畹摘芳卷之五終

圖 11　京都大學藏《蘭畹摘芳》抄本中的“的里亞加”

亞加”之條目較爲簡略，内容如下：

> 的里亞加
>
> 主治天行病疫、諸熱凶惡諸症、泄瀉、下利、頭痛、嘔吐或胸膈、爵(鬱)塞及不寐、怔忡等甚有奇效。凡此方以能發汗和痛、補助元氣之功(爲)第一。每用一錢或二錢，以醋或酸味汁送下。凡諸邪毒、壯熱諸症、邪火日加者，宜和酢以與之。熱不甚者，必不知(和)酢。[1]

《蘭畹摘芳》中的這個條目主要是説明的里亞加的主治功能以及服用的方

---

① 東京大學圖書館藏《蘭畹摘芳》抄本第二册中的“的裏亚加”條目，内容與此相同，仅有兩三字的寫法不同。又，京都大學附屬圖書館收藏的富士川文庫《蘭畹摘芳》抄本(請求記號：DIG－KYOT－95)，亦爲四册抄本，具體待查。因爲新日本古典籍總合數據庫網站提供的此抄本實乃近衛文庫《蘭畹摘芳》抄本。

式，并没有列出其藥方的組成，也就不清楚該劑藥究竟是由多少味藥物配製而成的，因此，也就無法判定該藥與《底野迦方》中所列的那麽多種底野迦的對應關係。此寫本没有欄綫和格子，但字迹工整，説明其抄寫者較有水準，不過此段有幾處誤漏，説明其并非十分認真細緻之人。

2.《萬國新話》中的“的里亞加”

早稻田大學圖書館藏森嶋中良（1754—1810）編輯的《萬國新話》（請求記號：08B0078）（圖 12），1 册（共 4 卷），乃寬政十二年大阪書肆（藤屋淺野彌兵衛）印本。《萬國新話》卷一中也有“的里亞加”條目，其内容大體上是介紹底野迦的來源以及功效，并没有更詳細的藥物組成介紹。

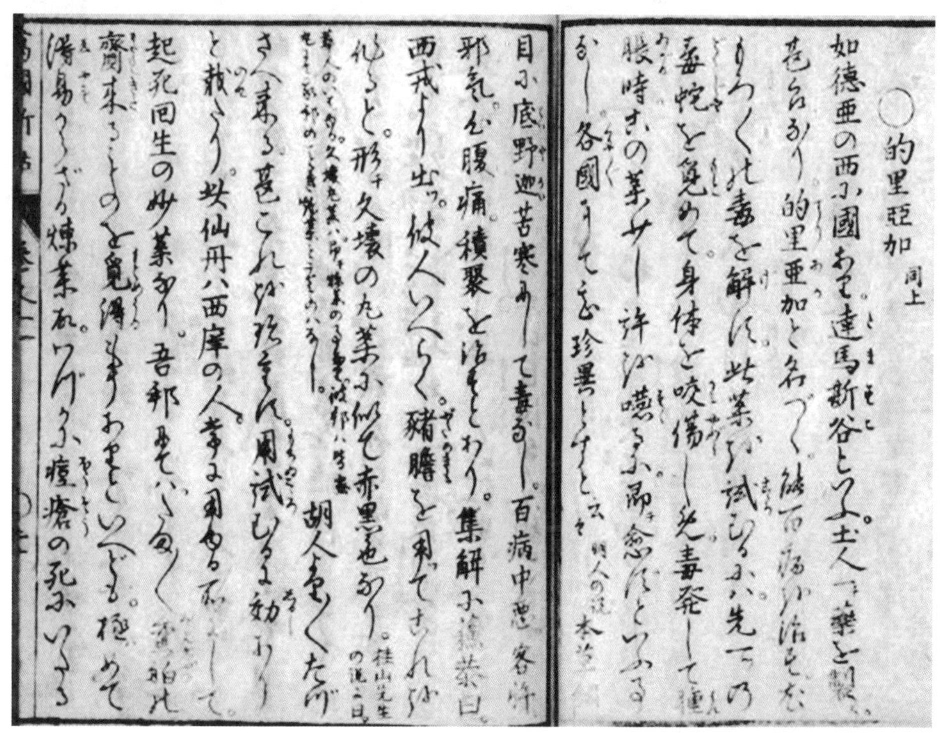

圖 12　早稻田大學圖書館藏《萬國新話》中的“的里亞加”

3.《蘭藥手引草》中的“テリアカ”（底野迦）

早稻田大學圖書館洋學文庫收藏了石原悌介撰、井上玄長校《蘭藥手引草》，1 册 1 卷（請求記號：文庫 08C0137），爲博愛室藏版。該書有弘化二年（1845）的序。該書中抄録的《和蘭藥品目録》中有テリアカ、テリアカ水。該書《蘭藥手引草》的正文部分與底野迦相關的内容如下(圖 13)：

テリアカ

治　急迫　痙攣　虚痘

咳　吐瀉　不寐

此處僅列舉了該藥主治的幾種病證，并未提及該藥是解毒劑。

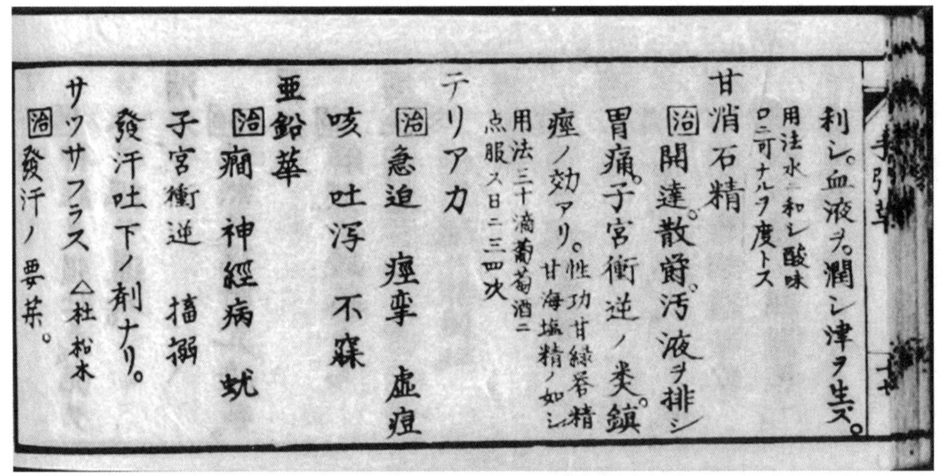
利シ。血液ヲ。潤シ津ヲ生ズ。
用法水ニ和シ酸味口ニ可ナルヲ度トス
甘消石精
治　開達。散鬱。汚液ヲ排シ
胃痛。子宮衝逆ノ类。鎮
痙ノ効アリ。性功甘緑礬精
甘海塩精ノ如シ
用法三十滴葡萄酒ニ点服ス日ニ三四次
テリアカ
治　急迫　痙攣　虚痘
咳　吐瀉　不寐
亜鉛華
治　癇　神經病　蚘
子宮衝逆　搐搦
發汗吐下ノ剤ナリ。
サツサフラス　△杜松木
治　發汗ノ要薬。

圖 13　早稻田大學圖書館藏《蘭藥手引草》中的テリアカ

4. 三枚底野迦的廣告單

國際日本文化研究中心的宗田文庫收藏了三枚底野迦的小廣告單，前兩枚出自京都荷蘭館。第一枚廣告單(登録番號爲 00292365，資料番號 2-187)(圖 14)，其内容如下：

荷蘭　底野迦

一對痰咳有效。　一對食滯有效。

一對疱瘡有效，從初發到長出均用此藥，抹于眼瞼、鼻子、人中其處便不會多發。

一對痢病有效，抑制嘔吐，緩解疼痛，對所有的腹部疼痛有效，對積氣的疝痛有效。

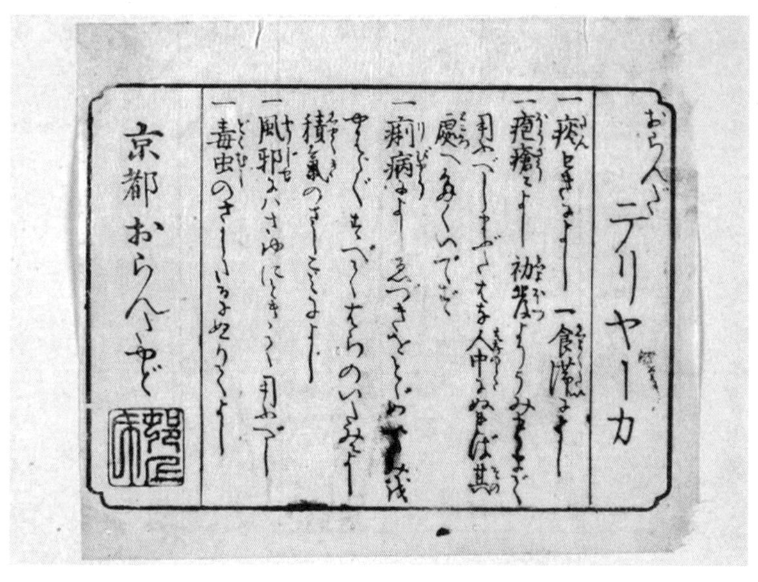

圖 14　宗田文庫收藏的底野迦廣告單(一)

一風邪,用白開水化開服用。

一毒蟲叮咬,塗抹即有效。

京都荷蘭館　村上氏(印)

第二枚廣告單(登録番號爲 00292365,資料番號 2-188)(圖 15),16.3 厘米×20.3 厘米,其内容如下:

底野迦

一對痰咳有效。　　一對痢病有效。

一對食滯有效。

一抑制嘔吐,緩解疼痛,對所有的腹部疼痛有效。

一對積氣的疝痛有效。

一風邪,用白開水化開服用。

一毒蟲叮咬,塗抹即有效。

京都　元荷蘭館〈下京第六區　河原町通三條南一町目〉

村上氏(印)

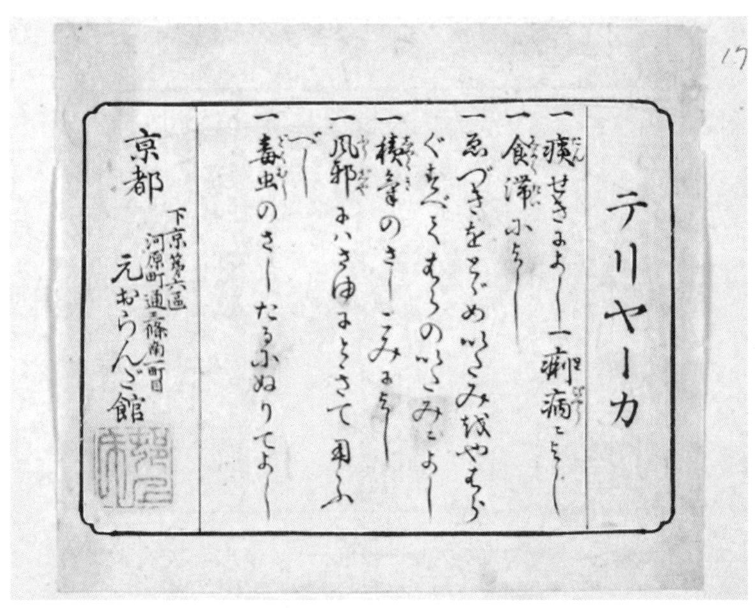

圖 15　宗田文庫收藏的底野迦廣告單(二)

圖 16　宗田文庫收藏的底野迦廣告單(三)

這兩枚廣告單的内容大體差不多，主要是列舉底野迦的主治病證，以及内服與外用的不同場合。這兩枚廣告單充分證明江户時期京都的荷蘭館有大量底野迦出售，如果是少量的藥物，就没有必要印製廣告了。

宗田文庫的第三枚底野迦廣告單（登録番號：00292364，圖 16），類似一張書票，非常簡單，衹有三行字“和蘭秘方　的里亞伽　精製無比”。這枚廣告單是前兩枚廣告單的很好印證。

底野迦在漫長的東西方藥物交流史中是頗具代表性的。從古希臘、羅馬的著名解毒劑，到唐代被視爲非常珍稀的萬能藥物，再到江户時期從西洋傳入的舶來品，經過日本歷代蘭學者的努力，底野迦因爲效果良好，而逐漸成爲“通用不可闕之品”。正如宇田川玄真（榛齋先生，1769—1834）譯述、宇田川榕庵（1798—1846）校補《遠西醫方名物考》（早稻田大學圖書館藏，請求記號：ヤ09 008570001）的“凡例”部分所指出的：

方今升平日深，仁風遠洽异域。每歲洋舶來貢獻方物，請互市。雖奇珍器玩無不可坐致，况生民必用之藥品乎？如雜腹蘭（番紅花）、的里亞加、拔爾撒謨、的列并底那（精油）、龍腦、硇砂，雖往古未曾輸入之品，效驗顯于世而人人購求，今成通用不可闕之品也。

底野迦這種跨越了長時段、大範圍，涉及多種不同宗教與文化背景的藥物流傳，遠遠超過了番紅花、拔爾撒謨、龍腦和硇砂等藥物的流傳情形。底野迦、的里亞加融合了唐代與前近代西傳的醫藥知識，更反映了大航海時代之後近代歐亞醫學文化之間的複雜關係及其在東亞地區的接受、使用與變衍。多種以底野迦（的里亞加）爲名的醫書的抄寫與刊印，尤其是直接記録其醫療實用情況的《底野迦問答》和《底野迦經驗記》類型的寫本和兩枚底野迦廣告單，直接反映了日本江户時期底野迦的使用狀況。

宇田川榕庵（1798—1846）的《博物語彙》收録了“triak/triac：的里亞加、德里亞格、底野迦”，《蘭和藥物名匯》中收録了“的里亞加水”“的里亞加”“的里亞加精”等多個底野迦藥方的名稱，宇田川興齋（1821—1887）編譯的《蘭和藥物名匯原稿》中還有“底里亞加”之名。《（蘭和）藥名字書》中也有“的里亞加”一詞，奧山虎章《醫語類聚》（*A Medical Vocabulary in English and Japanese*）中收録了“Theriaca：底里亞加”。底野迦諸詞進入日本的雙語辭書之中，表明其有更多的機會被日本讀者所接觸和認識。日本江户時期的這種對底野迦知識的吸收和該類藥物的當地語系化情形，與清代底野迦（德里雅噶）基本局限于宫廷使用的情況完全不同。因此，底野迦的“名與物”在不同時期、不同地域、不同語言與文化背景的日常生活中的使用之比較，尤其是在全球史語境中的東西方藥物（實物與知識）網路的環流互動，還需要我們進行深入研究。

附記

本文所引《底野迦真方》的評注、《底野迦問答》和宗田文庫的兩則底野迦廣告内容，均由日本早稻田大學博士生伊丹同學翻譯，特此感謝！特别感謝日本早稻田大學圖書館允許作者使用圖書資料！

陰陽道の展開と術数分野の古写本

山下克明(日本大東文化大學東洋研究所)

序　文

陰陽道は、古代律令制中央官庁の一つの陰陽寮が職務とした占術・暦・天文占などの術数分野を基盤として、九世紀後半頃に五行家説・道家説による呪法や祭祀を加えて成立した術数と呪術信仰の体系である。本来陰陽寮の一官職名であった"陰陽師"は、十世紀以降に一般的な職種名として定着し、官職はそのままに社会的な職務として"陰陽師"と通称されるようになった。陰陽道はそのような陰陽師の活動に体現される存在であるが、彼らの職務内容は、(1) 日時・方角の吉凶を選申する、(2) 災害や怪異、病気の原因を諸神の祟りとみて占う、(3) 攘災招福の祓・祭祀を行う、等であった①。

このような陰陽師の職務は中国の術数・宗教文化の影響のもとに発達したものであり、よってその学習や活動に際してもさまざまな中国の専門書が利用された。また平安時代中期の十一世紀から陰陽寮の主要な官職は賀茂氏と安倍氏が独占し、とくに賀茂氏は造暦(暦道)を、安倍氏は天文占(天文道)を掌った。両氏はその後も長く存続して学術の継承や職務遂行の基盤として中国伝来の専門書を伝え、さらにそれらを抄出して必要な諸知識をまとめた多数の家本を残している。その中には既に中国で失われている典籍やその逸文も多数見受けられる。本稿では陰陽道の職務とともに、それに関連してどのような関係典籍の古写本が陰陽道・暦道・天文道の分野で残されているか検

① 山下克明:《平安時代の宗教文化と陰陽道》,岩田書院 1996 年版,第 39 頁;《発現陰陽道》,梁曉弈譯,社会科學文獻出版社 2019 年版,第 108 頁。

討してみたいと思う。

一、陰陽道の展開

陰陽寮・陰陽道は、その名称が示すように古代中国で成立した陰陽五行説と深く関っている。陰陽五行説は中国で諸文化の基盤をなしたが、その影響を最も濃厚に受けた分野が陰陽五行説を応用して自然現象を理解し未来を予測しようとする占術・暦・天文などの術数部門と、人体・病気を理解しようとする方技部門であった。それらは早くから専門の官職が設けられたが、隋・唐ではこれを所管する役所の太史局と太医署で技術の行使と専門家の養成が行われた。この術数・方技は六・七世紀に朝鮮半島の百済等を経て日本に伝来し、術数を扱う役所の陰陽寮からやがて学術・宗教としての陰陽道が成立することになる。

《日本書紀》によると、推古天皇十年(602)百済僧の観勒が来朝して暦・天文・地理・遁甲・方術の書を齎し書生に教授したとあり、それ以後暦や天文・占術・医術は徐々に定着した。天武天皇四年(675)には陰陽寮・外薬寮(のちの典薬寮)の名称が初見し、“始興占星台”とあり天文台が建てられ、また天武自身も“能天文・遁甲”と評され、天文占と遁甲占の知識を有していた。大宝元年(701)制定の大宝律令制で、中央に隋唐の太史局・太医署の官制に倣って陰陽寮と典薬寮が設置され、職員に頭以下の事務官僚と諸博士、学生らが置かれた。後の養老律令[天平宝字元年(757)施行]の《職員令》陰陽寮条の規定は次のようにみえる(大宝令制でも同じ規定であった)。

陰陽寮

頭一人。掌天文、暦数、風雲氣色。有異密封奏聞事。助一人。允一人。大属一人。少属一人。陰陽師六人。掌占筮相地。陰陽博士一人。掌教陰陽生等。陰陽生十人。掌習陰陽。暦博士一人。掌造暦、及教暦生等。暦生十人。掌習暦。天文博士一人。掌候天文氣色、有異密封、及教天文生等。天文生十人。掌習候天文氣色。漏尅博士二人。掌率守辰丁、伺漏尅之節。守辰丁廿人。掌伺漏尅之節、以時撃鐘鼓。使部廿人。直丁二人。

陰陽寮では、陰陽頭・助・允・大属・少属の事務官僚のもとに陰陽・暦・天文・漏剋の四部門があり、博士・学生等が置かれていた。このうち陰陽部門だけ陰陽師六人が置かれており、構成から陰陽寮の中心的な存在であったことがわかる。陰陽師の職務は"占筮・相地"、すなわち占術と土地の吉凶を選定する術であり、実際に《正倉院文書》に残る八世紀初頭の陰陽寮官人の勤務評定簿《官人考試帳》①から、陰陽博士角兄麻呂や陰陽師高金蔵らは筮占や太一占・六壬式占・五行占・相地など多数の占術技能を所有・行使して評価されていたことが知られる。

律令支配体制が全盛の奈良時代・八世紀の朝廷では、災害・変異が発生すると天皇はしばしば詔勅を発し、それらは陰陽五行の変調で、その発生は為政者の不徳・失政が原因であるとして儒教的な理念により徳治・善政を行うことを表明していた。陰陽師・天文博士たちは朝廷や官庁のために、変異・災害発生の原因や未来の吉凶などを中国伝来の占術・天文占により判断していたと考えられる。このような術数を扱う陰陽寮を母体として陰陽道は平安時代前期の九世紀後半頃に成立する。

平安時代に入ると律令体制は徐々に崩れ始め、支配機構の改編が図られていく。奈良時代の陰陽寮における陰陽部門の職務は占術技能を中心としたが、その延長線上に位置する平安時代の陰陽道は占術だけではなく、祓・反閇などの呪術や祭祀を行う宗教としての性格を持ち、官職名の陰陽師も一般的職種名となり、やがて民間にも陰陽師が現れるのである。では占術技能から宗教分野への進展にはどのような理由があったのであろうか。

律令支配体制が衰退し始め、皇位継承をめぐる陰謀事件で朝廷が混乱した奈良時代末、平安時代に入る頃から災害や怪異（物怪とも言う）を陰陽師が占って、その原因を神・山陵（天皇陵）・怨霊などの祟りとすることが多くなる。その行為の背景には基本的には日本古来の災い観念があった。

災いとは社会的に実害をともなう災害、個人的には病気などであるが、《古事記》《日本書紀》の話に見えるように災いが起こる原因は、人が神を冒瀆し、神社を汚すなどの不敬信行為を犯したことに対する神の怒りや祟りにあ

① 《大日本古文書》編年之24《補遺1》，東京大学出版会1987年版，第552頁。

るとされてきた。律令支配体制が弱体化して災害に対して儒教的な徳治・善政が実施できなくなり、貴族支配層が深刻な不安を感じ災異への危機意識が高まるとともに、災い＝神の祟り観念が肥大化して行った。そこで陰陽師は占いで、災害や天皇の病気の原因が神や政争による犠牲者の怨霊の祟りであることを指摘し始めるのである。

さらに占いで神・霊の祟りを見抜く力がある陰陽師たちは、それを除く呪力も期待されることになる。《文徳天皇実録》仁寿三年(853)十二月甲子条には、陰陽寮の奏言により《陰陽書》の法に基づき毎年害気鎮めを行うこととし、《日本三代実録》貞観元年(859)八月三日条では、虫害を攘い豊作を求めて《董仲舒祭法》による祭礼(後に高山祭と称す)を行い、同九年(867)正月二十六日条には、疫病流行に備えて鬼気祭を行う。また同七年(865)八月二十一日条には、清和天皇が東宮から内裏へ遷御する際、陰陽寮の奏上により八卦絶命の方を避けて方違えを行っている。

このように九世紀後半の文徳・清和天皇期から陰陽寮は、朝廷や天皇・貴族のために災害を防ぎ息災と除病の目的で《陰陽書》や《董仲舒祭法》などにより五行家系、さらに道教系の祓・祭祀を行うようになった。これによって九世紀後半には、占いにより災いの原因(＝祟りの主体)を明らかにし、祭祀によりこれを攘う呪術的宗教としての陰陽道が成立するのである。なおその中心として活動したのは、後の《今昔物語集》巻二十四第十三・十四語にも陰陽師としての説話が取り上げられる陰陽頭滋岳川人・弓削是雄等であり、この時期に陰陽道の成立を認めることができる。①

二、陰陽寮と中国典籍の受容

陰陽道の基盤となった陰陽寮は、中国伝来の術数、占術や暦・天文など陰陽・五行の変化によって未来の吉凶を判断する技術を掌る役所であり、前述のようにそれらの学術・技能は六世紀頃から日本に伝えられ、推古十年(602)の百済僧観勒の渡来以降も、使節の往来とともに中国や朝鮮半島から術数関

① 山下克明:《平安時代陰陽道史研究》,思文閣出版社 2015 年版,第 31 頁。

連の専門書が伝えられ、それらは大宝律令制下で次の陰陽寮の四部門に関わる職務の基盤となったと考えられる。

〇陰陽部門(占筮と地の吉凶を占う)—陰陽師・陰陽博士・陰陽生

〇暦部門(毎年の暦を作り日月食を予報する)—暦博士・暦生

〇天文部門(天文や氣象の変異を占う)—天文博士・天文生

〇漏剋部門(漏剋の管理と時報を行う)—漏尅博士・守辰丁

その後も学制の改革があり、《続日本紀》天平二年(730)三月辛亥条で陰陽・暦・天文生の他に時服と食料を支給し勉学を支援する得業生各二・三名の設置が許可されている。また《続日本紀》天平七年(735)四月辛亥条では、唐から帰国した留学生下道(吉備)真備が次のように朝廷に請来書等を献上している。

四月辛亥。入唐留学生從八位下下道朝臣眞備献唐礼一百卅巻、太衍暦経一巻、太衍暦立成十二巻、測影鉄尺一枚、銅律管一部、鉄如方響写律管聲十二条、楽書要録十巻、絃纏漆角弓一張、馬上飲水漆角弓一張、露面漆四節角弓一張、射甲箭廿隻、平射箭十隻。

ここに見えるのは真備の請来書・器具等の一部であるが、唐礼・楽書・史書等とともに陰陽寮関係では大衍暦経や天文観測具の測影鉄尺などがみえ、請来品が広範囲に亘っていたことが知られる。

このほかにも《正倉院文書》天平十八年(746)の《写疏所解》[①]には《陰陽書》を書写した記録があり、これは唐呂才の《陰陽書》であろう。天平二十年の《写章疏目録》[②]には、

天文要集十巻、……天文要集歳星占一巻、彗孛占一巻、天官目録中外官薄分一巻、黄帝太一天目経三巻、内宮上占一巻、石氏星官薄〔簿〕讃一巻、太一决口第一巻、伝〔簿歟〕讃星経一巻、薄〔簿〕讃一巻、九宮二巻一推九宮法、一遁甲要。

① 《大日本古文書》編年之2，東京大学出版会1982年版，第526頁。

② 《大日本古文書》編年之3，東京大学出版会1982年版，第84—90頁。

などの天文書や占書が書写されており、これらの術数文献も遣唐使などによって伝えられたものと考えられる。

ついで《続日本紀》天平宝字元年(757)十一月癸未条には、次のように大学寮・典薬寮・陰陽寮の各学生を任用する際に修得しておくべき書が定められている。

> 癸未。勅曰。如聞、頃年諸国博士医師、多非其才、託請得選。非唯損政、亦无益民。自今已後、不得更然。其須講経生者三経。伝生者三史。医生者大素、甲乙、脉経、本草。針生者素問、針経、明堂、脉决。天文生者天官書、漢・晋天文志、三色薄〔簿〕讃、韓楊要集。陰陽生者周易、新撰陰陽書、黄帝金匱、五行大義。暦算生者漢晋律暦志、大衍暦議、九章、六章、周髀、定天論。並応任用。被任之後、所給公廨一年之分、必応令送本受業師。如此則有尊師之道終行、教資之業永継。国家良政莫要於茲。宜告所司早令施行。

これによって陰陽寮諸生が習得しなければならない書、テキストとして、

陰陽生—《周易》《新撰陰陽書》《黄帝金匱》《五行大義》

暦・算生—《漢書》律暦志、《晋書》律暦志、《大衍暦議》《九章》《六章》《周髀》《定天論》

天文生—《史記》天官書、《漢書》天文志、《晋書》天文志、《三色簿讃》(《三家簿讃》)、《韓楊要集》(《天文要集》)

等の典籍が認定されていたことが知られる。

これらはいずれも中国伝来の専門書で、陰陽生に指定された書のうち《周易》は易占書、《黄帝金匱経》は六壬式占に関する書、隋簫吉撰《五行大義》、唐王璨撰《新撰陰陽書》は五行説および日時・方角の吉凶禁忌に関する書であり、陰陽部門の職務が占術を中心とする技術的なものであったことと対応していた。

天文・暦の分野では《三家簿讃》《韓楊要集》(晋韓楊撰《天文要集》)などの天文書、《大衍暦議》《九章》などの暦法・算術書とともに、《史記》天官書、《漢書》の天文志・律暦志、《晋書》の天文志・律暦志等の中国正史の諸志が指定されている。《三家簿讃》については後述するが、これらはいずれも中国の天文

学・暦学の概要や方法を知る重要な書であった。

このほかにも《日本三代実録》貞観三年六月十六日条に貞観元年(858)に渤海大使烏孝慎が、その後永く暦法として用いられる《宣明暦》を伝えたとあり、また八・九世紀には唐呂才の《陰陽書》が読まれ、天文道で天文占書として用いられた《天文要録》《天地瑞祥志》など、多数の陰陽寮関連典籍が伝えられていた。

なお十世紀以後の資料だが、得業生の読書には、

暦得業生―《長慶宣明暦》壹部、《開元大衍暦》壹部

陰陽得業生―《黄帝金匱経》一部、《周易》一部(以上《朝野群載》巻十五[①])

天文得業生―《三家薄〔簿〕讃》壹部、《晋書》志壹巻、《観星弐拾捌宿》(《類聚符宣抄》第九[②])

などの書名が見える。このうち《観星弐拾捌(二十八)宿》は他に見えない天文書であり、注目しておきたい。

その後も大陸との交流により多数の典籍が日本に伝えられ、九世紀末編纂の《日本国見在書目録》[③]には、天文家の項に八五部・四六一巻、暦数家の項に五五部・一六七巻、そして五行家の項には一五六部・九一九巻の書を著録しており、しかも現行本《日本国見在書目録》の天文家・五行家の項は省略された内容であるから実際はこれを上回る数が伝来していた。その中の主要なものは陰陽寮の蔵書となり、占術、祭祀、日時方角禁忌、天文占の典拠として陰陽師や暦博士・天文博士等の活動の基盤となったと考えられる。

ところで、学生のテキストのなかで、天文部門では《史記》天官書や《漢書》《晋書》の天文志、暦部門では《漢書》《晋書》の律暦志等の中国正史の諸志が指定されているが、占術陰陽部門では災害や怪異の発生原因を五行説によって体系的に説明している《漢書》五行志・《晋書》五行志などは採用されなかった。このことは、中国で発達した〈五行占〉が日本でほとんど利用されなかったことと関係し、中国的な五行説による自然理解・災害観が日本では余りな

① 黒板勝美、国史大系編集会編：《新訂増補国史大系》第29巻，吉川弘文館1933年版，第364、384頁。
② 黒板勝美、国史大系編集会編：《新訂増補国史大系》第27巻，吉川弘文館1933年版，第281頁。
③ 《続群書類従》第30輯下，続群書類従完成会1979年版，第31—50頁。

じまなかったことを示唆している。[①]

三、陰陽師・暦博士・天文博士の職務と典拠

平安時代中期、十世紀以降には陰陽師の活動は貴族社会に定着し、著名な陰陽師賀茂忠行・保憲父子などが出て、朝廷、貴族権力者の信任を集めた。とくに賀茂保憲やその弟子の安倍晴明は陰陽師として高位の従四位(三十位階中の第九位)に昇り、後に賀茂氏と安倍氏の子孫が陰陽寮の主要官職を独占して陰陽道の世襲氏族となる基礎を築いた。

平安時代の貴族たちは怪異(物怪とも言う)や病気を神や鬼神・土公・邪霊の仕業と考えたから、陰陽師は占いでそれを明らかにし、さらに祓や祭祀で人々を護る力があるとされた。彼ら陰陽師の職務は、日時・方角の吉凶を選申、占術、祓・祭祀の実施の三項目であり、さらに賀茂氏は暦道(造暦)、安倍氏は天文道(天文占)を職務とした。そこでそれぞれの職務とその基盤となった典籍との関係を簡潔に検討しておこう。

(1) 日時・方角の吉凶選申

朝廷の神事や仏事、宮中儀礼等の年中行事、天皇の即位・行幸、内裏の修造など臨時の行事、さらに貴族たちの元服・任官・結婚などの私的な儀礼は、先例とともに日時・方角の吉凶を陰陽師に調査させてから行うことが例で、

---

① 《漢書》にはじまる五行志は、《尚書》洪範篇の木・火・土・金・水の五行と君主のあるべき姿勢態度に関わる貌・言・視・聴・思の五事、皇極(君主の中正)の十一項目のもと災異の五行説的分類、董仲舒・劉向・劉歆・京房等儒者の解釈を引用して為政者の不徳と実際の災異事象との関係を指摘するものであるが、六朝期にはさまざまな変異・怪異現象ごとに対応する吉凶を記した《地鏡》《天鏡》のような簡潔な五行占書も行われた。日本でも八世紀に一部これが用いられたことは、慶雲・和銅年間(704—715)の陰陽師文広麻呂が"五行占"の知識を持つとされ(前掲《官人考試帳》)、また天平十二年(740)九月に大宰府で反乱を起こした藤原広嗣の上奏文に(《松浦廟宮先祖次第并本縁起》,《群書類従》第 2 輯,続群書類従完成会 1977 年版,第 340 頁)に、"十二年二月、陰獣登樹、奪陽鳥之巣也。以五行伝按之、恐有賊人奪君位之象乎"と五行占の例をもって政治批判を展開していることからも知られる(なお同上奏文の真実性に関しては細井浩志《古代の天文異変と史書》,吉川弘文館 2007 年版,第 143 頁参照)。しかしその後は見られず、例えば牛馬が〈一体両頭〉〈両頭八足〉を産むなどの動物に関する異常・怪異は五行志に国家的変事の前兆としてしばしば取り上げられる事項であるが、日本では《日本紀略》(《新訂増補国史大系》第 11 巻,吉川弘文館 1965 年版)延喜十六年(916)八月二十二日条に肥前国で"頭両分、胸腹合体、前足有四、後脚有両"という子牛が生まれたとき、朝廷は大宰府に命じて卜筮を行わせており、怪異に関して神の祟りを想定する日本と為政者の失政による自然秩序の変調を考える中国、双方の対応の違いを示している。

これを日時勘申と言った。方角神にも暦注に載る大将軍・天一神、土公などのほか太白・王相・八卦忌方(禍害・絶命・鬼吏等)があり、出行や遷居・造営などにさいして行動を慎む方忌みや、方角神を避けて他所へ赴く方違も頻繁に行われた。陰陽師はこれらの禁忌について暦博士が作成する具注暦とともに、典拠として《陰陽書》《新撰陰陽書》《三公地基経》《尚書暦》等の五行書を引用し説明しており[例えば《小右記》治安三年(1023)九月一・二日条①、《台記別記》久安四年(1148)七月七日条②など]、それらの引用の中に若干の逸文が見られる。

平安時代後期の十二世紀から室町時代の十五世紀までに、賀茂氏や安倍氏の陰陽師たちは日時・方角の禁忌項目と先例をまとめた《陰陽雑書》《陰陽略書》《陰陽博士安倍孝重勘進記》《暦林問答集》《吉日考秘伝》等の多数の家本を著したが、その中にも禁忌の典拠として逸文を伝えるものがある。

(2) 占術

十世紀以降では陰陽師の占いは専ら六壬式占が用いられており、安倍晴明が著した《占事略決》もその解説書であった。災害や怪異などのさまざまな災いを神・鬼神・土公神・竈神などの神霊的存在("物＝もの"と称した)の警告、病気の発生を"もの"の祟りや人の呪詛によると考え、その原因を求め対処するために朝廷・貴族はしばしば陰陽師を呼び、占いを行わせた。怪異発生により陰陽師が作成する六壬占文には、その原因とともに災厄を避ける謹慎日が指定され、これが"物忌日"となった。

《諸道勘文》③には、保延六年(1140)正月に焼損した石清水八幡宮外殿の御像を作り直すか否かについて陰陽師三人の論争を記している。それは六壬式占文の解釈に関する内容で、各人は《金匱経》《大橈経》《神枢霊轄》《曽門経》《六壬王式経》や《五行大義》《新撰陰陽書》等の六壬式占書や五行書を引用して議論を交わしており、陰陽師が依拠した典籍が知られる。

(3) 祓・祭祀の実施

陰陽師の呪術・祭祀活動は、河臨祓や七瀬祓など河原で息災を願い人形

---

① 《大日本古記録　小右記》第 6 巻，岩波書店 1971 年版，第 201 頁。

② 《台記別記》，《増補史料大成》第 24 巻，臨川書店 1965 年版，第 226 頁。

③ 《群書類従》第 26 輯，続群書類従完成会 1977 年版，第 200—234 頁。

に災禍を移して流す祓、反閇や身固などの護身の呪術、そして個別的な祭祀に区別でき、いずれも道教の影響を色濃く受けている。それらは怪異占や病事占の結果を受けて行われることが多い。

陰陽道の祭祀は天変地異・旱魃・疫病流行などの災害を除く天地災変祭・五龍祭・四角四界祭などの公的祭祀から、天皇や貴族個人の延命・息災・招福を目的とする泰山府君祭・属星祭・本命祭などまで目的に応じてさまざまな祭祀が行われた。先述のように九世紀後半から陰陽師は《陰陽書》や《董仲舒祭法》等により害気鎮めや高山祭・鬼気祭などを行い始めたが、陰陽道の祭文には道蔵所収《赤松子章暦》の章文と近い内容のものもある。《日本国見在書目録》五行家の項には五行、六壬・雷公・太一・遁甲式、易、式相、仙術とともに"呪禁、符印"に渉る書名を録し、その中の"赤松子玉暦一""玉女返閇四、々々々々局抄一"などが見えるが、それらは祭祀や反閇に関わる典拠の一つとなった可能性がある。

なお、その後も陰陽師は防解火災祭・代厄祭・土公祭・玄宮北極祭・三万六千神祭・天曹地府祭など朝廷・天皇・貴族のために祭祀を行い、時代とともにその種類は増加して行った。室町時代・十六世紀に編纂された《諸祭文故実抄》(神宮文庫)、《祭文部類》(若杉家文書)には各種の祭文が収められ、《小反閇作法并護身法》(若杉家文書、鎌倉時代後期の写本)から平安時代後期の反閇呪法の次第が知られる。

(4) 暦博士の職務

日本では六世紀頃から百済を介して宋の元嘉暦が伝えられ、次いで文武天皇二年(698)から唐の麟徳暦(儀鳳暦)、天平宝字八年(764)から大衍暦、また五紀暦を経て貞観四年(862)から宣明暦を採用し、これが近世の江戸時代まで八二三年間行われた。暦博士の職務は毎年の暦をつくること、日月食の予報を行うことであり、平安時代以降その専門家を含めた技術の体系を暦道と称した。令制では、暦博士は毎年暦法によって暦原稿を作り、暦注書によって暦注を付し、これを陰陽寮の下で書写・装丁を行い、十一月一日に中務省が天皇用の御暦上下二巻と諸司へ支給する頒暦一六六巻(一年分一巻)を献上する御暦奏の儀が行われた。しかし律令制度の衰退により十世紀に大量の暦を書写する用紙が支給されず頒暦制度が崩れると、暦博士自身が天皇や貴族に暦を供給する主体となった。それを担ったのが陰陽師で暦博士を世襲した賀茂氏であり、十一世紀には造暦は賀茂氏の家職となった。

実際の暦の遺品も残り、《正倉院文書》には天平十八年(746)以下の具注暦が三点伝来し(各二、三か月分が残る)、また京都の陽明文庫には権力者藤原道長が日記《御堂関白記》を記した長徳四年(998)具注暦下巻など、半年一巻で十四巻が残り、それらをはじめとして日本には宣明暦による古代・中世の具注暦が多数伝わっている。

(5) 天文博士の職務

令制で天文博士は"掌候天文氣色、有異密封"とあるように、天文観測を行い異変があればその状態と占文を記して陰陽頭を経て密封奏上することを職務とした。天文生のテキストで天官書・天文志や《三家簿讃》は異変の種類や星座の知識、《天文要集》は天文異変の吉凶を知る占書であった。この天文博士も十一世紀から安倍氏が独占し始めてその家職となり、同家の主流の土御門家は永く続いたから貴重な天文書や天文占書の古写本を伝えた。またそれらの要綱をまとめて十二世紀に安倍国随が《天文要抄》(京都市大将軍八神社所蔵皆川家文書、近世写本)を撰し、十三世紀には安倍氏は子弟教育のため《天文書口伝》(内題《玄象初学須知抄》、皆川家文書、中世写本)を編纂している。

天文異変に際して天文博士が作成した天文占文も、十世紀後半以降から残されており、《安倍泰親朝臣記》には仁安元年(1166)一年間の天文・地震異変四五件の占文があり、室町時代の《家秘要録》六冊、《天変地妖記》一冊(国學院大學図書館所蔵)にも三〇〇件近い占文がある。それらの占文では中国の天文占書が引用されるが、最も多く引用されるのは《天文要録》《天地瑞祥志》《乙巳占》等であった。つぎに《朝野群載》巻第十五所収、康平三年(1060)十二月十四日の月蝕に関する天文占文を引用しよう。

謹奏　今月十四日己巳、夜丑時月蝕鬼宿、十五分之五。

謹検天文要録云、月者大陰之精、女主之象也。京房曰、月蝕水多兵起、五役多死。帝覧曰、月蝕従傍〻謂天令相當之。又云、月蝕女主慎天。

又云、月冬蝕、其国有女喪。天文録云、月蝕、其国君王有病、不出三年。三摩司馬云、月蝕、為将相相當之、又云、天子悪之。天地瑞祥志云、月従傍蝕、相国悪之、又天下兵起、人民飢亡。乙巳占、月十四日蝕、天下兵。河図曰、月蝕望日、天火焼萬物、女后有喪。占云、小寒月無、々々乃光、母宮有憂。

右占云、月蝕雖蝕而正現者、有天災。仍以謹申聞。

康平三年十二月十六日　　正六位上行権天文博士安倍朝臣親宗

従五位上行陰陽頭兼天文博士安倍朝臣章親

四、陰陽道関係の古写本

このように陰陽道・暦道・天文道は諸典籍を学術的・宗教的な基盤としながら形成された。古代の日本にどのような漢籍が伝来していたかは既述のように九世紀末編纂の《日本国見在書目録》により知られ、天文家八五部、暦数家五五部、五行家一五六部の書を著録するが、中国の書目類に見えず不明な書も多く、また大部分はその後湮滅している。次に天文家の項に見える書目を引用する。

《日本国在書目録》卅四天文家。四百六十一巻。私略之。

天文録石氏中宮占三巻。上中下。　々々要録十。陳卓撰。　々々録一部卅。祖恒撰。　々々々図一。　々々要会六。律林注。　々々略集決一。　々々要集一。　々々々卌三巻。　々々災異雑占一。　々々要集一。　々々要会一。高氏撰。　々々々々二。　日月暈食占妻〔要歟〕一。　々々雑災異図廿七。　**々々〔天文〕要録五十。**　々々々々私記一。　々々分野法。素興撰。　々々占書四。　々々要決一。　々々記一。　々々書一。　天文要記一。　々々私記一。陳晋抄。　々々私要一。　々々要録月災図一。　々々々々日々占一。　々々雑占一巻。　**天地瑞祥志廿。**　要決済類廿。　鴻範本論十。　**乙巳占十。**　天官星占六。陳卓撰。　荆洲占廿二巻。　々々要略占一。　占候要略経一。　犯昴星書一。　薄〔簿〕讃二。陳卓撰。　**々々三。上巻魏石申。[中]巻耳〔甘〕文卿。下巻晋石〔殷巫〕咸。**　々々々々。晋史石申造。　三星贊一。　石氏星経薄讃二。　属七星一巻。　属星符一。　北斗人々々占一。　星躔一。　恡星図一。　流星占一。　彗星占二。　日月五星占図一。　々々客星瑞相図一。　五星廿八宿占一。　五星告度一。　日月虹珥図一。　乾家論二。上下。　彗孛占一。　蓋天玄象経一。　撰集流星客氣占一。　**神光占一。**　天地人図象経十。　廿八宿五星占三。　鍾律星卦分野図五巻。　十二律分野図一。　客星占一巻。　雑星占一。　日暈占一。　々々々図一。　月暈占図一。　燕家占一。　々々々図一。　廿八宿図三。　彗星図一。　日月災異図一。　春秋経中災異一。　雲氣讖図一。　陳占図列讃一。　帝王秘録十。又在兵家。　日月讖図一。　**周髀三。**趙爽注。　定天論三。　星経流占二。石氏撰。　唐七曜符天暦一。　七曜巡行一。　**々々星晨別行法一巻。**

このうち太字で示したものは現在に伝わる書であり、末尾の一行撰《七曜星辰別行法》は仏書として、《大正新脩大蔵経》に収録されている。《乙巳占》と《周髀》は中国に伝わるが、他はほとんど現存していない。それに対して日本では安倍氏のもとに《天文要録》《天地瑞祥志》と《簿讃》(《三家簿讃》)、その他の古写本が伝わっていた。

では現在、陰陽道関連の中国伝来専門書の古写本はどのようなものが残されているのであろうか。そこで陰陽寮のテキストやその後陰陽道で用いた中国典籍、及び賀茂氏や安倍氏が編纂した家本を示したのが別表《陰陽道関係古写本》である(写本が現存する本には○印を付した)。次にそれらの古写本の概要を記しておく。

陰陽道関係古写本　　(○は現存する本)

	＜中国の典籍＞		＜日本の典籍＞
分類	陰陽寮の読書(757年指定)	9世紀以降に利用された典籍	10世紀以降の賀茂・安倍氏の著作
陰陽【占】	○周易(易経) 新撰陰陽書 黄帝金匱経 ○五行大義	神枢霊轄	○占事略決 ○六甲占抄[*1]

續　表

	＜中国の典籍＞		＜日本の典籍＞
【祭祀】		董仲舒祭法(祭書)	○小反閇并護身法[*2] ○反閇作法并作法・反閇部類記[*3] ○文肝抄[*4] ○陰陽道祭用物帳[*5] ○祭文部類[*6]
【日時/方角】	新撰陰陽書	○大唐陰陽書巻 32・33 尚書暦 群忌隆集 ○宿曜経	暦林 ○陰陽雑書[*7]　○方角禁忌[*8] ○陰陽略書[*9]　○日法雑書[*10] ○陰陽博士安倍孝重勘進記[*11] ○暦林問答集[*12] ○陰陽吉凶抄[*13]　○建天全書[*14]
暦算	○漢書律暦志 ○晋書律暦志 大衍暦議 ○九章 六章 ○周髀 定天論	長慶宣明暦 暦例 符天暦	○宣明暦(七冊本) ○定注付之事[*15] ○符天暦日躔差立成
天文	○史記天官書 ○漢書天文志 ○晋書天文志 ○三家簿讃 天文要集	○天文要録 ○天地瑞祥志 ○乙巳占 ○雑卦法(五行占/気象占/彗星占) ○格子月進図 ＝観星二十八宿?	○安倍泰親朝臣記[*16] ○家秘要録・天変地妖記 ○天文書口伝 ○天文要抄

1 …小坂眞二:《安倍晴明撰〈占事略決〉と陰陽道》,第292—300頁,佚文の翻刻收録。
2・4・6 …村山修一編:《陰陽道基礎史料集成》に影印收録。
3 …山下克明:《若杉家文書〈反閇作法并作法〉〈反閇部類記〉》,《東洋研究》第165號,2007年,第63—94頁,翻刻收録。
5 …小坂眞二:《陰陽道祭用物帳》,《歴史と民俗》第6號,1980年,第14—20頁,翻刻收録。
7・9・10・12 …中村璋八:《日本陰陽道書の研究》増補版,大東文化大学東洋研究所1999年翻刻收録。
8・14 …《続群書類従》第31輯上收録。
11・13 …詫間直樹、高田義人:《陰陽道関係史料》,汲古書院2001年翻刻收録。
11 …山下克明:《〈陰陽博士安倍孝重勘進記〉の復元》,《年代学(天文・暦・陰陽道)の研究》,大東文化大学東洋研究所1996年版,第113—307頁,翻刻收録。
15 …《宣明暦　注定付之事の研究》,大東文化大学東洋研究所1997年影印・翻刻收録。
16 …《新訂増補史籍集覧》第29冊,臨川書店1967年影印收録。

(1) 五行説・六壬式占関係書

《五行大義》五冊

隋の蕭吉が撰した五行説の集大成書であり、陰陽寮陰陽生の読書の一つ。中国では早くに失われたが、日本には数本伝わり、元弘三年(1333)の僧智円相伝の奥書をもつ穂久邇文庫所蔵の"元弘相伝本"、五巻のみだが宝治二年(1248)に訓点を授けたとの識語をもつ"高野山三宝院本"などの古写本がある。また卜部兼右が写した"天文鈔本"(天理図書館蔵)、ほかに元弘相伝本による元禄十二年(1699)版本、同系の寛政十一年(1799)の"佚存叢書本"などがある。このうち"天文鈔本"五冊は奥書により卜部兼右が天文九年(1540)から翌年にかけて書写したことが知られが、注目されるのは第一・四・五冊でその藍本に言及して鎌倉時代の陰陽師安倍時貞・広基等の名がみえることで、それが安倍氏の所蔵本であったことが知られる。[①]

《黄帝金匱経》《神枢霊轄経》

写本は残らないが、安倍晴明が著した六壬式占書の《占事略決》は多数両本の条文を引用しており、小坂眞二氏が〈占事略決〉の本文を校訂するとともにその逸文をまとめている。[②]《占事略決》は式盤諸神の組み合わせ方や推断の求め方、病気や出産、失物などの占い方を三十六章にわたり解説したもので、写本には京都大学附属図書館清家文庫本、前田育徳会尊経閣文庫本、宮内庁書陵部土御門本、京都学・歴彩館若杉家本などがある。

(2) 暦道関係書

《宣明暦》七冊

宣明暦は唐で長慶二年(822)から七一年間行われた暦法で、日本には貞観元年(859)に伝えられ、同四年から近世・江戸時代の貞享元年(1684)まで長期にわたり行われた。本来のテキストである徐昂編《長慶宣明暦経》三十四巻はそのままでは残らないが、長年に渡り同一暦法により毎年の造暦を行っていた暦家賀茂氏は、その要綱をまとめて《宣明暦》七冊本を編纂して伝えた。写本には室町時代末十六世紀の天理大学図書館吉田文庫本、京都大学図書館清

① 校訂翻刻に中村璋八：《五行大義校註》，汲古書院 1984 年版；中村璋八、古藤友子：《五行大義》上巻；中村璋八、清水浩子：《五行大義》下巻，明治書院 1998 年版。

② 小坂眞二：《安倍晴明撰〈占事略決〉と陰陽道》，汲古書院 2005 年版，第 371—441 頁。

家文庫本、名古屋市蓬左文庫本が、江戸時代初期十七世紀の写本に国立天文台本、東北大学図書館林文庫本があるほか、寛永二十一年(1644)の版本がある。その編目は、毎年の造暦法を記した《宣明暦》、日月食推算法を記した《宣明暦交蝕私記》、天文定数等の数表を記した《宣明暦立成》第二・九・十一・十四・十五からなる。鎌倉時代から南北朝時代(十三・十四世紀)にかけて成立したものと推測され、日本中世の暦法を知る資料である。①

《符天暦日躔差立成》一冊

符天暦は唐の建中年間(780—783)に術者曹士蔿が作った民間暦である(《新五代史》司天考)。日本では十世紀から密教僧の宿曜師が符天暦をもって天皇や貴族個人の誕生時刻における九曜の位置を推算し、これをもとに星占を行い、またその暦算技能により造暦の宣旨を蒙り、仁宗・仁統等の宿曜師は約半世紀にわたり暦博士の賀茂氏と共同で造暦を行った。本書は宿曜師仁宗が符天暦により推算した太陽運動(日行)表であり、符天暦の実体を知る数少ない資料。大将軍八神社所蔵皆川家文書。序の末尾に"于時興福寺仁宗依長徳元年八月十九日造暦宣旨推歩"とあり、長徳元年(995)八月十九日に仁宗が造暦の宣旨を蒙ったさい推算したものであることが知られる。奥書に"本云寛喜二年三月十日以約童令畢"とあり、本書が寛喜二年(1230)に書写されたことが知られるが、太陽表には"清周注之""清平注之"などの注記がある。これは十四世紀に権暦博士・陰陽頭を歴任した賀茂清平・清周父子のことであり、寛喜二年書写本は賀茂氏の所蔵であったことが窺える。さらに、最後に本文とは別筆で宝暦六年(1756)八月に補修を行った旨の土御門泰邦の記がある。②

《大唐陰陽書》第三十二・三十三巻　二冊

具注暦を作成するさいに暦注記載の典拠となったとされる書。天理大学図書館吉田文庫、京都大学人文科学研究所などに室町時代の写本、国立天文台、静嘉堂文庫などに江戸時代の写本がある。本来の書名は《陰陽書》で、唐太宗の命により呂才らが撰した陰陽家説の集成書。貞観十五年(641)に成立、全

---

① 山下克明:《平安時代陰陽道史研究》,第 361—385 頁。
② 鈴木一馨:《〈符天暦日躔差立成とその周辺〉》,《駒沢史学》51 號,1998 年,第 69—98 頁に研究と翻刻掲載。

五十巻とも五十三巻ともある。《正倉院文書》に書写記録があり天平十八年(746)以前に日本に伝えられ、陰陽道の典拠の一つとして利用された。多くは散佚したが、このうち三十二・三十三両巻は合わせて一年間の暦注配当の一覧表であり、暦家が暦を作るさいに暦注記入の手本となる極めて便利な書であったので、単独で《大唐陰陽書》として伝えられた。写本が六点知られ、それらの奥書には平安時代の暦博士大春日真野麻呂・賀茂保憲や仁統等宿曜師たちが所持していたことを記し、暦家の間で重用されていたことがわかる。吉田文庫本は、安倍有春が所持した本を天文十一年(1542)に清原宣賢が書写したものである。なお日本では九世紀末頃から具注暦に朱書の暦注が多数追加されたが、暦注記入の手本となった本書も同様な追記を経ていることに注意する必要がある。①

(3) 天文道関係書

《三家簿讃》一巻

中国の星座体系を記した唐代以前成立の天文書。京都学歴彩館・若杉家文書所収。奥書がありこれを整理して述べると、次項の《雜卦法》とともに天文家安倍氏のもとで鎌倉時代の嘉禎元年(1235)に書写され、安倍泰緒の相伝を経て別本があるので正和三年(1314)に安倍泰世に譲られ、さらに安倍有世に伝えられた。また、別に安倍泰俊が建保三年(1215)に書写した本もあったという。京都学歴彩館における現資料名は、有世が書した包み紙の書名により《石氏簿讃》とされているが、天平宝字元年(757)に陰陽寮天文生のテキストに指定された《三家簿讃》(《三色簿讃》)が本書とみられる。中国では三世紀末、晋(呉とも言う)の太史令陳卓が古代の天文家石申(石氏)・甘徳(甘氏)・巫咸の名のもとに知られていた二八三の星官(星座)を再編整理して図録に示し、ついで五世紀中頃に宋の太史令銭楽之がそれぞれの星を赤・黒・白(のちに黄)の三色に分け、これが永く天文学の標準になった(《晋書》·《隋書》天文志)。この書ではその後の増補を受け、二八五の星官を石氏・甘氏・巫咸の三家の星官簿讃ごとに配列し、星官図・名称・星数・位置、さらに小字で星官の

---

① 研究に、大谷光男：《東アジアの古代を探る—暦と印章をめぐって—》，大東文化大学東洋研究所1999年版，第99—123頁；中村璋八：《日本陰陽道書の研究》增補版，第573—591頁；山下克明：《平安時代陰陽道史研究》，第338—360頁。

政治的役割を示す讃を付す。しかも星官図は、石氏は赤、甘氏は黒、巫咸は黄色(現状は退色が著しい)に色分けされており、中国の古天文書の姿を現在に伝えている。《日本国見在書目録》天文家の"簿讃三。上巻魏石申。[中]巻耳〔甘〕文卿。下巻晋石〔殷巫〕咸。"が本書と考えられる。なお若杉家文書には、別に三紙のみの《石氏星官簿讃》の断簡古写本がある。《旧唐書》芸文志、《新唐書》経籍志天文には"石氏星官簿賛石申甫撰"などの書名が見える。①

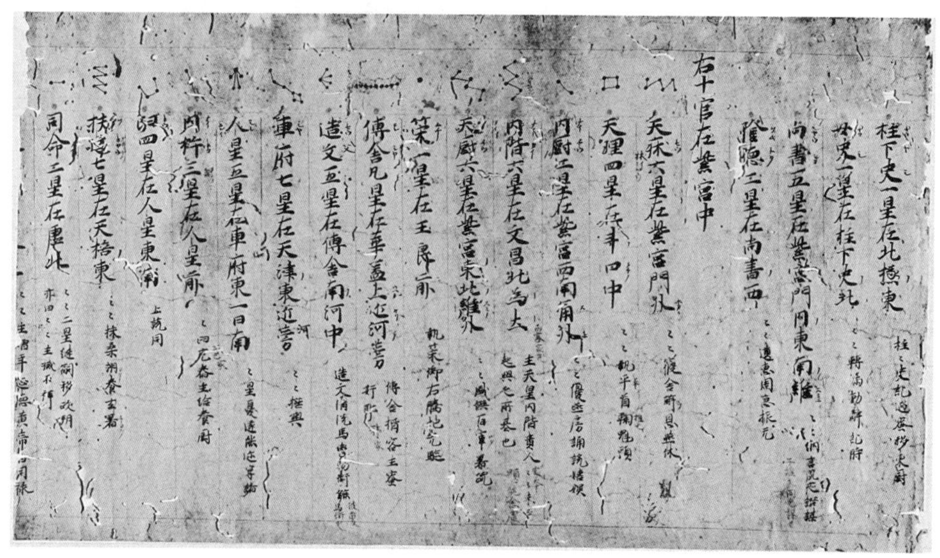

《三家簿讃》(京都府立京都学・歴彩館蔵、若杉家文書)

《雑卦法》一巻

中国の数種の天文・五行占書をまとめた古写本。若杉家文書所収。本来《石氏簿讃》と一続きの書として嘉禎元年(1235)に書写されたものであるが、巻末に"雑卦法巻一"とあることによりこの書名で架蔵されている。内容は"黄帝星簿讃"、続いて天文・気象・物象・彗星占からなる。単一の典籍の写しではなく、奈良時代に日本に伝えられ、その後安倍氏のもとに残されていた数種の占書の零本を、おそらく平安時代後期頃に集め綴ったものと考えられる。唐の《開元占経》に引く《天鏡》《地鏡》《魏氏図》などの五行・天文占書、《孝

① 村山修一編:《陰陽道基礎史料集成》,東京美術 1987 年に若杉家本の影印があり、《若杉家文書〈三家簿讃〉の研究》,大東文化大学東洋研究所 2003 年に原色図版、訓読・研究を掲載。

経雌雄図》《孝経内記》などの緯書の佚文と一致する占文が多い。とくに後半部には占文と対応するさまざまな形象の日暈・日珥図や彗星図が描かれており、《日本国見在書目録》天文家に書名がみえる"日月暈食占妻〔要敷〕一。々々雑災異図廿七。"や"流星占一。彗星占二。"などとの関わりが推測される。中国古代の天文占書の形式を現在に伝える古写本として注目される。[①]

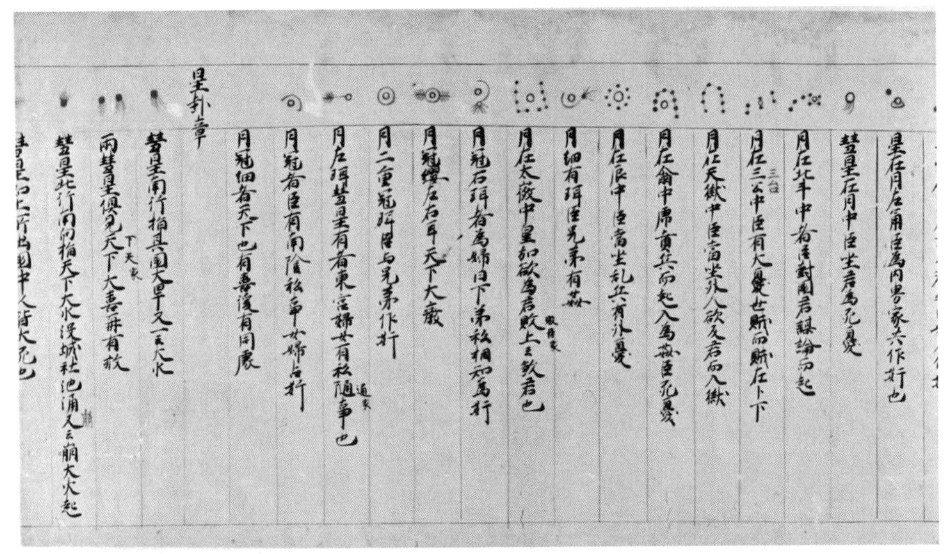

《雑卦法》(京都府立京都学・歴彩館蔵、若杉家文書)

《格子月進図》一巻

円形の北天図と方形の中天図からなる中国伝来の星図。土御門家旧蔵。土御門家には鎌倉時代末・十四世紀初頭に安倍泰世が書写した本が伝わっていたが、一九四五年四月に戦災で焼失し、現在は国立天文台蔵に白黒写真のみが残る。中天図には天の赤道を中心に経緯線が格子状に引かれ、その中に二十八宿その他の星座が三色で色分けされ詳細に記されていた。《花園院宸記》元亨四年(1324)十一月四日条に、安倍泰世が本書を花園上皇に奏覧した記事がある。また十二世紀前半の宿曜師深算の《宿曜占文抄》(高山寺蔵)に《格子月進図》と引用されており、平安時代の宿曜師の間でも関心がもたれていたこ

① 《陰陽道基礎史料集成》に影印があり、また小林春樹、山下克明主編：《〈若杉家文書〉中国天文・五行占資料の研究》，大東文化大学東洋研究所 2007 年に原色図版と訓読・研究を掲載。

とがわかる。成立時期は諸説があり、大崎正次氏は星の赤緯から計算して西暦五〇〇年±五〇年の観測データを背景に持つ星図とし、中村士氏は観測年代を宿度から四八五±二〇年、去極度から五四五±九〇年とする。竹迫忍氏は各星座の形・位置や名称と唐皇帝避諱の関係などから、唐太宗期(626—649)成立の星図とみる。① その書名は書目類に見えないが、詳細な天文星図であり、かつ《三家簿讃》とともに安倍氏に伝来した天文書であることから、天文得業生の読書であった《観星二十八宿》が本書であった可能性が高いと思われる。名称は《日本国見在書目録》天文家に著録される"廿八宿図三"が近い。なお《隋書》経籍志、天文に"二十八宿二百八十三官図一巻"、《隋書》、《旧唐書》《新唐書》志に"天文横図一巻高文洪撰"などの書名が見える。

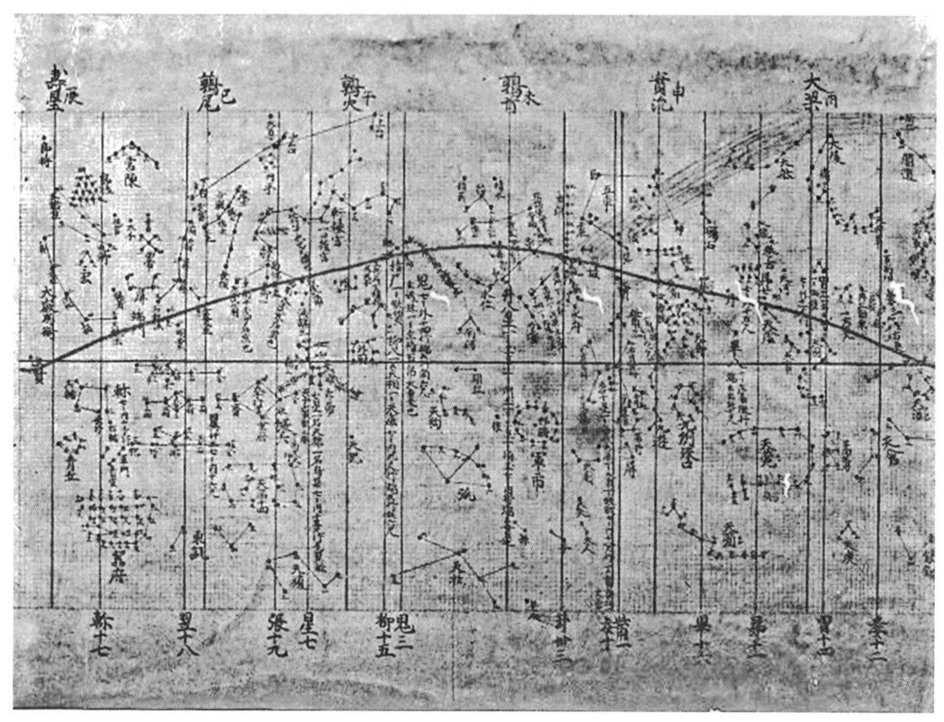

《格子月進図》(国立天文台所蔵写真)

① 大崎正次:《中国の星座の歴史》,雄山閣出版 1987 年版,第 256 頁。中村士:《古代の星図を読み解く　キトラ古墳天文図とアジアの星図》,東京大学出版会 2019 年版,第 161 頁。竹迫忍:《中国古代星図の年代推定の研究》,《数学史研究》第 228 號,2017 年,第 1—21 頁。

《天文要録》二六冊

唐代初期の天文占書、李鳳撰、五十巻。序に麟徳元年(664)五月十七日付の奏文を載せるのでその年の成立とみられる。目録序第一、日災図第二、月災図第三、以下日・月占、歳星占以下の五星占、角宿占以下の二十八宿占、内官・外官占よりなるが、全五十巻中の二十六巻分が安倍氏土御門家に伝わり、貞享三年(1686)に加賀藩主前田綱紀の命で土御門家本を書写したものが前田育徳会尊経閣文庫に現存する。また尊経閣本の近代の写本を京都大学人文科学研究所、国立天文台に蔵す。内容は、日月星辰別に広く古来の天文占書や緯書の占言を類聚したもので、多くの典籍の逸文を伝えて重要である。①

《天地瑞祥志》九冊

天地の諸現象に関する唐代の類書とされ、新羅での成立説もある。薩守真撰、二十巻。第一に麟徳三年(666)四月付の啓がありその年の成立と考えられる。《天文要録》と同様に、土御門家に伝えた九巻分の古写本を前田綱紀の命で貞享三年に書写したもので、前田育徳会尊経閣文庫に現存し、京都大学人文科学研究所にその近代の写本がある。内容は、天文・気象・祥瑞災異現象や夢・祭等の人事に関して、経典・史書・天文・緯書等のさまざまな典籍から関係する条文を引用したもので、《天文要録》とともに天文道の天文占の典拠として盛んに利用された。②

小　結

日本では、七世紀から九世紀にかけて渡来人や遣唐使などにより中国から多様な学術・文物や宗教が伝えられた。陰陽・五行の変化を以て未然を窺い不祥を避ける術数分野の諸文献も陰陽寮を通して学ばれたが、さらに九世紀後半には術数学と災害・怪異や病気を積極的に避ける呪術・祭祀と一体化

---

① 研究には中村璋八《日本陰陽道書の研究》増補版,第475—502頁以下、また翻刻・研究に《〈天文要録〉の考察》一、二、三,大東文化大学東洋研究所2011、2015、2019年があり刊行継続中。

② 研究に中村璋八:《日本陰陽道書の研究》増補版,第503—509頁;太田晶二郎:《〈天地瑞祥志〉略説》,《太田晶二郎著作集》第一冊,吉川弘文館1989年版,第152—182頁;水口幹記:《日本古代漢籍受容の史的研究》,汲古書院2005年版,第177—406頁等があり、水口氏等による本文の翻刻も続行中。

して陰陽道が成立するという独自の展開があった。

そのなかでも、五行説・占術・暦・天文分野の文献は平安中期・十一世紀に陰陽道の世襲氏族となった賀茂氏と安倍氏の家業の基盤をなす書として幾度か書写され、家業と一体となり後世に受け継がれた。永いその過程で湮滅した書も多いが、中国で失われた重要な典籍が、幸いにも天文書を中心に伝えられている。その他にも賀茂氏や安倍氏が編纂した家本に諸典籍の逸文が多数見られ、研究者により調査が行われている。今後それら及び各地域の資料を総合し活用して、中国古代・中世の術数文化の実態と東アジア各地域への文化的影響を明確にして行く研究の進展が期待される。

Creating Order in Early Chinese Imperial Collections

Michael Friedrich
(Centre for the Study of Manuscript Cultures [CSMC],
University Hamburg)

When we enter an archive or a library, we accept the existence of catalogues, inventories and find-lists as given—without them there would be no access to their holdings. The need for creating order arises when collections grow to a size that no one can easily know anymore where a certain object is to be found (think of your own library!), or when a collection has fallen into disorder because of neglect, or natural or human-made disaster. In the early stages of manuscript cultures, collections were small and probably did not require tools for using them. However, when larger collections of books, documents and artefacts were put together by princely courts and other institutions, at a certain point the need arose to examine the holdings and catalogue them in order to ensure that they could be stored and retrieved according to a given or a newly created order of knowledge. While the libraries of the ancient Mediterranean world and of the Latin middle ages have received due attention, the situation is different when coming to China.

The first known attempt to bring order to piles of wooden and bamboo slips in the imperial collection at the end of Western Han (202 BCE - 8 CE) by Liu Xiang 劉向 (77 - 6 BCE) and his son Xin 劉歆 (*c*. 50 BCE - 23 CE) is well-known, but the fragments of their editorial reports have been used almost exclusively by bibliographers and philologists. Another case is the report of Yu He 虞龢 (fl. 470) on the efforts of him and his colleagues to make the calligraphy collection of the Liu Song (420 – 479) accessible. Although these works of art were different to the manuscripts father and son Liu had to deal with half a millennium earlier, Yu and his team encountered similar problems. His report has been transmitted in a collection of texts on calligraphy, and is mainly studied by art historians who are more interested in its specific place in the history of calligraphy than general questions of creating physical and epistemic orders for written artefacts. A comparison of these two efforts will reveal surprising continuities.

1 The imperial collection of the late Western Han

As the archaeological evidence from the last decades of the third century BCE suggests, the Qin already had sophisticated methods for filing and archiving the ever-growing number of ordinances (*ling* 令) in baskets.[①] It is not clear whether these methods were developed in response to the rapid expansion of Qin before unification in 221 BCE, but the incorporation of territories much larger than the state of Qin must have considerably increased the amount of 'paper work', thus producing more and more documents. On the other hand, there is no evidence at all for attempts to bring order to collections of literary manuscripts. As the prohibition of private possession of books in 213 BCE demonstrates, such collections must have existed, but they were probably so small that they did not require cataloguing. Literary and archaeological evidence shows that documents and other written artefacts were stored in chests, baskets and bags made from cloth or silk. The biggest of these containers is the lacquered chest found in tomb Mawangdui 3 (closed

① See He Xiaomeng, *Archiving Early Chinese law: Studies of Qin and Han Legal Manuscripts*, Ph.D. diss University Hamburg, 2021, pp.47 – 57.

in 168 BCE), it measured 59 x 37.5 x 21 cm[①] and contained the largest collection of non-documentary manuscripts known so far from this period with more than thirty codicological units, mostly silk manuscripts (the exact number has not been conclusively determined). The tomb owner must have been a rich man and used at least some of the manuscripts in his military career. There is no reason to assume that private collections were much larger at the time. Official collections, however, might have looked different.

For the beginning of the reign of Emperor Wu (r. 141 - 87 BCE) it is reported:

> 律令凡三百五十九章，大辟四百九條，千八百八十二事，死罪決(决)事比萬三千四百七十二事。文書盈於几閣，典者不能徧(遍)睹。
>
> The Statutes and Ordinances [contained] in all 359 sections: for the death penalty 409 articles [covering] 1,882 cases, and 13,472 cases of judicial precedents for crimes [deserving] death. Writings and documents filled tables and cupboards and the officials in charge were unable to look at them all.[②]

Another source adds:

> 律令塵蠹於棧閣，吏不能遍睹，而況(况)於愚民乎!
>
> The statutes and ordinances lie in stacks gathering dust and get eaten by worms, [so many that] officials are unable to look at them all. How much less able would untaught people be![③]

---

① See Wang Bin 2020, *The Spatial Arrangement of Ancient Chinese Tomb Manuscripts (5th - 2nd c. BCE): An Archaeological Survey*, Ph.D. diss University Hamburg, 2020, pp.192 - 197.

② *Han shu* 23: 1101, Chinese text and modified translation of A.F.P. Hulsewé quoted from Fölster, Max Jakob, "Libraries and Archives in the Former Han Dynasty (206 BCE - 9 CE): Arguing for a Distinction," in Alessandro Bausi et al. (eds.), Manuscripts and Archives, 2018, p.210.

③ *Yantie lun* 55: *Xingde*, Chinese text and translation of Fölster in Fölster 2018, p.210.

Similar complaints are repeated time and again until the end of the Western Han, the law reforms initiated by some emperors apparently could not solve this problem that caused differences in the administration of law depending on place and official.

Much less is known about the fate of communications with the court that did not pertain to law and administration. In the sources, mention is made of subjects submitting writings to the emperor, which might please him or aid him in government, such as the texts written in old script predating the founding of the empire sent by King Xian of Hejian 河間獻王 (r. 155 - 129) or the *Taiping jing* 太平經 submitted by a commoner at the end of the Western Han.[①] Most of the relevant information, however, comes from the 'catalogue' in *Hanshu Yiwen zhi* 漢書藝文志, which is based on the editorial work of father and son Liu as laid down in the *Qi lüe* 七略 (Seven Epitomes).[②]

In 26 BCE Liu Xiang, a member of the imperial family who had served the court before, was summoned to 'examine and compare' (*jiao* 校) the canon, the masters and poetry. A general, an astrologer and the personal physician of the emperor were responsible for the books in the range of their expertise; Liu Xiang was in charge. It took a generation to finish this work, and after he had died, his son Xin took over. The result was the first catalogue of Chinese literature that has come down to us, the version in the *Han shu* listing approximately 600 titles with 13,269 scrolls. Fortunately, a small number of the editorial reports the Liu wrote for each book have survived, albeit in fragments. These reports give a rare insight in what must have been the situation Liu Xiang was confronted with when he took up

---

① See Fölster, Max Jakob, *The Imperial Collection of the Former Han and the Origins of Philology in China: A Study of Bielu, Qilüe and Hanshu Yiwenzhi*, Ph. D. diss University Hamburg, 2016, pp.113 - 120.

② For this complex process see Fölster 2016.

work, and in how he dealt with this reality. At the same time these reports which are contained in memorials (*biao* 表) directly addressed to the emperor allow to reconstruct some of the intentions and implicit presuppositions.

In the year 26 BCE baleful omens had appeared and the court had to master a whole series of problems. One of the measures was to send a special envoy through all of the empire to encourage people to 'present writings' (*xian shu* 獻書) to the court, another one, probably related, the task to put the writings in the imperial palace in order.① Emperor Wu had supposedly done the same a century ago when he initiated his policy of centralization including the establishment of the university in 124 BCE, but 'to present writings' might not refer to the cultural enterprise of donating rare books as the compilers of the *Han shu* want to convey to the reader, but rather to submitting opinions and books which might help in solving current problems. Whatever these writings were, Liu Xiang found them or their remains as well as many others which had been sent to the court including the ones from the contemporary attempt to solicit advice. It seems that these objects were just put in the storage rooms without anyone taking care of them, the situation was probably not very different to the one stated for the legal manuscripts.

Liu Xiang who had to deal with this mass of scrolls of written slips first sorted them according to content, then identified parallel versions of the same text, collated these versions and edited the text. In case versions from offices and private collections were available, he collated these against the one in the imperial palace, sometimes together with a colleague, using a technique developed for administrative practice.② To the final edition he added a table of contents and then submitted it to the emperor. In the

① See Loewe, Michael, "Liu Xiang and Liu Xin," in Michael Nylan and Griet Vankeerberghen (eds.), *Chang'an 26 BCE: An Augustan Age in China*, Seattle: University of Washington Press, 2015, pp.369-389.

② See Fölster, Max Jakob and Thies Staack, "Collation in Early Imperial China: From Administrative Procedure to Philological Tool," in Jörg B. Quenzer (ed.), Exploring Written Artefacts: Objects, Methods and Concepts, Berlin and Boston: De Gruyter, 2021, vol.2, pp.889-912.

accompanying memorial the table of content is given, followed by the editorial report and a discussion of author if known and content.① A summary with an assessment of both closes the memorial.

Unfortunately, only a handful of memorials have survived, and even these are more or less incomplete, but especially two of them allow glimpses into Liu's work. The memorial submitting the *Yanzi chunqiu* 晏子春秋 describes it in some detail:

> 護左都水使者、光祿大夫臣向言所校中書晏子十一篇。臣向謹與長社尉臣參校讎,太史書五篇,臣向書一篇,臣參書十三篇,凡中外書三十篇,爲八百三十八章。除復重二十二篇,六百三十八章,定著八篇二百一十五章。外書無有三十六章,中書無有七十一章,中外皆有以相定。中書以夭爲芳、又爲備、先爲牛、章爲長、如此類者多。謹頗略椾,皆已定以殺青,書可繕寫。
>
> Messenger Protecting the Director of the Eastern Waters and Imperial Court Grandee, your subject [Liu] Xiang, reports on the writings of Master Yan in 11 chapters from the inner [palace] which he has collated. Your subject Xiang and your subject Can, the Commander of Changshe, have carefully compared and collated: Five chapters of writings belonging to the Grand Scribe, one chapter of writings belonging to your subject Xiang and 13 chapters of writings belonging to your subject Can. In total the writings from the inner [palace] and outside amounted to 30 chapters with 838 paragraphs. He has discarded 22 duplicate chapters with 638 paragraphs and has fixed [an edition of] eight chapters with 115 paragraphs. [Of this edition] 36 paragraphs were not in the writings from the outside and 71 paragraphs not in the writings from the inner [palace], those found both in the inner [palace] and outside were fixed by comparing them to each other. In the writings from the inner [palace] *fāng* ('fragrant') [was written] for *yāo* ('delicate,

① "Every time [the work on] one writing was finished, [Liu] Xiang always listed its table of chapter headings, extracted its gist, made a report and presented it as a memorial." See Fölster 2016, p.347.

slender'), *bèi* ('complete') for *yòu* ('in addition'), *niú* ('ox') for xiān ('first') and *cháng/zhǎng* ('long' / 'elder, to grow') for *zhāng* ('brilliant, to display'); there were many [characters] of this kind. He has meticulously added very brief annotations and all has been fixed on dried bamboo, so that this writing can be neatly copied.①

Liu collated the manuscripts from the inner palace with those held by the office of the Grand Scribe and an otherwise unknown official Can 參 who participated in the work probably precisely because he had provided books from his private collection. Not only in this case, Liu explicitly mentions wrong characters in the manuscripts from the imperial collection.②

其書六篇皆忠諫其君,文章可觀,義理可法,皆合六經之義。又有復重文辭頗异(异),不敢遺失,復列以爲一篇。又有頗不合經術,似非晏子言,疑後世辯士所爲者,故亦不敢失,復以爲一篇。凡八篇,其六篇可常置旁御觀。謹第録,臣向昧死上。

Of his writings six chapters are all loyal admonitions to his ruler, their style is worth considering, and their principles can be taken as a model, and all of it conforms with the meaning of the Six Classics. Furthermore, there are duplicates that are quite different in their wording. I did not dare to leave them out and have arranged them anew in one chapter. Again there are [parts] that do not quite conform with the methods of the Classics; they do not seem to be Master Yan's words. I suspect that they were made by disputers of later generations. As I again did not dare to leave them out, I have made yet another chapter from them. Of the total eight chapters the six chapters may be kept next to you for imperial perusal. Respectfully having put into order and listing

---

① Fölster 2016, p.213.
② For detailed discussion of these characters see Fölster 2016, pp.177 - 185.

its content, your subject Xiang at the risk of death submits [this report].[①]

Liu praises the counsel given in the first six chapters as loyal and in accordance with the canonical texts and advises the emperor to keep them always by his side for reference. Parallels with more serious deviations are collected in a separate chapter, in order not to lose anything. Finally, he considers the authenticity of some parts as doubtful, but again keeps them in yet another chapter. The idea of separating doubtful sections of texts from the trustworthy and instead of deleting keeping them seems rather modern, but might as well have sprung from fear of disposing of something directly related to politics.

Even more intriguing is the case of the *Zhanguo ce* 戰國策:

護左都水使者、光禄大夫臣向言所校中戰國策書,中書餘[?]卷,錯亂相糅。莒又有國别者八篇,少不足[?]。臣向因國别者,略以時次之,分别不以序者,以相補。除復重,得三十三篇。本字多誤脱爲半字、以趙爲肖、以齊爲立,如此字者多。中書本號或曰國策、或曰國事、或曰短長、或曰事語、或曰長書、或曰脩書。

Messenger Protecting the Director of the Eastern Waters and Imperial Court Grandee, your subject [Liu] Xiang, reports on the writings about the *Stratagems of the Warring States* from the inner [palace] which he has collated: The more than [?] rolls of writings from the inner [palace] were in disorder and had been mixed up. In bamboo baskets there furthermore were eight chapters divided per states, not enough to [order all paragraphs?]. Your subject Xiang relied on those divided per states and roughly ordered them according to time; he divided those that had not been in this order [into paragraphs?] and

① Fölster 2016, pp.214-215.

supplemented the former; he discarded duplicate [chapters] and [in the end] obtained 33 chapters. The original characters were often mistakenly written only halfway: *xiāo* ('disappear') for *Zhào* (name of a state) or *lì* ('to stand') for *Qí* (name of a state) there were many such characters. The original titles of the writings from the inner [palace] were: *Stratagems of the States*, *Affairs of the States*, *Advantages and Shortcomings*, *Topical Discourses*, *Writings on Advantages* (?) and *Writings on Refinement* (?).

臣向以爲戰國時，游士輔所用之國，爲之策謀，宜爲戰國策。其事繼春秋以後，訖楚、漢之起，二百四十五年間之事，皆定以殺青，書可繕寫。

Your subject Xiang is of the opinion that at the time of the Warring States the roaming knights assisted the states that employed them and devised plots and plans for them, and thus it is suitable to call it *Stratagems of the Warring States*. Its events follow on the Spring and Autumn period and continue until the rise of Chu and Han, events covering 245 years. All has been fixed on dried bamboo so that this writing can be neatly copied.①

Even though text is missing in the beginning, the general situation is clear: there were many slips mixed up and in disarray, probably because the bindings of the scrolls had loosened or decayed. The reports on *Shuoyuan* 說苑 and *Liezi* 列子 similarly mention textual units in disorder. The task Liu was confronted with thus must have been similar to the one modern scholars face, when they try to reconstruct the original order of slips found in tombs or wells. In this case Liu combined the content of at least six, probably more manuscripts with different titles and created a completely new text arranged according to place and time. Different to modern scholars, however, he was

① Fölster 2016, p. 206; the manuscript from tomb Mawangdui 3 (before 168 BCE) with a text titled *Zongheng jia shu* 縱横家書 by its editors contains similar anecdotes and also abbreviated forms for writing the names of states.

not interested in the history of textual transmission or in the provenance of the different collections he used, but created a reading version for the emperor, in this case not only for contemplation (*keguan* 可觀), but also for enjoyment (*kexi* 可喜). As the case of the *Yanzi chunqiu* suggests, he was rather responsible in dealing with variant versions. It is not known whether he purged his texts or even deleted content he thought not appropriate.

To sum up: Liu Xiang was not an antiquarian interested in preserving ancient manuscripts or in producing copies of their content. We do not know the details of the imperial order Liu had received, it might already have included an inventory. The outcome is clear: By creating an imperial order of knowledge with a clear hierarchy with the canonical texts at the top he erased the plurality of regional and ideological traditions still extant, at least in the storage rooms of the imperial palace. The recurring formula 'a fair copy of the writings should be made' (*shu ke shanxie* 書可繕寫) seems to indicate that all of the 'new books' (*xinshu* 新書) had the same format and were written in the same clerical style, thus creating a uniform appearance for the heterogeneous contents of the collection. I suspect that the old slips were simply thrown away, but even if they were kept, they no longer served any function. The pre-imperial traditions were thus physically disposed of and their content transformed into the imperial format of knowledge.

Liu Xiang had served in the imperial administration. As has been shown by comparison with official documents, his collating the witnesses was perhaps inspired by the annual checking of legal stipulations which was prescribed for local officials.[①] Discarding documents not needed anymore was also part and parcel of administrative procedure, as the remnants of documents found in wells suggest. In addition, the formula for ordering a clear copy might have originated in administrative practice as well, for instance for producing clear copies of imperial decisions. Historical sources

① See Fölster and Staack 2021.

mention only the fact that legal and military texts were compiled before Liu started his work. It is not known whether catalogues for these collections existed.

Since we do not have any evidence for catalogues before the Liu's, the order represented in their catalogue might as well have evolved during their work. Even if the authoritative position of the canon was given, this might not have been the case for many of the sub-categories or of their sequence. Creating order in the collection resulted in creation of a library with a catalogue. This library consisted of 'new books' which included content sometimes copied from an exemplar, sometimes edited after collation, and sometimes compiled from formerly independent collections. The location of this new collection is disputed, but there is little doubt that as well as the previous storage rooms it was a place apart from the archives.①

2 The imperial calligraphy collection of the Liu Song

Brushwork as one of the fine arts has created a world in its own right. Intimately bound to the spread of paper as writing support, this art enjoyed support of the elite. Rulers and men in power, officials and scholars became connoisseurs and collected pieces by famous artists. At the same time a discourse on theory, norms and appreciation of the art of writing emerged. Calligraphic works are what they are by definition: works of the art of writing, but technically speaking they are manuscripts. Before every material trace of a famous hand—whether consciously produced as a piece of art or just scribbled as a quick note—was treasured, the treatment of these traces was quite different.

In 470 Yu He submitted a memorial to Emperor Ming of Song (r. 466 – 472), in which he reported on the results of his and his colleagues' efforts to

---

① See Fölster 2016, pp.100 – 108 and Fölster 2018.

catalogue and classify the works of the two Wang. The two Wang are of course the calligraphers Wang Xizhi 王羲之（303 - 361）and his son Wang Xianzhi 王獻之（344 - 386）who were not uncontested at their time, but steadily rose in fame until almost sacrosanct status under the Tang（618 - 907）. The memorial has come down to us as part of a collection of texts concerned with calligraphy, compiled in the ninth century.① It is clear that the 'Memorial on Calligraphy'（*Lunshu biao* 論書表）as we have it today is probably 'truncated', but no serious doubts concerning its authenticity have been raised.②

The memorial starts with a brief history of the transmission of the works of the two Wang and reasons leading to large-scale forgeries, then introduces the author and the origins of his expertise in the field of calligraphy and his first meeting with the emperor. Only in the third year of his rule, Emperor Ming found time to familiarize himself with the treasures in his collection and become a connoisseur, according to Yu He an accomplished one. When the emperor found out how much was missing from the collection because of the unrest caused by availing himself of his predecessor, he asked his entourage and his officials to submit what they had in their possession and sent an envoy to the south to retrieve what had been lost. Pieces of calligraphy were sent to the court from all parts of the country, and the emperor ordered Yu He and three others to 'classify and examine the two Wangs' writings, critically evaluate their rank and title, dismiss the vulgar and list the beautiful, in order to be provided to His Majesty for appreciation'（科簡二王書、評其品題、除猥録美、供御賞玩）.③ In what follows before a list of the writing implements and materials used, and the table of contents of the collection,

① For the collection *Fashu yaolu* 法書要録 see McNair, Amy, "*Fa shu yao lu*, a Ninth-Century Compendium of Texts on Calligraphy," in T'ang Studies 5, 1987, pp.69 - 86.

② The edition used is Fan Xiangyong 範祥雍（ed.）, Fashu yaolu 法書要録, Beijing: Renmin meishu, 1984, pp.35 - 44; for a Chinese translation see Moyi 墨一（Fan Jingzhong 范景中）, "'*Lunshu biao*' yiwen"《論書表》譯文, in *Xin meishu* 新美術 2, 1999, pp.58 - 63.

③ Fan 1984, p.38.

Yu He describes aspects of their work in much detail, taking into account all calligraphic pieces, including those of earlier artists, in the personal collection (*mizang* 秘藏) of the emperor. This part is of relevance for the topic under discussion here, although in its present state it lacks the coherence one would expect in a memorial.

Different to non-artistic manuscripts, calligraphic works are per se treasured, not because of their content or at least not primarily because of it, but because of the quality of handwriting as a material trace of the writer's bodily movement. This quality is inevitably bound to the written artefact and cannot be substituted by copies however close they may come to the original.①

The team were confronted with what must have been a mess in their eyes. Since these manuscripts had been held in high esteem already for more than a century, each former owner and conservator had dealt with them differently, more or less diligently and more or less knowledgeable. Creating order in this case then meant first of all the physical sorting of the objects:

> 卷小者數紙、大者數十、巨細差懸、不相匹類。是以更裁減、以二丈爲度。亦取小王書古詩賦讚論、或草或正、言無次第者、入戲學部。其有惡者、悉皆删去、卷既調均、書又精好。羲之所書紫紙、多是少年臨川時迹、既不足觀、亦無取焉。今拓書皆用大厚紙、泯若一體同度、剪截皆齊、又補接敗字、體勢不失、墨色更明。②
>
> Small scrolls had a few sheets, big ones some dozens of sheets, their

① In later times, trustworthy copies may gain high status, especially when the original is lost; for the topic of original vs copy or fake see Harrist, Robert E. Jr. , "Replication and Deception in Calligraphy of the Six Dynasties Period," in Zong-qi Cai (ed.), *Chinese Aesthetics. The Ordering of Literature, the Arts and the Universe in the Six Dynasties*, Honolulu: University of Hawai'i, 2004, pp.31 – 59; Lauer, Uta, "Venerable Copies: The Afterlife of a Fragment of a Letter by Wang Xizhi (303 – 361)," in Cécile Michel and Michael Friedrich (eds.), *Fakes and Forgeries of Written Artefacts from Ancient Mesopotamia to Modern China*, Berlin and Boston: De Gruyter, 2020, pp.77 – 87.

② Fan 1984, p.39.

> diameter varied considerably, so that they would not match each other. Because of this, we cut them down in size to two *zhang* (appr. 5 metres). Furthermore, we selected, whether cursive or standard, those writings of the younger Wang with poems and rhapsodies in old style, eulogies and essays, in which the words lacked order and put them into the section diversion and practice. When there were poor ones, we deleted all of them, so that not only the scrolls were balanced in size, but also the writings were of finest quality. The purple sheets written by Xizhi are mostly traces from the time of his youth in Linchuan, but since they were not worth to be contemplated, none of them were selected. Now, for all of the traced writings we used thick sheets as backing, so that they merged into one body of the same size, cut in an orderly way. Furthermore, we completed damaged characters, so that the overall impression would not be lost, and the inky appearance of the characters would become clearer.

The team of Yu He first defined a maximum size of the scrolls and then cut the longer ones in pieces. These parts and the small-size scrolls apparently became the material for the final product, the 'newly mounted writings of the two Wang' (*xinzhuang er Wang shu* 新裝二王書). Then they did a first survey of the contents and identified pieces which because of mistakes or a mixture of styles did not fulfil the requirements necessary for ranking them among the superior ones. They put the acceptable ones of these pieces in the category 'diversion and practice' (*xixue* 戲學), established by the former Emperor Wu for pieces of Wang Xianzhi. The poor ones were simply discarded, probably cut off.

These compilations did not only contain original pieces, but also tracings. One may speculate on the reason why they were included, perhaps they were used when the originals were gone for good. After having cut them to fit the size of the thicker paper they were to be mounted on, they were retouched to facilitate recognizing the characters. Since there is no mention of putting together separate scrolls of tracings, we have to assume that they were integrated into the newly created scrolls, thus being treated in the same way as the originals.

Yu He and his colleagues cut up their material according to different criteria such as size, style and content, and used the resulting parts to construct new scrolls for the eyes of the emperor. This purpose was decisive of course, the scrolls were not made to be locked away, but to be used, albeit by a limited readership:

> 凡書雖同在一卷、要有優劣。今此一卷之中、以好者在首、下者次之、中者最後。所以然者、人之看書、必銳於開卷、懈怠於將半、既而略進、次遇中品、賞悅留連、不覺終卷。[1]
>
> Whenever writings are in one and the same scroll, there will be differences in quality. Now, in this scroll the best are at the beginning, the least follow then, the medium ones are at the end. The reason for this is: when people look at writings, they certainly are curious when opening the scroll, but become inattentive after half of it, when they still proceed a little and next meet with medium quality, their joy of appreciation will continue and they will not be aware of having arrived at the end of the scroll.

When putting together this scroll, Yu He and his colleagues resorted to a psychological trick in order not to bore the Son of Heaven. Using a codex, it is easy to get to the end or even read the end first. Perusing a five-meter scroll, however, requires some time to get there. Promising worthwhile sights at the end maintains suspense and counters the hierarchical thinking of

---

① Fan 1984, pp.39 – 40.

starting at the top and going down continuously, physically and in quality. On the other hand, order is needed:

> 又舊書目、帙無次第、諸帙中各有第一至於第十、脱落散亂、卷帙殊等。今各題其卷帙所在、與目相應、雖相涉入、終無雜謬。①
>
> Furthermore, in the former catalogues the wrappers did not have an order, in each of them there were scrolls number one through number ten, but scrolls have fallen out or are displaced, scrolls and wrappers hardly ever match. Now, in accordance with the entries in the catalogue, we have noted on the titles to which wrapper a scrolls belongs, so that even when they get mixed up, there will be no confusion in the end.

Scrolls are codicological units with a fix binding. Depending on the quality of the writing support, the glue or strings used for binding and the workmanship, these units are stable in principle. For keeping a number of these scrolls together, wrappers made of canvas, silk or bamboo are used. These units have a loose binding prone to loss of individuals scrolls, but were nonetheless used for creating codicological units containing more than one scroll. This unit then appeared in catalogues too.② The remedy for the danger of loss and disorder was a numbering system identifying the place of each scroll in the wrapper it belonged to. For this purpose, the same tags were used which also carry the title.③

Many of the calligraphic pieces were letters. They were, as it seems, put in the order of the addresses on their envelopes, that is quasi alphabetically:

---

① Fan 1984, p.40.

② In a personal communication (25 August 2019) Professor Fan Jingzhong confirmed that in the early stage the manufacture of codicological units was more or less the same for books and for collections of calligraphy.

③ For the Chinese medieval paper scroll see Drège, Jean-Pierre, "Les rouleaux de papier," in Drège, Jean-Pierre and Costantino Moretti (eds.), La fabrique du lisible—la mise en texte des manuscrits de la Chine ancienne et médiévale, Paris: Collège de France, Institut des hautes études chinoises, 2014, pp.355-360.

又舊以封書紙次相隨、草正混糅、善惡一貫。今各隨其品、不從本封。條目紙行、凡最字數、皆使分明、一毫靡遺。①

Furthermore, because formerly the sheets were arranged according to what was written on the seal, cursive and standard were intermingled, good and poor quality on one and the same thread. Now, each is arranged according to rank and not according to the original seal. In the entries in the catalogue, for all sheets and columns the complete number of characters is given, so that everything is clear and distinct and not one single hair is left behind.

Again, complaints about disorder are voiced. Criteria for calligraphy are purely based on style and quality, not on the function of a piece before it was ennobled to become a work of art. Yu does not clearly say whether the letters still had their original envelope or were already mounted with the addresses added on the scroll. These efforts resulted in a spectacular set worthy of the Son of Heaven:

二王縑素書、珊瑚軸、二帙二十四卷、紙書金軸、二帙二十四卷、又紙書玳瑁軸、五帙五十卷、皆金題玉躞織成帶。

The writings of the two Wang on silk have coral rollers and are in 2 wrappers with 24 scrolls; those on paper have golden rollers are in 2 wrappers with 24 scrolls; furthermore, other writings on paper have coral rollers and are in 5 wrappers with 50 scrolls—all of them have golden titles, jade rollers and belts made from fabric.②

Yu's team had created a uniform appearance of the scrolls containing the calligraphic pieces and ranked their diverse and manifold contents according to values perhaps decreed by the emperor who had acquired some knowledge

①② Fan 1984, p.40.

in the years before. By cutting, discarding some pieces and rearranging the remaining ones they destroyed at the same time the material integrity of the works of art that had come down to them. They were not interested in preserving the original appearance of the object or reconstructing the history of former compilations, instead they cut out the writings and integrated them into a newly ordered, hierarchical cosmos. Again, the categories for doing so were certainly known before, but what Yu has to say clearly indicates that many decisions were taken on the spot after having seen which objects they had to deal with and in which condition these were.

3 Conclusion

The two cases presented above differ in many respects. With the exception of being handwritten artefacts, the objects were made from different materials and served different purposes. And yet there are too many similarities to be overlooked, starting from the fact that both projects were conducted on the order of an emperor.

The former collection consisted of huge amounts of manuscripts that had come to be stored in the inner palace over the years, perhaps with the addition of new ones solicited by the recent call of the court. The calligraphy collection also consisted of objects inherited from former emperors, again with new objects added after a call to submit works of the two Wang. It is not improbable that Emperor Ming was following the precedent of the Han and Yu He was familiar with the *Qi lüe*. In spite of the different nature of the artefacts, Liu Xiang and Yu He followed a similar approach: after sorting and deciding what to keep, they created new objects, Liu Xiang editions and Yu He presentation scrolls with works of art orderly mounted in rank and file. These new artefacts were of uniform appearance and were produced according to one standard, thus physically representing imperial order. Liu Xiang removed the contents from its original material support and context,

Yu He did the same with the calligraphic works. Order was thus achieved by annihilating former material variety.

Without handling the physical objects and creating new ones from the old, the order as it evolved into catalogues would not have been possible. Liu Xiang and Yu He both might have had preconceived notions of how to organize their texts or art works, but since they could not know in advance what exactly they would find, they would have had to adapt these notions to the material objects. This process does not differ in principle from what Markus Friedrich has shown for inventorying archives in early modern Europe.① This in turn suggests that there exist only a limited number of methods to bring order to collections in disarray, whatever the reason for disorder may be.

New questions for comparative research emerge: How long can the order of a collection as represented in an inventory be modified, until it needs to be replaced? How do new materials, technologies, ideologies or cultural patterns affect cataloguing? When do they render existing collections inaccessible so that a new order has to be created? How do present discussions on archives and libraries in the digital age relate to this?

Acknowledgements

The title of these remarks has been inspired by Friedrich 2017. I am grateful to Dr Uta Lauer for advice and for establishing contact with Professor Fan Jingzhong, and to Professor Fan for kindly replying to my questions.

① Friedrich, Markus, "How to Make an Archival Inventory in Early Modern Europe: Carrying Documents, Gluing Paper and Transforming Archival Chaos into Well-ordered Knowledge," in *manuscript cultures* 10, 2017, pp.160 - 173.

The Amanosan Kongōji edition of the Biography of Enchin by Miyoshi no Kiyoyuki: A Sacred Teachings (Shōgyō) Manuscript *

George Keyworth
(History Department, University of Saskatchewan)

Introduction: *shōgyō* as a category of manuscript documents in medieval Japan

The Japanese term *shōgyō* 聖教 is used to refer to religious, though not always, documents preserved in monastic libraries in medieval Japan that were cataloged locally. As in medieval Europe, because xylographic printing technology, including the Buddhist canon(s) in Sinitic (classical Chinese),

---

* This research is supported by a Partnership Grant from the Social Sciences and Humanities Research Council of Canada (SSHRC; frogbear.org). The following abbreviations are used throughout:

NBZ *Dai Nihon bukkyō zensho* 大日本佛教全書 (Complete Buddhist Works of Japan). 150 vols. Tokyo: Bussho kankōkai, 1912 -1922. All references are to the rpt. ed., 100 vols. Suzuki Gakujutsu Zaidan 鈴木學術財团 (Tokyo: Kōdansha, 1970 -1973).

T. *Taishō shinshū daizōkyō* 大正新脩大藏經, 100 vols., eds. Takakusu Junjirō 高楠順次郎, Watanabe Kaigyoku 渡邊海旭, et al., Tokyo: Taishō issaikyō kankōkai, 1924 -1932. Rpt., CBETA Electronic Tripiṭaka Collection 電子佛典集成, Taipei: 1998 -2019 or http: //cbetaonline.dila.edu.tw/ or the SAT Daizōkyō Database: http: //21dzk.l.u-tokyo.ac.jp/SAT/satdb2015.php? lang=en; accessed May, 2019.

XZJ Rpt. Ed. *Dai Nihon zokuzōkyō* 大日本續藏經, 150 vols., eds. Nakano Tatsue, et al., Kyoto: Zokyō shoin, 1905 -1912. *Xinbian wanzi xu zangjing* 新編卍字續藏經, Taipei: Xinwenfeng, 1968 -1978. Rpt., Electronic Tripiṭaka Collection 電子佛典集成, Taipei: 1998 -2019 or http://cbetaonline.dila.edu.tw/.

Z. *Zhenyuan xinding shijiao mulu* 貞元新定釋教目録 (Newly Revised Catalogue of Buddhist Scriptures made during the Zhenyuan-era, T. 2157), comp. 799 or 800 by Yuanzhao 圓照 (d.u.). Nos. follow the Nanatsudera MS in Miyabayashi Akihiko 宮林昭彦 and Ochiai Toshinori 落合俊典, "Zhenyuan xinding shijiao mulu juandi 貞元新定釋教目録 29 30," in *Chūgoku Nihon kyōten shōsho mokuroku* 中國・日本經典章疏目録 [Catalogues of (轉下頁)

was not widely adopted from the continent, we have extensive documentation of the contents of several monastic libraries.① The most extensive library from medieval Japan holds manuscript documents from the library of Kitanosan Shinpukuji Hōshō-in 北野山真福寺宝生院（Ōsu Kannon in Nagoya), which Abe Yasurō has shed more light upon than anyone else. There are now three book series of documents from Shinpukuji from Rinsen shoten 臨川書店（in Kyoto, Shinpukuji zenpon sōkan 真福寺善本叢刊 Series 1, 1998－2004：12 vols; Series 2, 2003－2009：12 vols.; and Series 3：4 vols. as of 2019). Less than 5% of more than 15,000 manuscripts from Shinpukuji have been published. In 2017, Bensei publishers 勉誠出版 released two series（Amanosan Kongōji zenpon sōkan 天野山金剛寺善本叢刊）of *shōgyō* documents from Amanosan Kongōji 天野山金剛寺（in Osaka). Ochiai Toshinori and his team at the International College for Postgraduate Buddhist Studies（ICPBS）in Tokyo have brought considerable attention to the manuscript Buddhist canon from Kongōji, as well as from seven other sites,

---

（接上頁）

Scriptures and their Commentaries in China and Japan], ed. Makita Tairyō 牧田諦亮 et al., Nanatsudera koitsu kyōten kenkyū sōsho 七寺古逸經典叢書（The Long Hidden Scriptures of Nanatsudera, Research series）（Tokyo：Daitō shuppansha, 1998）and Gakujutsu Furontia jikkō iinkai, ed., *Nihon genson hasshu issaikyō taishō mokuroku tsuke Tonkō bukkyō bunken* 日本現存八種一切經對照目録［付］敦煌佛教文獻（Tokyo：Kokusai bukkyōgaku daigakuin daigaku, 2006), rather than T. 2157.

Titles in Japanese and [reconstructed] Sanskrit in Taishō canon follow Paul Demiéville et al., *Répertoire du canon bouddhique sino-japonais, édition de Taishō（Taishō Shinshū Daizōkyō）: [fascicule annexe du Hōbōgirin]*, Éd. rev. et augm. ed.（Paris：Librairie d'Amerique et d'Orient, 1978); Lewis R. Lancaster and Sung-bae Park, eds., *The Korean Buddhist Canon: A Descriptive Catalogue*（Berkeley, Calif.：University of California Press, 1979).

① On "Sinitic" to refer to the written language of Chinese, rather than Classical or Literary Chinese, see Victor H. Mair, "Buddhism and the Rise of the Written Vernacular in East Asia：The making of National Languages," *Journal of Asian Studies* 53, no. 3（August 1994); Peter Francis Kornicki, *Languages, Scripts, and Chinese Texts in East Asia*, Oxford and New York：Oxford University Press, 2018, pp.19－21. For a start, on the Chinese Buddhist canons, see Kornicki, *Languages, Scripts, and Chinese Texts in East Asia*, pp.221－245; Jiang Wu and Lucile Chia(eds), *Spreading Budha's Word in East Asia: The Formation and Transformation of the Chinese Buddhist Canon*, New York：Columbia University Press, 2016. Several [Buddhist] texts were printed in Japan, but not the canon until the 17th century; cf. Komine Michihiko, Katsuzaki Yūgen, and Watanabe Shōgo, Hannyakyō taizen 般若經大全［Encyclopedia of Prajñāpāramitā Scriptures], Tokyo：Shunjūsha, 2015, pp.379－380.

including most notably Nanatsudera 七寺 (in Nagoya).① But these *shōgyō* documents reflect aspects of the history of medieval Japan that do not seem to correspond with contemporary developments on the continent, including the roughly 40,000 mostly Buddhist manuscripts which were found at the turn of the 20th century in the so-called library cave (*cangjing dong* 藏經洞, no. 17) that was sealed in the early 11th century among the Caves of Unparalleled Heights (Mogao ku 莫高石窟, a.k.a. Caves of a Thousand Buddhas, Qianfo dong 千佛洞) near the city of Dunhuang, in Gansu province, China.②

In Northern Song (960 - 1127) China xylographic and perhaps metal-type printing was sufficiently widespread by the late 11th century that one of the most famous poets and statesmen, Huang Tingjian 黄庭堅 (1045 - 1105), meant it when he said that he had over 10,000 books in his library.③ Based upon the fact that during the 10th - 12th centuries the Sinitic Buddhist Canon

---

① Ochiai Toshinori (ed.), *The Manuscripts of Nanatsu-dera. A Recently Discovered Treasure-House in Downtown Nagoya*, Occasional Papers, Kyoto: Italian School of East Asian Studies, 1991; Ochiai Toshinori, Frédéric Girard, and Li-Ying Kuo, "Découverte de manuscrits bouddhiques chinois au Japon [Conférence prononcée par Monsieur Ochiai Toshinori]," Bulletin de l'École française d'Exrême-Orient 83 (1996); Ochiai Toshinori 落合俊典(ed.), Kongōji issaikyō no sōgōteki kenkyū to Kongōji shōgyō no kisoteki kenkyū 金剛寺一切經の総合的研究と金剛寺聖教の基礎的研究, Heisei 16～18 nendo kagaku kenkyūhi hojokin kiban kenkyū (A) kenkyū seika hōkokusho 平成16～18年度科學研究費補助金基盤研究(A)研究成果報告書 [2004 - 2006 Grant-in-Aid Scientific Research (category A) Research Report vol. 1], 2 vols., vol. 1, Tokyo: Kokusai Bukkyōgaku daigakuin daigaku, 2007. Cf. Nihon genson hasshu issaikyō taishō mokuroku tsuke Tonkō bukkyō bunken, op. cit.

② On the Dunhuang cache and the history of this western region border town, see Neil Schmid, "Introduction to Tun-Huang and Its Manuscripts," in Victor H. Mair (ed.), *The Columbia History of Chinese Literature*, New York Columbia University Press, 2001, pp.964 - 965; Rong Xinjiang 榮新江, *Eighteen Lectures on Dunhuang*, Imre Galambos(trans.), vol. 5, Brill's Humanities in China Library, Leiden: Brill, 2013, pp.79 - 108; Imre Galambos and Sam van Schaik, Manuscripts and Travellers: The Sino-Tibetan Documents of a Tenth-century Buddhist Pilgrim, Berlin and New York: De Gruyter, 2012; Sam van Schaik, "The Uses of Implements are Different: Reflections on the Functions of Tibetan Manuscripts," in Orna Almogi (ed.), *Tibetan Manuscript and Xylograph Traditions: The Written Word and Its Media within the Tibetan Cultural Sphere*, Hamburg and New Delhi: Department of Indian and Tibetan Studies, Asien-Afrika-Institut, University Hamburg and Replika Press, 2016.

③ Yugen Wang, *Ten Thousand Scrolls: Reading and Writing in the Poetics of Huang Tingjian and the Late Northern Song*, Harvard-Yenching Institute Monograph Series 76, Cambridge, Mass.: Harvard University Asia Center, 2011. On typography during the Song and afterward, see Michela Bussotti and Qi Han, "Typography for a Modern World? The Ways of Chinese Movable Types," *East Asian Science, Technology and Society* 40 (2014).

was printed by the Khitan Liao (907/916 - 1125, *Liao* 遼 or *Qidan zang* 契丹藏; ca. 1031 - 1064), Koryŏ 高麗 (918 - 1392, printed ca. 1011 - 1087) Koreans, and Jurchen 如真 Jin 金 (1115 - 1234, *Zhaocheng zang* 趙城藏; 1149 - 1173), who primarily followed the Song xylographic edition (*Shuban da zangjing* 蜀版大藏經 or *Kaibao zang* 開寶藏, com. 983), scholars have mostly presumed that Buddhist texts on the continent were, like secular works such as collections of poetry, encyclopedias (*Taiping guangji* 太平廣記 [Extensive Records from the Taiping Era]), and so forth, kept, read, and used for a variety of purposed in printed editions.① Because we have caches of manuscript documents from libraries, which we do not from China or Korea earlier than the late Ming (1368 - 1644)—from sources preserved in Japan—and Chosŏn (1392 - 1897) dynasties, the situation in medieval Japan—as in Europe—looks quite different.② For Shingonshū 真言宗 documents. But the situation is far more complex when investigating the history of the Tendaishū

① The most extensive survey in English with details about the printed editions of the Buddhist Canons in Sinitic is Florin Deleanu, "The Transmission of Xuanzang's Translation of the Yogācārabhūmi in East Asia: With a Philological Analysis of Scroll XXXIII," in Ochiai Tshinori (ed.), *Kongōji issaikyō no sōgōteki kenkyū to Kongōjiseikyō no kisoteki kenkyū: kenkyū seika hōkokusho*, Tokyo: Kokusai Bukkyōgaku daigakuin daigaku, 2007. See also, op. cit. Chōnen 奝然 (983 - 1016, in China 983 - 986) returned to Japan in 986 with a copy of the newly printed Kaibao-era Buddhist canon and an additional 40 rolls of newly translated texts (for a total of 5425 texts he brought back to Japan). The esteemed statesman Fujiwara no Michinaga 藤原道長 (966 - 1028) acquired this canon during the early 11th century, when he oversaw the construction of a lavish, private temple for his clan in Kyoto called Hōjōji 法成寺. See Yoritomi Motohiro, *Nicchū o musunda bukkyōsō: hatō o koete kesshi no tokai* 日中を結んだ佛教僧：波濤を超えて決死の渡海 [Connections between Chinese and Japanese Buddhist Monks who Crossed the Surging Sea Prepared for Death], Zusetsu Chūgoku bunka hyakka 圖說中国文化百華 08, Tokyo: Nōsan Gyoson bunkakyōkai, 2009, pp.420 - 425. On the history of the First Koryŏ Canon, see Sem Vermeersch, "Royal Ancestor Worship and Buddhist Politics: The Hyŏnhwa-sa Stele and the Origins of the First Koryŏ Tripitaka," *Journal of Korean Studies* 18, 1 (2014). *Taiping guangji* (Marvel Tales of the Taiping period), by Li Fang 李昉 (925 - 996), Beijing: Renmin wenxue chubanshe, 1961.

② Three revealing studies are on the book trade between late Ming and early Qing (1644 - 1912) China and Korea: Wang Yong, Chen Xiaofa, and Ge Jiyong, *Zhong-Ri shuji zhi lu yanjiu* 中日"書籍之路"研究 [Study of the Sino-Japanese "Book Road"], Beijing: Beijing tushuguan chubanshe, 2003; Benjamin A. Elman, "Sinophiles and Sinophobes in Tokugawa Japan: Politics, Classicism, and Medicine During the Eighteenth Century" 十八世紀在德川日本"頌華者"和"貶華者"的問題——以中醫及漢方爲主, *East Asian Science, Technology and Society: An International Journal* 2 (2008); Richard D. McBride II, "Wish-Fulfilling Spells and Talismans, Efficacoius Resonance, and Trilingual Spell Books: The Mahāpratisarā-dhāraṇī in Chosŏn Buddhism," *Pacific World*, 3rd ser. 20 (2018).

temples of Enryakuji 延暦寺 and Onjōji 園城寺 (alt. Miidera 三井寺).

In this paper I investigate the biography of Enchin 円珍 (Chishō daishi 智証大師, 814 - 891, in China 853 - 858), who was a pilgrim to Tang (618 - 907) China and remained one of the four 'great' esoteric Buddhist (*mikkyō* 密教) teachers in Japan until the early modern period. Given the well documented sectarian violence between the two competing Tendaishū traditions of the so-called Ennin 円仁 (Jikaku daishi 慈覚大師, 794 - 864, in China 838 - 847)—Sanmon-ha 山門派 or Mountain—and Enchin—Jimon-ha 寺門派 or Temple—branches during the 11th and 12th centuries, not to mention the apparent destruction of Tendaishū libraries when Mount Hiei 比叡山 was under siege from Oda Nobunaga 織田信長 (1534 - 1582) and his armies ca. 1571, it is difficult to reconstruct the magnitude of medieval Tendai libraries.① One important and well-read document that testifies to the legacy of Enchin is Annen's 安然 (841 - 915?) *Shō ajari shingon mikkyō burui sōroku* 諸阿闍梨真言密教部類總録 (Comprehensive Catalog of the Shingon esoteric teachings of the [eight] ācāryas, T no. 2176, hereafter *Shingon mikkyō sōroku*), a catalog of "mantras" and esoteric Buddhist *sūtras* and ritual manuals brought back to Japan during the 9th century by eight monk-pilgrims, including Enchin. I discuss the Shinpukuji edition of this text, before proceeding to introduce the various editions of Miyoshi no Kiyoyuki's 三善清行 (847 - 918) *Enchin oshō den* 円珍和尚伝 (Biography of Preceptor or *Upādhyāya* Enchin) and explain why the Amanosan Kongōji *shōgyō* edition, which is a copy from 1230.12.11 of an edition from 1140.10.27, is

① Shiba Kayono and Tonami Satoko, "Keisei to Onjōji: Keisei Miidera kōjōin nadonokoto [to] Taishi onsaki reizō nikki wo yomu" 慶政と園城寺ー慶政「三井寺興乗院等事」「大師御作霊像日記」を讀む, *Chiba daigaku Jinbun kenkyū* 39 (2010): 78; Haruko Wakabayashi, *The Seven Tengu Scrolls: Evil and the Rhetoric of Legitimacy in Medieval Japanese Buddhism*, Honolulu: University of Hawai'i Press, 2012, pp.127 - 128. See also Neil McMullin, "The Sanmon-Jimon Schism in the Tendai School of Buddhism: A Preliminary Analysis," *Journal of the International Association for Buddhist Studies* 7, 1 (1984); Mikael Adolphson, *The Gates of Power: Monks, Courtiers, and Warriors in Premodern Japan*, Honolulu: University of Hawai'i Press, 2000. On sōhei 僧兵, see Mikael S. Adolphson, *The Teeth and Claws of the Buddha: Monastic Warriors and Sōhei in Japanese History*, Honolulu: University of Hawai'i Press, 2007, chap.7.

clearly earlier, much less edited and more valuable than the edition printed in *Dai Nihon bukkyō zensho* no. 568. I then address why this biography of Enchin was preserved in the library of Kongōji as a *shōgyō* document that chronicles the legendary career of a Tendai patriarch. Finally, I consider why consideration of the preservation of our sources is as important as scrutinizing their contents and ask if the category of *shōgyō* might be fruitful for Chinese manuscripts from Dunhuang and Turpan.

Medieval Japanese libraries with *shōgyō* reveal how the process of what Peter Kornicki calls the "vernacularization" developed in Japan (and Korea) almost in tandem with—but, of course, separate from—the advancement of written vernaculars in medieval Europe. Because Sinitic logographs do not assign readings for each character, people across China and the so-called "periphery" where this writing system was adopted and particularly sustained as a "church language" in Korea, Japan, and Vietnam, translations of Buddhist scriptures, Indian commentaries, histories, and other texts included in Zhisheng's 智昇 (d. u.) *Kaiyuan shijiao lu* 開元釋教録 (Record of Śākyamuni's Teachings, Compiled During the Kaiyuan Era [713 - 741], Z no. 1183, T no. 2154, comp. 730), which guided the inclusion of 1076 texts in 5048 rolls 卷 in Sinitic Buddhist canons on the continent, but not manuscript canons (called *issaikyō* 一切經) in Japan, the process of ritually reading (*zhuanlun*, *tentoku* 転讀) or chanting (*dusong*, *dokuju* 讀誦) scriptures stimulated the development of systems to pronounce these texts in vernacular languages.① Kornicki explains the connection to medieval Europe as follows:

① Kyoko Tokuno, "The Evaluation of Indigenous Scriptures in Chinese Buddhist Bibliographical Catalogues," in Robert E. Buswell, Jr. (ed), *Chinese Buddhist apocrypha*, Honolulu, Hawaii: University of Hawai'i Press, 1990, pp.52 - 53, 71n.97&98; Tanya Storch, *The History of Chinese Buddhist Bibliography: Censorship and Transformation of the Tripiṭaka*, Amherst, NY: Cambria Press, 2014, pp.116, 128 - 129; Jiang Wu, "From the 'Cult of the Book' to the 'Cult of the Canon': A Neglected Tradition in Chinese Buddhism," in Jiang Wu and Lucille Chia (eds), *Spreading the Buddha's Word in East Asia: The Formation and Transformation of the Chinese Buddhist Canon*, New York: Columbia University Press, 2016. Tokuno cites an entry in the thirteenth-century *Fozu tongji* 佛祖統紀 40, which says that, "The 5,048 rolls [that the (轉下頁)

> The Chinese Buddhist canon became the standard for most of the East Asian world rather than being retranslated into the vernaculars, and in this respect it has much in common with the Latin Vulgate version of the Bible based on the translations produced by St Jerome (c.347 - 420): St Jerome's translation became the standard Bible of Christianity in the West and was officially endorsed at the Council of Trent (1545 - 1563). While the Vulgate has long been superseded by vernacular translations based on earlier texts in Greek and Hebrew, the Chinese Buddhist canon remains the standard text in East Asia.①

Two economic historians at Utrecht, Eltjo Buringh and Jan Lutien van Zanden, investigated a database of 17,352 manuscripts from Western Europe from the period 501 - 1500. Of these, roughly 15,000 dated manuscripts

---

(接上頁)catalog contained] became the established number for the canon": T no. 2035, 49: 374c3 - 5. She also points out that the *Xu Zhenyuan shijiao lu* 續貞元釋教録 says that *Kaiyuan shijiao lu* 開元釋教録 (Record of Śākyamuni's Teachings, Compiled During the Kaiyuan Era [713 - 741], Z no. 1183, T no. 2154, comp. 730, Kaiyuan lu) circulated widely and continued to do so during the four courts of emperors Xuanzong 玄宗 (r. 712 - 756), Suzong 肅宗 (r. 756 - 762), Daizong 代宗 (r. 762 - 779), and Dezong 德宗 (r. 779 - 805): T no. 2158, 55: 1048.a23 - 26. There is an edition of the *Kaiyuan lu* from Nanatsudera copied from a manuscript dated to 735 (Tenpyō 天平 7) and brought back to Japan by Genbō 玄昉 (d. 746) with 1,046 titles in 5,048 rolls, in contrast to the Taishō edition with 1,076 titles in the same number of rolls. See also Abe Yasurō, *Chūsei Nihon no shūkyō tekusuto taikei* 中世日本宗教テクスト体系 (The System of Medieval Japanese Religious Texts), Nagoya: Nagoya daigaku shuppankai, 2013, pp.199 - 200. According to Cai Yunchen(ed.), *Ershiwu zhong zangjing mulu duizhao kaoshi* 二十五種藏經目録對照考釋(Taipei: Xinwenfeng chuban gongsi, 1983, p. 267), printed canons did not include the *Zhenyuan lu* (see below) before the [2nd] Koryŏ ed., but it is mistaken to claim that printed canons were arranged according to the *Kaiyuan lu*: precisely what makes the Taishō a problematical but nonetheless invaluable resource is the fact that it incorporates so many ritual translations (mikkyōbu section 密教部, vols. 18 - 21) and ritual manuals translated after the Kaiyuan lu was completed, many of which are, of course esoteric or even Tantric. The same can be said for the expansive—though highly edited—inclusion of commentaries from China and Korea (kyōshobu 經疏部) in vols. 33 - 39, and "sectarian" works (shoshūbu 諸宗部) in vols. 45 - 48. T no. 2157 lists an alternative 1258 titles in 5390 rolls.

① Kornicki, *Languages, Scripts, and Chinese Texts in East Asia*, p. 221. See also Mair, op. cit. and John. B. Whitman, "The ubiquity of the gloss," *Scripta* (International Journal of Writing Systems, The Hunmin jeongeum Society, Korea) 3 (2011); John. B. Whitman, "Raten-go kyōten no dokuhō to butten no kundoku ラテン語經典の讀法と佛典の訓讀," in Shinkawa Tokio(ed.) *Bukkyō bunmei no tenkai to hyōgen: moji, gengo, zōkei to shisō* 佛教文明の転回と表現: 文字・言語・造形と思想 (Buddhism as Movement and Expression of Civilization: Philosophy, Fabrications, Language and Writing), Tokyo: Bensei shuppansha, 2015.

before the advent of printing technology in the mid-15th century (after 1454) consist of "among other things, Latin gospel books from the fifth to eighth centuries, ninth-century monastic catalogues, [and] Latin bestiaries from the eleventh to fifteenth centuries."① If we look only at Buddhist books from printed collections in China, Korea, or 17th century Japan, we simply cannot obtain almost any information about what books people in local communities—apart from the region of Dunhuang during the 9th - 10th centuries—actually read, recited, copied, or used in various ways.② The *shōgyō* from Shinpukuji and Kongōji reveal much, much more information. Although, because there are so many more Buddhist texts than there are books in the Vulgate, historians of Japanese religion, literature, and textual editions and language (*bunkengaku* 文献學) are just beginning to piece together conclusions like Buringh and van Zanden about European books, and even then about only the textual world of Shingon esoteric Buddhism (*tōmitsu* 東密) in medieval Japan, contrasted with Tendai so-called *taimitsu* 台密, leaving aside for the moment other traditions including Zen, Pure Land, and so forth.③

---

① Burnigh Eltjo and Jan Luiten van Zanden, "Charting the 'Rise of the West': Manuscripts and Printed Books in Europe, A Long-Term Perspective from the Sixth through Eighteenth Centuries," The Journal of Economic History 69, no. 2 (2009): 412 Source materials include: Elias A. Lowe, Codices Latini Antiquiores, 12 vols, Oxford: Clarendon Press, 1934 - 1971; Bernhard Bischoff and Virginia Brown, "Addenda to Codices Latini Antiquiores," Mediaeval Studies 47 (1985); Neil R. Ker (ed.), *Medieval Libraries of Great Britain: A List of Surviving Books*, 2nd edn., London: Offices of the Royal Historiographical Society, 1964; Ron Baxter, *Bestiaries and Their Uses in the Middle Ages*, Thrup: Sutton, 1998; Richard H. Rouse and Mary A. Rouse, *Manuscripts and Their Makers: Commercial Book Producers in Medieval Paris, 1200 - 1500*, London: Harvey Miller, 2000.

② Even though only 24 lines survive, S.3624 is a rare example of a medieval Chinese Buddhist monastic catalog from the Three Realms monastery (Sanjiesi jian yiqie ru zangjing mulu 三界寺見一切入藏經目録) that probably dates from the late 9th or very early 10th centuries; see Rong Xinjiang, *Eighteen Lectures on Dunhuang*, 5, pp.120 - 121.

③ On the genre but will scant attention to Tendai esoteric—Taimitsu 台密—monks, see Ian Astley, "62. Esoteric Buddhism, Material Culture, and Catalogues in East Asia," in Charles D. Orzech, Henrik H. Sørensen, and Richard K. Payne (eds.) *Esoteric Buddhism and the Tantras in East Asia*, Handbook of Oriental Studies, Leiden: Brill, 2011. For an overview of the Taimitsu tradition in Japan, see Lucia Dolce, "64. Taimitsu: The Esoteric Buddhism of the Tendai School," in Charles D. Orzech (ed.), *Esoteric Buddhism and the Tantras in East Asia*, Handbook of Oriental Studies; Dolce, "64. Taimitsu: The Esoteric Buddhism of the Tendai School".

What I hope to eventually investigate by looking at *shōgyō* from Shinpukuji and Kongōji is what *shōgyō* documents may have once been within the library at Matsuo shrine-temple complex or multiplex (*jingūji* 神宮寺, alt. Jinguji 神供寺 or *miyadera* 宮寺) in Kyoto during the 12th – 16th centuries.① My research into the manuscript canon kept there until the mid-19th century, which was sponsored and vowed by father and son shrine priests (*kannushi* 神主) Hata no Chikatō 秦親任 (*kannushi* on 1076/2/20) and Hata no Yorichika 秦頼義 (*kannushi* on 1128/8/12) over 23 years (1115 to 1138), demonstrates that much of that manuscript canon was copied from the library of Bonshakuji 梵釋寺, a Tendai library-temple that was established between 783 and 792 by emperor Kanmu 桓武 (737 – 806, r. 781 – 806) when he renamed the southern ridge Bonshakuji of what had been called Sūfukuj 崇福寺. This temple was located just northwest of the city of Ōtsu 大津, on the lower ridges of Mount Hiei.② It appears this temple once held a copy of the Kaiyuan-era Chinese Buddhist canon that Genbō 玄昉 (d. 746)

---

① On jingūji and miyadera, see Sagai Tatsuru 嵯峨井建, *Shinbutsu shūgō no rekishi to girei kūkan* 神佛習合の歴史と儀礼空間 (History of Shintō-Buddhist Syncretism and Ritual Space), Kyoto: Shibunkaku, 2013, pp.105 – 110. For the term "multiplex", see Allan Grapard, "Institution, Ritual, and Ideology: The Twenty-Two Shrine-Temple Multiplexes of Heian Japan," *History of Religions* 27, no. 3 (1988). And his synopsis in Donald H. Shively and William H. McCullough (eds.), *The Cambridge History of Japan*, Vol.2, Heian Japan, Cambridge, England and New York: Cambridge University Press, 1999, ch.8. See below and Neil McMullin, *Buddhism and the State in 16th Century Japan*, Princeton, N.J.: Princeton University Press, 1985, pp.8 – 32; Peter Kornicki, *The Book in Japan: A Cultural History from the Beginnings to the Nineteenth Century*, Leiden: E.J. Brill, 1998; repr., Honolulu: University of Hawai'i, 2001, pp.252 – 253. Cf. George A. Keyworth, "Apocryphal Chinese books in the Buddhist canon at Matsuo Shintō shrine," *Studies in Chinese Religions* 2, no. 3 (2016).

② Jimon denki horoku 寺門傳記補録 (Supplemental Record of the Transmission Record of the Temple Gate Branch, NBZ 86, no. 787), comp. by Shikō 志晃 (1662 – 1720), 6, NBZ 787.86.145b – 148a contains a brief history of Sūfukuji called Sūfukuji engi fu sangō 崇福寺緣起付山號 (Chronicle of the Origins of Sūfukuji and the Naming of the Temple). On the dating of Shikō's compilation, see Miyake Hitoshi, "Shugendō no kyōten keisei to Tendaishū 修験道の教典形成と天台宗," (On the Formation of Shugendō Scriptures and the Tendai Tradition) *Tōkyō daigaku shūkyōgaku nenpō* 32 (2015). This text cites Shoku Nihongi 續日本紀 38, and the date 792 comes also from Kokan Shiren's 虎関師錬 (1278 – 1346) Genkō shakusho 元亨釋書 (Buddhist History of the Genkō Era [1321 – 1324]) 23; Kokan Shiren 虎関師錬 (1278 – 1346) and Fujita Takuji, Kundoku Genkō shakusho 訓讀元亨釈書 (Japanese reading of Kokan Shiren's Buddhist History of the Genkō Era [1321 – 24]), Kyoto: Zen bunka kenkyūjo, 2011, 2: 380.

returned from China with and his disciple Segyō 施曉（d. 807）may have copied it. These scriptures were augmented by scriptures brought back from China by Eichū 永忠（743－816），a Buddhist monk who studied in China for nearly 30 years at Ximing temple 西明寺 in the Tang capital of Chang'an，met Kūkai there，and returned to Japan on the same ship as Saichō 最澄（Dengyō daishi 傳教大師，767－822，in China 804－805）；Eichū was made abbot of Bonshakuji by emperor Kanmu sometime around 806.① The edition of Annen's *Shingon mikkyō sōroku* from Shinpukuji，as we will see，shows that this library was still a well-respected library when he compiled this catalog. Based on colophons describing how scriptures were copied for Matsuo during the 12th century by Hata no Chikatō and Yorichika and also between 1159 and 1165，when Ryōkei 良慶，the abbot of Myōhōji 妙法寺，one of two known temples in the southern valley（Minamidani 南谷）of the Matsuo *jingūji* precincts，vowed and added scriptures，I believe that Matsuo was once a Tendai-linked center，unlike either Shinpukuji or Kongōji which are clearly associated with the medieval Shingon temples like Daigoji 醍醐寺，Tōji 東寺，and other sites in the Kinki 近畿 region.② Investigating extant *shōgyō* related to particularly the Tendai tradition of Miidera runs through Enchin and the surprisingly prominent role he may have played even in so-called "rival" Shingon communities.③

---

① Genkō shakusho 16，NBZ 470.62.149b－c.

② Keyworth，"Apocryphal Chinese books in the Buddhist canon at Matsuo Shintō shrine"；George A. Keyworth，"Copying for the Kami：On the Manuscript Set of the Buddhist Canon held by Matsuno'o Shrine，" *Japanese Journal of Religious Studies* 44，no.2（2017）.

③ On how late the distinction of a distinct Shingon tradition，let along traditions tied to specific temples such as Daigoji or Ninnaji 仁和寺，and so forth is briefly discussed in Ryuichi Abé，*The Weaving of Mantra: Kūkai and the Construction of Esoteric Buddhist Discourse*，（New York：Columbia University Press，1999），pp.424－426；Ryūichi Abé，"Scholasticism，Exegesis，and Ritual Practice：On Renovation in the History of Buddhist Writings in the Early Heian Period，" in Mikael S. Adolphson，Edward Kamens，and Stacie Matsumoto（eds.），*Heian Japan，centers and peripheries*，Honolulu：University of Hawai'i Press，2007.

Shengjiao as a possible antecedent to *shōgyō*

One comparatively obvious reading of *shōgyō* as a bibliographic category of Buddhist documents in medieval Japan comes from prefaces written by Tang emperors to newly completed translations of Buddhist scriptures from Sanskrit into Chinese by Xuanzang 玄奘 (c. 602 – 664) and Yijing 義净 (635 – 713), and their translation teams. Apparently at Xuanzang's request, two stone steles or tablets (*bei* 碑) at Dayan ta 大雁塔 in Xi'an were carved in 653, when emperor Gaozong 高宗 (628 – 683, r. 649 – 683) had a five-story *stūpa* erected on the grounds of the temple he had converted into Da Ci'ensi 大慈恩寺 and dedicated to his deceased mother, empress Wende shunsheng 文德順聖皇后 or Zhangsun 長孫皇后 (601 – 636), in 648. The two steles consist of a preface that his father, emperor Taizong 太宗 (598 – 649, r. 626 – 649), wrote in 648 called *Da Tang sanzang shengjiao xu* 大唐三藏聖教序 (Preface to the Sacred Teachings [translated by] Trepiṭaka of the Great Tang) to accompany all of the new translations that Xuanzang and his team completed after the *Yuqie* [or *yuga*] *shidi lun* 瑜伽師地論 (*Yogacār*[*y*]*abhūmi-śāstra*, Z no. 690, T no. 1579), which was finished on 648.5.14. Gaozong's own *Da Tang Huangdi shu sanzang shengjiao xuji* 大唐皇帝述三藏聖教序記 (Commemoration of the Preface written by the Emperor of the Great Tang [dynasty] to the Sacred Teachings [translated by] Trepiṭaka [Xuanzang]), written in 652, is the second preface carved for Dayan ta and written out in *kaishu* 楷書 style calligraphy by imperial secretary Chu Suiliang 褚遂良 (596 – 658).① A monk by the name of Huairen 懷仁 from the temple where

① Dorothy Wong, "The Making of a Saint: Images of Xuanzang in East Asia," Early Medieval China 8 (2002): 47 – 49. See esp. figures 1 – 1a. Wu Jiang cites the 13th century Fozu tongji 39, T no. 2035, 49: 366b4 – 19, which says that these two prefaces were "ordered to be put at the beginning of the canon"; see Wu, "From the 'Cult of the Book' to the 'Cult of the Canon': A Neglected Tradition in Chinese Buddhism," pp.47 – 48. The text reads: 因勅有司寫新譯經論頒賜九道總管(時分天下爲九道)御製大唐三藏聖教序。以冠其首(今時石本行。其文首云。蓋聞二儀有像顯(轉下頁)

Xuanzang commenced his translation activities with support from Taizong in 646, Hongfusi 弘福寺, had these prefaces newly engraved in 672 using the style of Wang Xizhi 王羲之（303－361）, who was well known to be one of Taizong's favorite calligraphers.① These prefaces survive on two steles in the city of Xi'an, fragments from Dunhuang, Daoxuan's 道宣（596－667）*Guang hongming ji* 廣弘明集（Expanded Collection on the Propagation and Clarification [of Buddhism], Z no. 1202, T no. 2103, comp. 664）and *Xu gaoseng zhuan* 續高僧傳（Continued Biographies of Eminent Monks, Z no. 1196, T no. 2060, comp. 664）, Huili 慧立 and Yancong 彥悰 *Da Tang da Ci'ensi sanzang fashi zhuan* 大唐大慈恩寺三藏法師傳（A Biography of the Tripiṭaka master of the Great Ci'en monastery of the Great Tang dynasty, Z no. 1192, T no. 2053, comp. 688）, and the prefaces are mentioned in Huilin's 慧琳（737－820）*Yiqiejing yinyi* 一切經音義（Glossary to all the *jing* [in the Buddhist canon], T. no. 2128, comp. 807）. ② The text is not reproduced in *Da Tang gu sanzang xuanzang fashi xingzhuang* 大唐故玄奘三藏法師形狀（Report on the career of Trepiṭaka Xuanzang of the Great Tang, T no. 2052, comp. ca 664 by Mingxiang 冥祥）, but it does speak of the 780 words in Taizong's preface and 570 in Gaozong's.③ Nor is the latter text included in *Zhenyuan lu*. Several scriptures from thc Nanatsudera manuscript canon

（接上頁）覆載以含生。即此序也）詔皇太子撰菩薩藏經後序（二序具在藏經之前）上自是平章法義不輟於口. I have not explored what Zhipan 志磐（1220－1275）may mean by "what the crown prince composed as an afterward to a collection of bodhisattva scriptures [詔皇太子撰菩薩藏經後序]". But my reading both of the translations of the two prefaces and their purpose in the mid-7th century follows Wong, rather than Wu. It does appear that Zhipan may have believed there was a canon that either Taizong or Gaozong commissioned. But we see no evidence of this here.

① Wong, "Thc Making of a Saint: Images of Xuanzang in East Asia," p. 48.

② *Da Tang da Ci'ensi sanzang fashi zhuan* 7, T no. 2053.50, 256a28－c24 and 257aa25－c7, trans. in Rongxi Li, *A Biography of the Tripiṭaka Master of the Great Ci'en Monastery of the Great Tang Dynasty*, Translated from the Chinese of Śramaṇa Huili and Shi Yancong (Taishō, Volume 50, Number 2053), BDK English Tripiṭaka 77, Berkeley, Ca.: Numata Center for Buddhist Translation and Research, 1995, pp.196－199, 203－206. Cf. *Guang hongming ji* 22, T no. 2103.52, 258a270c16 and 259a11－b17; *Xu gaoseng zhuan* 4, T no. 2060.50, 456a6－c1 and 456c25－457b5; and Yiqiejing yinyi 1, T no. 2123.54.312a11－313c05.

③ T no. 2052, 50: 218a24－0b3.

(comp. 1177 - 1178) also have these prefaces.① Chen Jinhua has also studied the imperial prefaces added to translations completed by Yijing and his team.②

I translate *shengjiao* as sacred teachings, or perhaps sage's teachings would work as well; the sage being Śākyamuni Buddha—or perhaps sages' teachings if we consider the various buddhas, bodhisattvas, and Indian monastics' commentaries (*śāstras*) included in the canon as of 730. *Shengjiao* appears to have been one way during the Tang of referring to what we call Buddhism in English or *fojiao* 佛教 in Chinese and *bukkyō* in Japanese—the teachings of *fo/butsu* or Buddha. It is tempting to view *shōgyō* as merely Buddhist books like this. But, given the facts that transmission (*denbō* 伝法) play such a seminal role in esoteric Buddhist lineages in medieval Japan and especially the catalogs of the books, statues, and ritual objects (*shōrai mokuroku* 請来目録) acquired in China by the eight [esoteric Buddhist] monks from Japan who visited Tang China (*Nittō hakke* 入唐八家), including Annen's *Shingon mikkyō sōroku*, and *shōgyō* from Kongōji also include music and from Shinpukuji as well diagrams, portraits, ritual paraphernalia, and, of course, copious commentaries to all manner of exoteric and exoteric (as in *kenmitsu* 顕密) *sūtras* and ritual manuals (*kalpa* or *vidhi*; *yigui*, *giki* 儀軌) translated from Sanskrit into Chinese in Tang China, *shōgyō* as a category includes much more than merely the teachings of Buddhism.③ David Quinter defines *shōgyō* as the exoteric or esoteric texts

---

① See my forthcoming paper, Keyworth, G., "On Xuanzang and Manuscripts of the *Mahāprajñā-pāramitā-sūtra at Dunhuang and in Early Japanese Buddhism."

② Jinhua Chen, "Another Look at Tang Zhongzong's (r. 684, 705 - 710) Preface to Yijing's (635 - 713) Translations: With a Special Reference to Its Date," *Indogaku tetsugaku bukkyōgaku kenkyū* 11 (2004).

③ Following Annen's Shō ajari shingon mikkyō burui sōroku, the eight [esoteric Buddhist] monk-pilgrims to Tang China are Saichō, Kūkai 空海 (Kōbō daishi 弘法大師, 774 - 835; China 804 - 806), Ennin, Jōgyō 常曉 (d. 867; 838 - 839), Engyō 円行 (799 - 852; China 838 - 839), Eun 恵運 (798 - 869; China 842 - 847), Enchin, and Shūei 宗叡 (809 - 884; China 862 - 865). See Charlotte von Verschuser, *Les Relations Officielles du Japon avec la China aux VIIIe et IXe Siécles* 八～九世紀の日中関係, Genéve, Paris: Librarie Droz, 1985; Yoritomi Motohiro 頼富本宏, Nicchū o (轉下頁)

copied or edited from collections written by Japanese monks, rather than on the continent, including ritual texts, commentaries, or even catalogs.① If we consider the key role that these documents must have played in transmitting the need-to-know books on a wide range of topics, but with the caveat that they must be cataloged, from one generation to another at each site (e.g., Shinpukuji, Kongōji, and so forth), then we are beginning to see the picture that Abe Yasurō provides about these *shōgyō*.② In addition to a manuscript Buddhist canon, which was cataloged according to the *Zhenyuan xinding shijiao lu* 貞元新定釋教録 (Newly Revised Catalog of Buddhist Scriptures, Compiled During the Zhenyuan Era [785 - 805], Z 1184, T 2157, compiled in 800, meaning that they were copied to include 1206 titles in 5351 rolls of scriptures that includes translations completed by Śubhakarasiṃha 善無畏 (in China 719 - 735), Vajrabodhi (Jin'gangzhi 金剛智, 662 - 732), and Amoghavajra ([Jin'gang 金剛] Bukong 不空 (705 - 774) and their translation

---

(接上頁) musunda bukkyōsō. Further consideration of the travels of other pilgrims such as Ekaku 恵蕚 (ca. 858) and Takaoka Shinō 高岳親王 or Shinnyō 真如 Shinō (799 - 865?, in China 863 - 877) is provided in Makita Tairyō (ed.), *Godai shūkyōshi kenkyū* 五代宗教史研究 (Studies in the History of Five Dynasties Religion), Kyoto: Heirakuji shoten, 1971; reprint, Ochiai Toshinori (ed.), *Makita Tairyō chosakushū: Gikyō kenkyū* 牧田諦亮著作集第四巻：疑經研究, Kyoto: Rinsen shoten, 2014, pp. 213 - 216, 254 - 256; Edwin O Reischauer, "Notes on T'ang Dynasty Sea Routes," *Harvard Journal of Asiatic Studies* 5, 2 (1940). Cf. Edwin O. Reischauer, *Ennin's Diary: The Record of a Pilgrimage to China in Search of the Law*, New York: Ronald Press Co., 1955; Edwin O Reischauer, *Ennin's Travels in Tang China*, New York: Ronald Press Company, 1955. On shōrai mokuroku, see Elizabeth Tinsley, "61. Kūkai and the Development of Shingon Buddhism," in Charles D. Orzech, Henrik H. Sørensen, and Richard K. Payne (eds.), *Esoteric Buddhism and the Tantras in East Asia*, Handbook of Oriental Studies, Leiden: Brill, 2011.

① David Quinter, *From Outcasts to Emperors: Shingon Ritsu and the Mañjuśrī Cult in Medieval Japan*, Brill's Japanese Studies Library, vol. 50, Leiden and Boston, Mass.: Brill, 2015, p. 154. See also Brian O. Ruppert, "67. Dharma Prince Shukaku and the Esoteric Buddhist Culture of Sacred Works (Shōgyō) in Medieval Japan," in Charles D. Orzech, Henrik H. Sørensen, and Richard K. Payne (eds.), *Esoteric Buddhism and the Tantras in East Asia*, Handbook of Oriental Studies, Leiden: Brill, 2011; Asuka Sango, "Buddhist Debate and the Production and Transmission of Shōgyō in Medieval Japan," *Japanese Journal of Religious Studies* 39, no. 2 (2012).

② Abe Yasurō, *Chūsei Nihon no shūkyō tekusuto taikei*, p. 99, 160. See also the overviews in Abe Yasurō and Yamazaki Makoto (eds.), *Shinpukuji komokurokushū* 真福寺古目録集, Shinpukuji zenpon sōkan 真福寺善本叢刊, Kyoto: Rinsen shoten, 1999; Abe Yasurō and Yamazaki Makoto (eds.), *Shinpukuji komokurokushū* 2 真福寺古目録集 二, Shinpukuji zenpon sōkan dai ni ki 真福寺善本叢刊第二期, Kyoto: Rinsen shoten, 2005.

teams,[1] *shōgyō* were kept at sites in medieval Japan and cataloged to provide access to commentaries, ritual manuals, and other aspects of life as ritual experts and especially within cloisters where monastics who protected the realm (*gohōsō'in* 護法僧院) lived.[2] The categories Annen utilizes to distinguish between different types of esoteric Buddhist texts include those tied to the rituals of the two-world *maṇḍalas* (*ryōbu mandaras* 兩部曼荼)—the Womb (*taizangjie*, *taizōkai* 胎藏界, *Mahākaruṇāgarbhadhātu*) and Diamond (*jin'gangjie*, *kongōkai* 金剛界, *vajradhātu*), from the *Mahāvairocana* (*Dari jing* 大日經, T. 848) and *Vajraśekhara* (alt., *Sarvatathāgatatattva-saṃgraha-nāma-mahāyāna*, *Jin'gangding jing* 金剛頂經, T. 865) *sūtras*, respectively—and the *Suxidi jieluo jing* 蘇悉地羯羅經 (*Susiddhikaramahātantra-sādanopāyikapaṭala-sūtra*, Z no. 509. T no. 893), which was translated by Śubhakarasiṃha 善無畏 (in 726). We also find a host of *dhāraṇī sūtras*—particularly the High Victory *Dhāraṇī* [from the] Buddha's Crown (*Foding zunsheng tuoluoni jing*, *Butchō sonshō darani kyō* 佛頂尊勝陀羅尼經, *Sarva-tathāgatoṣṇīṣavijayā-* or *Uṣṇīṣavijayā-dhāraṇī*, Z nos. 373–378, T no. 967–972)—interpreted through the aforementioned esoteric ritual manuals, consecration (*guanding*, *kanjō* 灌頂, *abhiṣekha*) rites, and other rituals such as those devoted to *homa* (*humo*, *goma* 護摩) rites.[3]

---

① There is, of course, a distinction to be made between a translation and a version of a text; Chinese or Tibetan translations "should not be regarded simply as 'a translation' of the text but as 'a version' representing a certain stage at which the text developed," Seishi Karashima, *A Critical Edition of Lokakṣema's Translation of the Aṣṭasāhasrikā Prajñāpāramitā* 道行般若經校注, Tokyo: International Research Institute for Advanced Buddhology, Soka University, 2011, p. xii; James B. Apple, "The Phrase dharmaparyāyo hastagato in Mahāyāna Buddhist Literature: Rethinking the Cult of the Book in Middle Period Indian Mahāyāna Buddhism," *Journal of the American Oriental Society* 134, no. 1 (2014): 27n.4. Furthermore, individual translators did not work alone; they often worked in elaborate teams; see Chen, "Another Look at Tang Zhongzong's (r. 684, 705–710) Preface to Yijing's (635–713) Translations: With a Special Reference to Its Date"; Ming Chen, "Vinaya works translated by Yijing and their circulation: Manuscripts excavated at Dunhuang and Central Asia," *Studies in Chinese Religion* 1, 3 (2015).

② Tomabechi Seiichi, "Shō ajari shingon mikkyō burui sōroku kaidai 諸阿闍梨真言密教部類惣録 開題," in Abe Yasurō and Yamazaki Makoto (eds.), *Shinpukuji komokurokushū* 2, Kyoto: Rinsen shoten, 2005, p. 606.

③ See Sasaki Daiju, "Butchō sonshō darani gaikan 佛頂尊勝陀羅尼概觀," (An overview of the Buddhoṣṇīṣavijaya-dhāraṇī) *Gendai mikkyō* 20 (2009); Paul Copp, *The Body Incantory:* (轉下頁)

supplanted the application of exoteric Buddhist practices including, but not limited to, obtaining the merits described Mahāyāna *sūtras* from circumambulating sacred sites (*stūpas*, for example) or chanting or ritually reading *sūtras*. Perhaps most significantly, as we will see with the Shinpukuji edition of Annen's *Shingon mikkyō sōroku*, as has been found in medieval Europe within libraries and scriptoriums such as Monte Amiata, an important Christian monastery in Tuscany, Italy, sectarianism did not play an especially significance role in the transmission of these *shōgyō*. A more fruitful lens through which to approach these *shōgyō* is described by Michael Gorman when writing about Monte Amiata:

> It is worthwhile to highlight the abbey's economic history because manuscript production coincides with favorable economic factors. An active scriptorium depends upon a great library, full of exemplars, and both require significant financial resources. Many peasants must work hard to raise the sheep, make the parchment and produce the wealth to be consumed by the monks toiling away in the abbey's library and scriptorium.①

As "powerhouses of prayer" because of the priceless books kept there which had been handed down generation after generation, particular abbeys across medieval Europe, like *jingūji* in medieval Japan, a category that may include

(接上頁)*Spells and the Ritual Imagination in Medieval Chinese Buddhism*, The Sheng Yen series in Chinese Buddhist studies, New York: Columbia University Press, 2014, pp.70 - 80, 142 - 147; T. H. Barrett, "Review of Paul Copp, *The Body Incantory: Spells and the Ritual Imagination in Medieval Chinese Buddhism*," *Journal of Chinese Studies* 61 (2015); Michael Radich, "Review of Paul Copp, *The Body Incantory: Spells and the Ritual Imagination in Medieval Chinese Buddhism*," *Tang Studies* 33 (2015); Michelle C. Wang, *Maṇḍalas in the Making: The Visual Culture of Esoteric Buddhism at Dunhuang*, vol. Brill, Leiden, 2018, chap.1

① Michael Gorman, "Manuscript Books at Monte Amiata in the Eleventh Century," *Scriptorium* 56, no. 2 (2002). Cited in Eltjo and van Zanden, "Charting the 'Rise of the West': Manuscripts and Printed Books in Europe, A Long-Term Perspective from the Sixth through Eighteenth Centuries," p.426.

Shinpukuji and almost certainly Kongōji, amassed massive libraries of one of a kind manuscripts that were presumably imperative to preserve there.

Shōrai mokuroku attributed to Enchin, the Shinpukuji ed. of Shingon mikkyō sōroku, and a colophon to Shōgyō mokuroku Katsuojiryū mokuroku

Only one of the five extant catalogs written by Enchin specifically tallies books by a temple in the T[western] ang capital Chang'an and two cover temples named Kaiyuansi 開元寺(common practice during the Tang after the Kaiyuan-era) in Fuzhou, Wenzhou and Taizhou. Table 1 provides a list of these catalogs.

Table 1: Enchin's Catalogs of Books in Chinese Monastic Libraries: ①

	Title	Length	Date	Source in NBZ / T.
1	*Kaigenji gūtoku kyōsho ki mokuroku* 開元寺求得經疏記目録 (Catalog of Scriptures and Commentaries collected from Kaiyuan monastery [Fuzhou]) (alt. *Kaigenji guhō mokuroku* 開元寺求法目録)	1 roll	Friday, 27 October, 853 (Dazhong 大中 7.9.21):	vol. 95, no. 863, 252 T. 2169
2	*Fūkushū Onshū Taishū gūtoku kyōritsuronsho ki gaishotō mokuroku* 福州温州台州求得經律論疏記外書等目録 (Catalog of Sūtras, Abhidharma, Śāstras, and Commentaries from [Kaiyuan temples] in Fuzhou, Wenzhou, and Taizhou) (alt. *Fūkushū Onshū Taishū guhō mokuroku* 福州温州台州求法目録)	1 roll	854 (Dazhong 8)	vol. 95, no. 865, 253 - 256 T. 2170

① Abe Yasurō, *Chūsei Nihon no shūkyō tekusuto taikei*, p. 202.

續 表

	Title	Length	Date	Source in NBZ / T.
3	*Seiryūji guhō mokuroku* 青龍寺求法目録（Catalog of Searching for Scriptures at Qinglong monastery [Chang'an]）	1 roll	Wednesday，4 December，855（Dazhong 9.10. 21）	vol. 95，no. 865，257－258 T. 2171
4	*Chishō daishi shōrai mokuroku* 智証大師請来目録（Catalog of Books Enchin Brought Back to Japan）	1 roll	Wednesday，29 June，858（Dazhong 12.5. 15）	T. 2173
5	*Nihon biku Enchin nittō guhō mokuroku* 日本比丘圓珍入唐求法目録（Catalog of Scriptures Found [in China] by Japanese Bhikṣu Enchin）	1 roll	859（Tenan 天安 3）①	vol. 95，no. 866，259－264 T. 2172

Although Ennin's *Nittō guhō junrei kōki* [alt. *gyōki*] 入唐求法巡礼行記（Record of a Pilgrimage to Tang [618－907] China in Search of the Dharma）is well-known today，and we have a catalog by the Shingon "patriarch" Kūkai（Kōbō daishi 弘法大師，774－835；China 804－806），[*Go-*] *Shōrai mokuroku* 御請来目録（T no. 2161），today it looks like Enchin may have been the most attentive to the project of cataloging the treasures he found in Tang China.②

The situation looks different if we pay close attention to Annen's *Shingon mikkyō sōroku*，and especially if we briefly examine the Shinpukuji edition. Compiled at roughly the same time as the eminent Japanese literatus Miyoshi no Kiyoyuki's *Enchin den*（ca. 902）but well after Enchin's diary，*Gyōrekishō* 行歷抄（Travel Notes，NBZ no. 572），Annen's *Shingon mikkyō sōroku* not surprisingly favors texts brought back to Japan by Ennin，whom

① This text contains *Kokuseiji guhō mokuroku* 國清寺求法目録（Catalog of Scriptures Found at Guoqing monastery [Mount Tiantai]），1 roll，and has the date 857（Dazhong 11）.

② Ennin's diary is distinguished today because of Reischauer，*Ennin's Diary: The Record of a Pilgrimage to China in Search of the Law*；Reischauer，*Ennin's Travels in Tang China*.

he studied with before his 'official' teacher Henjō 遍照 (816 – 890). Like the Taishō edition, the Shinpukuji edition contains information attached to many texts listed in Annen's catalog which shows that the libraries of Shūei's 宗叡 (809 – 884; China 862 – 865) temple of Engakuji 円覚寺 (Mizuoyama-dera 水尾山寺, not to be confused with the Zen temple in Kamakura) and Bonshakuji were checked, along with the *Zhenyuan lu*. Using the CBETA online edition (http://cbetaonline.dila.edu.tw, with its many errors) of T no. 2176, there are roughly 30 texts attributed to Saichō in the first roll with 18 in the second. For Kūkai, there are approximately 150 in roll 1 and 81 in roll 2. The tabulation for Ennin, Jōgyō 常暁 (d. 867; 838 – 839), Engyō 円行 (799 – 852; China 838 – 839), Eun 惠運 (798 – 869; China 842 – 847), and Shūei is as follows, respectively: 280 in roll 1, 189 in roll 2; 10 in roll 1, 23 in roll 2; 90 in roll 1, 39 in roll 2; 89 in roll 1 and 73 in roll 2; 83 in roll 1 and 15 in roll 2. Annen lists 78 texts from Enchin in roll one and 51 in roll two. The Taishō edition also lists 154 texts in roll one and 37 in roll two checked against the library of Bonshakuji; 206 in roll one and 50 in roll two were checked (many against both editions) with the library of Engakuji.

There are nine extant editions of *Shingon mikkyō sōroku*. The earliest dates to 965; the latest—T no. 2176—is an Edo (1603 – 1868) period reprint of a 10th century manuscript.① Despite the fact that Annen was a Tendai monk and it is often presumed that this catalog favors Tendai monk-pilgrims and may reflect nascent sectarian tensions, these editions come from Shingon libraries, including Shinpukuji. This edition has a special colophon, which reflects not only how to read the notes about which texts Annen assigns to each traveler, but also how broad the scope of transmission was understood to be during the 10th century. As in the order I listed the number of texts assigned to each pilgrim above, Saichō is defined as Dengyō daishi from Hieizan; Ennin and Enchin are listed in the same fashion. Kūkai is assigned

① Tomabechi Seiichi, "Shō ajari shingon mikkyō burui sōroku kaidai," p.608.

to Kōya[san] 高野[山], Engyō to Reigonji 靈嚴寺 (in Yamashiro 山城国, western Kyoto today), Eun to Anshōji 安祥寺, and Shūei, a.k.a. Engaku, is listed as a first rank official monk (*sōjō* 僧正). A scribe by the name of Kōkaku of the Jimyōbō checked this manuscript against two others (Engakuji and Bonshakuji) [以兩本比校了慈明房光覚]; the manuscript was copied on 1126.10.27 [大治元年壬十月二十七日書寫了]. Then, in Sanskrit Siddhaṃ letters we find the syllables for *prakṣa dharma saṃgha ko* or *ka*. *Prakṣa* is a mistake for *prarakṣa*, which makes the phrase mean: [copied] to protect the *dharma* and the *saṃgha*.① Tomabechi Seiichi thinks the difficult to read letter must be *ko* because of the first character in Kōkaku's name. But it could be *ka*, which is a syllable often written to refer to protector of the Dharma monastics.②

What is clear however we read the Siddhaṃ letters is that it must have been important for Kōkaku to have let readers know that there were eight Japanese monastics who brought esoteric Buddhist ritual texts back to Japan with them during the 9th century. The world we now read about in most textbooks concerning the history of *mikkyō* in Japan with two putative founders, Kūkai and Saichō, if the latter is mentioned at all, was still far in the future when the Shinpukuji edition of *Shingon mikkyō sōroku* was copied. It should be noted that the Nanatsudera canon contains another edition of *Shingon mikkyō sōroku*, copied in 1178.12.7 by Ekaku 榮覚 and checked or proofread by Eshun 榮俊; there is a dedication or vow, which reads as follows: presented for future worthies to go together, at that time, attain the seed of Buddhahood [贈後賢共期佛果].③

Almost as if Ekaku or Eshun's vow was realized, in the catalog of *shōgyō* from the East Katsuoji (in Osaka) kept at Shinpukuji, *Shōgyō mokuroku*

---

① Abe Yasurō and Yamazaki Makoto, *Shinpukuji komokurokushū* 2, pp.511, 605.

② Tomabechi Seiichi, "Shō ajari shingon mikkyō burui sōroku kaidai," p.206.

③ Nanatsudera issaikyō hozonkai, *Owari shiryō Nanatsudera issaikyō mokuroku* 尾張史料七寺一切經目録 (Catalog of the Natsudera scriptures), Nagoya: Nanatsudera issaikyō hozonkai, 1968, p.127.

higashi Katsuojiryū mokuroku 聖教目録東勝尾寺流目録, we find another interesting colophon: diagrams listing the transmission lineages of four, not eight, of the Tang monk-pilgrims listed in *Shingon mikkyō sōroku*. Here, Saichō comes first, followed by Kūkai, Ennin, and Enchin as follows:

Saichō:

[*Taizō*(*kai*)] Mahāvairocana 大日如來 - Vajrapāṇi 金剛手 - Dharmagupta 達摩掬多

Śubhakarasiṃha-Yixing 一行 (ca. 683 - 727) - Shunxiao 順曉 (ca. 805)

Saichō

[*Kongō*(*kai*)] Mahāvairocana-Samantabhadra 普賢 - Mañjuśrī 曼殊室利

Nagārjuna 龍猛 - Nagabodhi 龍智 - Vajrabodhi

Śubhakarasiṃha-Shunxiao-Saichō

Kūkai:

[*Taizō*(*kai*)] Mahāvairocana-Vajrapāṇi-Dharmagupta

Śubhakarasiṃha-Xuanchao 玄超 - Huiguo 惠果 (746 - 806)

Kū -[空一]

[*Kongō*(*kai*)] Samantabhadra-Mañjuśrī-Nagārjuna

Nagabodhi- Vajrabodhi-Amoghavajra

Huiguo-Shunxiao-Kū

口[様?]别力

Mahāvairocana-Vajra[sattva] 金剛サタ-Nagārjuna

Nagabodhi-Vajrabodhi-Amoghavajra

Huiguo-Kū-

Ennin:

[*Taizō*(*kai*)] Mahāvairocana-Vajrapāṇi-Dharmagupta

Śubhakarasiṃha-Xuanchao-Huiguo

Yicao 義操 - Yizhen 義真 - Ennin

[*Kongō*(*kai*)] Mahāvairocana-Samantabhadra-Mañjuśrī
Nagārjuna-Nagabodhi-Vajrabodhi
Amoghavajra-Huiguo-Huize 惠則
Yuanzheng 元政- Ennin
Enchin:
[*Taizō*(*kai*)] Mahāvairocana-Vajrapāṇi-Dharmagupta
Śubhakarasiṃha-Xuanchao-Huiguo
Yicao-Farun 法潤- Faquan 法全（fl. 800 - 870）
Enchin
[*Kongō*(*kai*)] Mahāvairocana-Samantabhadra-Mañjuśrī
Nagārjuna-Nagabodhi-Vajrabodhi
Amoghavajra-Huiguo-Yicao
Faquan

The order seems to reflect historical chronology of these monastics' journeys to China. But otherwise we find a list of transmission that favors full transmission of these two lineages back to putative Indian patriarchs. By 1355.2.13, when Yūe 宥恵 copied this catalog and declared himself to be a disciple of the Diamond Buddha (Mahāvairocana) as *Kongō busshi* 金剛佛子, it appears that which Indian teachers and Chinese disciples Saichō (Shunxiao in Yuezhou 越州 on his way home), Kūkai (Huiguo), Ennin (Yicao, Yizhen, and Yuanzheng), and Ennin (Faquan) were understood to have received transmission from had become central to the transmission of esoteric Buddhist lineages and very likely *shōgyō* to study the ritual manuals with the "correct" lineages' teachers, three of whom were still understood to be Tendai, with Kūkai singled out.① How did these teachers in China come to

① On these lineages, and Kūkai, see Abé, *The Weaving of Mantra*; Jinhua Chen, "The Construction of Early Tendai Esoteric Buddhism: The Japanese Provenance of Saichō's Transmission Documents and Three Esoteric Apocrypha Attributed to Śubhākarasiṃha," *Journal of the International Association of Buddhist Studies* 21, no. 1 (1998); Jinhua Chen, *Making and remaking history: a study of Tiantai sectarian historiography*, *Studia philologica Buddhica*. Monograph series （轉下頁）

receive such particular attention? And who was Faquan?

Kongōji edition of Miyoshi no Kiyoyuki's *Enchinden* on Enchin in China

As an historical document, the edition we have of Enchin's diary (*Gyōrekishō*) was kept at Ishiyamadera 石山寺 and was copied with some corrections made on 1197.10.17 from a previous copy produced by Chikan 智勸 in 1195 of a copy by one Raikaku 頼覚 in 1049 of the short diary that Enchin finished writing after he had returned to Japan on 859.1.23.① The edition we have in the *Dai Nihon Bukkyō zensho* has some commentary or notes added by Raikaku. What concerns me most from the *Gyōrekishō* is that it explains that Enchin received transmission of the teachings of the Diamond-realm and Womb-realm *maṇḍalas* at Qinglongsi 青龍寺 in Chang'an from Faquan (fl. 800–870), but it does not accord with what is recorded in *Enchin den*. *Gyōrekishō* says that Enchin arrived in Chang'an on 855.5.20 (July 7th) and met the esoteric Dharma master Faquan on 5.28. On 7.15 (August 31, 855). Faquan gave him a consecration ritual for the Womb *maṇḍala* at Qinglongsi. Faquan then gave him the consecration ritual for the Diamond *maṇḍala* on 855.10.3 (November 16th). Finally, on 855.11.5, Enchin was given a conferral of transmission consecration by Faquan. Enchin ends this section of the diary during the first month of Dazhong 大中 10 (856). The next entry begins during the second lunar month of 858 with his return to Dazaifu 太宰府 in Japan.②

(接上頁)14, Tokyo: International Institute for Buddhist Studies of the International College for Advanced Buddhist Studies, 1999. For fuller detail about competing claims of transmission and these Chinese esoteric Buddhist teachers, see Chen Jinhua, *Crossfire: Shingon-Tendai Strife as Seen in Two Twelfth-Century Polemics, with Special References to Their Background in Tang China*, Studia Philologica Buddhica Monograph XXV, Tokyo: International Institute for Buddhist Studies, 2010.

① Gyōrekishō NBZ 572, 72: 191b–c, 192a1–3.

② Gyōrekishō NBZ 572, 72: 190b–c, esp. c3–5, 17–19. With some disagreement because Chen consults additional, later sources from Japan, trans. in Chen Jinhua, *Crossfire: Shingon-Tendai Strife as Seen in Two Twelfth-Century Polemics, with Special References to Their Background in Tang China*, p. 138.

The biography of Enchin by Miyoshi no Kiyoyuki is a curious document with a revealing textual history of its own that lies beyond the scope of this paper. I hope it will suffice to say here, however, that it was written by a fascinating figure who was once a member of the Japanese equivalent of the famous Hanlin 翰林 Academy in China (*Kanrin*), and is tied to the curious figure of Sugawara no Michizane 菅原道真 (845 - 903) who was exiled and became Tenman Tenjin 天満天神.① I will add that the edition of *Enchinden* in *Dai Nihon Bukkyō zensho* is unreliable, though intriguing, because it contains large blocks of additional text, primarily concerned with portents by *kami* 神 concerning key events in his life and oddly placed references to sectarian debates not mentioned in the manuscript I have consulted from Amanosan Kongōji. There are three other extant manuscript editions of the text: an edition kept at Ishiyamadera dated to 1108.4.21; a manuscript dated 1220.4.25 from the Manshu-in 曼殊院 now at the Tokyo National Museum (no, B - 1402); and one from the Kanchi'in 觀智院 of Tōji dated 1185. The Kongōji manuscript is a copy completed on 1230.12.11 at the Rengeō-in Sanjūsangendō 蓮華王院三十三間堂 of an edition copied on 1182.1.18 from an edition copied on 1140.10.27 at the Shana-in 舍那院 (Nagahama, Shiga prefecture).②

In order to deepen our understanding of the history of the transmission of key texts in medieval East Asia and to provide further context about the sources that Chen Jinhua and I use to address the narrative of Enchin's voyage to Tang China, it is important to note that in his biography of Enchin in *Genkō shakusho* 元亨釋書 (Buddhist History of the Genkō Era [1321 -

① Robert Borgen, *Sugawara no Michizane and the Early Heian Court*, Cambridge: Harvard University Press, 1986; Francine Hérail, *La cour et l'administration du Japon a l'epoque de Heian*, École Pratique des Hautes Études sciences historiques et philolgiques II Hautes Études Orientales 40 Extrême-Orient 5, Genève: Droz, 2006.

② Gotō Akio et al. (eds.), *Amanosan Kongōji zenpon sōkan* 天野山金剛寺善本叢刊 Dai ichi-ki Dai ichi-kan Kangaku 第一期第一卷漢學, Tokyo: Bensei shuppan, 2017, pp.744 - 746.

1324]), Kokan Shiren 虎関師錬 (1278 - 1346) follows Kiyoyuki's biography conspicuously.①

Enchin's own diary records that he received esoteric Buddhist transmission solely from Faquan and only in Chang'an. The narrative of lineage transmission between Faquan and Enchin in Chang'an is similar in *Enchin den*, but Kiyoyuki adds some key information that Enchin left out of *Gyōrekishō*. Kiyoyuki records that the conferral of transmission consecration took place not on 855.11.5, but instead on 855.11.4 and was followed by conferral of the title of Ācārya after he received the *samaya* precepts (*sanmeiye jie*, *samaya kai* 三昧耶戒) and performed a ceremony honoring the sages (patriarchs). Then Enchin is said to have proceeded to the monastery of Da Xingshansi 大興善寺, where he bowed and made ritual offerings to the relics of Amoghavajra and met with Amoghavajra's third generation disciple, Śramaṇa-ācārya Huilun 惠輪. According to *Enchinden*, Huilun transmitted to Enchin the secret meaning of the two division *maṇḍalas* and a new translation of his called the *Chinian jingfa* 持念經法 (Method for Reciting [spells] from the scriptures?).②

In a recent article about this Zhihuilun 智慧輪 (d. 876) and in his *Crossfire* book, Chen Jinhua presents the narrative of the transmission from Zhihuilun to Enchin as a key component in his quest to recover lost traces of the esoteric Buddhist masters from the post- An Lushan 安禄山 (703 - 757) and Shi Siming 史思明 (703 - 761) rebellions and Huichang-era, the rebellion of Huang Chao 黄巢 (835 - 884) and the Huichang 會昌 (841 - 846) era

---

① On Kokan Shiren and the Genkō shakusho, see Carl Bielefeldt, "Kokan Shiren and the Sectarian Uses of History," in Jeffrey P. Mass (ed.) *The Origins of Japan's Medieval World: Courtiers, Clerics, Warriors, and Peasants in the Fourteenth Century*, Stanford, CA: Stanford University Press, 1997; Bruce E. Carpenter, "Kokan Shiren and the Transformation of Familiar Things," *Tezukayama daigaku ronshū* 18 (1978). For the biography of Enchin, see Kokan Shiren and Fujita Takuji, *Kundoku Genkō shakusho*, 1: 69 - 76.

② See lines 88 - 93 in Gotō Akio, 2017. The text reads as follows: 伝法和尚法阿闍梨、受兩部大法。十一月四日,排批香花、供養賢聖。受三昧耶戒。其夜受兩部大教阿闍梨立。其後又至街東大興善寺不空三藏和尚院、禮拜三藏骨塔、并見三藏第三代伝法弟子三藏沙門惠輪阿闍梨、受兩部大曼荼羅秘旨、兼授新譯持念經法。

suppression of the faith. Chen provides careful notes about the texts he read to conclude that Enchin must have met Zhihuilun. One of these is a letter that Enchin addressed to Zhihuilun on 882.7.15 from Japan with a list of questions for his former teacher requesting additional books to be dispatched.[①] Other letters examined by Chen from Enchin to Zhihuilun address the portraits of the three celebrated esoteric masters Amoghavajra, Śubhakarasiṃha 善無畏 (in China 719 - 735) and Vajrabodhi (Jin'gangzhi 金剛智, 662 - 732) that Enchin saw when he was in China and speak to the matter of which lineage Zhihuilun may or may not have been assigned to when Enchin was in China. Chen also makes a convincing case that the biography of Zhihuilun in Zanning's 贊寧 (919 - 1001) *Song gaoseng zhuan* 宋高僧傳 (Biographies of the Eminent Monks of the Song, T no. 2061, 50: 722c) mistakenly suggests that he was an Indian monk with the name * Prajñācakra (Wheel of Wisdom), transcribed into Chinese with the varying characters 般若斫迦 or 般若惹羯羅 or 般若斫羯羅, when his father was almost certainly Chinese—with the surname Ding 丁—although his mother may have come from India or Central Asia.[②]

If Chen is correct, and I suspect that he is, about the connection between Zhihuilun and Enchin, then I wonder why there is no mention of Zhihuilun in *Gyōrekishō* as we have the text today? There is another—possibly Indian or Central Asian—monk that Kiyoyuki's *Enchin den* connects Enchin to, not one he encountered in the capital, but when he was in Fuzhou. *Enchin den* records that when Enchin first arrived in China in 853 and went to the Kaiyuansi in Lianjian country 連江縣 in Lingnan Circuit 嶺南道, he met a monk by the name of Boreruodaluo 般若若怛羅 (Hannyatara) from the

① Jinhua Chen, "A Chinese Monk under a 'Barbarian' Mask? Zhihuilun (? - 876) and Late Tang Esoteric Buddhism," *T'oung Pao* 99, 1, no. 139 (2013): 100 - 105, esp.100, nos.26 - 28; Chen Jinhua, *Crossfire: Shingon-Tendai Strife as Seen in Two Twelfth-Century Polemics, with Special References to Their Background in Tang China*, pp.177 - 178.

② Chen, "A Chinese Monk under a 'Barbarian' Mask? Zhihuilun (? - 876) and Late Tang Esoteric Buddhism," pp.100 - 105, esp.28 - 29. Kokan Shiren and Fujita Takuji, *Kundoku Genkō shakusho*, 1: 72.

monastery of Nālandā in Magadha in Central India from whom he received several texts. The first is a text about how to study the Sanskrit Siddham script (*Fanzi xitan zhang*, *Bonji shittanshō* 梵字悉曇章), followed by the Diamond and Womb *maṇḍalas*, the *Mahāvairocana-sūtra*, and at least two other esoteric Buddhist ritual manuals in Sanskrit (*fanqie*, *bonkyō* 梵篋, *pustaka* or *poṭhī*).① The encounter with Boreruodaluo is not mentioned in *Gyōrekishō*, where far clearer dates are provided concerning when he arrived in China (853.8.15) and how quickly he proceeded to Mount Tiantai and Guoqingsi.②

Who was Boreruodaluo and is there any other evidence of an Indian monk by this name residing at a monastery in Fuzhou? Kūkai's [*Go-*] *Shōrai mokuroku* (T no. 2161, 55: 1063c24) records that he brought back a copy of *Bonji shittanshō* in one roll, as does *Nihon biku Enchin nittō guhō mokuroku* (T no. 2172, 55: 1098b20).③ Prajñā is an Indian esoteric master well-known to have been a teacher to Kūkai when he was in Chang'an studying esoteric Buddhism during the beginning of the 9th century.④ It seems highly unlikely, however, that the same individual would have moved to Kaiyuansi in Fuzhou by the 850s, unless we consider that he may have been one of the representatives of the "Chang'an Buddhist traditions" Brose posits; yet I highly doubt this is the same monk. Because Enchin completed *Nihon biku*

---

① On fanqie, see "Bonkyō" in Hōbōgirin 2: 120. See lines 63 - 68 in Gotō Akio et al., Amanosan Kongōji zenpon sōkan Dai ichi-ki Dai ichi-kan Kangaku, p.650. The text reads: 和尚在寺、黨遇中天竺摩揭陀國大那蘭陀寺三藏、受學梵字悉曇章、兼授金剛界大悲胎藏大日佛印七俱曼索室利印法梵篋經等。It seems likely that one of these texts is a ritual manual devoted to Mañjuśrī (here the name is given as Mansushili, Mansoshiri 曼素室利) and Saptakoṭibuddhamātṛ (Qijudi fomu, Shichikutei butsumo 七俱胝佛母) or Cundī (Zhunti, Juntei 準[准]提); see Kokan Shiren and Fujita Takuji, *Kundoku Genkō shakusho*, p.71.

② Gyōrekishō, NBZ 572, 72: 188a - b.

③ The transmission of Siddham by this Indian monk, whose name is rendered as Boreduoluonantuo (Hannyatararananta) 般若多羅難陀, and the possible transmission concerns with Kūkai and Enchin are addressed in Tendaishū Jimon-ha Goonki Jimukyoku, Chishō Daishi 智證大師 [On the Life of Great Master Chishō (Enchin)] (Shiga-ken Ōtsu-shi: Onjōji, 1937), pp.84 - 89. On Kūkai's catalog and problems with 20th century Japanese sectarian accounts of esoteric Buddhism, see Astley, "62. Esoteric Buddhism, Material Culture, and Catalogues in East Asia," pp.709, 16 - 18.

④ Abé, *The Weaving of Mantra*, pp.119 - 120.

Enchin nittō guhō mokuroku after he had returned to Japan, it is possible that he included a copy of the text that Kūkai brought back and records in [*Go-*] *Shōrai mokuroku*. It seems equally likely that Enchin acquired a copy of the *Bonji shittanshō* when he arrived in Fuzhou, along with the Sanskrit texts alluded to in *Enchin den*. Two Sanskrit manuscripts are recorded in *Kaigenji gūtoku kyōsho ki mokuroku* (T no. 2169, 55: 1092b15): Sanskrit mantra(s) on a palm leaf manuscript from Nālandā in Central India (*Zhong Tianzhu Da Nalantuosi beiduoye Fanzi zhenyan yijia* 中天竺大那蘭陀寺貝多葉梵字真言一夾) and a Sanskrit text of the *Great Compassion Dhāraṇī* (*Fanzi wuai dabeixin tuoluoni yijia* 梵字無礙大悲心陀羅尼一夾) which is recorded as having been copied by a Brāhmaṇa Trepiṭaka Ācārya named *Liyemansuxidaluo* 已上婆羅門三藏阿娑阿哩耶曼蘇悉怛羅捨授. Enchin records the same entry in *Fūkushū Onshū Taishū gūtoku kyōritsuronsho ki gaishotō mokuroku* (T no. 2170, 55: 1093b2). *Nihon biku Enchin nittō guhō mokuroku* is, moreover, the only one of Enchin's extant catalogs which lists 22 Sanskrit texts that he brought back to Japan. Therefore, although it seems highly suspicious and improbable that Enchin may have met the same Prajñā that Kūkai did nearly 50 years earlier in Chang'an, it is probable that he found Sanskrit manuscripts in the Kaiyuansi in Fuzhou when he first arrived—and may have met an man from India who copied Buddhist texts for monastics. If Brose and others are correct that the effects of the Huichang-era anti-Buddhist suppression were decreased far from the Tang capitals, then it seems reasonable to conclude that Indian monks or Brahmins who could write Sanskrit were active in the south as late as the mid-9th century.

Below I provide the Kongōji edition of *Enchinden* covering Enchin's voyage to Tang China, from leaving Dazaifu to returning. I provide the text here because neither the *Dai Nihon bukkyō zenshō* or Kongōji editions have been digitized, and because there are several other intriguing developments in it, including landing on the Ryūkyū islands before arriving in Fuzhou. According to Kiyoyuki, and not recorded in *Gyōrekishō*, Enchin prayed to a

"Golden Man," who must have been an emanation of Acalanātha (*Fudō myōō*), to help get the ship underway again. I underline the sections translated and discussed above. A full translation must wait for another time.

Kongōji ed. of *Enchinden* on Enchin's travels to Tang China:

[line 54] 仁壽元年四月十五日,和尚辭京
[55] 向太宰府,遂入唐之志也。三年八月九日,儻值大唐
[56] 商人鉛良暉船進發。過海時,東風急迅,舟行如飛。」
[57] 十三日申時,北風俄起,十四日辰時,漂流梂國。流梂
[58] 者所謂海中啖人之國也。時四方無風,不知所趣。遥見
[59] 數十人持戈俳徊岸上。時鉛良暉悲哭謂和尚曰,等
[60] 當爲流梂所啖也。爲之如何。和尚乃合掌閉目念願
[61] 不動明王。須臾前年所現金色人,露立舳上。時舟中
[62] 疏十人皆見之。俄而巽風忽發,飛帆指乾維。十五日午
[63] 時着大唐嶺南道福州連江縣界。即唐大中七年」
[64] 矣。時刺史林師隼,深加安存。仮住此州開元寺,優給
[65] 資離,和尚在寺,儻遇中天竺摩揭陀
[66] 國大那蘭陁寺三藏般若怛羅,受學梵字悉曇
[67] 章,兼授金剛界大悲胎藏大日佛印七俱知曼
[68] 素室李印法梵夾經等。又至國清寺,遇僧清觀
[69] 元璋兩上人,安置同房,視如兄弟。時本國留學
[70] 僧圓載,從越州來,於國清寺相接喜慰。大中八年」
[71] 二月,上天台山禪林寺,禮拜定光禪師菩提之樹。又
[72] 拜智者大師留身之墳。禪林寺者智者傳法之地。寺
[73] 東北有石象道場。此智者大師感得普賢乘白象
[74] 降來摩頂之處。古來相傳,普賢白象化爲大石
[75] 象。々々南有石窟,有大師坐禪倚子。西邊有盤
[76] 石,形似吴鼓。世云,智者説法槌之集衆。智者滅後,他
[77] 入槌之無聲。和尚試以小石擊之,響動山谷,諸」
[78] 莫不歎駭。天台山上方高峰號日華頂。此則智

［79］者安居，降伏天魔感得神通之地焉。其招手石
［80］上，見在定光禪師之迹。和尚自華頂還，至國清寺
［81］坐夏。又出天台山向越州，於開元寺，遇天台智者大師
［82］第九代傳法弟子沙門良諝，講授宗旨。大中九年二
［83］月，軠至蘇州，緣病寄宿衙前十將徐公直宅。直盡
［84］力看病。直中夜見金人立和尚枕上，四月上」
［85］旬，與僧圓載俱起向上都。五月六日，到都洛陽。廿
［86］一日，達長安城。六月三日，拜見唐中天竺大那蘭飽寺
［87］三藏善無畏阿闍梨第五代傳法弟子右街青龍寺
［88］傳法和尚法全阿闍梨，受兩部大法。十一月四日，排批
［89］香花，供養賢聖。受三昧耶戒，其夜授兩部大教阿
［90］闍梨位。其後又至街東大興善寺不空三藏和尚院，
［91］禮拜三藏骨塔，并見三藏第三代傳法弟子三藏沙」
［92］門惠輪阿闍梨，受兩部大曼荼羅秘旨，兼授新譯
［93］持念經法。廿七日，和尚與僧圓載拜辭大師，出長安城。
［94］十二月十七日，至東都廣化寺，禮拜無畏三藏舍利之
［95］塔。又詣大聖善寺善無畏三藏舊院。禮拜真容。大
［96］中十年正月，與圓載等至龍門西山崗，禮拜三藏金
［97］剛智阿闍梨墳塔。五月晦迴到越州開元寺，相看
［98］良諝阿闍梨。々々天台山法化宗文秘要四十五卷。此」
［99］皆本朝未傳者也。從此拜别，向天台山。六月四日，達國清
［100］寺，初祖師最澄，貞元年中於禪林寺造院，備後來學
［101］法僧侶。而會昌年中，僧從遭難，此院頽毁。和尚更於
［102］國清寺止觀院，起止觀堂，備長講之設。以遂祖師本願，
［103］請僧清觀爲主持人。六月辭州上尚人李延孝鉛，過
［104］海，貞觀元年六月七日，至日本國肥前國松浦
［105］都。于時天安三年也。於是，太宰府上奏和尚歸着」
［106］之由。忠仁公太悦，使人勞迎。和尚乃閲録新所求得
［107］天台本宗諸宗法文，稍過一千卷。下勅云，如聞，真言
［line 108］止觀兩教之宗，同號醍醐，俱稱深秘。……

Conclusion: statues and *kami* associated with Enchin and the Tendai tradition

In 2004, the curatorial staff at Kyoto Nation Museum launched a special exhibition called "The Sacred World of Shinto Art in Kyoto." Chief among the objects on display was a "seated male deity" (*danshin zazō* 男神座像) from Matsuno'o (alt. Matsuo) shrine. The statue is 99.6 cm high, was apparently carved from a single block of Hinoki cypress wood, and art historians have reached consensus that it can be dated to the mid ninth-century.① Details provided by the accompanying exhibit catalog describe the statue as a *gohōjin* 護法神, a protector of the Buddhist dharma, and it is most likely an image of the male Ōyamakui no kami 大山咋神 (alt. Ōyamagui), who was enshrined at Matsuo alongside his wife, Ichikishimahime no mikoto 市杵島姫命 (alt. Okitsushima), no later than 866 (Jōgan 貞観 8).② What makes this statue unique is its status as the oldest so-called "Shintō" statue from Kyoto, and the fact that it is the primary—or larger—one in a triad of "Shintō" statues on display in a building called the Shinzōkan 神像館, on site at Matsuo Taisha in western Kyoto since 1975, when a major renovation of the shrine precincts was completed.

In a study published in 2011 of the "Shintō statues" (*shin'e* or *mikage* 神影) of Matsuo shrine that are on display within the Shinzōkan, Itō Shirō 伊東史朗, an eminent art historian and current director of the Wakayama Prefectural Museum 和歌山县立博物館, agrees that the "seated male deity"

---

① Kyoto National Museum, *Kamigami no bi no sekai: Kyōto no shintō bijutsu* 神々の美の世界：京都の神道美術 (Special Exhibition: The Sacred World of Shinto Art in Kyoto), Kyoto: Sankei Shinbunsha, 2004, pp.iv, 22. Itō Shirō 伊東史朗(ed.), *Matsuno'o taisha no shin'ei* 松尾大社の神影 (Osaka: Matsuno'o Taisha, Fukamoto Publishers, 2011, p. 83) gives the height as 99.6 cm, whereas the 2004 catalog lists the height as 97.3 cm.

② On gohōjin, see "Chingo kokka" 鎮護國家 and esp. "Chinju dokkyō" 鎮守讀經 in Sylvain Lévi et al., *Hōbōgirin* 法寶義林: *Dictionnaire encyclopédique de bouddhisme d'après les sources chinoises et japonaises*, Tokyo: Maison franco-japonaise, 1929 - 2003, IV, pp. 325 - 328. Kyoto National Museum, Kamigami no bi no sekai, p.210.

lent to Kyoto National Museum in 2004 is a statue of Ōyamakui. But he postulates that it may have been commissioned by Enchin before he departed for China in 853.① Or, perhaps, it is simply a *mishōtai* 御正体（lit. revered true body）that was enshrined at Matsuo, following 8th-century precedents in historical accounts that discuss offerings being made to statues at shrine-temple complexes in the provinces, such as at Iwasahiko jinganji 若狭比古神願寺（Obama city 小浜市，Fukui prefecture 福井县）during the Yōrō 養老 period（717－724）or Tado jingūji 多度神宫寺（Kuwana city 桑名市，Mie prefecture 三重县）in 763（Tempyōhōji 天平宝字 7）.② Both of Itō's hypotheses are tenable because ［Jimon-ha］ Tendai Buddhist chronicles, contemporary diaries penned by eminent statesmen and scholars Fujiwara no Munetada 藤原宗忠（1062－1141）and Minamoto no Morotoki 源師時（1077－1136），and medieval historiographical records from the court and Matsuo shrine confirm that Enchin—or his disciplines and associates who honored him—venerated Ōyamakui as the ancestral home of the same *kami* worshipped at the main shrine associated with Mount Hiei: Hiei—or Hiyoshi, as it is pronounced today—shrine 日吉大社，in Ōtsu city, Shiga prefecture.

I am not an Art Historian. So please forgive me for making a pronouncement about medieval Japanese guardian-cum-*kami* statues without the proper training to do so: If we compare the composition of the so-called

① Itō Shirō, *Matsuno'o taisha no shin'ei*, 56－57&84－85. Still perhaps the most comprehensive study of Onjōji and Enchin is Miyagi Nobumasa and Tendaishū Jimon-ha Goonki Jimukyoku, *Onjōji no kenkyū* 園城寺之研究［A Study of Onjōji］(Ōtsu-shi, Shiga-ken: Urisabakijo hoshino shoten, 1931; repr., Kyoto: Dōhōsha shoten, 1978). A more readily available yet brief discussion of Enchin's travels in China can be found in Yoritomi Motohiro, Nicchū o musunda bukkyōsō, pp.149－160.

② Itō Shirō, Matsun'o taisha no shin'ei, pp. 57－58. For the term "multiplex" see Grapard, "Institution, Ritual, and Ideology," and his concise discussion in Shively and McCullough, *Cambridge History of Japan*, ch.8. Sagai Tatsuru, *Shinbutsu shūgō no rekishi to girei kūkan*, pp.17－20, sees a significant difference between the notions of a jingūji and a miyadera 宫寺. He thinks that jingūji functioned in contradistinction to chinjusha 鎮守社. Chinjusha were shrines dedicated to kami on the grounds of eighth-century Buddhist temples, whereas jingūji were shrines to Buddhist deities on the grounds of medieval eighth-century shrine complexes (shikinaisha 式内社). By the ninth-century, however, what Grapard and others have called shrine-temple multiplexes (as in the 22 in the Engi shiki, see below) or miyadera developed.

"Shintō" statues at Matsuo shrine with perhaps the most famous guardian deity statue that is legendarily associated with Enchin, Shinra Myōjin 新羅明神, I am struck by how different these deities look. To begin with, the *kami* statues from Matsuo seem to resemble peaceful Buddhist deities—bodhisattvas or buddhas. Shinra Myōjin, on the other hand, seems idiosyncratically "alien" and wild: the sort of deity who could ward off pestilence if, indeed, Shinra Myōjin is a manifestation in Japan as guardian deity of Miidera of the King of Mount Song 嵩山 (Shaolin si 少林寺), in China.① Shinra Myōjin's name suggests a Korean orientation.② Like Gozu Tennō, he is also associated with Susano'o, the indigenous *kami* of storms and seas. Shinra Myōjin is understood to have been brought to Japan from China by Enchin when he returned from his productive time in the Jiangnan region and at Qinglongsi in Chang'an. Christine M. E. Guth, whose research closely follows Itō Shirō's scholarship, as I have done here, concludes that the famous image of Shinra Myōjin enshrined within the Shinra Zenshindō 新羅善神捨堂 of Miidera and is rarely on display probably dates from 1052. She examines several eleventh-century Jimon-ha Tendaishū chronicles to show that Tendai monastics probably already associated Enchin with veneration of Shinra Myōjin as early as the tenth-century.③ In this section I examine several of these chronicles and come to a slightly different conclusion: it appears Enchin was definitely connected with worshipping several types and examples of *kami* at shrines within the precincts of Miidera (and Enryakuji) and at shrines in Kyoto and across Japan, including, but not necessarily limited to, Shinra Myōjin.

I will confine my discussion here of Enchin and veneration of *kami* statues at shrines to three Buddhist sources: (a) *Enchinden*; (b) *Onjōji denki*

① Bernard Faure, "From Bodhidharma to Daruma: The Hidden Life of a Zen Patriarch," *Japan Review* 23 (2011).

② Sujung Kim, "Transcending Locality, Creating Identity: Shinra Myōjin, a Korean Deity in Japan," Ph. D. diss Columbia University, 2014, pp.24 - 39.

③ Christine M. E. Guth, "Mapping Sectarian Identity: Onjōji's Statue of Shinra Myōjin," *Anthropology and Aesthetics* 35 (Intercultural China) (1999).

園城寺傳記（Transmission Record of Onjōji），comp. thirteenth-century，NBZ 86，no. 786；and（c）*Jimon denki horoku*.① Because there is ample evidence for connections between Matsuo *kami* shrine-temple complex and Miidera，and Enchin，in particular，from the twelfth through the sixteenth-centuries as discussed above，let me work chronologically backwards through these texts. Rolls three，four，and five of *Jimon denki horoku* present information about the *shibyō* 祠廟 associated with Miidera. It may surprise experts in the study of Chinese religion to learn that the primary *cimiao*（ancestral temples，in China）at Onjōji are devoted to the two *gohōjin*：the aforementioned Shinra Myōjin and Kishimojin 鬼子母神（Hārītī）. Hārītī is venerated within the Gohō zenshindō 護法善神堂 every year on the sixteenth day of the fourth lunar month.② It is in roll five，however，that we find ample evidence to support my earlier claim of a medieval religious system whereby monastics from the Jimon branch of the Tendai order organized and maintained a network of offerings to deities at prominent，so-called "Shintō"

---

① Anna Andreeva，"Saidaiji Monks and Esoteric Kami Worship at Ise and Miwa，"（*Japanese Journal of Religious Studies* 33，no. 2（2006）：361）mentions Onjōji denki and some of the terms discussed here，as does Kim，"Transcending Locality，Creating Identity：Shinra Myōjin，a Korean Deity in Japan，" pp.24－30. On the dating of Shikō's compilation，see Miyake Hitoshi，"Shugendō no kyōten keisei to Tendaishū 修験道の教典形成と天台宗，" p.33. According to Umchara Takeshi［*Kyōto hakken 9：Hieizan to Honganji* 京都発見九比叡山と本願寺（Discovering Kyoto 9：Hieizan and Honganji），ed. Umehara Takeshi，Kyōto hakken，Tokyo：Shinchosha，2007，pp.57－62］，the Onjōji denki covers the history of Miidera from 662－1397 and Jimon denki horoku covers 888－1302. We know Jimon denki horoku was compiled ca. 1394－1428.

② Jimon denki horoku 4，NBZ 787.86.133a－134b provides a synopsis of Hārītī within various East Asian Buddhist scriptures；134b－135b copies a short，probably apocryphal，scripture，Foshuo guizimu jing 佛説鬼子母經（Bussetsu kishimokyō，Book Spoken by the Buddha on Hārītī，T. 1262）；135b－136a copies another likely apocryphon，the Fohua guizimu yuan 佛化鬼子母緣（Butsuke kishimo en，Avadāna Tale the Buddha Converting Hārītī，XZJ 57，no. 961：105b15－106a13），which is available only in Northern Song dynasty Tiantai master Zongxiao's 宗曉 Shishi tonglan 施食通覽；136a－137c reproduces Amoghavajra's（Bukong，Fukū 不空，705－774）translation of the ritual manual Dayaocha nühuanximu bing'aizi chengjiufa 大藥叉女歡喜母并愛子成就法（Daiyakushanyo kangimo byōaishi jōkuhō，Ritual to Achieve the Results［sādhana］Yakṣinī Joyful Mother Loving All Her Children，T. 1260）；137c－138a reproduces another ritual manual translated by Amoghavajra，Helidimu zhenyanfa 訶梨帝母真言法［jing 經］（Kariteimo shingonhō［kyō］，Ritual of the Mantra for Hārītī，T. 1261）. On these rituals from an informed perspective in English，see Hei Rui 黑蕊，"Hārītī：From Demon Mother to a Protective Deity in Buddhism—A History of an Indian Pre-Buddhist Goddess in Chinese Buddhist Art"，MA University of Macau，2010，pp.8－17. Gozu Tennō can also be seen as a manifestation of Hārītī.

shrines in Kyoto, which was, in turn, integrated into the ritual calendar of Onjōji (Miidera) and its sub-temples.①

Roll five of *Jimon denki horoku* is devoted to *Chinju shinshi* 鎮守神祠, or shrines to protective *kami*. Beginning with Mio myōjin 三尾明神 (red, white, and black deities), the landlord clan deity prior to Shinra Myōjin, we learn that there is an interesting connection with the Hata clan and *kami* venerated by Miidera monastics. It appears that Hata no Kawakatsu, the Hata clan member to whom the founding of Kōryūji is attributed, and his sons are also associated with the veneration of Mio myōjin as a powerful *ōare myōjin* 大荒明神.② Next, we learn that there are eighteen *shinshū* devoted to the *garanjin* 伽藍神, or tutelary deities of the monastic compound (lit. gods of the *saṃghārāma*), conveyed in the apocryphal *Book of Buddha Names Recited by Horse-Head (Hayagrīva) Rākṣasa (Matou luocha foming jing, Battōrasetsu butsumyōkyō* 馬頭羅刹佛名經, Z no. 1167, T. n/a).③ Apparently when Shinra Myōjin was newly enshrined on site at Onjōji in 860 (Jōgan 貞觀 2) the Sannō 山王 shrine, as it was called in the sixteenth and seventeenth centuries when *Jimon denki horoku* was compiled, but was referred to as Hiei shrine earlier (and today), was given a face lift.

---

① Kim, "Transcending Locality, Creating Identity: Shinra Myōjin, a Korean Deity in Japan," pp.58 - 60.

② Jimon denki horoku 5, NBZ 787.86.130c - 140a.

③ Jimon denki horoku 5, NBZ 787.86.140a - b. The Butsumyōkyō has been studied by Kuo Liying and received considerable attention when the Matsuo and Nanatsudera scriptures were copied: this scripture is rolls 3509 - 3520 of the Matsuo scriptures. When the Nanatsudera canon was rediscovered this scripture received considerable attention because a liturgy with this scripture remains an important practice within Shingon temples still today. Li-Ying Kuo, "Sur les apocryphes bouddhiques chinois," *Bulletin de l'École française d'Exrême-Orient* 87, no. 2 (2000); Kuo Li-Ying (郭麗英), "La récitation des noms de buddha en Chine et au Japon," in Magara Kazuto et al.(eds.), *Chūgoku senjutsu kyōten: shiryōhen* 中國撰述經典・資料篇 [Scriptures Compiled in China: Research Materials (16 roll Butsumyōkyō 佛名經)], Nanatsudera koitsu kyōten kenkyū sōsho 七寺古逸經典叢書 (The Long Hidden Scriptures of Nanatsudera, Research series), Tokyo: Daitō shuppansha, 1995, 688; Toshinori Ochiai et al., *The Manuscripts of Nanatsu-dera: A Recently Discovered Treasure-house in Downtown Nagoya*, Kyoto: Istituto italiano di cultura Scuola di studi sull'Asia orientale, 1991. Whalen Lai, "The Chan-ch'a ching: Religion and Magic in Medieval China," in Robert E. Buswell, Jr. (ed.), *Chinese Buddhist Apocrypha*, Honolulu, Hawaii: University of Hawai'i Press, 1990.

Ōyamakui is enshrined there. *Jimon denki horoku* reminds the [premodern] reader that Hiei shrine was one of the twenty-two official shrines that received "oblations" from the imperial lineage during the Heian period.① And then we learn that there were five separate sites in and around Mount Hiei—including two different *miya*—for veneration of Ōyamakui.②

Almost everything I have discussed in *Jimon denki horoku* thus far is not included in the thirteenth century *Onjōji denki*. We do find a much shorter enumeration of the eighteen *garanjin* from the *Butsumyōkyō*, but nearly the entire lengthy discussion of Shinra Myōjin, Mio myōjin, and the five distinct shrines to Ōyamakui is absent from this text. What is essentially the same in both chronicles is the discussion of the eight *Myōjin* worshipped at prominent Shintō shrines, mentioned in *Engi shiki*. *Onjōji denki* also has a helpful diagram which maps a maṇḍala of the spatial—or cosmographical—relationship between the inner *garanjin* (shrines) and the outer, *kami* shrines.③ Both texts essentially present the same list of eight *kami* shrine-temple complexes:

Table 2. Eight *Kami* Shrines in *Onjōji denki* and *Jimon denki horoku*

	Shrine/Deity	Scripture in *Onjōji denki*
1	Hachiman	* *Vikurvaṇarājaparipṛcchā* (*Zizaiwang pusa jing*, *Jizaiōbosatsukyō* 自在王菩薩經, T no. 420)
2	Kamo	*Book of Benevolent Kings* (*Renwang boreboluomi jing*, *Ninnō hannya haramitsukyō* 仁王般若波羅蜜經, T no. 245, Z no. 21)

① Jimon denki horoku 5, NBZ 787.86.140b-141b.

② Jimon denki horoku 5, NBZ 787.86.140141b 141c.

③ Onjōji denki 2, NBZ 786.86.61b. John Rosenfield and Fumiko E. Cranston, "The Bruno Petzold Collection of Buddhist and Shinto Scrolls," in Patrick Hanan (ed.), *Treasures of the Yenching: Seventy-Fifth Anniversary of the Harvard-Yenching Library Exhibition Catalogue*, Cambridge, Mass.: Harvard-Yenching Library of the Harvard College Library, 2003, pp. 227 - 228. It discusses a nineteenth-century maṇḍala of Onjōji, which features many of the deities discussed below. For alternate ways to conceptualize kami and the buddhas and bodhisattvas, see Fabio Rambelli, "Before the First Buddha: Medieval Japanese Cosmogony and the Quest for the Primeval Kami," *Monumenta Nipponica* 64, no. 2 (2009).

續 表

	Shrine/Deity	Scripture in *Onjōji denki*
3	Matsuo	*Suvarṇaprabhāsottama-sūtra* (*Jin'guangming zunshengwang jing*, *Konkōmyō saishō ōkyō* 金光明最勝王經, T no. 665, Z no. 158)
4	Hieizan Sannō	*Lotus Sūtra*
5	Kasuga	*Diamond Sūtra* (*Jin'gang jing*, *Kongōkyō* , *Vajracchedīka-prajñāpāramitā-sūtra*)
6	Sumiyoshi	Mahāparinirvāṇa- sūtra (*Daban nihuan jing*, *Daihatsunaiongyō* 大般泥洹經, 6 rolls, T no. 376, Z no. 137)
7	Shinra [Myōjin]	*Vimalakīrtinirdeśa* (*Weimojie jing* / *Yuimakitsukyō* 維摩詰經, T nos. 474 - 475, Z nos. 150 - 151)
8	Iwakura 岩倉①	[Amitāyus] *Contemplation Sūtra* (*Guanwuliangshou jing*, *Kammuryōjubutsukyō* 觀無量壽經, Z no. 223, T no. 365)

Onjōji denki provides little more than this list of shrines and the scriptures which are either recited on behalf of each shrine during ritual occasions, or, perhaps, the sort of exegetical expertise monastics might lecture about when they travel to these shrines to make offerings and perform rituals. *Jimon denki horoku*, on the other hand, provides the relevant historiographical data about each shrine and information about why there is a special connection to Miidera monastics.

It is difficult to imagine that any association between one of these *kami* shrine-temple complexes and Miidera could be more significant than the legendary connection between Enchin and the Ōyamakui statue of Matsuo shrine. Not only does *Jimon denki horoku* contain the story of when Enchin visited Matsuo, which we know may have resulted in the commissioning of the larger Ōyamakui statue, but we also have Enchin's biography, which was

① This almost certainly refers to a jingūji in the northern Iwakura 岩倉, part of northern Kyoto. I am grateful to James Robson for locating this site.

evidently completed less than ten years after Enchin's death.[①] The substance of the story is as follows:

During the tenth month of 846 (Jōwa 承和 13), Enchin made a visit to Matsuo shrine and made a vow that on the eighth day of the fifth and tenth lunar months, the head of Hiei shrine would visit Matsuo and give lectures on the *Lotus Sūtra*, the *Book of Buddha Names*, and various other Mahāyāna sūtras. Because he remembered this vow throughout his life, he went [to Matsuo] and gave a lecture to commence the lecture series. They celebrate this occasion at Matsuo during the fourth and eleventh months on the first *shin* 申 day.[②]

One of the copies of a document written by Enchin in 863 (Monday, 27 December, 863 [Jōgan 5.11.13]), *Enchin denpō kugen wo kō sōshōan* 円珍請伝法公験奏状案, seems to contain further evidence that because he had visited Matsuo on [Saturday] 4 December, 840 (Jōgan 7.11.7) and made offerings to the deity enshrined at Hiei shrine and had made a vow there, he was visited three times while in China by Ōyamakui.[③]

In their diaries written a little more than a century after Enchin had returned from China, apparently motivated to visit Matsuo shrine and deliver lectures there because he had been visited by Ōyamakui while looking for books and esoteric Buddhist teaching on the continent, both Fujiwara Munetada and Minamoto no Morotoki, *Chūyūki* 中右記 and *Chōshūki* 長秋

① Itō Shirō, *Matsuno'o taisha no shin'ei*, 57. The full title of this biography is "Enryakuji zasu Enchin den 延暦寺座主円珍傳". http://www.emuseum.jp/detail/100360/000/000, accessed on 10 August, 2016, suggests a date of 902; the manuscript copy dates to 1220.4.20.

② Jimon denki horoku 5, NBZ 787.86.142a. The Sinitic characters read as follows: 智證大師實録曰。承和十三年冬十月。和尚爲上翊聖主下鎮率土。於松尾明神社發誓願云。願我每年五月八日十月八日。於比叡明神社頭講演法華佛名等大乘經。以爲一生之事。自於彼社始修講事。當社祭祀每年四月上申。臨時祭十一月同日. See Itō Shirō 伊東史朗, *Matsuno'o taisha no shin'ei*, p.57 for corroboration of the text in Miyoshi no Kiyoyuki's biography of Enchin.

③ Itō Shirō, *Matsuno'o taisha no shin'ei*, p.58.

記, respectively, mention strange happenings connected to the statue "commissioned by Chishō daishi" at Matsuo shrine.① Whether or not these eminent statesmen's musing can be viewed as proof that Enchin had had the statue of Ōyamakui commissioned upon his return from China and subsequent visit to follow through on his vow to lecture there is, of course, almost impossible to verify. On the one hand, the fact that the larger Ōyamakui statue is considerably older than other statues associated with Enchin (e.g., Shinra Myōjin and a possible image of Fudō Myōō [Acalanātha]), coupled with the noticeably more sublime composition of the image, certainly seems to suggest the distinct possibility that we are looking at an image from an earlier stage in the development of esoteric Buddhist-inspired Buddhist art in Japan. On the other hand, everything the Jimon-ha Tendai tradition has to say about what Enchin learned and obtained in China would indicate that the larger Ōyamakui image from Matsuo shrine could not have been commissioned by an advocate or practitioner of esoteric Buddhist rituals, which figure so significantly in the catalogs he is given credit for compiling in the monastic libraries of ninth-century Tang China when his relative compatriot, Ennin, seems to have found this task quite challenging, only two decades earlier.

I discuss these statues from Matsuo and Hiei shrine to show why the *shōgyō* of Amanosan Kongōji probably kept an edition of *Enchinden*: Enchin was not only a key figure in the institutional and religious world of late Heian Japan because of the political religious power of Miidera and associated temples and shrines, like Matsuo and the other seven listed above, but he was also a Buddhist figure connected to the world of indigenous *kami*. If, as I suspect, Amanosan Kongōji also functioned as a *jingūji* in medieval Japan, then it stands to reason that like Kūkai, with texts attributed to him virtually filling the libraries of Shinpukuji and Kongōji, Enchin was a figure well

① Itō Shirō, *Matsuno'o taisha no shin'ei*, pp.56 - 58.

worth reading about for a variety of reasons that were probably vital to the monastics at even a Shingonshū establishment. The category of *shōgyō* with documents like Kiyoyuki's *Enchinden* and Annen's *Shingon mikkyō sōroku* may become a vital tool with which to think about and consider how we should approach manuscripts and other mostly Buddhist religious paraphernalia found in archaeological excavations across Xinjiang, China and into Afghanistan and Pakistan.①

① Oskar von Hinüber's research on both the 7th century manuscript folios in Sanskrit on birch bark from Gilgit (Or.11878B) and 8th or 9th century Khotanese manuscript fragments from Khādaliq (115 km east of Khotan) of the Saddharmapuṇḍarīka-sūtra and Karashima Seiji's research overall testifies to the lived context of manuscripts. For a synopsis of the Central Asian Saddharmapuṇḍarīka-sūtras found to date, see Seishi Karashima, "Vehicle (yāna) and Wisdom (jñāna) in the Lotus Sutra the Origin of the Notion of yāna in Mahāyāna Buddhism," *Annual Report of The International Research Institute for Advanced Buddhology at Soka University* XVIII (2015): 167. Cf. Karashima, *A Critical Edition of Lokakṣema's Translation of the Aṣṭasāhasrikā Prajñāpāramitā*; Noriyuki Kudo, "Gilgit Saddharmapuṇḍarīkasūtra Manuscript in the British Library, Or.11878B - G," *Annual Report of The International Research Institute for Advanced Buddhology at Soka University* XVIII (2015). On the Khotanese Saddharmapuṇḍarīka-sūtra, see Oskar von Hinüber, "Three Saddharmapuṇḍarīkasūtra Manuscripts from Khotan and Their Donors," *Annual Report of The International Research Institute for Advanced Buddhology at Soka University* XVIII (2015).

Manuscript Cultures in Thailand: Form, Beauty, and Believe

U-tain Wongsathit
(Faculty of Archaeology, Silpakorn University)

Introduction

Ancient manuscripts are an important part of Thai history and culture. Historical populations in what is now Thailand recorded their wisdom and important matters in these manuscripts for hundreds of years. The survey and preservation of ancient manuscripts in the temples of Thailand is an arena of studies of the Department of Oriental Languages, Faculty of Archaeology, Silpakorn University. The department conducts fieldtrips to survey and preserve ancient manuscripts and to train students each academic years. The PTT Global Chemical Public Company Limited (PTT GC), located in Rayong Province, recognized the need to preserve ancient manuscripts kept in temples of Rayong which had been long neglected. There has been no comprehensive national survey, and there are no regional or provincial surveys or registrations of ancient manuscripts in Rayong Province, which is located between two much larger townships, i.e. Chonburi and Chanthaburi. Only a few illustrated manuscripts from Wat Khod-tim-tha-ram was studied by Prayoon Uluchada, published in Muang Boran Journal during 1985 – 1995. The project"The Survey and Preservation of Ancient Manuscripts in Rayong Province, Thailand" arises from the cooperation of the Faculty of Archaeology,

Silpakorn University with funding from PTT GC. The project began in 2018 and will be completed in 2020. This article describes the significant results of the project, and aims to show and discusses manuscripts of Wat Khod-tim-tha-ram and Wat Thap Ma temples, dating from the 18th - 19th centuries (from Late Ayutthaya to Early Rattanakosin Periods).

Forms

Manuscripts are considered as respected objects and antiquities. They are usually the property of a particular temple. Often the manuscripts are neglected and poorly stored in cabinets or boxes. They, with time, may develop irreparably damaged by insects, rats, and moisture. Some temples establish museums to keep and display their manuscripts and other possessions, conveying the traditional role of the temple as a place of local history and knowledge.

There are two forms of manuscripts found in central Thailand, i.e. 1) Palm-leaf Manuscripts and 2) Thai Traditional Folding Books, or *Samut Khoi*.

Palm-leaf Manuscripts

Palm-leaf manuscripts are made from leaves of the palmyra palm tree or the talipot palm (*Corypha Umbraculifera* L.) and has been used as a material for written records in South and Southeast Asia since ancient times. This kind of palm tree is very beneficial. Leaves and roots of this tree are herbal medicines for fever. The leaves can be used as roofing material for houses. Fruits of this palm tree, after boiling in water with sugar, are tasty. So, this kind of palm tree is regularly found in temple areas throughout Thailand. The oldest palm-leaf manuscript in Thailand is Kusaraja Jātaka of Timsa Nipata, which was produced by Venerable Nyanaransi in 1471. This 545-years-old manuscript is kept in Wat Lai Hin, an ancient temple in Lampang Province.

Palm-leaf manuscript

Thai Traditional Folding Books

Thai traditional folding books, also called *Samut Khoi*, are books made from the *khoi* tree, or Siamese rough bush. This kind of tree is sometimes termed tooth brush tree as the small branch of the tree are used in the past by rural people to brush their teeth. The bark of Khoi tree is the main material for this type of book. The production process is the same as ascribed to Cai Lun, the Chinese inventor from the 2nd century CE. This kind of book is occasionally called *Pup Sa* by northern Thai people as the *Po-Sa* tree is used instead of the *khoi* tree. *Samut Khoi* is sometimes called *Samut Thai* to differentiate it from *Samut Farang*, or the modern book form which was previously imported from European countries. Thai traditional folding books

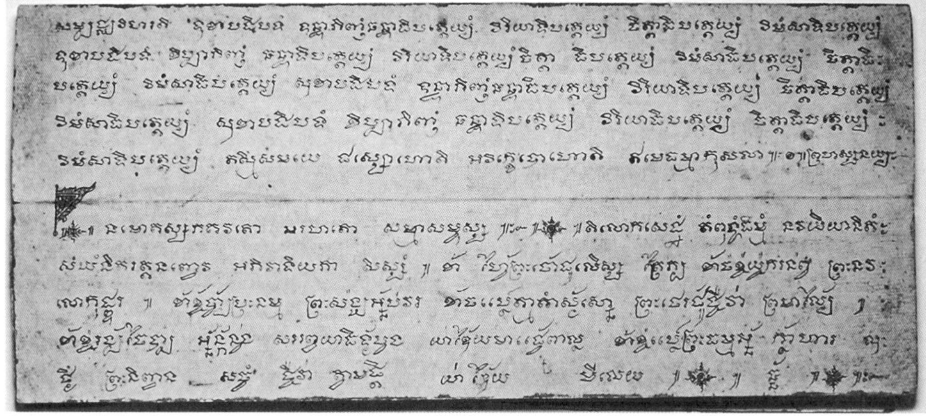

Thai Traditional White Folding Books

have only two colors, being black and white. The oldest Thai traditional folding book is the Ayutthaya Chronicle of Luang Prasert, which was compiled in 1680.

These two kinds of manuscripts typically record different contents. Palm-leaf manuscripts are mainly used for religious texts such as the Tipiṭaka and Buddhist teachings. The Thai traditional folding books are, meanwhile, documented for non-religious writings such as chronicles, literatures, medical manual, text for elephant trainer, etc.

Scripts

Thailand is very rich for ancient scripts. Inscriptions in Thailand are written in various scripts, including Pallava script, Post-Pallava script, Tamil script, Old Mon script, Kawi script, Old Khmer script, etc. In the Thai manuscript traditions, a variety of scripts was used for different purposes and in different regions, e.g. *Tham* and *Fak-kham* scripts of northern Thailand, *Tham Isan* and *Thai-noi* scripts of northeastern Thailand. Manuscripts in central Thailand were written with two different scripts, being *Khom* and Thai scripts.

Khom Script

Khom is used for writing the Pāli and Thai languages, especially for certain genres connected to Buddhism, such as Buddhist Tipiṭaka texts. Thai people have used the *Khom* script since the Sukhothai period (1238 – 1438). The earliest inscription recording Pāli language with *Khom* script is the inscription of Pho Khun Ram Pon in 1357. The first Thai language with *Khom* script is found in the Pa Mamuang Inscription of King Lithai, dated 1361 (Vimolkasem 2009: 17).

Thai Script

The Thai script was used in the early period for non-religious subjects, such as medical manuscripts, chronicles, astrological texts, and literature. The Thai script was created by King Ramkhamheang in 1283 by modification of the Khom, Mon and other scripts. Thai script is used for writing the Thai language since then. The recording of the Pāli language using the Thai script began in 1910 by the effort of King Rama V, which is a significant point in the shift in script usage. It is worth noting that the Thai language is monosyllabic, while Pāli is inflectional and thus polysyllabic. So, it is problematic for writing Pāli with the Thai script. King Rama V effectively added some critical marks to make the Thai script more suitable for transcribing the Pāli language. Then he published the Pāli Tipiṭaka with Thai font in book form in 1910. It is the turning point that *Khom* script was never adapted for print. The printing press changed the Thai language from using the *Khom* script and Thai handwriting to the standard Thai letters (Skilling & Pakdeekham 2017: 128). As a result, *Khom* script has long been replaced by standard Thai letter, and today very few Thai people can read manuscripts written in the *Khom* script. However, the *Khom* script is preserve in the form of sacred Yantra tattoos.

Some manuscripts are mixed with the main text in Thai language with Thai script and Pāli citations with *Khom* script. The Mantra manuscript of Wat Tha Rue, for example, is written in white folding book in the Thai script with Pāli quotations lettered in Khom script.

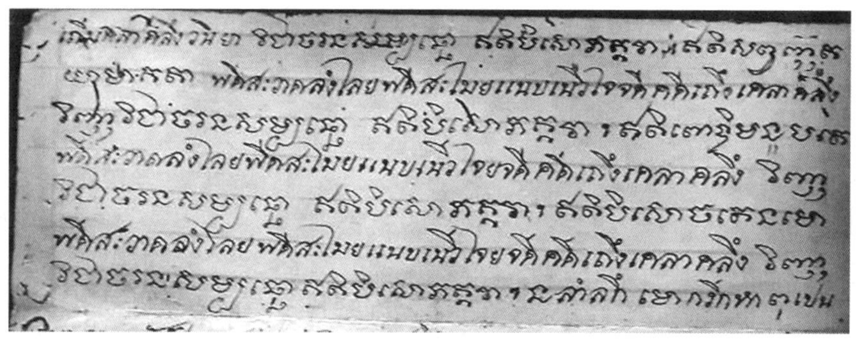

Mantra manuscript of Wat Tha Rue

It is interesting to note that there is a manuscript of Wat Ban Leang written with Thai Yo script. This Thai Yo script is a typical sloping ornate Thai script, which was popular in Late Ayutthaya royal court around the 18th century. Thus, most of Thai Yo manuscripts are regularly royal documents.

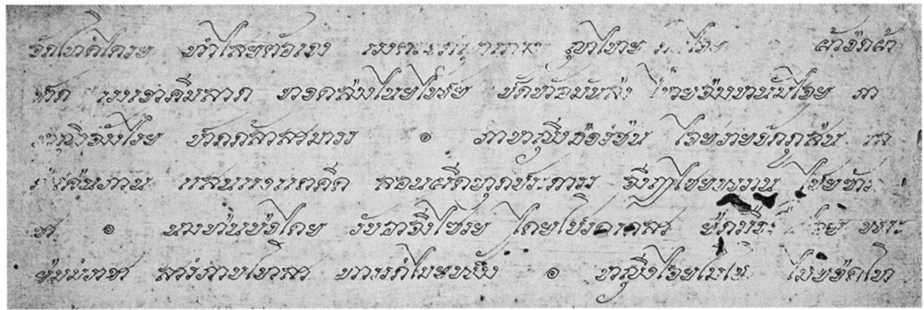

Thi Yo script in manuscript of Wat Ban Leang

Beauty and Believe, with reference to Manuscripts from Rayong Province

Rayong Province is located along the eastern coast of Thailand, about 250 kilometers east of Bangkok. The town is renowned for its sea beach, seafood and fruit. Rayong is well-known in history of Thailand as the place of King Taksin, who was descended from Chinese migrants in Thailand. According to the chronicle, during the final days of the Ayutthaya kingdom following the sack of the capital by the Burmese army, the governor of Tak province named Sin, who was a son of a Chinese immigrant from Guangdong Province, fought his way out of Ayutthaya, with only 500 soldiers, on January 3rd, 1766. He marched his soldiers eastward. In Rayong he found great support and built an army and a navy in order to reconquer Ayutthaya. On June 15th, he attacked Ayutthaya with 5,000 soldiers, and after seven months they were able to retake control of the city. Praya Tak established the

Thonburi kingdom and was coronated with the title Somdet Phra Chao Krung Thon Buri, today known as King Taksin.

From the fieldwork, numerous illustrated manuscripts are found belonging to temples in the province, including Wat Khod-tim-tha-ram, Wat Ban Leang, Wat Tap Ma, Wat Chulamuni, Wat Pak Nam, and Wat Tha Reu. The important manuscripts are from Wat Khod-tim-tha-ram and Wat Thap Ma, both of which are located in the inner city of Muang District, Rayong Province. The temples both date to the Ayutthaya period (1350 - 1767). The old ordination hall of Wat Khod has been built in Late Ayutthaya style. The mural painting inside the hall is only one place in the district. The communities are Thai and ethnical Chinese from different groups such as Hokkien, Diojiu, Hakka, and Hainanese.

Wat Khod and Wat Phap Ma have the notable manuscript collections. The manuscripts are partialy damaged. Some manuscripts had already been destroyed by insects. Fortunately, the remaining manuscripts are in good condition. These particular collections are significant as some genre of manuscripts were discovered for the first time. These manuscripts include:

1. Phra Malai manuscript No.I, Late Ayutthaya period, illustrated story of Vessantara Jātaka with numerous significant images.

2. Phra Malai manuscript No.II, Late Ayutthaya period, illustrated with non-narrative depictions of caves, animals, and some scenes of Phra Malai story.

3. Phra Malai manuscript No.III, Late Ayutthaya period, illustrated with divinities, including divine maidens, funeral scenes and the story of Phra Malai.

4. The Wai Kru manuscript, Rattanakosin period, illustrated on Thai black folding book with white chalk.

5. The Chanthakorop manuscript, showing a ballad story, Rattanakosin period, illustrated on Thai white folding book with tempera.

6. Phra Malai manuscript of Wat Phap Ma, late Ayutthaya period,

illustrated Sāma Jātaka, and two depictions of foreigners.

This part of the article gives very gorgeous illustrations of Nos. 1 to 6 to show the beauty and belief of some manuscripts. The artworks of manuscripts Nos. 1 - 3 have been partly published in articles of Prayoon Uluchada in Muang Boran Journal during 1985 - 1995. Manuscripts Nos. 4 - 6 have not been published to date.

1. Phra Malai Manuscript No.I

The Phra Malai manuscripts indicate a particular genre of Thai traditional white folding books with the size larger than normal manuscripts. Almost all of these manuscripts have the top-end illustrations telling the story of the admired monk who journeyed to heaven and hell named Phra Malai, thus this group is called 'Phra Malai manuscripts'.

Out of five Phra Malai manuscripts at Wat Khod, three date to the Late Ayutthaya period of around 18th century. The remaining two Phra Malai manuscripts are from the 19th century, but are in rough condition. Phra Malai manuscript No. I seems to be the oldest among these Phra Malai manuscripts and is distinct for the skillful illustrations. According to Kazuko TANABE, this is the one of two illustrated folding books from the Late Ayutthaya period showing the story of Vessantara Jātaka. Another book is kept in the National Library of Switzerland. Prayoon Uluchadha, a National Artist of Thailand, said this is the best preserved Phra Malai book from the Late Ayutthaya period. He, moreover, pointed out the definite detail of drawings of Ayutthaya period such as *Tālapatra* and the dress of the sage Vessantara. It is worthy to note that 13 illustrations of this manuscript match with 13 *Kaṇḍas* or chapters of Vessantara Jātaka in Thai literature. There is the belief among Thai Buddhists that whoever can good-naturedly listen to the entire 13 chapters of Vessantara Jātaka in ceremony will be fortunate enough to be reborn in the time of the future Buddha, Ariya Metteyya. The illustrations and story ran as follows:

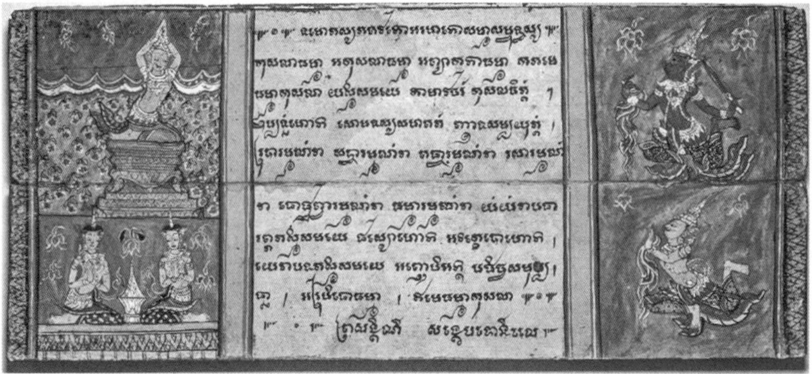

Dasavara: God Indra gives ten boons to Queen Phusatī

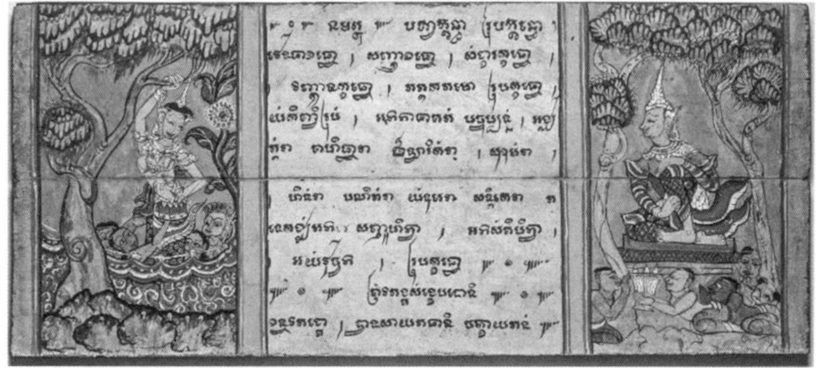

Himavanta: Queen Phusatī gives birth to Prince Vessantara

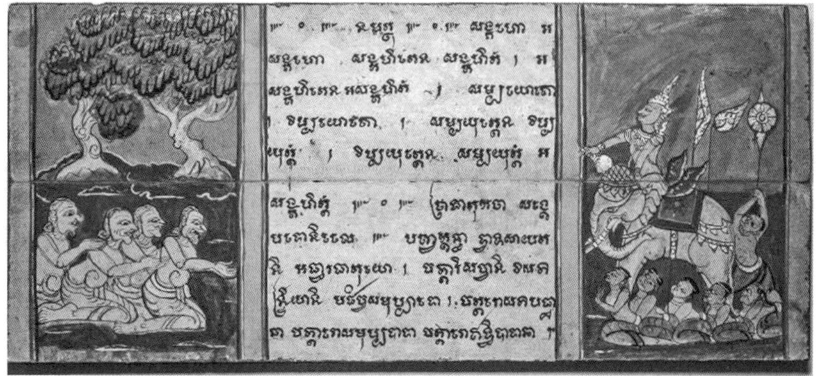

Dānakaṇḍa: Prince Vessantara gives a white elephant to Brahmins from Kaliṅga, causing the exile of the prince

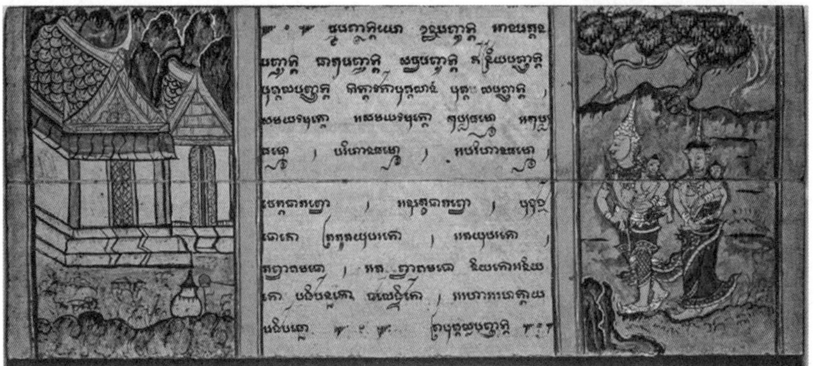

Vanapavesa：Prince Vessantara goes into exile

Jūjaka：the beggar Brahmin Jūjaka with Amittadā，his beautiful wife

Culavana：Hunter bent his bow，aimed at Jūjaka，who went out to find the Prince

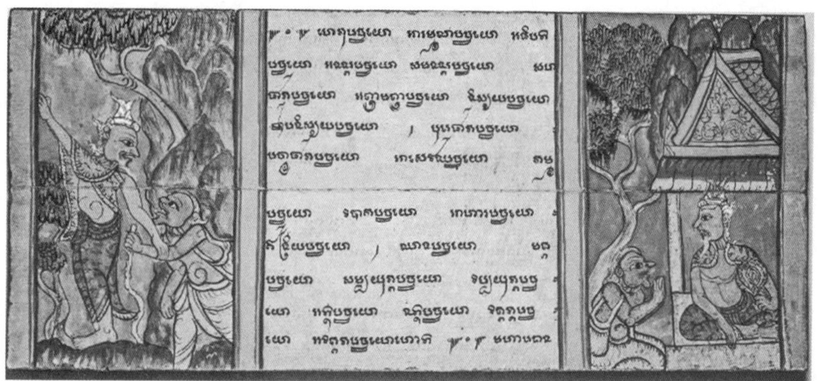

Mahāvana: Jūjaka asks the hermit for the way to Vessantara's hermitage

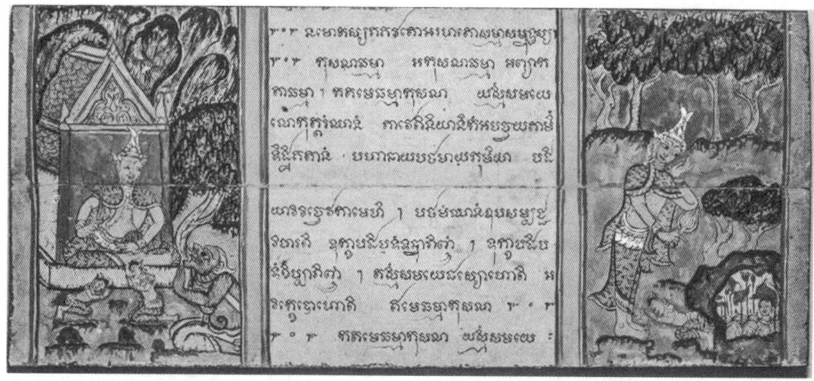

Kumāra: Jūjaka begs for Vessantara's children and the sage Vessantara asks his children to come out of the lotus pond

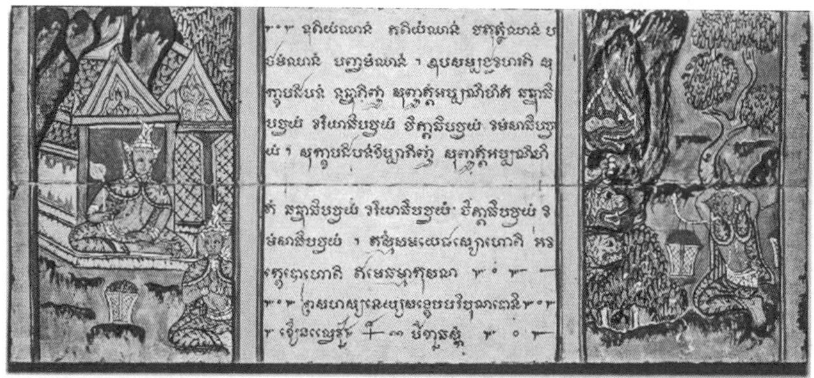

Madrī: Wild animals bar the way for Madrī, the mother of children

Sakkapabba：Indra asks Vessantara for his wife

Mahārāja：Vessantara children，Kaṇhā and Jālī，met their grand-father，King Sañjaya

Cha Kṣatriya：Kaṇhā and Jālī bring back Vessantara to the kingdom

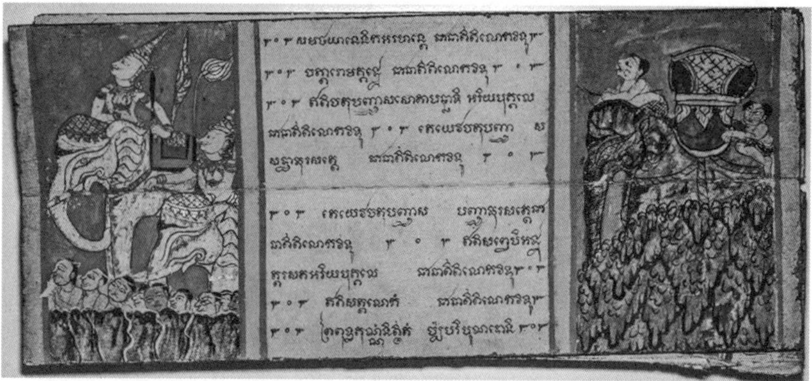

Nagara Kaṇḍa: Vessantara is warmly welcomed back to town

2. Phra Malai Manuscript No.II

The most important illustration of this late Ayutthaya period manuscript

The Reef and the Lion

The faithful poor man gives a lotus to Phra Malai

is the reef, which appears in 3 pages out of 13. The images match with the name of temple *Khod*, which means reef. This indirectly shows that this manuscript belongs to this temple only. The reef motive is also used in the scene of the poor man and Phra Malai.

3. Phra Malai Manuscript No.III

This Late Ayutthaya period manuscript starts with the funeral scenes to show the exact function of Phra Malai manuscript.

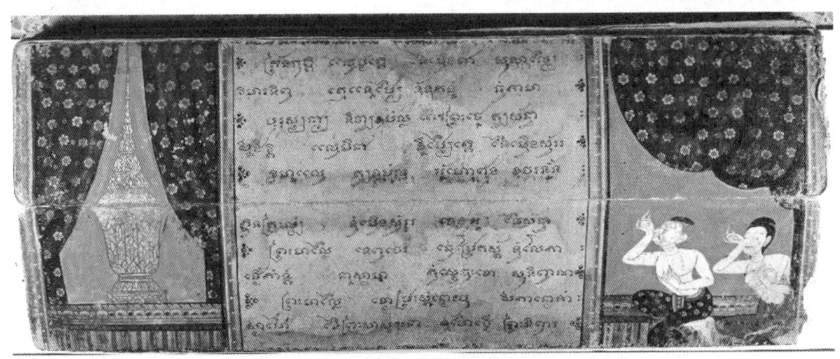

The Scene of Funeral ceremony

The text of this manuscript is "recitation version of Phra Malai" (Phra Malai Khlon Suat) in the Thai language. In Thai culture, the recitations of Phra Malai will be performed at funeral ceremonies, as the content gives the idea of the good and bad effects of human actions. At night time, in funeral ceremonies, four monks will open the manuscript and recite the story of Phra Malai with a very somber melody. So, the Phra Malai manuscript is associated with funerals. In rural areas, people believe that the manuscript should not be opened; if it is opened, there will be death.

4. The Wai Kru Manuscript

This Rattanakosin period Thai black folding book with white chalk depicting characters from the Ramakien, the Thai version of the Rāmāyaṇa, without text.

The sketches represent Lord Rāma and Sitā, the hero and heroine of the

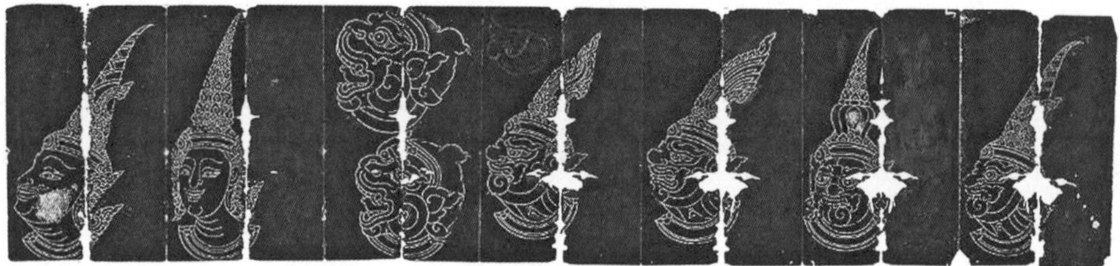

The Wai Kru Manuscript

Ramakien in the beginning, then Hanumān, the magical monkey who plays main role in the story. The four last images are the demons, or Yaksha. There are gold leaves on only two images, i.e. Lord Rāma and a demon, which can be identified from the headgear as Piphek or Vibhishna. This very rare manuscript is called *Samut Wai Kru*, and this book was used during the Guru Puja ceremony. In Thai culture, Lord Rāma is revered as the teacher of players of Khon or masked dance, which is the national epic drama. This belief originated from the Hindu tradition as Lord Rāma is an incarnation of Vishnu. Then the respect of Lord Rāma comes along with the Epic Rāmāyaṇa, when Thai people received the story from India. Vibhishna is considered as the teacher of astrology as plays a significant role in fortunetelling in the Epic. In Khmer culture, the most important book of astrology is entitled Piphek Horā, or Astrology of Vibhishna. Another Guru Puja manuscript was discovered in Petchaburi Province. Only these two manuscripts are known to exist at present.

5. The Chanthakorop Manuscript

This beautiful Thai white folding book with tempera color illustrated a ballad story of Chanthakorop. This is the first discovery of this kind of book.

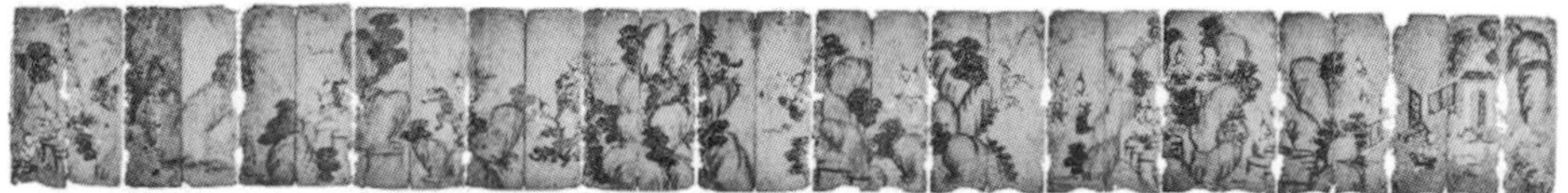

The Chanthakorop Manuscript

The manuscript can be dated to the reign of King Rama III (1788 - 1851) from the basics of paleography and the style of illustration. For example, this scene shows the story when the price Chanthakorop was sent to study the arts of kingship with a hermit in the forest; upon completion, he was given a casket to be opened when he arrived at the palace. In this image, the hermitage is in Chinese style building. The painting of Chinese style building is very popular during the reign of King Rama III. The style of Thai script also matches with the period.

Scene of the prince Chanthakorop receiving a casket from the hermit

The story of Chanthakorop is a folktale which is prevalent in Thailand, Laos, and Cambodia. According to the Thai tale, the King sent prince Chanthakorop to study the skills of sovereignty with the hermit in the forest. Upon completion, he was given a casket to be opened when he arrived at the palace. Mora emerged when Chanthakorop opened it on the journey. They encountered the evil robber who demanded Mora. Both men got into a fight but Mora handed the dagger to the thief. Chanthakorop was killed and Mora went off with the thief. In time, the bandit abandoned Mora for fear of her infidelity. Mora hailed a passing eagle who would give her meat in exchange for her body. She agreed but the eagle turned into the deity Indra. He condemned Mora as a whore and turned her into a monkey (Siriyuvasak 1989: 233).

The mural paintings telling the story of Chanthakorop are accessible in few temples in Thailand. Only one temple in Saraburi Province, Wat Nong No, and few temples in Uthaithani Province are reported. However, those mural paintings are produced during the time of King Rama V (1868 - 1910) or afterward. So, this manuscript is the oldest of the painting of Chanthakorop in Thailand.

6. Phra Malai Manuscript of Wat Thap Ma

This beautiful Thai white folding book from the Late Ayutthaya period with tempera color illustrates a Sāma Jātaka or Suvaṇṇasāma Jātaka story and a significant couple of foreigners. This is the first discovery of this kind of book. The manuscript begins with a page written with Khom script in golden ink. This golden ink is a very extraordinary material mostly used in the royal court. Then the manuscript shows the painting of Sama Jātaka, a story from tales of the Buddha's ten past lives. The painting exhibits the scene of prince Sāma or Suvaṇṇasāma, who was shot by the king Pilayakkha.

The beginning page written with golden ink

The story of Sama Jātaka

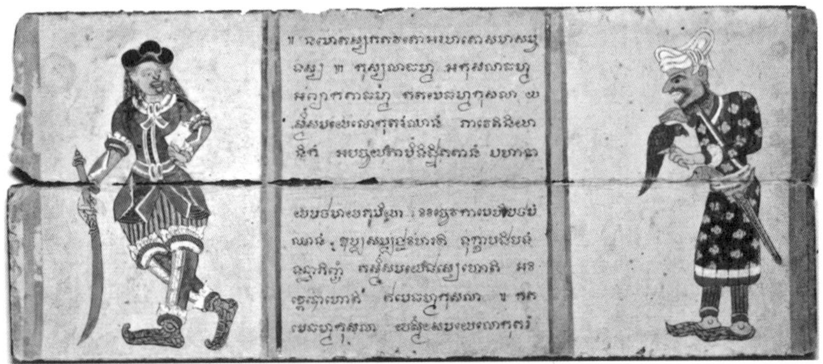

A couple of foreigners

The most significant illustration of this manuscript is the picture of a couple of foreigners. These two foreigners, one of which is a European and the other is a Muslim, are identified as depictions of King Louis XIV (1643 – 1715) from Fance and King Shah Sulaiman of Safavid (1666 – 1694) from Persia. According to Thai chronicle, these two kings send envoys to Thailand during the reign of King Narai of Ayutthaya (1656 – 1688) (Strathern 2019: 49). The illustrations of these two rulers are very prevalent in art during the reign of King Narai as it signifies the diplomatic grandeur of the king. The pictures of these two foreign kings are previously discovered on the panel of a manuscript container. This is the first time these images have been identified in manuscripts.

Conclusion

This study shows that two forms of manuscripts are found in central Thailand, i.e. palm-leaf manuscripts and Thai traditional folding books. The forms of manuscripts denote the content of the texts. Palm-leaf manuscripts regularly contain religious teachings, meanwhile, Thai traditional folding books record non-religious writings. These manuscripts are written with two scripts, namely Khom and Thai scripts. Both scripts can be found in a single manuscript. Khom script can be written with Pāli and Thai languages, but it was never used in printed publications. Thai script is employed with only Thai language, and later was modified for Pāli language in 1910. After that, the Thai script was mainly used for all records. This causes the decline of the Khom script tradition.

The beauty of these manuscripts is highly praised. The top-end illustrations of Phra Malai manuscripts are largely studied by scholars. The Phra Malai manuscript with Vessantara story is very rare. Only one of such manuscripts from 18th century is in Rayong Province. The discovery of Janthacorop manuscript for the first time is very important. This very beautiful manuscript from the reign of Rama III is considered as the oldest painting of the Chanthakorop story. This throws light to the study of painting styles during that period. The painting of foreign kings in Phra Malai manuscript of Wat Thap Ma signifies the diplomatic glory of late Ayutthaya kings.

Thai people have beliefs in particular manuscripts. Phra Malai manuscripts in previous times was associated with funeral ceremonies. The opening of the manuscript without appropriate reason is a bad omen. The Wai Kru manuscript is extremely respected by the Khon performers and astrologers as a representation of their teachers.

References

Anuman Rajadhon, Phya, *Thet Maha Chat*, Bangkok: Fine Arts Department, 1990.

Bausi, Alessandro (ed.), *Comparative Oriental Manuscript Studies: An Introduction*, Hamburg: Tredition, 2015.

Berkwitz, Stephen C., Schober, Juliane and Brown, Claudia. et., *Buddhist Manuscript Cultures: Knowledge, Ritual, and Art*, Oxon: Oxford Centre for Buddhist Studies, 2009.

Brereton, Bonnie Pacala, "Envisioning the Buddhist Cosmos through Paintings: The Traiphum in Central Thailand and Phra Malai in Isan," in *Social Science Asia*, vol.3, no.4, pp.111 - 120.

Brereton, Bonnie Pacala, "Phra Malai Texts-Telling them apart: Preface or Performance," in *Journal of Mekong Societies*, vol.13 no.3(2017).

Brereton, Bonnie Pacala, "The Phra M alai legend in Thai Buddhist literature: A study of three texts," Ph.D. diss, University of of Michigan, 1992.

Department of Fine Arts, *Phra Bot Lea Samut Phap Thai*, Bangkok: Department of Fine Arts, 1984.

Igunma, Jana, "Henry D. Ginsburg and the Thai Manuscripts Collection at the British Library," in *MANUSCRIPT STUDIES* (A Journal of the Schoenberg Institute for Manuscript Studies), vol.2, no.1 (2017).

Igunma, Jana, "AKSOON KHOOM: Khmer Heritage in Thai and Lao Manuscript Cultures," in *TAI CULTURE*, vol.23, pp.1 - 8.

O'Kane, John, *The Ship of Sulaiman*, Oxon: Routledge, 2008.

Panarut, Peera and Grabowsky, Volker, "Overview of Thai Manuscripts at the Nordsee Museum (Nissenhaus) in Husum, Germany," in *Journal of the Siam Society*, vol.103 (2015).

Skilling, Peter & Pakdeekham, Santi, "Manuscripts in Central Thailand: Samut Khoi from Phetchaburi Province," in *MANUSCRIPT STUDIES*, vol.2, no.1 (2017).

Siriyuvasak, Ubonrat, "Radio in a Transitional Society: The Case of Modern Thailand," Ph.D. diss, University of Leicester, 1989.

Strathern, Alan, "Sacred Kingship under King Narai of Ayutthaya: Divinisation and Righteousness," in *Journal of the Siam Society*, vol.107, pt.1(2019).

Tanabe, Kazuko, Personal communication, August 15th , 2018.

Vimolkasem, Kannika, *Tamra Rein Aksorn Thai Boran* (Ancient Thai Script Handbook), Bangkok: Department of Oriental Languages, Silpakorn University, 2009.

The Production and Circulation of Early Medieval Daoist Revelations

J. E. E. Pettit
(University of Hawai'i-Mānoa)

This study highlights ways in which Upper Purity (Shangqing 上清) Daoists in the fourth century understood and produced manuscripts. I focus on a group of writers and readers of present-day Jurong 句容 who established a community on the nearby chain of mountains called Mt. Mao 茅山. The Supreme Purity revelations reflect how the circulation of Daoist texts was seen as much more than the mundane practice of copying words from one piece of paper to another. By producing manuscripts, spirit mediums set brush to paper and copied the mysteries of the heavens verbatim. These practices not only produced texts but translated into other technologies such as the building permanent places of practice known as hermitages (*jingshe* 静舍).

I emphasize the value of paratextual evidence (e. g., prefaces, colophons, notes). Many of these passages are hidden away in commentaries of the Daoist Canon. My approach to these texts is largely informed by scholars like Kim Haines-Eitzen, whose study of religious manuscripts and private scribal networks asks analogous questions to my own. While we might be confident that literature was reproduced and disseminated, she writes, we must formulate a different kind of methodology to consider the precise circumstances, modes, and contexts of transmission? In her early book *Guardians of Letters* and later studies of the social history of Christian scribes, she looks at various kinds of evidence (e. g., copies of text, quotations, mentions of text, colophons, request for texts) to consider the channels or social networks behind transmission. Studying the network around manuscript production helps us move away from understanding the copying of these texts as something akin to "publishing" and instead study the phenomenon on its own terms.

From the perspective of the Supreme Purity Daoists, the circulation of manuscripts aimed to resolve real-world problems faced by readers. By 363 CE, aristocrat Xu Mi 許謐 (305 – 376) faced many hardships. His wife suddenly passed away, his grandchildren were sick, and his farm near Mt. Mao was in shambles.[①] During this time Xu was beset by illnesses and had many nightmares, and this led him to hire a new spiritual advisor, Yang Xi 楊羲 (330 – 386). As Xu's advisor, Yang claimed to receive communication from various gods and goddesses thought to periodically live in a vast underground city beneath Mt. Mao called Floriate Solarity Grotto-Heaven (*Huayang dongtian* 華陽洞天).[②] These divine informants, speaking through Yang Xi, informed Xu about a wide range of topics, from macrobiotic care to information about the netherworld, as well as esoteric about the various sacred and historical sites atop Mt. Mao. The correspondence between Yang and these divine informants continued for nearly eight years. The content of these revelations and the high caliber of Yang's calligraphy piqued the interest of many later readers. Southern aristocrats traded and circulated the texts for over a century.

---

① Xu Mi, a southern aristocrat, grew up near the southern capital of Jiankang (present-day Nanjing). Xu served in both civil and military positions and was well known for the prefaces he wrote for various textual compilations. See Michel Strickmann, "The Mao Shan Revelations: Taoism and the Aristocracy," *T'oung-Pao* 63.1 (1977); Cheng Lesong 程樂松, *Jishen jixin: zhenren zhi gaoyu Tao Hongjing de xinyang shijie* 即神 即心：真人之誥與陶弘景的信仰世界, Beijing: Zhongguo renmin daxue chubanshe, 2010, pp.89 – 109.

② See Edward Schafer and so on, *Mao Shan in T'ang Times*, 2nd ed., rev. ed. Boulder, CO: Society for the Study of Chinese Religions, 1989, pp.5 – 6; Miura Kunjo 三浦國雄, "Dōten fukuchi shōkō" 洞天福地小考, *Tōhō shūkyō* (*1983*); Franciscus Verellen, "The Beyond Within: Grotto-Heavens (dongtian 洞天) in Taoist Ritual and Cosmology," *Cahiers d'Extrême-Asie* 8 (1995).

While none of Yang's original manuscripts are extant, we know about the initial production and later circulation of the texts from the writings of polymath Tao Hongjing's 陶弘景 (456 - 536). Tao spent nearly two decades collecting and studying these manuscripts in the 480s and 490s and produced a compendium of transcriptions and editorial notes titled *Declarations of the Perfected* (*Zhen'gao* 真誥). Tao's interest in these sacred manuscripts started after his mother died in 483. He first studied with Sun Youyue 孫游岳, after which Tao traveled across southern China collecting manuscripts attributed to Yang Xi, Xu Mi and Xu Hui. Throughout *Declarations of the Perfected*, Tao included notes about the appearance and varying quality of the extant manuscripts. He used paratextual clues, like calligraphic variations and stichometeric markings, to determine which manuscripts likely reflected *real* Yang Xi manuscripts.

For the history of Daoist books in the early medieval era, *Declarations of the Perfected* is one the best sources of information detailing how texts circulated. Tao appended two fascicles of research notes about his methodology for editing the manuscripts and stories about the individuals involved in their circulation. These writings reflect Tao's perception of the state of bibliographic preservation at the turn of the sixth century. He identifies the kind of parchment paper, and the ways that later collectors of the manuscripts would insert titles and fill in lacunae characters. Furthermore, the original order of the texts was mixed up according to the interests of later readers thus destroying the temporal sequence of the original revelations.

> Most of the documents produced by the Three Lords (i.e., Xu Mi, Xu Hui, Yang Xi) were written on fine white parchment from Jingzhou. These [texts] were composed over the course of many months and years. In some cases, the beginning or end of these scrolls have disappeared, while in other instances passages are missing where the [parchment] has deteriorated. Previous people have attempted to restore these passages,

and in many cases it is difficult to see where the parchment has been joined together. They would first copy all the legible characters, but wherever the document was destroyed, they would be unable to use perfected handwriting for these passages. Many early readers of these texts would also insert titles, and although these names came directly from the text, I hope opted not to include them in my analysis and instead put [the manuscripts] in order based on the events mentioned in the texts.①

三君多書荊州白牋，歲月積久，或首尾零落，或魚爛缺失。前人糊搶(拓)，不能悉相連補。并先抄取書字，因毁除碎敗，所缺之處，非復真手。雖他人充題，事由先言，今并從實綴録，不復分析。

For Tao, one of the hardest parts about recovering the original manuscripts written by Yang and Xu is that nearly all of these extant texts had been reworked, rearranged, and edited by later readers. These new combinations of meaning, asserts Tao, resulted in reading the revelations in ways unintended by the writers of the texts. And while Tao only had access to a fragment of the original cache, he attempted to uncover the original order, dating, and organizational scheme of the initial manuscripts.

The only complete fascicles of texts to survive are the *Transmissions of the Dao*, which was copied by both of the Xus, as well as the *Record of the Fengdu Palace* written by Yang [Xi] and [Xu] Hui. All of these include the introductory and concluding passages, and the items are categorized by topic. All the remaining revelations are in fragments of five pages, three pages, one page, or one line. Later readers joined these various parts into new combinations, but this was unrelated to the original order. I have now reordered these passages by arranging them

① DZ (*Zhengtong daozang* 正統道藏, Taipei: Xinwenfeng, 1977) 1016, 19.7b.

according to the year and month of their composition, and thus disregarded these earlier scrolls.[①]

三君書有全卷者,唯〈道授〉,二許寫;〈酆都宫記〉是楊及掾書。并有首尾完具,事亦相類。其餘或五紙三紙,一紙一片。悉後人糊連相隨,非本家次比。今并挑拔,取其年月事類相貫,不復依如先卷。

Tao's treatise identifies the main individuals who had collected and edited the manuscripts. The original collection had been given to Xu Mi's grandson, Xu Huangmin 許黄民. Huangmin, who was seventeen when Xu Mi died, spent several years organizing the family's vast library of scriptures, talismans and secret registers. The next two decades saw the first wave of manuscripts moving beyond the Xu family's oratory as Huangmin gave several scrollfuls of the manuscripts to friends and relatives in Jurong. In 404, as the capital district devolved into a state of social unrest, Huangmin transported his library of manuscripts to Shan 剡, the district where his great-grandfather had served as a prefect (*ling* 令) decades earlier.

The Xu family's connections in Shan enabled Huangmin to quickly adapt to his new life in Shan, and he quickly found people who were willing to pay money in order to obtain the chance to copy his manuscripts. The most prominent patrons of Huangmin's new Shan operation were the Ma family of Dongchan 東闡 (e.g., Ma Lang 馬朗, Ma Han 馬罕) and the Du family of Qiantang 錢塘 (Du Daoju 杜道鞠). There seemed to be little opposition from Huangmin to provide access to the manuscripts to these initial patrons, perhaps because they were southern gentry or had previous relations to the Xu family. Officials (often northern émigrés) living in Shan like Kong Mo 孔默, the governor of Jin'an 晋安, were also interested in accessing Huangmin's manuscripts, but Xu took countless gifts before allowing them access.

Few aristocrats collecting Yang's manuscripts copied the texts

① DZ 1016, 19.7b.

themselves. Kong Mo, for example, employed one of his clerks (*li* 吏) at Jin'an, Wang Xing 王興, to transcribe (*shan* 繕) manuscripts loaned from Huangmin. Thus, the person granted ritual access to copy the revelations did not necessarily perform this task personally. But the fact that Kong entrusted this responsibility to a person with official rank (albeit a minor one) indicates that the Xu family's manuscripts were technically difficult and/or contained sensitive information.

During this late fourth and early-fifth century circulation readers often added characters in parts of the text that were no longer legible or where the paper had deteriorated. These readers would insert their own writing into lacunae in the text. While Tao did not find evidence that readers actively embellished passages, he noted that it was common for people to cut and paste them into new sequences with new headings. The continual transmission of Yang's manuscripts resulted in a cache of manuscripts that grew and became more complex after his death. Each reader would take the original manuscript and be free to alter, rearrange, and mark the texts how they chose. Aristocrats would even subcontract this work to scribes who would often make changes in the texts that later readers and editors did not even recognize as a change.

Tao's dating of Yang's manuscripts was difficult due to places in the manuscripts where characters were added or removed. But he chose not to trace the handwriting (*moshu* 摹書), and instead noted these aberrances in footnotes directly following the text. Tao attempted to use his access to the manuscripts to try to reconstruct the original events (*benshi* 本事) by a close examination of the dates, paper, and ink of the manuscripts. This differs from editors in earlier generations, most notably Gu Huan 顧歡 (420 - 483/491), who had "separated the passages into various types and grouped each into separate fascicles" in his earlier compendium *Perfected Traces* (*Zhenji* 真迹).①

① DZ 1016, 19.7b - 8a.

> All the perfected words and directives have deep meanings. While some are poems, and others are precepts, they all have a particular frame of reference. When Gu [Huan] edited his *Perfected Traces*, he separated the passages into various types and grouped each into separate fascicles. As a result, the divine words became so distorted that we can hardly use them as a guide. I have thus reconstructed the original events and ordered the revelations by examining the dates, paper, and ink of the manuscripts.①
>
> 衆真辭百(旨)皆有義趣,或詩或戒,互相酬配。而顧所撰《真迹》,枝分類別,各爲部卷,致語用乖越,不復可領。今并還依本事并日月紙墨相承貫者,以爲詮次。

And according to Tao, Gu did not try to distinguish between the original manuscripts and later writers. Instead, Gu added all the early and later layers of text together. And from the following passage it appears that not only did Gu copy the content of the revelations but attempted to copy the handwriting exactly. Since the early and later layers were both written in a "Perfected script" (i.e., in the handwriting of Yang and the Xus), Tao was forced to include these revelations as authentic even when he lacked physical evidence.

> Many of the written documents have places where later writers have left the text in disarray by adding or removing characters. Most of these changes were made by Xu Cheng (i.e., Xu Huangmin) and his son (Xu Rongdi) in order to gain renown or to make the texts more acceptable to [the readers] of their age. Most of these changes were spurious and Gu [Huan] was not capable of distinguishing them, yet simply included them [in his collection]. Since I have decided to not to trace the

---

① DZ 1016, 19.7b-8a.

handwriting [here], I fear that simply erasing them would lead to greater confusion so I have placed these [paratextual] material in footnotes directly following the text. If [the notes] are written in a Perfected hand (i.e., by Yang of the two Xus), I have included them, but have not made an attempt to note it separately.[①]

書字中有异手增損儳改，多是許丞及丞子所爲，或招引名稱，或取會當時，并多浮妄，而顧皆不能辨，從而取之。今既非摹書，恐漸致亂，或并隨字注銘。若是真手自治，不復顯別。

Part of the mystique of Yang's writings comes from his own claims about how they were divinely inspired. In his revelations, Yang asserted that his calligraphy was the product of divine inspiration: gods and goddesses descended into his oratory, and guided his hands. The medium became a human conduit to express the thoughts of those spiritual beings who would address his patron's concerns. The Perfected Consort (Zhenfei 真妃), one of the goddesses speaking through Yang, informs the medium that she would like to write a document addressed to Yang's sponsor, Xu Mi. Yang subsequently spreads out the paper and begins to write her revelations.

"I would like to make a page of writings to give you, so I shall depend on my lord's brush to convey my humble thoughts. Would that be all right?" Replying that I would heed her command, I immediately spread paper and dipped my brush to record her spoken instruction.[②]

欲作一紙文相贈，便因君以筆運我鄙意，當可爾乎。某答奉命。即襞紙染筆，登口見授。

For Yang, the manuscripts he produced in this meditative state were

① DZ 1016, 19.6a.

② DZ 1016, 1.14a; Ledderose, Lothar, 1984. "Some Taoist Elements in the Calligraphy of the Six Dynasties," *T'oung Pao*, 70.4-5 (1984).

more than a simple recording of the goddess's words. A medium's ability to interact with supernatural beings was rooted in their ability to compose manuscripts. The Divine Consort underscores that an adept who has fine calligraphy is able to manage his or her affairs well. Furthermore, the bodily transformations that occur as a human are viewed through the lens of writing. As a human adept learns more about the esoteric secrets of Daoism, he or she will cast off the human script and take on the rarified scripts of heaven. A human who "becomes a Daoist," in other words, transforms into this heavenly script. They literally copy and transform into heavenly script.

> Now if a person of the world who first has skill in calligraphy conducts his affairs well, then on the day he attains Perfected immortality the change in his exoteric calligraphy will suddenly follow that of his body, and it will revert [to the primal forms] spontaneously. One for whom all the Perfected affairs are close by does not yet abandon the muddy script that he has already learned, for only then does he also receive instruction in the superior writings, but later he will gain duplicate knowledge of the Perfected script versions.
>
> 夫人在世,先有能書善爲事者,得真仙之日,外書之變,亦忽然隨身而自反矣。真事皆邇者,不復廢今已得之濁書,方又受學於上文,而後重知真書者也。鬼道亦然,但書字有小乖違耳。

Such passages reflect the calligraphic thinking of these Daoists: handwritten manuscripts were viewed as the physical expression of the words of manuscript was reflective of the sacred identity of its author. Furthermore, if humans could merge with the Dao in this life, the manuscripts were relics or vestiges of the godly transformation. This idea that Yang's manuscripts were a kind of sacred relic of his divinity gives a social and ritual context behind why individuals collected these manuscripts in earnest after Yang Xi and Xu Mi passed in the late 370s.

Both Yang Xi and his later imitators expanded these ideas by articulating the processes by which humans procured heavenly texts. The process of transmission (i.e., the translation of heavenly texts into earthly copies) was not exact. Daoists constantly re-translated heavenly texts with the hope of bringing the earthly copy closer (but never exactly the same) to the heavenly original. Most scriptures were considered to have existed in heaven in a distant past, in archaic times before any spirits or humans existed. The texts are often depicted as objects of veneration, as they are stored in heavenly gardens and precious chests, thus giving the impression that these texts were not even fully visible or available to gods, let alone humans.

Many of these manuscripts between Xu and Yang are a dialogue (question-answer format) about the sacred geography of Mt. Mao. The conversation about possible building sites focuses on Han dynasty adepts who used Mt. Mao's mineral deposit to make elixirs. Building atop these ancient sites was not a historical curiosity but had practical benefits. According to Yang's pantheon of gods, if Xu could locate one of these sites there would be large caches of leftover minerals, he could use to transcend the human world. In fact, many of the gods who spoke to Xu through Yang were thought to now serve as officials in the grotto-heavens beneath Mt. Mao. In particular, Xu wanted to find the site where Mao Ying 茅盈, the former Han adept who now served beneath Mt. Mao as a director of destinies (*siming jun* 司命君). In the summer of 364, Xu Mi wrote to the gods that he was aware that Mao Ying had lived at Mt. Mao, but was unsure of the exact location. In this message to the gods, Xu expresses his hope for a continued correspondence so he might discover the exact coordinates from his divine informants.

> You revealed that "there is a habitable location on the southwest side of Liangchang [Peak] where the director of destinies [kept his] separate residence and compounded elixirs." I have seen the records in

> [Mao's] hagiography, and was awed and humbled.[①] I want to search for the ancient buildings that served as the high perch on which [Mao] roosted, but I am sorry that I still do not know [its location]. I have currently sought out the place according to my understanding, but I hope that when the time comes you will reveal it to me.[②]
>
> 告「良常西南垂有可住處,是司命君往時别宅,亦可合丹。」穆自見傳記,鄙心竊志。欲尋司命君往昔之舊宇,高棲之所托,患未能審知耳。今輒當隱量求處,臨時告悟。

In response to Xu's question, Mao Ying's younger brother, a lesser god serving beneath Mt. Mao, reveals the location of this site in a place called Dark Ridge (*Xuanling* 玄嶺). Atop this peak, Mao Ying reportedly stored a large cache of cinnabar long ago mined in the northwestern frontier of China and transported to Mt. Mao. In the Han dynasty, Mao buried this cache of cinnabar at Dark Ridge and now its deposits bled into the waters flowing past this site. This location which had a level site towards the bottom of the hill had fine geomantic feature, and would make a perfect place to build his hermitage:

> On Middle Mao Peak is a lofty spot called Dark Ridge. This mountain is where the director of destinies once buried six thousand *jin* of cinnabar powder from the Jade Gate of the Western Barbarians. He buried this [cache] two *zhang* underground and covered it on all sides with small boulders. There are springs of reddish water with high medicinal value flowing on the eastern and western sides of the peak. Further down on both sides are small glades with geomantic [shapes]

① Presumably, Xu refers to the jade nectar (*yujiang* 玉漿) and cavern grasses (*dongcao* 洞草) discovered in the caves of Liangchang. This information is detailed in Mao Ying's hagiography as it appears in the early eleventh-century CE *Yunji qiqian* 雲笈七籤 (Seven lots from the bookbag of the clouds). See DZ 1032, 104.17a.

② DZ 1016, 11.18b-19a.

favorable for [building] a hermitage.①

中茅山玄嶺獨高處。司命君埋西胡玉門丹砂六千斤於此山。深二丈許，堦上四面有小盤石鎮其上。其山左右當泉水下流，水皆小赤色，飲之益人。此山下左右亦有小平處，可堪静舍。

By linking favorable locations for Xu's compound to sites established by past adepts, Yang implies that Xu's building project would be a success. This human-god conversation continued for over two years; Yang's pantheon of gods proposed at five locations for the construction of the hermitage, but the conversation centers on the various kinds of minerals and materia medica that past adepts used to reach godhood. The revelations were not merely historical records, but were blueprints that Xu and his family might replicate to transcend their human bodies and become gods.

Throughout this conversation Yang's divine informants stress the materia medica buried beneath the mountain, though later revelations have more complex descriptions of healing qualities and the individuals who once used them to become gods. In the following passage, Yang describes a cave in northern Mt. Mao containing stony brains (*shinao* 石腦), a globular rock with tiny stripes and a soft texture resembling a brain.②

① DZ 1016, 11.9b－10a. According to a different revelation, Yang claims that Zuo used this cinnabar to concoct a Nine-Flower Elixir (*jiuhua dan* 九華丹). In his commentary, Tao notes that Zuo crossed the Yangzi into the mountains during the *jian'an* reign (196－220 CE), at which time he beseeched the gods for cinnabar powder. See DZ 1016, 12.3a.

② The term stony brains predates Yang, as it appears in Ge Hong's works such as *Zhenxian zhuan* and *Baopuzi* as one of the substances in a transcendent's pharmacon (*xianyao* 仙藥). In later eras, the term stony brains often referred to geodes, which are globular and ribbed rocks resembling brains. See Needham (*Science and Civilisation in China*, vol.5, 172n81. Note that alchemical texts also sometimes feature the similar, but unrelated term *shinao you* 石腦油 ('petroleum'). See Luo Xinwen (ed. and trans.), *Compendium of Materia Medica: Bencao gangmu*, vol. 2, Beijing: Foreign Language Press, pp.1069－1070. These two similar words have resulted in the mistranslation of *shinao* as 'paraffin' in works like Read, Bernard Emms, and C. Pak, *Chinese Materia Medica: A Compendium of Minerals and Stones Used in Chinese Medicine from the Pen Ts'ao Kang Mu*.*1936*, Taipei: Southern Materials Center, 1982, pp.41－42, no. 67.

Jiang Bozhen was able to procure stony brains atop this mountain on numerous occasions. There are also stony brains in the northern cave at Fang Peak, for it was here that the Thane of Manifold Solarity was able to procure some and ingest them in antiquity.[①][. . .] Stony brains are like rocks but they have tiny stripes and are soft to touch; they can be found in many places.[②] Ingesting them will often make people have fevers, but they also will prevent people from becoming thirsty. Long ago, before Li Zheng had entered the mountain, he was stricken by ' wind-*bi* ' illness. [After ingesting stony brains] for a long time, he was able to restore his health.[③] This man had to stay indoors for a long time; he was not like the people of today who treat illness like no big deal.[④]

姜伯真數在此山上取石腦。石腦在方山北穴下。繁陽子昔亦取服……石腦故如石,但小斑色而輭耳。所在有之。服此,時時使人發熱,又使人不渴。李整昔未入山時,得風痺疾,久久乃愈耳。此人先多房内事,殆不同今者疾之輕薄也。

The end of this revelation introduces how stony brains could combat wind-*bi* (*fengbi* 風痺). In previous revelations, Yang's pantheon had diagnosed Xu Mi with this same illness, which caused limited mobility (*bushou* 不授) in both arms. Such connections across different revelations suggest that Yang linked the location of the monastery with therapies to cure his sponsor's illnesses. persuade his sponsor that a steady ingestion of the

① In *Dongxuan lingbao zhenling weiye tu* 洞玄靈寶真靈位業圖 (DZ 167, p. 24a), Tao Hongjing writes that the Thane of Manifold Solarity lives in the Luji dong 鹿迹洞.

② In his commentary to this passage, Tao Hongjing describes stony brains as very similar to *cengqing* 曾青 ("stratified variety of malachite") with a glistening white base and black stripes. For more on *cengqing*, see Ho, Peng Yoke, *Explorations in Daoism: Medicine and Alchemy in Literature*, London: Routledge, 2007, pp.49, 72, 108; Sivin, Nathan, *Chinese Alchemy: Preliminary Studies Cambridge*, MA: Harvard University Press, 1968., p.290; Read, *Chinese Materia Medica*, p.83.

③ Variously translated as "blockage" or "numbness", I follow Michael Stanley-Baker's recent study of the representation of wind-*bi* (*fengbi* 風痺) in Yang's revelations. See Stanley-Baker Michael, "Daoists and Doctors: The Role of Medicine in Six Dynasties Shangqing Daoism," Ph.D. diss, University College London, 2013, pp.81 - 82, 90.

④ DZ 1016, 13.7b - 8a.

substance would cure Xu's illness.①

Eventually, Yang convinces Xu to build his monastery at Thunder Peace Peak (Leipingshan 雷平山) in 366. Yang released a series of revelations about the presence of healing waters that could rid the body of disease. Yang represents this font as providing the same kind of water that the gods below Mt. Mao drink.

> Thunder Peace Peak Peak of Floriate Solarity [Grotto-Heaven] has waters from the fonts of Sire Tian.② If you drink from it you can rid your stomach of the three worms.③ Its flavor is identical to that of the fonts [used by the] invisible [spirits]. It is called the flowing ford of Jade Sands. You can use it to wash your clothes without the need of ash [detergent], which is truly a marvel.④
>
> 華陽雷平山有田公泉水,飲之除腹中三蟲,與隱泉水同味,云是玉砂之流津也。用以浣衣,不用灰,以此爲异矣。

Yang's revelations of this same year expand the kinds of botanical specimens found at Mt. Mao. He insists that a former resident of Maoshan, who now serves as an otherworldly official, once enjoyed quality fruits grown at the mountain. Upper Sire Zhan (Zhan shanggong 展上公) is said to have

---

① Tao Hongjing likely interpreted this passage as such as he elsewhere describes stony brains as good for treating a deficient and debilitated condition caused by "winds of cold" (*fenghan* 風寒). See his *Mingyi bielu* 名醫别録, Shang Zhijun 尚志鈞 (ed.), Beijing: Renmin weisheng chubanshe, 1986, p.102.

② Tao notes that these fonts were later known as the outflows (*qian* 汧) of Willow Vale (Liugu 柳谷). It was one *li* southeast of the site of Xu's hermitage. For more on this site, see Schafer *Mao Shan in T'ang* Times, p.17.

③ Hua Qiao, the author of the *Ziyang zhenren neizhuan* 紫陽真人内傳 (The esoteric hagiography of the perfected being of purple solarity), calls the three worms Azure Elder (*qinggu* 青古), White Maid (*baigu* 白姑), and Blood House (*xiehu* 血户). The worms disrupt an adept's bodily processes and can be eradicated early in ascetic practice through ingesting various herbal elixirs (DZ 303, p. 4a); Zhang Jiyu 張繼禹 (ed.), *Zhonghua daozang* 中華道藏, vol. 46, Beijing: Huaxia chubanshe, 2004, p. 191a.

④ DZ 1016 chap. 13, p. 8b.

grown plums on the mountain many centuries earlier, and the god who reveals this information to Yang is still nostalgic about the exceptional taste of the fruit.

> In antiquity, during the reign of King Gaoxin, Upper Sire Zhan grew plum trees at Fulong.① These trees covered the ground in every direction. Master Zhan is now an inner-right protector within the Nine Palaces.② He often tells people that, "In the olden times, I used to eat white plums down in the Floriate Solarity [Grotto-Heaven]. Their taste was exceptionally fine, and I remember it like yesterday, even though over three thousand years have passed".③
>
> 昔高辛時有仙人展上公者,於伏龍地植李,彌滿其地。展先生今爲九宫内右司保,其常向人説:「昔在華陽下食白李,味异美,憶之未久,而忽已三千年矣。」

The next revelation the apples of Guo Sichao 郭四朝 creates an association between Mt. Mao's fruits and the spiritual progress of its human inhabitants. These apples are thought to help an adept guard against illnesses, but the passage lacks any kind of assertion that Guo's postmortem successes was aided by the consumption of the apples.

> In later times Guo Sichao also lived here and planted five kinds of fruits. Further, this place is suitable for growing apples. '*Fuxiang* apples', as they are known, can ward off calamities.
>
> 後有郭四朝,又於其處種五果。又此地可種柰,所謂福鄉之柰,以除災厲。

① For more on King Gaoxin (or Diku 帝嚳), see Sima Qian 司馬遷 (ed.), *Shiji* 史記, Beijing: Zhonghua shuju, 1959, 1.11-14.

② Not to be confused with the similarly named nine palaces of the head, the nine palaces (*jiu gong* 九宫) referred to here was a collective term describing all of the heavenly bureaus where humans were reassigned after their death. See DZ 1016, chap. 5, p. 5a for a detailed description of the kinds of office that humans were imagined to occupy in their postmortem existence.

③ DZ 1016, 13.8b.

Both the revelations on the plums and apples detail how ancient (i.e., Han) adepts grew fruits at Mt. Mao and that the mountain was (and arguably still is) an exceptional place for cultivating these plants. These objects had potential pharmacological benefits through their connection to past adepts.

The above revelations reflect the memory of the gods, most of whom also lived during the Han dynasty. And the revelations are literary artifacts reflecting the kinds of literary consciousness behind the construction of sacred space in medieval China. Spiritual advisors such as Yang Xi did not simply relay historical facts but wielded knowledge over the literary products of old. Memory about past adepts connected to the Mt. Mao establishes both a precedent and a kind of spiritual ownership of the property. All the revelations (many of which are heavily laden with drug lore) shape knowledge about Mt. Mao's landscape positions the Xu family as heirs and custodians over the mountain. These passages reflect the multivalency of pharmacological knowledge and monasteries: they address the medicinal benefits of materials like minerals, water, plants, and mythical flora, they also attach legitimacy and efficacy to particular sites where a monastery was to be built.

These last set of geographic revelations help us know what writers like Yang released revelations to shape the landscape of Mt. Mao. Through circulating these manuscripts, and by readers like Xu Hui arranging and copying them, the rocky landscape became studded with holy hermits, sacred springs, and powerful plants These textual technologies helped infuse the mountain with history and sacredness. This project was intimately tied to the Xu family family's claims on the land—specifically their agricultural concerns and building projects. These revelations produced new knowledge about how a human underwent apotheosis from a human being into a god. As a whole, this study demonstrates that a structural study of revelatory literature reveals deeper meanings that readers found in making sense of their place in this world and beyond.

The circulation of knowledge through such manuscripts helps us better understand how early Daoist readers viewed them. Copying a scripture was viewed as copying the script of the heavens, but each individual's knowledge and access to these heavens changed. Likewise, the manuscripts that each person copied changed with time. This historical background might give us some ways to frame the discussion of Daoist manuscripts. Manuscripts were at the very heart of the early Daoist religion, and it should come as no surprise that manuscripts remain central in later eras.

會議綜述:“從中古到近代:寫本與跨文化”國際學術研討會在北京大學舉行

樂　恒(國防科技大學外國語學院)

2019年8月24—25日,北京大學東方文學研究中心、日本京都大學人文科學研究所術數學研究會、加拿大英屬哥倫比亞大學佛學論壇、北京大學人文學部聯合主辦的“從中古到近代:寫本與跨文化”國際學術研討會在北京大學外國語學院新樓501會議室舉行。

來自日本、德國、美國、加拿大、泰國和中國的50位專家學者和博士後研究人員、博士研究生出席了此次大會。該國際學術研討會還得到了國家社科基金重大項目“古代東方文學插圖本史料集成及其研究”課題組、加拿大SSHRC專案“拔地入雲:佛教與東亞宗教”(From the Ground Up: Buddhism and East Asian Religions)子項目“The Power of Language and Script”課題組的支持。

會議開幕式于8月24日上午舉行,由北京大學東方文學研究中心陳明教授主持。北京大學東方學研究院院長王邦維教授、北京大學區域與國別研究院常務副院長寧琦教授、日本京都大學人文科學研究所武田時昌教授、德國漢堡大學亞非學院的傅敏怡(Michael Friedrich)教授在開幕式上作了簡短而精彩的致辭。

王邦維教授强調了中國書寫系統以及寫本文化的源遠流長,尤其是敦煌寫本的發現,其豐富與多元及其獨特的歷史性,讓世界爲之震驚。國内學界近年來在寫本方面的研究已經有了長足的進步。由于其形式和作爲載體的獨特性,寫本能爲我們提供很多有關字體紙張、認知體系、知識流傳、學術史以及社會文化史等多方面的信息,是研究古代社會生活以及智識世界的重要通道。王邦維教授還介紹了北京大學東方文學研究中心近年來推行的“東方大文學”研究的情況,希望通過此次會議,讓學界能够充分交流意見,互相學習。

寧琦教授指出,寫本對人類文化的傳承和發展産生過非常重要的作用。在跨文化語境中,探討寫本的生成、繁衍、流傳與消費等過程,以及比較不同寫本在文化史上的價值和意義,是非常必要的。通過跨學科的理論和方法,對古代的多語種寫本進行深入的跨文化探討,逐步建構寫本學這門新的學科分支是非常有意義的。本次會議的召開契合北京大學外國語學院積極開展國别與區域研究的學術發展趨勢,對拓展學科新的生長點具有重要的價值。

武田時昌教授回顧了籌辦本次會議的緣起,他表示,日本現存有大量古代寫本,很多都正在或已經完成電子化處理,希望有更多的年輕學者一起參與進來,共同推進這一研究領域的發展。傅敏怡教授則對本次大會的主題表示出高度的贊賞,他認爲,無論是從中古到近代的時間跨度,還是從跨文化研究的學術路徑來看,本次大會對于推動寫本研究全面而多維度的健康發展都是至關重要的。

本次研討會以中古到近代的寫本爲中心,涉及寫本與文化交流、醫學養生、古典文學、科技習俗、敦煌文史、佛教儀式、民間信仰、數術文獻等多個領域,本次會議共收到35篇論文,其中有33位學者宣讀了論文,展開了爲期兩天的熱烈而深入的討論。所宣讀的論文①主要有: 武田時昌(日本京都大學人文科學研究所)的《日本中世的抄物資料: 書寫文化與漢籍受容》、傅敏怡(Michael Friedrich, Asien-Afrika-Institut of Universität Hamburg)的“Creating Order out of Chaos in Imperial Collections”、U-tain Wongsathit(Faculty of Archaeology, Silpakorn University, Thailand)的“Manuscript Cultures in Thailand: Form, Believe and Beauty”、池内早紀子/大形徹(大阪府立大學大學院)的《針灸吉田流〈蟲書〉的成書過程——從圖示的“蟲”圖的比較入手》、陳明的《早稻田大學圖書館藏〈底野迦真方〉寫本初探》、劉青(日本京都大學)的《室町時代養生書的寫本小考》、多田(永瀬)伊織(日本大阪府立大學)的《日本〈醫心方〉(半井家本)卷子本和背書信息傳達和媒體形式》、高橋綾乃(日本大東文化大學)的《日藏漢籍〈靈臺秘苑〉的比較研究》、伊藤裕水(日本京都大學)的《〈尚書大傳〉輯佚管窺》、小澤賢二(南京師範大學文學院)的《瀧川資言手録〈史記正義佚

① 本論文集收録的部分文章和會議上宣讀的版本有些不同,包括論文題名、作者署名等。——編輯注

存〉之發現與其歷史背景》、大島繪莉香（日本名古屋大學人文學研究科）的《山谷詩在日本禪林接受的情況——以山谷詩漢文抄中的文學術語"味外味"爲例》、高井太郎（京都大學）的《淺探江户後期成書的有關中國宴席文化未刊著作》、馮錦榮（香港大學）的"Surveying Manuscripts and Instruments of Kaga no Kuni in Mid-and-Late Tokugawa Japan"、水口拓壽（日本武藏大學人文學部）的《〈山相秘録〉中探礦法所見的風水術與望氣術之影響》、久保輝幸（浙江工商大學東方語言文化學院）的《阿拉伯·伊斯蘭文化圈的農學著作綜述》、佐野誠子（日本名古屋大學大學院人文學研究科）的《〈天地瑞祥志〉編纂研究——和其他類書關係爲主》、伏俊璉（西華師範大學寫本研究中心）的《一部家國簡史——敦煌 S.2607＋S.9931 寫本研究》、陳于柱（天水師範學院歷史文化學院）的《最早的吐蕃針灸禁忌文獻——敦煌藏文本 P.3288V〈逐日人神所在法〉整理與研究》、岩本篤志（日本立正大學文學部）的《關于在日敦煌文獻收藏的研究——以濱田德海收藏文獻的收藏過程爲中心》、椛島雅弘（日本京都産業大學）的《關于敦煌文獻〈正月占城氣法〉中"雲氣占"的考察》、于業禮（上海中醫藥大學）/沈澍農（南京中醫藥大學）的《敦煌失名脉學著作（Дx00613＋P.3287）再考》、河野貴美子（日本早稻田大學）的《日本現存佛典古寫本的特點及其意義初探——以石山寺本〈妙法蓮華經玄贊〉寫本爲例》、侯冲（上海師範大學哲學系）的《齋意類文獻——中國宗教儀式文獻中被忽略的核心内容》、紀强（George Keyworth，University of Saskatchewan，Canada）的"The Amanosan Kongōji edition of the Biography of Enchin by Miyoshi no Kiyoyuki：A Sacred Teachings（Shōgyō）Manuscript"、吴娟（清華大學人文學院）的《〈根本説一切有部律衣事〉的梵語寫本和藏語譯本研究札記》、清水浩子（大正大學綜合佛教研究所）的《〈宿曜經〉抄本研究初探》、裴玄錚（Jonathan Pettit，Department of Religion，University of Hawai'i-Manoa）的"Rethinking the Notion of Forgeries and Corruptions in Early Daoist Manuscripts"、山下克明（日本大東文化大學東洋研究所）的《陰陽道の展開と術數分野の古寫本》、白雲飛（日本大阪府立大學）的《蠶神馬鳴菩薩信仰的由來》、名和敏光（日本山梨縣立大學）的《古記録所見の勘文と〈天地瑞祥志〉佚文（資料編）》、賀旦思（Dimitri Drettas，University of Erlangen-Nuremberg，Germany）的《寫夢與刻夢——中國古代解夢書産生條件對其傳流與用途之影響》、佐佐木聰（日本金澤學院大學）的《發病占研究與保護術數文獻的意義》、水口幹記（日本藤女子大學文學系）的《關于〈家秘要録〉和〈天變地妖記〉》等。日本茨城大學的真柳誠教授等學者深入地點評了這些論文。

會議閉幕式上,與會學者紛紛表示,希望今後進一步深入寫本研究,加强機構與個人之間的合作與交流,突破各種學科、時間和地域的界限與邊界,規範相關概念和術語的使用,以跨學科、跨文化的範式推動寫本學作爲一個新興學術領域的縱深發展。

此次會議的舉行,同時也是爲了紀念北京大學東方學學科創始人季羡林先生逝世十周年以及慶祝北京大學外國語學院建院二十周年。作爲教育部哲學社會科學重點研究基地,北京大學東方文學研究中心將繼續爲推動北京大學外國語學院學科建設,深化北京大學的國别和區域研究,增進"一帶一路"沿綫地區相關高校和研究機構之間的學術交流與合作做出更多貢獻。